国家级实验教学示范中心·师范生教学能力实训系列教材

教师礼仪实训教程

金秀美　主编

科学出版社
北京

内 容 简 介

教师礼仪实训课程已成为广大师范类院校一门重要的基础素质教育课程。本书以培养广大师范类院校师生良好的礼仪风范为目标共分八章，内容包括教师仪态礼仪、教师仪容礼仪、教师服饰礼仪、教师人际交往见面礼仪、教师课堂教学礼仪、教师沟通礼仪、校园仪式礼仪和中国传统节日礼仪。

本书适合师范院校学生和在职教师阅读。

图书在版编目(CIP)数据

教师礼仪实训教程 / 金秀美主编. —北京：科学出版社，2012.1
(2024.12 重印)
ISBN 978-7-03-033154-0

Ⅰ.①教⋯ Ⅱ.①金⋯ Ⅲ.①教师-礼仪-教材 Ⅳ.①G451.6

中国版本图书馆 CIP 数据核字(2011)第 280977 号

责任编辑：张 展 莫永国 / 责任校对：彭 映
责任印制：罗 科 / 封面设计：墨创文化

科学出版社出版
北京东黄城根北街16号
邮政编码：100717
http://www.sciencep.com

成都锦瑞印刷有限责任公司 印刷
科学出版社发行 各地新华书店经销

*

2012 年 1 月第 一 版　开本：787×1092 1/16
2024 年 12 月第十九次印刷　印张：20
字数：450 000
定价：48.00 元
(如有印装质量问题，我社负责调换)

国家级实验教学示范中心·师范生教学能力实训系列教材

编 委 会

主　编：祁晓玲
副主编：郭　英　　张　松　　陈智勇
编　委：祁晓玲　郭　英　　张　松　　陈智勇　梁　斌
　　　　金秀美　吴　丹　　杨　娟　　邵　利　　罗世敏
　　　　陶旭泉　沈　莉　　李敏惠　　熊天信　　王　芳
　　　　李　强　张小勇　　夏茂林　　赵广宇　　李　维
　　　　王重力　王　曦　　郭开全　　黄秀琼　　程　峰
　　　　何　建　董云艳　　罗　真　　熊大庆　　靳宁倡
　　　　徐华春　张　皓　　刘　海　　周升群　　周蜀溪
　　　　叶　舒

前　言

在现代社会的人际交往中，礼仪已经日渐成为衡量一个人素养高低的价值标准之一，同时它作为一个社会人的重要行为规范，也是各种社交活动中不可或缺的组成部分。古训云："致福曰礼，成义曰仪。"可见，礼仪其实就是交往艺术，就是待人接物之道。它是人们在社会交往中由于受历史传统、风俗习惯、宗教信仰、时代潮流等因素影响而形成的，既为人们所认同，又为人们所遵守，以建立和谐关系为目的的、各种符合交往要求的行为准则和规范的总和。简言之，礼仪就是律己、敬人的一种行为规范。孔子云："不学礼，无以立"，荀子云："人无礼则不生，事无礼则不成，国家无礼则不宁。"而作为培育未来人民教师的师范院校来说，"教师礼仪实训课程"是一门不可或缺的基础素质教育课程。

随着时代的发展、社会文明的进步，教师礼仪学科的发展正受到越来越多的关注，因为研究学习教师礼仪是提高教师队伍整体素质的一个重要手段，因此当今世界各国对教师礼仪都十分重视。早在1999年6月，在德国科隆举行的八国首脑高峰会议上，八国首脑讨论了21世纪的教育政策，发表了《科隆宪章——终身学习的目的与希望》，其中就强调指出："教师在推进现代化和提高现代化水准方面，是最重要的资源。教师的采用、训练、配置及其素质能力实质性提升，是任何教育制度取得成功的极其重要的因素。"我国当前处在由应试教育向素质教育的转轨时期。1999年6月颁布的《中共中央、国务院关于深化教育改革全面推进素质教育的决定》中第17条明确指出："建设高质量的教师队伍，是全面推进素质教育的基本保证。"2001年11月颁布的《公民道德建设实施纲要》强调公民要"明礼诚信"。2019年10月27日，中共中央 国务院印发《新时代公民道德建设实施纲要》，提出"充分发挥礼仪礼节的教化作用。礼仪礼节是道德素养的体现，也是道德实践的载体。"而教师在礼仪推广和普及过程中扮演着为人师表、率先垂范的重要角色。教师对学生人格和个性发展有着至关重要的影响。家长、教科书、电脑和大众传媒都不能代替教师的作用。教师只有以身作则，实践礼仪规范，提高自身素质，才能推己及人，保证素质教育的实现。

目前，从教师礼仪实训课程发展现状可以看出，教师礼仪的普及是大势所趋。纵观当今院校，教师礼仪素质的缺失现象仍然相当普遍，比如在教师职业道德、教师职业责任、教师职业形象等方面，其素质表现还不尽如人意。同时，在我国的师范教育制度和模式下培养出来的毕业生，存在着重理论轻实践、重学科专业知识轻教育专业修养等偏见，导致教师队伍良莠不齐。因此，完善教师礼仪培训，对提高教师队伍的素养乃至全民族素质水平都有着重要的作用。

师范院校培养能适应新时期教育教学发展要求的合格教师，是教师礼仪实训课程的发展方向。之所以加强教师礼仪教育归结于"四个必然"：是教育事业改革发展的必然要求；是教师教育深化发展的必然要求；是我国教育形势发展的必然要求；是教师职业道德建设的必然要求。

教师礼仪学科发展的主体包括师范学生、在职教师、其他教育工作者等群体。针对师范学生的教师礼仪课程设计，其重点在于教师礼仪的普及，除了利己，更重要的是育人。师范学生是我国大学生中一个特殊的群体，对师范学生的礼仪教育不仅具有普遍性的意义，而且还具有特殊性。不论是传承与弘扬我国优秀的礼仪文明，还是提高教师职业道德以及学校德育的实效性，都需要加强对师范学生的礼仪教育。对师范学生的礼仪教育是个系统工程，需要整合国家、社会、学校、家庭的教育力量。师范院校是培养教师的摇篮，师范学生作为准教师要胜任教书育人的重任，发挥为人师表的典范作用，就必须具备良好的礼仪素质。

本教程以培养具有良好的礼仪风范的教师为目标，其内容具有很强的实用性和可操作性，体系完整、内容丰富、形式新颖。它在阐述教师礼仪的理论基础上，侧重对教师礼仪的规范、实训方法的强化以及学生实际能力的培养。本教程结合教师岗位的实际，对实训的标准做了细致的量化，在每项实训内容中列出了具体要求、能力测试与考核标准。编者致力于通过本课程的设立，从礼仪师资入手，探索一条培养礼仪师资、带动礼仪教育、提高学生乃至全社会礼仪素养的道路。

本书共分为八章，由金秀美拟定整体框架并撰写教材大纲。参与本书编撰的合作单位有四川师范大学历史文化与旅游学院、四川师范大学文理学院、四川教育学院、成都理工大学、成都大学、路威酩轩集团——罗意威商贸（上海）有限公司和浙江边锋信息技术有限公司。

本书是集体劳动的结晶，各章撰稿人分别是：刘蓉、李天荣（第一章），李妮、张笑薇（第二章），杨阳、杨小乐（第三章），谢瑶函、古丽平（第四章），方涛（第五章），余正奎、关晶（第六章），王敏、张晓琼（第七章），蒋敏（第八章）。全书由金秀美统稿、定稿。书中女模由古丽平、于蒙担任，男模由刘亚担任；照片由李东周、周杨杰拍摄；余正奎为图片编辑。

由于作者水平有限，书中难免存在不足之处，恳请读者提出宝贵意见！

特别感谢：四川师范大学校领导，四川师范大学教务处、科研处，四川师范大学历史文化与旅游学院领导及老师们的大力支持。

四川师范大学　金秀美

2011年6月16日

目 录

第一章 教师仪态礼仪——体态的语言 ………………………………… 1
　第一节 教态礼仪 …………………………………………………… 1
　　　　一、标准的站姿 ………………………………………………… 2
　　　　二、典雅的坐姿 ………………………………………………… 9
　　　　三、优美的走姿 ………………………………………………… 18
　　　　四、正确的蹲姿 ………………………………………………… 22
　第二节 手势、表情礼仪 …………………………………………… 24
　　　　一、手势 ………………………………………………………… 26
　　　　二、表情 ………………………………………………………… 43
　基础练习 ……………………………………………………………… 51
　实训项目 ……………………………………………………………… 53

第二章 教师仪容礼仪——让自己的形象更完美 ……………………… 59
　第一节 教师的个人卫生 …………………………………………… 59
　　　　一、仪容卫生的基本要求 ……………………………………… 60
　　　　二、面部修饰的基本规范 ……………………………………… 64
　　　　三、教师发型的基本要求 ……………………………………… 67
　　　　四、肢体的修饰规范 …………………………………………… 70
　第二节 教师的化妆规范 …………………………………………… 74
　　　　一、美容化妆的历史回顾 ……………………………………… 75
　　　　二、化妆的基本原则 …………………………………………… 77
　　　　三、化妆品的选择与用法 ……………………………………… 79
　　　　四、化妆的基本程序 …………………………………………… 81
　　　　五、化妆的禁忌 ………………………………………………… 89
　基础练习 ……………………………………………………………… 91
　实训项目 ……………………………………………………………… 91

第三章 教师服饰礼仪——服饰通常说明您的一切 …………………… 94
　第一节 教师服饰礼仪概述 ………………………………………… 94

　　　　一、教师服饰礼仪的意义 …………………………………… 95
　　　　二、教师服饰礼仪的基本要求 ……………………………… 96
　　　　三、教师服饰礼仪的禁忌 …………………………………… 99
　　第二节　女教师服饰礼仪 …………………………………………… 101
　　　　一、女教师着装原则 ………………………………………… 102
　　　　二、女教师西装套裙礼仪 …………………………………… 104
　　　　三、女教师旗袍礼仪 ………………………………………… 108
　　　　四、女教师便装礼仪 ………………………………………… 110
　　　　五、女教师佩饰礼仪 ………………………………………… 112
　　　　六、女教师服饰色彩搭配原则 ……………………………… 116
　　第三节　男教师服饰礼仪 …………………………………………… 117
　　　　一、男教师西装礼仪 ………………………………………… 117
　　　　二、男教师中山装礼仪 ……………………………………… 126
　　　　三、男教师便装礼仪 ………………………………………… 129
　　　　四、男教师饰品礼仪 ………………………………………… 130
　基础练习 ………………………………………………………………… 132
　实训项目 ………………………………………………………………… 132

第四章　教师人际交往见面礼仪——此时无声胜有声 ………………… 134
　　第一节　问候礼仪 …………………………………………………… 134
　　　　一、问候的态度 ……………………………………………… 135
　　　　二、问候的次序 ……………………………………………… 136
　　　　三、问候的形式 ……………………………………………… 136
　　　　四、问候的内容 ……………………………………………… 136
　　　　五、问候的注意事项 ………………………………………… 137
　　第二节　称呼礼仪 …………………………………………………… 137
　　　　一、称呼的重要性 …………………………………………… 137
　　　　二、称呼的种类和用法 ……………………………………… 138
　　　　三、称呼的禁忌 ……………………………………………… 145
　　第三节　介绍礼仪 …………………………………………………… 146
　　　　一、自我介绍 ………………………………………………… 147
　　　　二、他人介绍 ………………………………………………… 150
　　　　三、集体介绍 ………………………………………………… 153
　　第四节　握手礼仪 …………………………………………………… 155
　　　　一、握手的时机 ……………………………………………… 156
　　　　二、伸手的次序 ……………………………………………… 157
　　　　三、握手的方式 ……………………………………………… 158
　　　　四、握手的禁忌 ……………………………………………… 159

- 第五节　常见的其他会面礼节 ·· 160
  - 一、点头礼 ·· 161
  - 二、举手礼 ·· 161
  - 三、脱帽礼 ·· 162
  - 四、注目礼 ·· 163
  - 五、拱手礼 ·· 163
  - 六、鞠躬礼 ·· 164
  - 七、合十礼 ·· 165
  - 八、拥抱礼 ·· 166
  - 九、贴面礼 ·· 168
  - 十、亲吻礼 ·· 168
  - 十一、吻手礼 ·· 169
  - 十二、抚胸礼 ·· 169
  - 十三、挽臂礼 ·· 170
  - 十四、搀扶礼 ·· 171
  - 十五、鼓掌礼 ·· 172
  - 十六、敬茶礼 ·· 173
  - 十七、敬烟礼 ·· 174
- 第六节　名片礼仪 ·· 175
  - 一、名片的制作 ·· 176
  - 二、名片的分类 ·· 177
  - 三、名片的用途 ·· 178
  - 四、名片的交换 ·· 179
  - 五、名片的存放 ·· 181
  - 六、名片的禁忌 ·· 182
- 基础练习 ·· 183
- 实训项目 ·· 184

第五章　教师课堂教学礼仪——一本"无字之书" ·························· 186
- 第一节　课前准备礼仪 ·· 186
  - 一、个人形象自省 ·· 186
  - 二、提前走进教室 ·· 189
- 第二节　课堂教学活动中的礼仪 ·· 191
  - 一、课堂问候礼仪 ·· 192
  - 二、课堂举止礼仪 ·· 199
  - 三、课堂提问礼仪 ·· 204
  - 四、课堂板书礼仪 ·· 207
- 第三节　教师课堂语言礼仪 ·· 208

　　　　一、课堂语言的特点 …………………………………………… 209
　　　　二、教师语言礼仪 ……………………………………………… 210
　　　　三、课堂教学语言的运用技巧 ………………………………… 211
　　　　四、课堂语言的禁忌 …………………………………………… 215
　　基础练习 ……………………………………………………………… 218
　　实训项目 ……………………………………………………………… 219

第六章　教师沟通礼仪——让您的朋友遍天下 ………………………… 221
　　第一节　教师与学生沟通礼仪 ……………………………………… 221
　　　　一、与学生相遇时的礼仪 ……………………………………… 222
　　　　二、与学生谈心的礼仪 ………………………………………… 223
　　　　三、赞美和批评学生的礼仪 …………………………………… 225
　　第二节　教师与家长沟通礼仪 ……………………………………… 228
　　　　一、家长会与接待家长的礼仪 ………………………………… 229
　　　　二、家访和迎访的礼仪 ………………………………………… 231
　　　　三、与家长日常沟通的礼仪 …………………………………… 233
　　第三节　同事共处的礼仪 …………………………………………… 235
　　　　一、同事共处的礼仪原则 ……………………………………… 236
　　　　二、上级对下级的礼仪 ………………………………………… 239
　　　　三、下级对上级的礼仪 ………………………………………… 240
　　　　四、对手间的礼仪 ……………………………………………… 241
　　基础练习 ……………………………………………………………… 242
　　实训项目 ……………………………………………………………… 243

第七章　校园仪式礼仪 …………………………………………………… 246
　　第一节　升（降）国旗与奏国歌礼仪 ……………………………… 246
　　　　一、升国旗与奏国歌的意义 …………………………………… 247
　　　　二、升降国旗和奏国歌的礼仪次序和要求 …………………… 248
　　　　三、教师在升降国旗和奏国歌时应注意的礼仪 ……………… 249
　　第二节　开学典礼与毕业典礼的礼仪 ……………………………… 250
　　　　一、开学典礼与毕业典礼的意义 ……………………………… 250
　　　　二、开学典礼的主要仪式和要求 ……………………………… 250
　　　　三、毕业典礼的主要仪式和要求 ……………………………… 251
　　　　四、教师应注意的礼仪 ………………………………………… 252
　　第三节　宣誓仪式礼仪 ……………………………………………… 253
　　　　一、宣誓的意义 ………………………………………………… 253
　　　　二、入党宣誓仪式 ……………………………………………… 253
　　　　三、入团宣誓仪式 ……………………………………………… 254

　　　　四、少先队入队宣誓仪式 …… 255
　　　　五、成人宣誓仪式 …… 256
　第四节　运动会与联欢晚会的礼仪 …… 260
　　　　一、运动会的礼仪要求 …… 260
　　　　二、联欢晚会的礼仪要求 …… 262
　第五节　主题班会与团队活动礼仪 …… 264
　　　　一、主题班会 …… 264
　　　　二、班级联欢会 …… 265
　　　　三、团队活动的礼仪 …… 265
　第六节　颁授仪式与校庆礼仪 …… 266
　　　　一、颁授仪式 …… 267
　　　　二、校庆仪式 …… 269
　基础训练 …… 271

第八章　中国传统节日礼仪——民族的，也是世界的 …… 272
　第一节　春节——总把新桃换旧符 …… 272
　　　　一、春节概述 …… 273
　　　　二、春节由来与传说 …… 274
　　　　三、春节习俗 …… 275
　　　　四、春节食俗 …… 278
　第二节　元宵节——流光溢彩闹花灯 …… 279
　　　　一、元宵节概述 …… 279
　　　　二、元宵节由来与传说 …… 279
　　　　三、元宵节习俗 …… 280
　　　　四、元宵节食俗 …… 281
　第三节　清明节——寒食东风御柳斜 …… 282
　　　　一、清明节概述 …… 282
　　　　二、清明节由来与传说 …… 282
　　　　三、清明节习俗 …… 284
　　　　四、清明节食俗 …… 286
　第四节　端午节——鼓声劈浪鸣千雷 …… 288
　　　　一、端午节概述 …… 288
　　　　二、端午节由来与传说 …… 288
　　　　三、端午节习俗 …… 290
　　　　四、端午节食俗——粽子 …… 291
　第五节　七夕节——牛郎织女鹊桥会 …… 291
　　　　一、七夕节概述 …… 291
　　　　二、七夕节由来与传说 …… 292

　　　　三、七夕节习俗 ………………………………………………………… 293
　　　　四、七夕节食俗——巧果 ……………………………………………… 293
　第六节　中秋节——海上明月共潮生 ……………………………………… 294
　　　　一、中秋节概述 ………………………………………………………… 294
　　　　二、中秋节由来与传说 ………………………………………………… 294
　　　　三、中秋节习俗 ………………………………………………………… 296
　　　　四、端午节食俗 ………………………………………………………… 297
　第七节　重阳节——菊花须插满头归 ……………………………………… 298
　　　　一、重阳节概述 ………………………………………………………… 298
　　　　二、重阳节由来与传说 ………………………………………………… 298
　　　　三、重阳节习俗 ………………………………………………………… 299
　　　　四、重阳节食俗 ………………………………………………………… 300
　第八节　冬至节——冬至阳生春又来 ……………………………………… 301
　　　　一、冬至节概述 ………………………………………………………… 301
　　　　二、冬至节由来与传说 ………………………………………………… 301
　　　　三、冬至节习俗 ………………………………………………………… 302
　　　　四、冬至节食俗 ………………………………………………………… 303
　基础练习 ……………………………………………………………………… 304

主要参考文献 …………………………………………………………………… 306

第一章 教师仪态礼仪
——体态的语言

仪态，又称体姿，指一个人的姿态，泛指人的身体呈现的样子。仪态主要包括：站姿、坐姿、走姿、蹲姿、手势和面部表情等。仪态美可以反映出一个民族的文明素质和道德水准。从这一点来说，仪态是体态语的一个子集。中华民族的传统文明是我们进行精神文明建设的根基。教师仪态是教师整体风范之一，正确地运用仪态礼仪，既是教师自身素质的体现，又是教师教学基本功（教态）的重要体现。教师的仪态礼仪要做到：自然、文明、稳重、美观、大方、优雅、敬人。

【学习目标】

通过本章的学习和训练，熟练掌握站、坐、走、蹲、微笑、手势和表情礼仪的动作要领，最终应达到：全面提高身体素质，矫正形体的不良姿态，增强自身的控制能力和美感，学会标准的站姿、典雅的坐姿、优美的走姿和正确的蹲姿；懂得如何控制眼神，如何保持自然微笑，并能熟练地掌握和巧妙运用各种手势和表情；使未来的人民教师深刻认识到仪态礼仪在学习、生活、工作中的重要性。

【基本内容】

本章内容主要包括教态礼仪、手势和表情礼仪，其中标准的站姿、典雅的坐姿、优美的走姿、正确的蹲姿，教师在社交场合中常用的几种规范手势的具体做法与要求，以及在课堂教学中如何巧妙运用表情、眼神和微笑礼仪等。

第一节 教态礼仪

所谓的教态，就是指课堂教学中教师的眼神、表情、动作、姿态、手势、语调和服饰的综合。简言之，教态就是教师的讲台形象，而教师的讲台形象主要是由体态语表现出来的。因此具备体态语知识，并且能在教学中正确娴熟地运作，也是教师的一项教学基本功。一名教师能使教态符合教育教学要求，符合教育学家们提出的"直观性教学准则"，也符合毛泽东同志提倡的十大教授法中"以姿势助说话"的要求，对提高教育教学质量具有十分重要的意义。

【案例导入】

教师讲课应该有声有色，具有启发性，如果像背书一样毫无表情，学生听课就会感到乏味。鲁迅先生的讲课受到学生热烈欢迎，这不仅由于他的政治思想睿智先进，教学内容渊博丰富，而且他的教学语言生动活泼，风趣幽默，富有吸引力和感染力。为了使学生获得直观感受，除了在黑板上画画，还会用姿势表示。在讲《唐之传奇文》的《异梦录》之邢凤梦见美人，示以"弓弯"之舞。学生对"弓舞"不理解，先生援引了《酉阳杂俎》里的故事：有士人醉卧，见妇人踏歌曰："无袖弓腰浑忘却，蛾眉空带九秋霜。"问何是弓腰？歌者笑曰：汝不见我作弓腰乎？乃反首髻及地、腰势如规焉。先生可能还觉得表述不够清楚，于是仰面，弓腰，身子向后仰，身体一弯曲，就晃了起来，脚也站立不稳了，这时先生自言自语说："首髻及地，吾不能也。"这样边舞蹈边讲述，使学生感到如沐春风，满怀温馨，印象深刻，经久不忘。这样的讲课成竹在胸，生动有趣，气氛活跃，教师怎能不受到学生的欢迎和尊敬呢？

【案例评析】

教学既是一门科学，也是一门艺术。由于时代的发展，教学手段也在不断创新，出现函授、刊授、广播教学、多媒体教学、微格教学等多种形式。可是"言传身教"仍然是课堂教学的主要手段。掌握和运用教师仪态礼仪是教学的一项重要基本功。对教学语言的一般要求是：准确简练、通俗流畅、形象生动、和谐动听。

苏联著名教育家马卡连柯曾讲过："高等师范学校应当用科学的方法来培养我们的教师。如怎样站、怎样坐、怎样从桌子旁边的椅子上站起来，怎样提高声调，怎样笑和怎样看书等，这一切，对教师来说都是很有必要的，如果没有这些技巧，那就不能成为一个合格的教师。"因此，教师的仪态成为教师整体风范的要点之一。

一、标准的站姿

站立是人们生活、工作及交往中最基本的举止之一。正确的站姿是站得端正、稳重、自然、亲切。优美、典雅的站姿能衬托一个人美好的气质和风度。教师在课堂上庄重挺拔的站姿能给学生传递出自信、干练的信息，令学生感到可信赖、可依靠，对精神疲惫的学生有一种鼓舞作用。

（一）站姿的动作要领

如图 1-1 所示，标准站姿的基本要求是：头要正，双目平视，下颌微微上抬，面部表情放松，面带微笑，两肩自然下沉，两臂自然下垂，五指并拢，中指贴紧裤缝，气息提到胸部，胃部向上顶，整个气息保持在胃部胸部，有节奏地呼吸，避免下沉，同时收腹、立腰、提臀，身体重心向上。大小腿并拢，脚跟靠拢，整个站姿能给人以挺拔、舒展、线条优美、精神焕发的感觉。

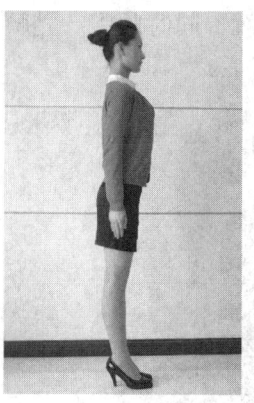

图 1-1　标准站姿

（二）常用的站姿类型

标准的站姿：站立姿势，又称站姿或立姿，是指人在停止行动后直立身体双脚着地的姿态。这种静态的身体造型是其他动态的身体造型的基础与起点。人际交往中，站姿是一个人全部仪态的根本。"站有站相"既是对自然美的一种要求，又是对一个人礼仪修养的基本规范，良好的站姿能衬托出一个人超凡脱俗的气质和风度。但由于男女性别差异，因而对其基本站姿又有一些不尽相同的要求。男教师站姿要求具有稳健、挺拔的阳刚之美；女教师站姿要求具有端庄典雅、亭亭玉立的阴柔之美。

1. V 字步站姿

头要正，双目平视前方，嘴微闭，下颌微微上抬，面部表情放松，面带微笑。两肩自然下沉，两臂自然下垂，五指并拢，中指贴紧裤缝。气息提到胸部，胃部向上顶，整个气息保持在胃部胸部，有节奏的呼吸，避免下沉，同时收腹、立腰、提臀，身体重心向上。大小腿并拢，脚跟靠拢，两脚夹角 45～60 度（在训练过程中，两脚尖之间的距离为自己的脚长）。此站姿男女教师均适用（图 1-2）。

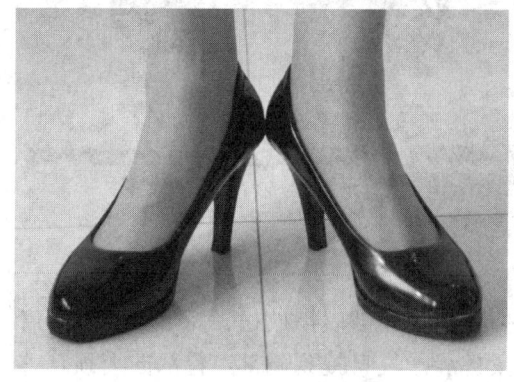

图 1-2　V 字步站姿

2. 并腿式站姿

头要正，双目平视前方，嘴微闭，下颌微微上抬，面部表情放松、自然。两肩自然下沉，两臂自然下垂，五指并拢，中指贴紧裤缝。气息提到胸部，胃部向上顶，整个气息保持在胃部胸部，有节奏的呼吸，避免下沉，同时收腹、立腰、提臀，身体重心向上。两腿立直，双脚并拢，脚尖正对前方（图1-3）。

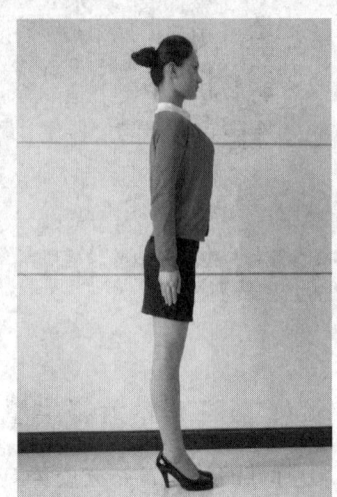

图1-3　并腿式站姿

3. 丁字步站姿

头要正，双目平视前方，嘴微闭，下颌微微上抬，面部表情放松、面带微笑。两肩自然下沉，两臂自然下垂，五指并拢，中指贴紧裤缝。气息提到胸部，胃部向上顶，整个气息保持在胃部胸部，有节奏的呼吸，避免下沉，同时收腹、立腰、提臀，身体重心向上。在V字步的基础上，将左脚跟靠于右脚内侧中间部位，两脚尖展开45度（图1-4）。

图1-4　丁字步站姿

4. 左右分腿式站姿

头要正，双目平视前方，嘴微闭，下颌微微上抬，面部表情放松、面带微笑。两肩自然下沉，两臂自然下垂，五指并拢，中指贴紧裤缝。气息提到胸部，胃部向上顶，整个气息保持在胃部胸部，有节奏的呼吸，避免下沉，同时收腹、立腰、提臀，身体重心向上。两腿左右分开距离与肩同宽（图1-5）。

第一章　教师仪态礼仪

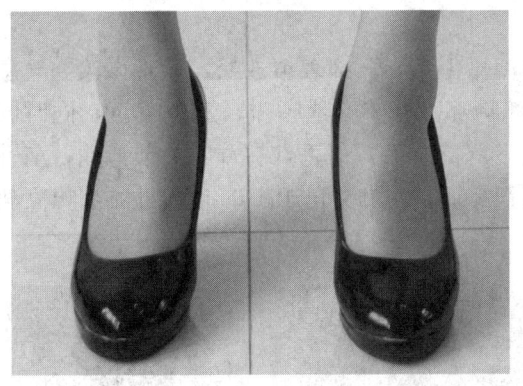

图 1-5　左右分腿式站姿

5. 体前握手式站姿

　　头要正，双目平视前方，嘴微闭，下颌微微上抬，面部表情放松、面带微笑，两肩自然下沉。气息提到胸部，胃部向上顶，整个气息保持在胃部胸部，有节奏的呼吸，避免下沉，同时收腹、立腰、提臀，身体重心向上。两脚形成V字步，两手四指并拢，拇指打开交握于体前，成握手式（男教师左手在右手上，女教师右手在左手上，即男左女右），身体重心在两脚之间（图1-6）。

图 1-6　体前握手式站姿

6. 体后背手式站姿

　　头要正，双目平视前方，嘴微闭，下颌微微上抬，面部表情放松、面带微笑，两肩自然下沉。气息提到胸部，胃部向上顶，整个气息保持在胃部胸部，有节奏地呼吸，避免下沉，同时收腹、立腰、提臀，身体重心向上。两脚形成V字步，两腿并拢，脚尖分开形成60～70度，两手在身后握手。男教师两腿分开，两手体后背手，成"大八字状"，此站姿一般适用于男性教师（图1-7）。

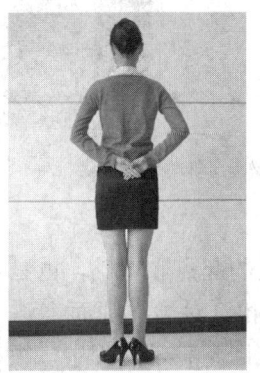

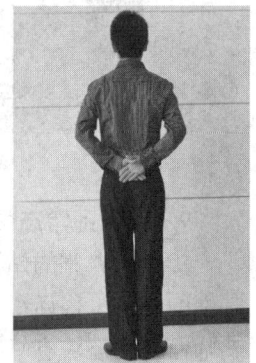

图 1-7　体后背手式站姿

7. 单手体前屈臂式站姿

头要正，双目平视前方，嘴微闭，下颌微微上抬，面部表情放松，面带微笑。气息提到胸部胃部向上顶，整个气息保持在胃部胸部，有节奏地呼吸，避免下沉，同时收腹、立腰、提臀，身体重心向上。两肩自然下沉，左手臂下垂，右臂肘关节弯曲，前臂抬至横膈膜处，手背向外。大小腿并拢，脚跟靠拢，两脚夹角45～60度。此站姿男女教师均适用（图1-8）。

图1-8　单手体前屈臂式站姿

8. 单手体后屈臂式站姿

头要正，双目平视前方，嘴微闭，下颌微微上抬，面部表情放松，面带微笑。气息提到胸部胃部向上顶，整个气息保持在胃部，胸部，有节奏地呼吸，避免下沉，同时收腹、立腰、提臀，身体重心向上。两肩自然下沉，右手后背，左手臂体侧下垂。两腿并拢，两脚分开成60度，右脚向前，脚跟靠于左脚脚心内侧，成右丁字步状，身体重心分布于两脚上。此站姿一般适用于男性教师（图1-9）。

图1-9　单手体后屈臂式站姿

9. 女教师常态站立姿态的手姿造型

优美而典雅的站姿，是不同质感动态美的起点和基础，也是对一个人礼仪修养的最基本的要求。俗话说"站如松"，即站有站相，对男教师而言站姿应有挺拔之美，对女教师而言站姿应有亭亭玉立之美。女教师在课堂教学过程中，根据不同教学内容，要学会控制站立姿态的手姿造型，切不可手舞足蹈，甚至有不雅之举（图1-10～图1-13）。

第一章 教师仪态礼仪

图 1-10　下压式　　　图 1-11　重叠式　　　图 1-12　扣握式　　　图 1-13　交叉卷握式

（三）不同场合的站姿

在不同的场合下，教师的站姿应符合以下礼仪规范。

（1）学生回答问题时，教师的站姿应该是身体微微前倾。这种姿势表明教师对学生说的话感兴趣，也表明教师的注意力都集中在学生身上，没有走神，从而增加亲切感。

（2）在升国旗、奏国歌、接受奖品、接见等庄严的仪式场合，教师应采取"肃立"的姿势。"肃立"类似标准站立姿态，但神情严肃，身体不可乱动，双眼可随人物慢慢移动（如升国旗、接见人等），可看着有关人员，双目不一定平视。

（3）教师在讲课或演讲时，两脚脚跟落地，站稳站直，胸膛自然挺起，不要耸肩，或过于昂着头。为了减少身体对腿部的压力，减轻双腿的疲乏，可以用双手支撑在讲台上，两腿轮流放松。

（4）讲课时，教师站在教室的前中央为最佳位置，即讲桌与黑板之间，这样做可以提高课堂教学效率。讲课时的站位不一定呆板地固定在一点上，可以适当地移动位置，或到学生座位间巡视、站立。

（5）女教师在主持公关性质的文艺活动和庆典仪式时，为了使站立姿势更加优美，可以将双腿并拢，站成 V 字步，或丁字步。站 V 字步时，双手臂体前握，右手在左手上，分低位、中位、高位。身体重心向上、抬头、挺胸、立腰、收腹、提臀，亭亭玉立，展现女性魅力（图 1-14）。

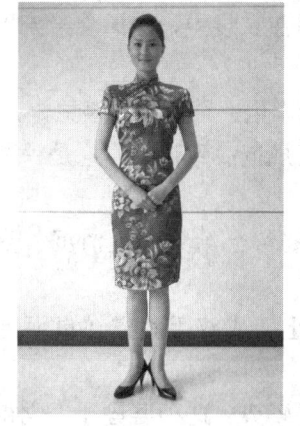  

图 1-14　不同规格礼宾接待站立姿态的手姿造型（迎宾、礼宾和贵宾）

（四）站姿的训练方法

（1）五点靠墙法：背墙站立，脚跟、小腿、臀部、双肩和头部靠着墙壁，以训练全身的控制能力。

（2）头上顶书法：站立者按基本动作要领站好后，在头上顶一本书，努力保持书在头上的稳定性，以训练头部和身体的控制能力（图1-15）。

（3）双腿间夹纸法：站立者两腿并拢，在两腿之间夹上一张纸，保持纸不松、不掉，以训练全身的控制能力，养成女教师站立时不分腿的好习惯（图1-15）。

（4）对镜训练法：每人面对镜面，检查自己的站姿及整体形象，看是否歪头、斜肩、含胸、驼背、弯腿等，发现问题及时调整。

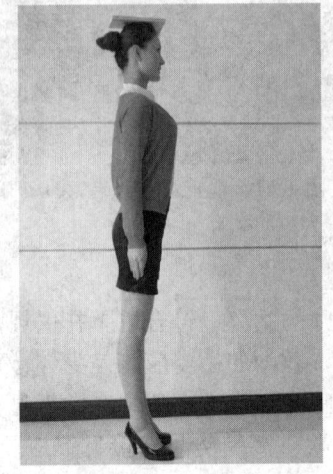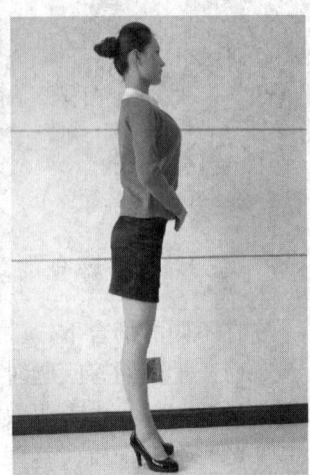

图1-15 头上顶书法和双腿间夹纸法

站姿训练每次训练的时间不少于20分钟，训练时最好配上节奏感强、欢快、有较强的呼吸感、能调动人体的内在潜力的音乐，这样可以缓解疲劳，提高训练效果。

（五）教师站姿的注意事项

（1）教师站在讲台上授课，要随时根据授课内容和课堂情景的变化调整站姿。走出讲台时女教师尽量采用丁字步或V字步站姿，两腿并拢。如站在讲台后，双腿可以适当分开，但分开的幅度越小越好，两腿之间的距离不能超过肩宽。

（2）教师擦黑板时，教师的站立要稳。不能全身猛烈抖动，左右摇晃，否则会破坏教师的课堂形象。

（3）教师站立时，忌一肩高一肩低，或长时间插手在衣袋内，这样会给人拘谨、小气、不严肃之感。

（4）教师站立时，忌双手抱在胸前。这些动作会给学生一种傲慢的感觉。

（5）教师站立时，忌手插在腰间。世界各国的礼仪规范一致认为，这是一种潜含有冒犯意识的姿势。

（6）教师站立时，忌身体歪斜、弓腰驼背。这些姿势会给人颓废消沉、萎靡不振之感。

（7）教师站立时，忌身体伏或倚靠在讲台、课桌上，或双手斜撑在桌面上身体前倾。这些姿势让人感觉懒散、拖沓、无精打采。

（8）教师使用多媒体时，若坐椅太高，忌半坐半立姿势。这种姿势让人觉得过分随便而缺乏教养。

二、典雅的坐姿

坐姿是人在就座后身体所保持的一种姿势。"坐要有坐相",这是对一个人的礼仪素质的基本要求之一,良好的坐相能够较准确地反映一个人的教养程度,能够为人增添几分风度;良好的坐姿不仅有利于健康,而且能塑造娴雅自如、稳重端庄的个人形象。我们要根据所处场合、着装,以及沙发或椅子的高低采用不同的坐姿,始终保持一个正确的坐姿仪态。

【案例导入】

某著名高校正在进行面试,一位应聘者进门后沉着地向大家举手致意,然后选择了最前排且人较多的中间座位就座。他就座的姿势极佳,臀部占据椅子三分之二左右面积,并且上身挺直,两手自然地放在膝盖上,不左顾右盼,双眼注视着面试官们。最后,面试官们一致认为,这位应聘者是一名难得的人才,非常适合他们所招聘的职位。

【案例评析】

该应聘者得体的举止、仪态为其赢得这个职位交了一份很好的"答卷"。他进门后沉着地向大家举手打招呼,说明他有很好的修养;选择最前排中间的座位就座,表明他希望得到别人的关注,善于自我推销,充满自信;他就座的地方人较多,说明他与人合群,善于交际;就座后的姿势极佳,表明他稳重、冷静、对人尊重。

(一)坐姿的动作要领

1. 标准坐姿要领

(1)头部。头部端正,双目平视,面带微笑,下颌微收,脖子挺直,不能出现仰头、低头、歪头、扭头等情况。

(2)躯干。落座后,身体端正舒展,重心垂直向下或稍向前倾,腰背挺直,臀部占椅面面积的2/3,沙发面积的1/2。

(3)腿部。大腿与小腿成90度,两膝靠拢,双脚并齐。

(4)双手。两臂自然弯曲,双手放在左右大腿上或沙发的扶手上(图1-16)。

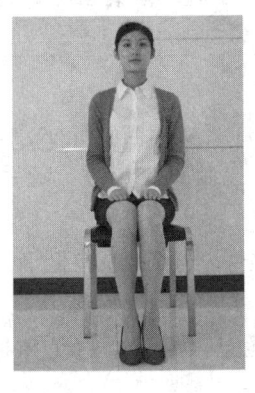 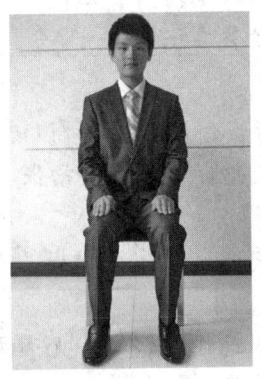 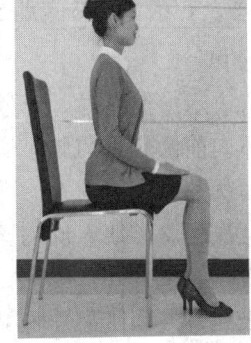

图1-16　标准坐姿

2. 入座、离座要领

1) 入座的要领

（1）左侧入座。并步站在椅子的左侧，右脚向前迈一步，左脚再上前迈一步，右脚再向右侧跨一步，左脚向右脚靠拢成站立，站在椅子的正前方，身体动作要做到"轻、柔、紧"。

（2）确定位置。不论从哪个方向入座，都应在离椅前半步远的位置立定，右脚轻轻地向后退半步，小腿有触碰椅子的感觉，以确定位置。

（3）整理裙装。女教师着裙装入座时，应用手沿大腿侧后部轻轻地把裙子向前拢一下，以显示娴雅端庄。

（4）轻缓就座。坐下时，身体重心徐徐垂直落下，臀部接触椅面要轻，避免发出声响。

（5）调整体位。坐下之后，双腿并拢，落座轻缓；为使坐得端正舒适，或为方便整理衣服，可在坐下后调整一下体位。坐下后，臀部占椅子面积的 2/3、沙发面积的 1/2，避免瘫坐、斜坐或靠坐（图 1-17）。

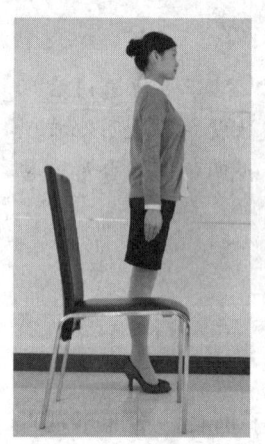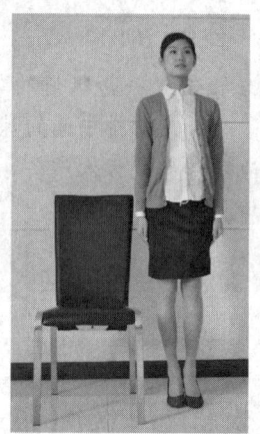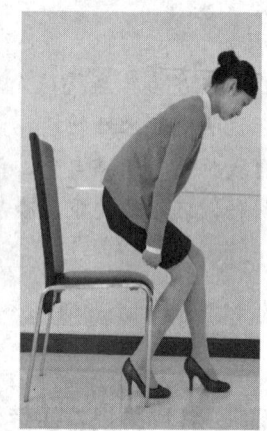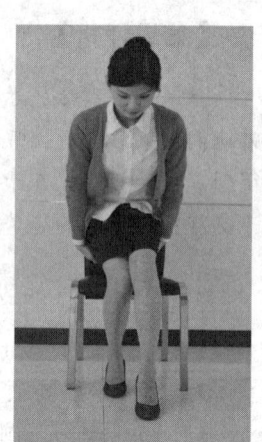

图 1-17　入座

> **为什么要从椅子左侧入座？**
> 　　古时的西方，男女都有佩剑防身。如今，依然可以在某些欧洲王室的护卫队演习中看到这种配饰。因为佩剑是挂在左腰间的，所以为了避免剑身妨碍入座，当时的人们都有站在椅子的左边，然后右脚向前跨一步后入座的习惯。沿袭至今，这个站在椅子左侧的入座方式也自然而然成了餐桌礼仪的一部分。

2) 离座的要领

（1）先有表示。离座时，身旁若有人在座，须以语言或动作向其先示意，右脚向后退半步，身体向前倾斜，前脚掌着地，腿紧张腰紧张，控制身体重心，随后起身站立。猛然起身会惊扰邻座和周围人。

（2）注意次序。与他人同时离座，须注意起身的先后次序。地位低者，应稍后离座；地位高者，则可首先离座。

（3）缓慢起身。起身离座时，动作要轻缓，无声无息，尤其要避免"拖泥带水"，弄响坐椅，或将椅垫、椅套弄掉在地上。

（4）站好再走。离开坐椅后，先要采用基本的站姿。站定之后，方可离去。若是起身便跑，或是离座与走开同时进行，则会显得过于匆忙，有失稳重。

（5）从左离开。在尽可能的情况下，坐下后起身，宜从左侧离去。与左入一样，左出也是一种礼节（图1-18）。

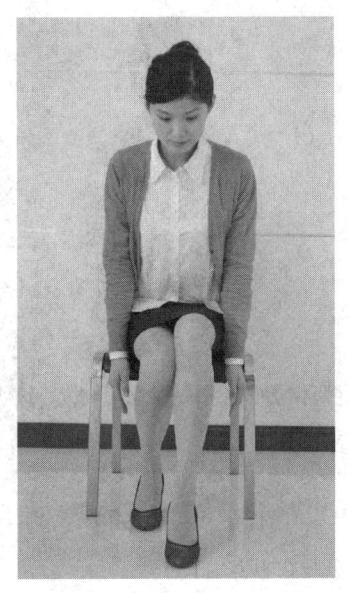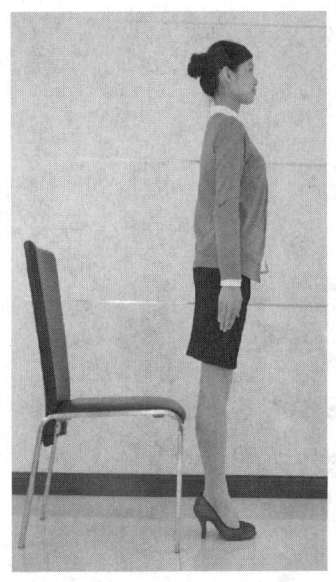

图1-18　离座

（二）常用的坐姿类型

1. 并步式坐姿

在正式场合，入座者头部端正，双目平视，面带微笑，下颌微收，腰背挺直，大腿与小腿基本上成直角，两膝靠拢，两脚并拢平放地面，脚尖正对前方，两臂贴身自然弯曲，双手放在大腿上（图1-19）。

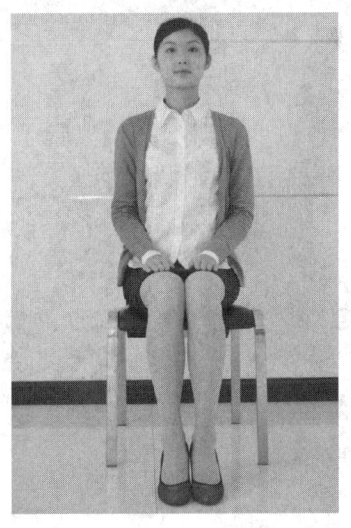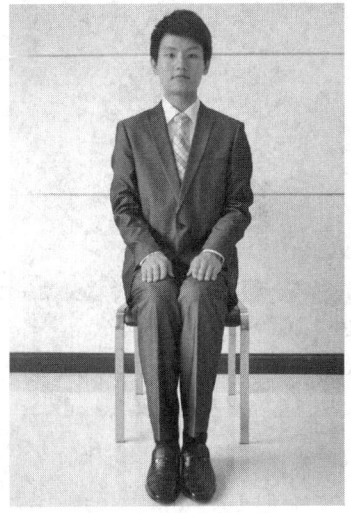

图1-19　并步式坐姿

2. 左右分腿式坐姿

在并步坐姿的基础上，双腿左右分开与肩同宽，脚尖正对前方，两膝靠拢，两臂自然弯曲，双手放在大腿上，双肘靠于体侧，腰背挺直，目视前方，面带微笑（男老师两膝分开，与肩同宽）（图1-20）。

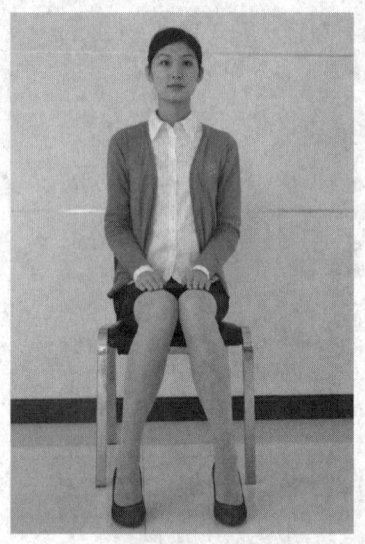
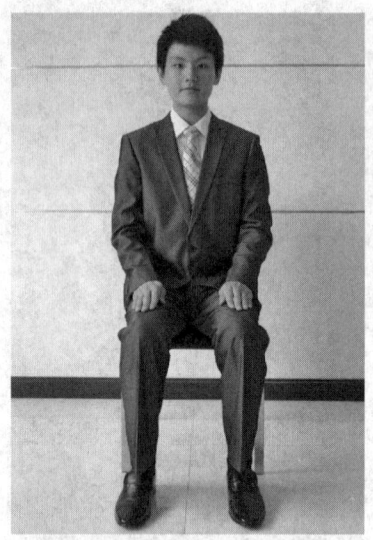

图1-20　左右分腿式坐姿

3. V字步坐姿

在并步坐姿的基础上，双脚前脚掌分开，脚后跟靠拢，两脚成45~60度夹角，双手重叠放在两腿之间，腰背挺直，目视前方，下颌微微上抬，面带微笑。V字步适用于教师与学生家长面对面的交流之时（图1-21）。

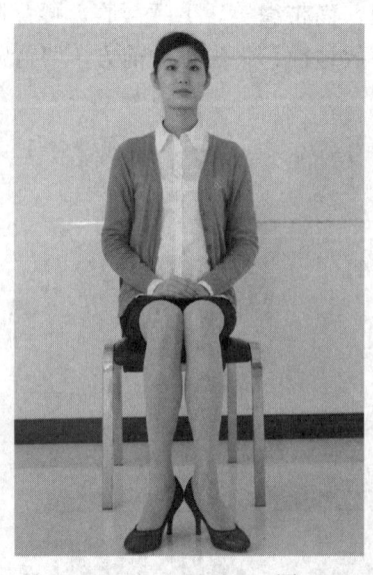
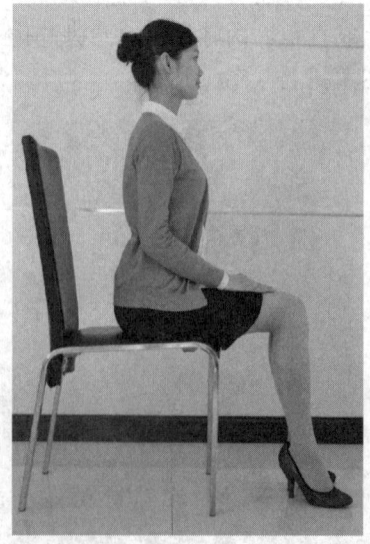

图1-21　V字步坐姿

4. 前后错步坐姿

在并步坐姿的基础上，左腿垂直于地面，右腿向后退半步，用前脚掌着地，脚后跟稍有抬起，两膝靠拢，身体稍向前倾，双手叠放在双腿之间，若左腿在前，就右手重叠与左手之上（男教师五指并拢，手心向下，放在大腿中部）（图1-22）。

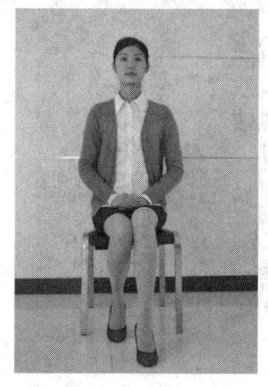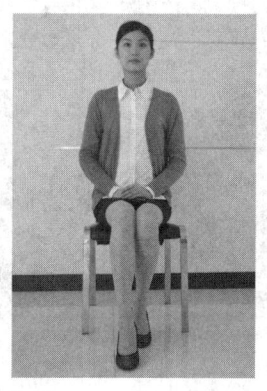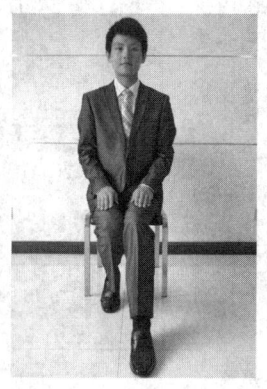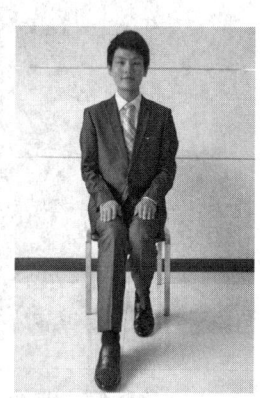

图1-22　前后错步坐姿

5. 前索步坐姿

在并步坐姿的基础上，双腿向前伸出半步，右脚置于左脚之上，两踝关节处相交，两腿并拢，两脚尖点地。双手叠放在两腿之间（左腿在前，右手则重叠于左手之上）。这个坐姿男女教师都适宜（图1-23）。

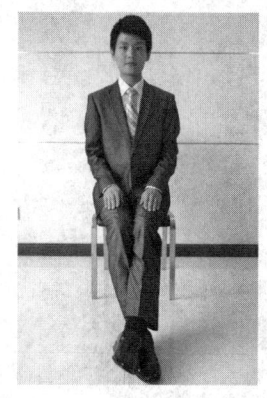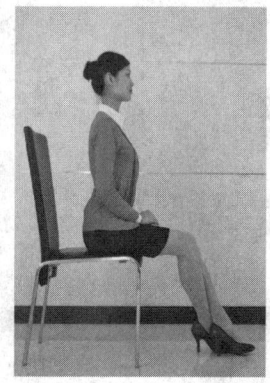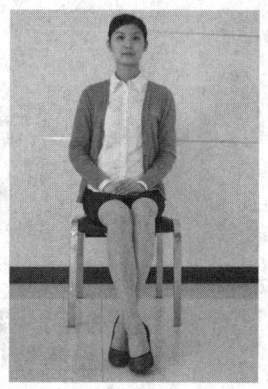

图1-23　前索步坐姿

6. 丁字步坐姿

在并步坐姿的基础上，将左脚跟靠于右脚内侧中间部位，两脚尖展开45度，两膝靠拢，立腰，两手重叠放在两腿之间，头的上半部微向反方向侧倒，下颌微微上抬。此动作典雅大方，可作为学生坐姿的基本训练（图1-24）。

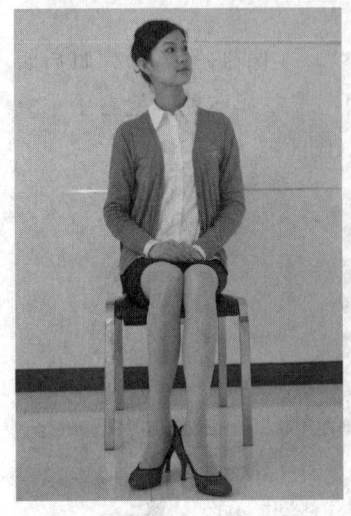
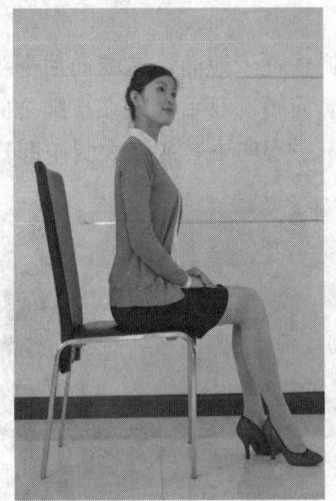
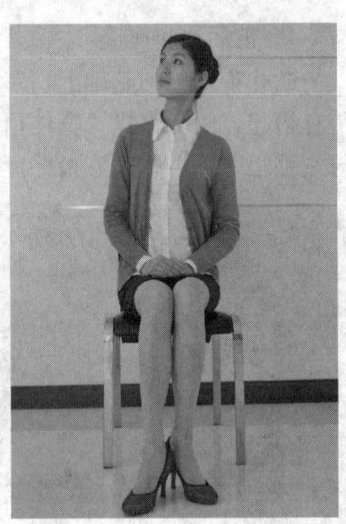

图 1-24　丁字步坐姿

7. 单腿侧点步坐姿

在并步坐姿的基础上，左腿向左侧后斜伸出，前脚掌内侧着地，右脚垂直地面，小腿与大腿成 90 度，全脚掌着地，头向左转 45 度。双手叠放在双腿之间（左腿在前，右手则重叠于左手之上）（图 1-25）。

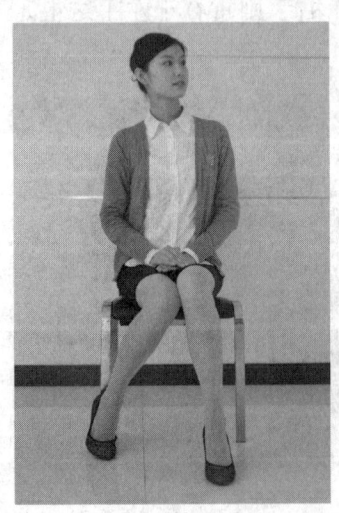
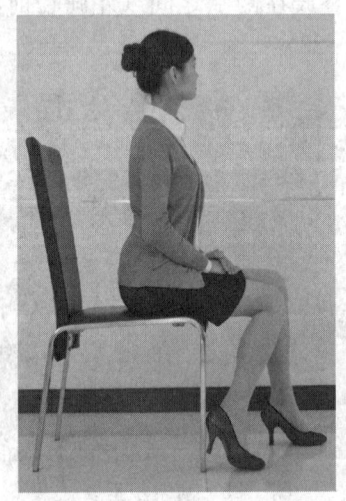
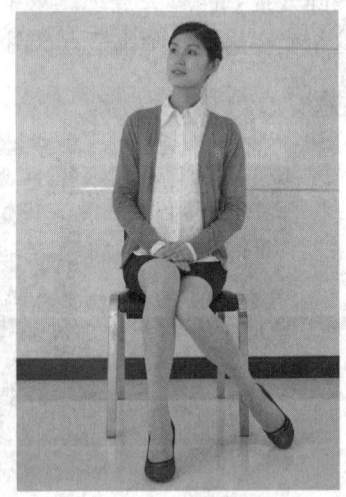

图 1-25　单腿侧点步坐姿

8. 后索步坐姿

在并步坐姿的基础上，右腿稍向右侧伸半步，脚掌内侧着地。左脚提起，挂在右脚踝关节处。双腿并拢，上身左转 45 度，挺胸抬头，下颌微微上抬。双手叠放在双腿之间（左腿在后，左手则重叠于右手之上）（图 1-26）。

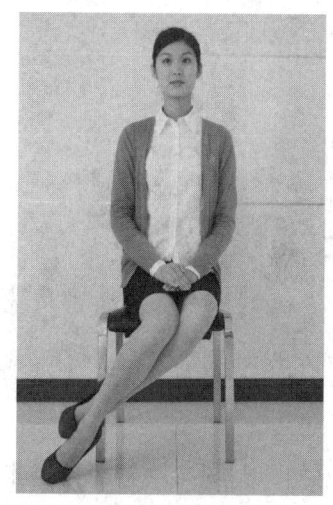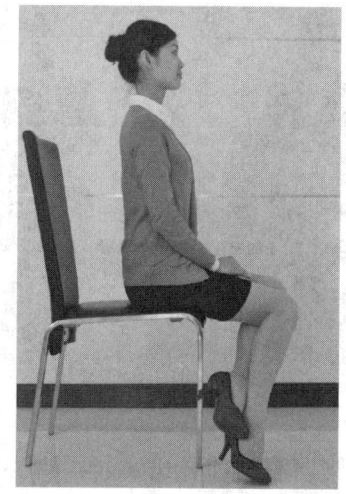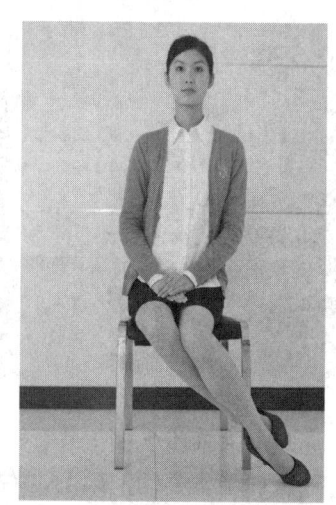

图 1-26　后索步坐姿

9. 双腿侧点步坐姿

在并步坐姿的基础上，双腿向左侧伸出半步，前脚掌着地，挺胸，立腰，两膝靠拢正对前方，双手叠放在两腿之间（双腿向左侧点，左手则重叠于右手之上）。这个坐姿适合女教师在社交场合的入座（图1-27）。

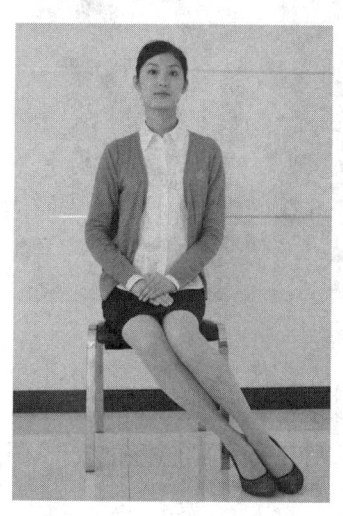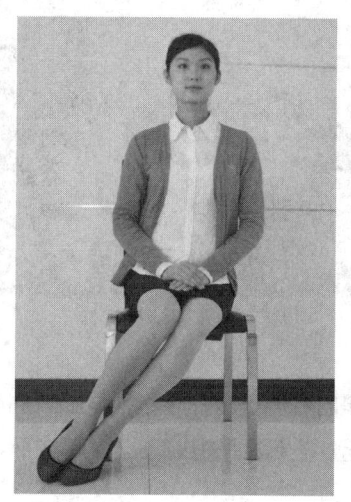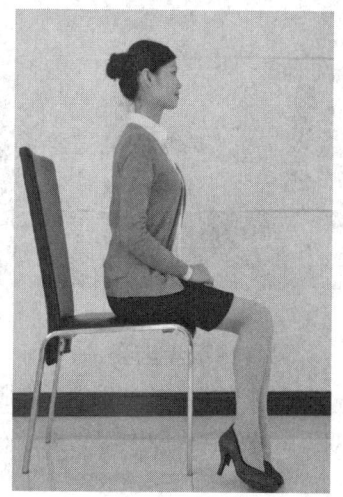

图 1-27　双腿侧点步坐姿

10. 向前小攀步坐姿

在并步坐姿的基础上，身体正直，收腹抬左腿，重叠于右腿之上，左腿脚尖向下绷直，右腿垂直于地面，右手体前屈臂放于腹前，五指并拢，手心向下，左手向前屈臂放在左大腿中部。要充分展现此动作的端庄、大方、典雅、得体，忌讳脚底朝向对方（在阿拉伯国家及东南亚国家，这被认为是极其不礼貌的动作）（图1-28）。

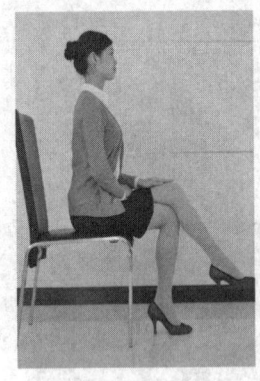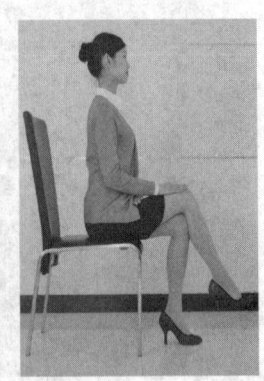

图 1-28　向前小攀步坐姿

11. 大掖步坐姿

　　在并步坐姿的基础上，右脚向右斜前伸出半步，脚尖内扣。左脚向左斜后方退半步，脚尖内侧点地。髋部向右斜前送髋，拧腰，身体成侧斜。上身向前倾斜，头超胸，胸超髋，含胸低头。双手叠放在两腿之间，双手肘关节靠于身体两侧（此动作作为坐姿的静态训练）（图 1-29）。

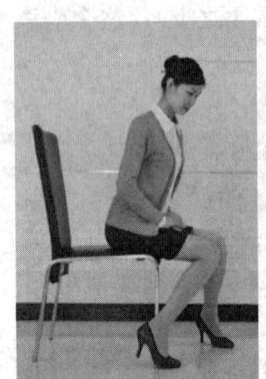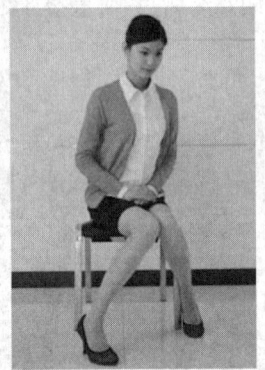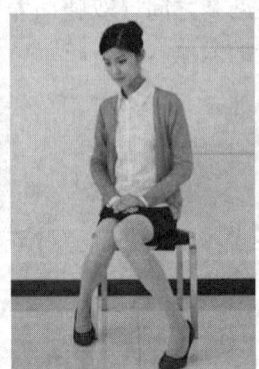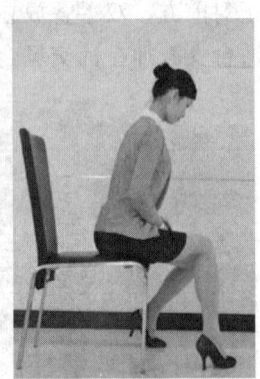

图 1-29　大掖步坐姿

12. 侧攀步坐姿

　　在并步坐姿的基础上，右腿向右侧点步，收腹抬左腿，屈膝重叠于右腿之上，双腿并拢，双手重叠放在大腿中部。腰背挺直，双目平视前方（左腿在下，则右手重叠与左手之上）（图 1-30）。

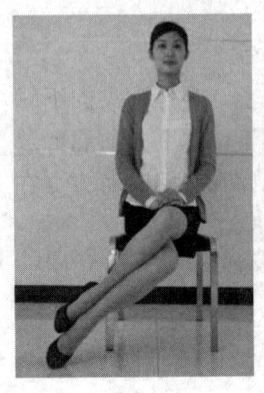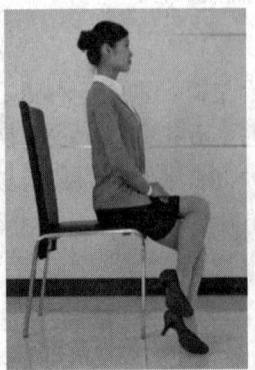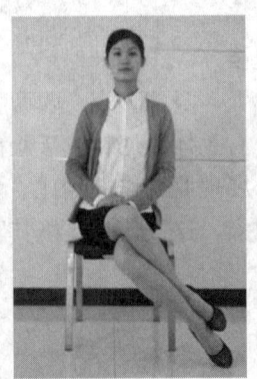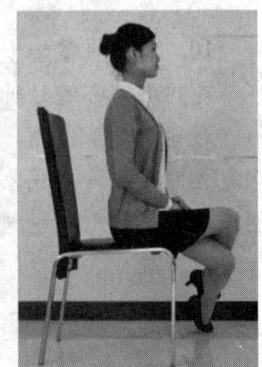

图 1-30　侧攀步坐姿

13. 斜侧后索步坐姿

在并步坐姿的基础上，双腿向右侧点步。提臀送髋，面向左斜前，右脚内侧点地，脚绷直，脚掌内侧着地，脚跟离地。左脚提起，用脚面贴住右脚踝后部，脚尖向下，双腿并拢，抬头挺胸。双手叠放在双腿之间（双腿向左侧点，则左手重叠于右手之上）（图1-31）。

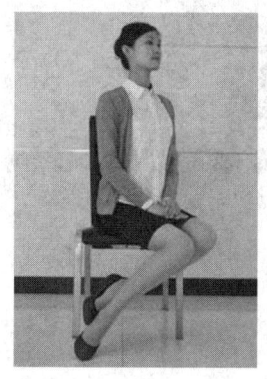
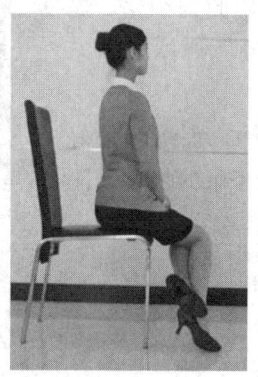
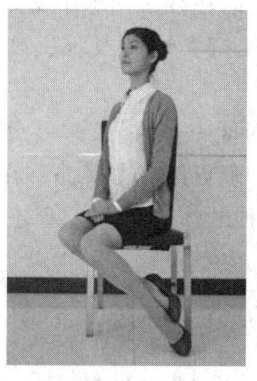
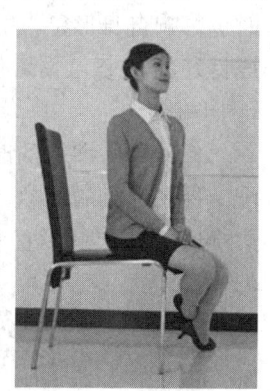

图1-31　斜侧后索步坐姿

14. 大攀步坐姿

在并步坐姿的基础上，左脚向左斜前伸出半步，脚尖正对左斜前，左腿垂直于地面，两膝靠拢，同时身体转向左斜45度，收腹抬起右腿叠放于左腿上，右脚尖向下绷直，双手叠放在右腿之上，左手叠放于右手之上，然后拧腰，转身面向正前方。男女教师皆适用（图1-32）。

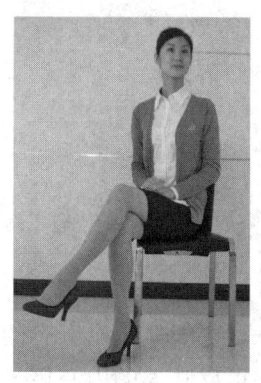

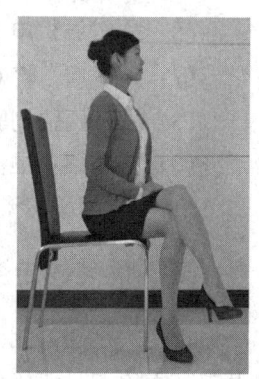

图1-32　大攀步坐姿

（三）坐姿的训练方法

（1）示范讲解训练。落座后，最影响坐姿美感的是人们坐下后的腿位和脚位，所以应先由教师示范不同坐姿，腿和脚的摆放方式，再指导学生反复练习。

（2）动作分解训练。分解坐姿入座，腿位、脚位摆放以及离座的几个步骤，并反复练习。

（3）对镜纠正训练。该训练方法最好在形体房进行，学生坐在镜子前，对着镜子检查自己的坐姿，发现问题及时纠正。

（4）同学互评训练。该训练方法可以在教室或宿舍内进行，同学之间互相评价，并指导纠正。

（5）两腿间夹纸训练。为保证女教师在公众场合保持坐姿的正确仪态，避免由于两膝分开走光，令人视觉不雅，同时也影响自身形象，所以在教学训练中常采用此训练法，养成良好的坐姿习惯，保持女性的典雅、高贵、得体的坐态（图 1-33）。

（6）每次训练的时间一般在 20～30 分钟，训练时最好配上抒情优雅的钢琴、萨克斯、古筝曲，在音乐的快慢、刚柔中通过动作展示优雅的体姿体态，真正体会到一种静态的美。

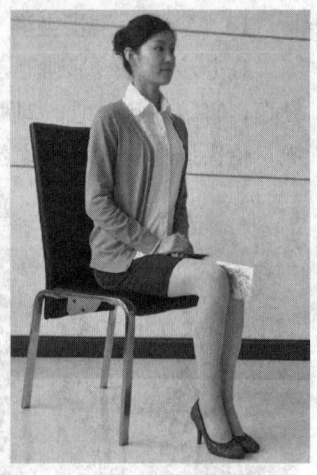

图 1-33　两腿间夹纸训练

（四）教师坐姿的注意事项

以下是几种不合礼仪规范的坐姿，应着力避免。

（1）为求放松，坐下后抖动或晃动双腿。

（2）两腿叉开过大，无论是大腿叉开还是两膝分开，都是极其不雅的。

（3）两膝盖分开，两腿呈八字形，这一点对女教师来说尤为不雅。

（4）将一条小腿架在另一条大腿上，两者之间还留出大大的空隙，就是我们所说的"跷二郎腿"。

（5）身体完全放松，瘫坐在椅子或沙发上。

（6）就座后，用手抚摸小腿或脚部，或双手抱在腿上。

（7）坐下后，将双手夹在两腿之间。

（8）叉开两腿倒骑在椅子上。

（9）把脚架在桌椅上。

（10）教师坐着讲课时，斜身、后仰、前趴、侧坐在椅子上。

三、优美的走姿

正确的走姿，能体现一种动态美，能体现一个人的风度和韵味，更能显示出青春的魅力。走姿的总体要求是从容、平稳、直线、有节奏感。行走姿态可反映人的内心境界和文化素养，能展现出一个人的风度、风采和韵味。教师在课堂教学中，恰当的走动能引起学生的注意，缩短师生之间的心理距离，有助于师生之间的信息交流，调动学生的学习积极性，使得课堂充满生气。

（一）走姿的动作要领

（1）规范的走姿首先要以端正的站姿为基础。

（2）头端。头正、颈直、下颌微收，双目平视（约 4 米远处），表情平和。

（3）躯挺。上身挺直，头正、挺胸、收腹、立腰，重心稍向前倾。

（4）肩稳。双肩微向后展，行走时双肩平齐下沉，双臂自然下垂，手指自然弯曲。

摆动两臂时，以肩关节为轴，上臂带动前臂前后自然摆动，前摆摆幅不得超过45°角，后摆摆幅不得超过15度，虎口向前，手心朝向体侧。两肩不要前后晃动，避免一肩高一肩低，双肩亦不要过于僵硬。

（5）提髋。提髋屈膝带动小腿向前迈步，脚尖略微分开，脚跟先触地，身体重心落在前脚掌上。前脚落地和后脚离地时，腿部伸直。

（6）步位正。步位即落脚时的位置。女子行走时，脚尖略开，脚跟先接触地面，依靠后腿将身体重心推送到前脚脚掌，使身体前移，两脚交替前行，两脚跟落在一条直线上，此为"柳叶步"，以显优美。男子行走时，两脚内侧着地的轨迹不在一条直线上，而是在两条平行线上，脚尖可以稍微外展。也就是所谓的"女走一条线，男走平行线"，平时可沿着地板线、地砖线，也可以利用运动场上跑道线进行此训练。

（7）步高合适。行走时脚不要抬得过高，那样看上去缺乏稳健感；也不能抬得过低，脚后跟在地上拖着走，给人的感觉缺乏朝气，显得"步履蹒跚"、"老态龙钟"。

（8）步幅适当。步幅即跨步时两脚之间的距离，前脚跟与后脚尖相距一脚长，但因性别和身高不同会有一定的差距。通常，男教师步幅以一脚半（约40厘米）长度为宜，女教师步幅以一脚（约30厘米）长度为宜。另外，步幅还与着装有很大关系。一般情况下，男教师着西服时，步幅可略大些；女教师着裙装和高跟鞋时，步幅不宜过大。

（9）步速均匀。正常情况下，步速应自然舒缓，显得成熟、自信。

（10）步声轻微。走路时，在保持正常走姿的情况下，尽量使鞋子与地面接触的声音音量减小，同时尽量减小衣物之间的摩擦声音量。

（11）身体协调。走路时身体各部位应保持动作的和谐。头正、肩平、挺胸，走动时要以脚跟先着地，膝关节在脚部落地时一定要伸直，腰部要成为重心移动的轴线，双臂在身体两侧一前一后地自然摆动。

（12）步态优美。走路时膝关节和脚腕都要富于弹性，两臂自然轻松地前后摆动，男教师应具有阳刚之美，展现其矫健、稳重、挺拔的特点；女教师应显得温婉动人，展现其轻盈、妩媚、秀美、典雅、高贵的特质（图1-34）。

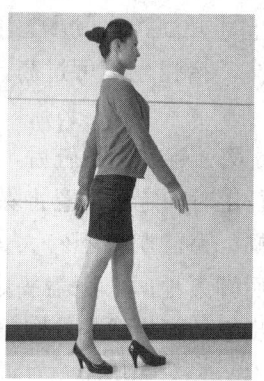

图1-34 走姿

（二）常用的走姿类型

（1）标准走姿。需要注意：避免走路时前俯、后仰，脚尖呈外八字、内八字，步幅太小或双手反背。

(2) 平行步。即两脚朝前走，呈两条平行线。在社交场合，男教师要体现自己的绅士风度，走平行步即可。

(3) 柳叶步。即行走时，两脚交替行走，两脚跟在一条直线上，双脚尖各自向左右斜前略微分开。女教师为了体现形体美，在社交和工作中常用柳叶步。

(4) 后退步。与人告别时，应当先后退两三步，再转身离去。退步时，脚轻擦地面，步幅要小，先转身后转头。

(5) 前行转身步。在前行中要拐弯时，要在距所转方向远侧的一只脚落地后，立即以该脚掌为轴，转过全身，然后迈出另一只脚。即向左拐，要右脚在前时转身；向右拐，要左脚在前时转身。

(三) 走姿的训练方法

(1) 双臂摆动训练。身体直立，重心向上，以肩关节为轴，上臂带动前臂前后自然摆动，前摆摆幅不得超过45度，后摆摆幅不得超过15度，虎口向前，手心朝向体侧。两肩不要前后晃动，避免一肩高一肩低，双肩亦不要过于僵硬。

(2) 步位、步幅训练。在地上划一条直线，行走时检查自己的步位和步幅是否正确，纠正外八字、内八字，及脚步过大、过小的毛病。

(3) 顶书训练。将书本置于头顶，保持行走头正、颈直、目不斜视，纠正走路摇头晃脑、东张西望的毛病。

(4) 步态综合训练。训练行走时各种动作的协调，最好配上节奏感较强的音乐，注意掌握好走路时的速度和韵律。保持身体平衡，双臂摆动对称，动作协调。

(四) 穿不同鞋子的走姿

(1) 穿平跟鞋的走姿。穿平跟鞋行走时，步幅稍大些，手臂的摆动幅度也可稍大些，但行走时，由脚跟到脚掌用力的过渡要均匀适度，身体重心的推送要平稳，不可脚掌过度用力，使身体上冲升高，造成步态上下颠动的不平稳状态。行走时要脚跟先落地，脚跟不要提起过高，抬腿也不可过高，否则往前行走时会给人一种往前甩小腿的感觉。

(2) 穿高跟鞋的走姿。穿上高跟鞋后，脚跟被垫高了为了保持平衡，身体重心前移至脚掌上。穿高跟鞋行走时一定要注意将踝关节、膝关节、髋关节挺直，立腰收腹、头微上扬。行走时，步幅、手臂摆幅不宜大。脚跟先落地，不强调脚跟到脚掌的推送过程，但在前脚着地、后脚离地时，膝盖一定要挺直。双脚落地时，脚跟要在一条直线上，脚尖略外展，走出来的脚步像一枝柳条上的柳叶一样，即所谓的柳叶步。

(五) 不同着装的走姿

(1) 穿着西装的走姿。西装以直线条为主，其特点是舒展、挺拔、庄重、大方，因而在仪态举止方面也要以直线为主，着西装时身体要挺直，后背要平正，双腿直立，走路的步幅可略大些。行走时，女子髋部不要左右摆动。

（2）穿着套裙的走姿。套裙，无论长短，因其裙摆小，行走时最大限度只能跨出一步，应注意保持平稳，两手臂的前后摆幅、步幅也要小一点。

（3）穿着旗袍的走姿。穿着旗袍要求身体挺拔，下颌微收，注意不要塌腰撅臀。行走时，髋部可随脚步或身体重心的转移稍左右摆动，而步幅可稍小些，手臂前后摆幅宜小一点，不宜过大。

（4）穿着大摆裙的走姿。穿着大摆裙使人显得修长，大摆则使人显得飘逸潇洒，着大摆裙走动时可一手提裙，步幅可稍大些，手臂的摆幅也可随之大一些。

（5）穿着休闲裤装的走姿。穿着休闲裤装，要表现出轻盈、随意、洒脱、敏捷的特点，行走步幅随意把握，可快可慢（图1-35）。

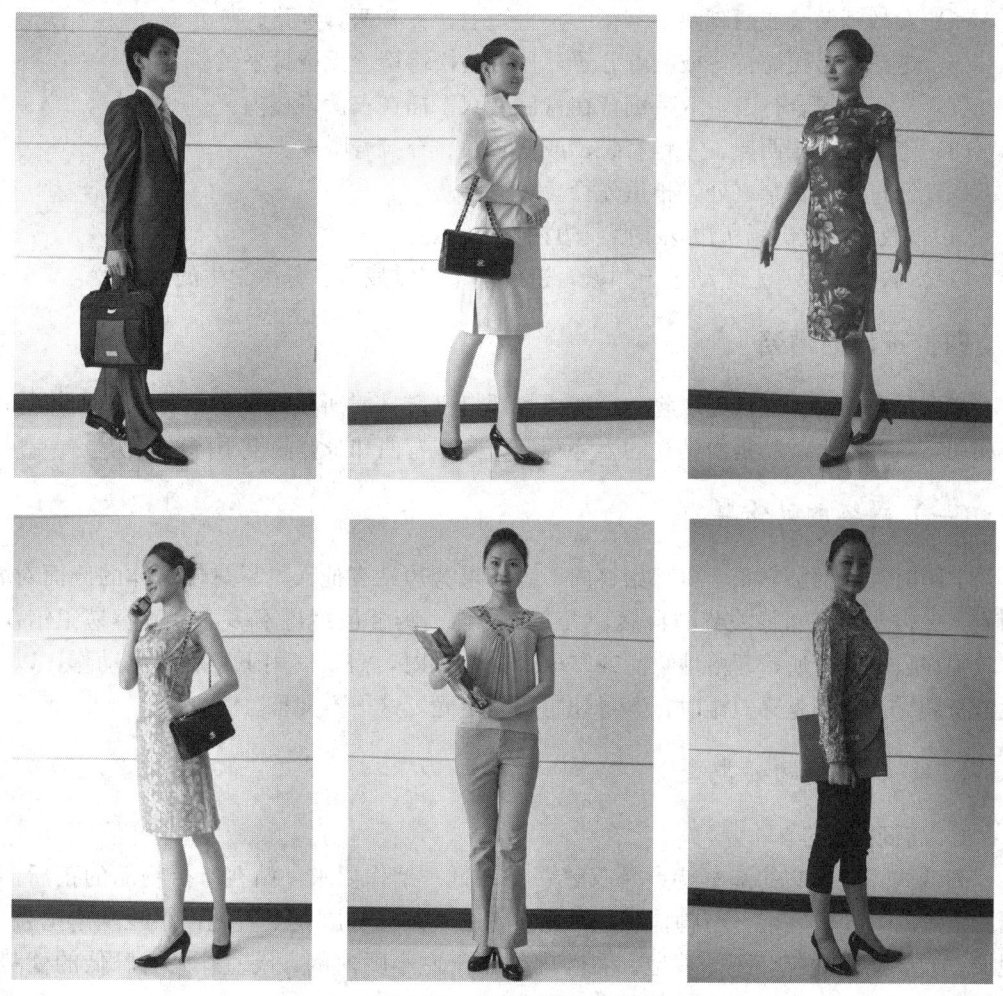

图1-35　不同着装的走姿

（六）教师有意识走动的几种情况

（1）教师在板书前后为了不遮挡板书内容的而变换位置。

（2）学生（特别是胆怯的学生）回答问题时，为表示对学生的亲近和鼓励，教师走向学生认真倾听。

(3) 在对学生进行个别辅导、疑难解答、控制学生活动，以及检查和督促学生认真完成学习任务时，教师可来回走动。

（七）教师走姿的注意事项

不合礼仪的走姿有以下几种，应尽量避免。
(1) 走路时步态不雅，出现外八字或内八字。
(2) 走路时跋地，发出吧嗒吧嗒的噪音。
(3) 走路时大甩手或双臂横摆，或摇头、晃肩、甩胯、扭臀等。
(4) 男教师走路步幅太碎；女教师走路步幅太大。
(5) 女教师两脚或两脚跟不落在一条直线上，叉开两脚走路。
(6) 走路时弓腰驼背，或腆着肚子，显得松松垮垮、无精打采。
(7) 在正式场合行走，双手倒背在身后或双手插在衣裤口袋内。
(8) 走路时东张西望、左顾右盼，或低着头、耷拉着眼皮。
(9) 通过人多路窄之处，抢道先行。
(10) 教师在教学场所边吃东西或边抽烟边行走。
(11) 教师在课堂上走动过于频繁，造成学生视觉疲劳，分散学生的注意力。

四、正确的蹲姿

蹲姿是人的身体在低处取物、拾物或整理自己鞋袜时所呈现的姿态，它是人体静态美和动态美的结合。蹲是由站立的姿势转变为两腿弯曲和身体高度下降的姿势。

（一）蹲姿的动作要领

下蹲时注意两腿靠紧，臀部始终向下。如果旁边站有他人，尽量使身体的侧面对着别人，保持头、胸和膝关节的自然、大方、得体。蹲姿虽用得不多，但最容易犯错误。女教师在公共场合所拾起落地物品或拿取低处物品时，需要使用下蹲和屈膝动作，以避免弯身翘臀。特别是穿短裙时，弯身翘臀容易走光，这很不文雅。

（二）常用的蹲姿类型

1. 高低式蹲姿

高低式蹲姿，它的基本特点是双膝一高一低。动作要求：站在所拾物品的正后面，屈膝下蹲时，左脚在前，右脚稍后，两腿靠紧往下蹲。左脚完全着地，小腿基本垂直于地面；右脚脚跟提起，脚掌着地。右膝内侧靠于左小腿内侧，成左膝高右膝低的姿势，臀部向下，基本上靠一只腿支撑身体（图1-36）。

第一章　教师仪态礼仪

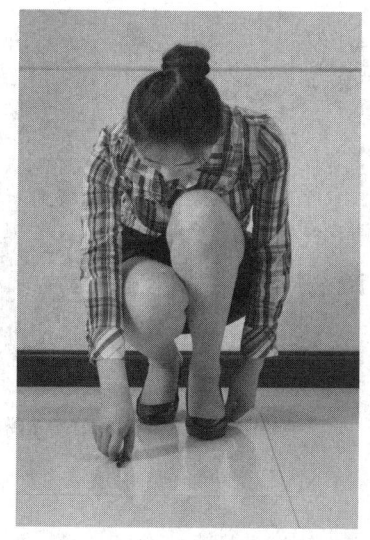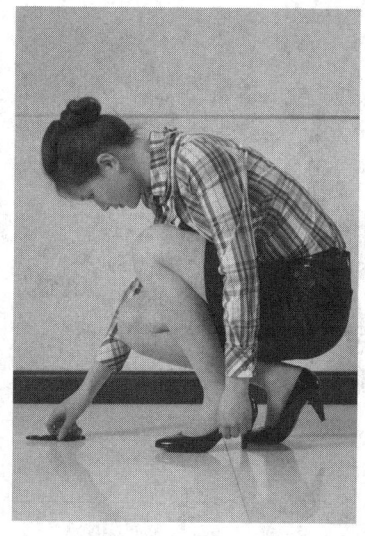

图 1-36　女教师高低式蹲姿

男教师可选用高低式蹲姿：两腿之间可有适当距离，右腿屈膝跪地。而女教师无论是采用哪种蹲姿，都要注意将腿靠紧，臀部向下。如果使头、胸和膝关节不在一个角度上，这样的蹲姿就更典雅优美（图 1-37）。

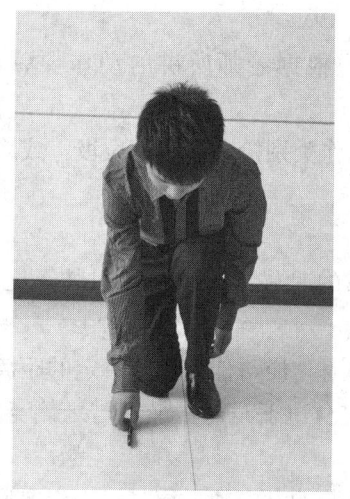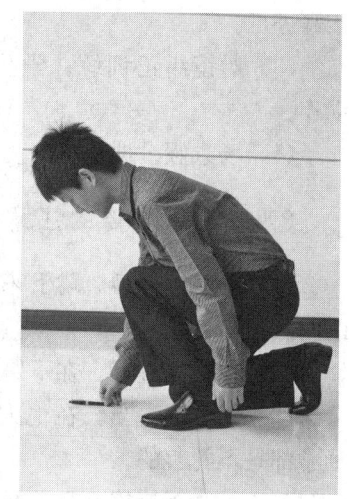

图 1-37　男教师高低式蹲姿

2. 交叉式蹲姿

右脚在前交叉式蹲姿，通常适用于女教师，特别是穿短裙的女教师。优点在于其造型优美典雅。基本要求是：站在所拾物品旁边，屈膝蹲下去拾，下蹲时右脚在前，左脚在后。右小腿垂直于地面，全脚着地。左腿在后与右腿交叉重叠，左膝由后面伸向右侧，左脚跟抬起脚掌撑着地。两腿前后靠紧，合力支撑身体。臀部向下，上身稍向前倾，拧腰顺肩，右手臂垂直于地面，保持所拾物品在身体右侧（左脚在前交叉式蹲姿与右脚在前动作要领相同）（图 1-38 和图 1-39）。

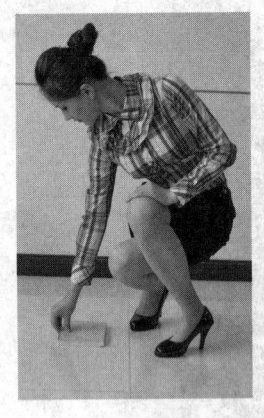 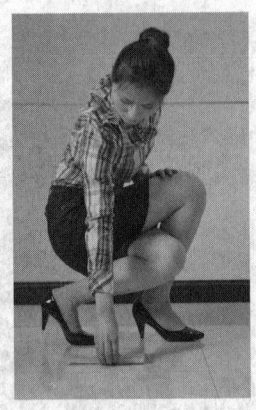 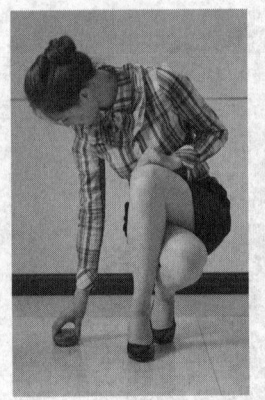 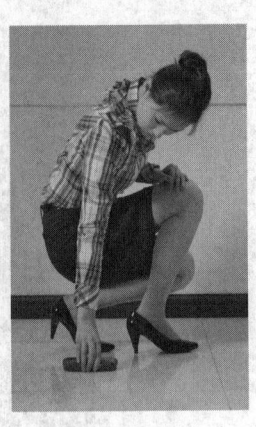

图1-38　右脚在前交叉蹲姿　　　　　　图1-39　左脚在前交叉蹲姿

（三）蹲姿的训练方法

一般情况下，训练主要以锻炼蹲姿的整体保持效果为主。蹲姿训练可采取分解动作训练和场景假设训练等方式。

（1）示范讲解训练。教师从正面、侧面、背面示范动作，讲解动作要领。

（2）动作分解训练。分解高低式、左右交叉式手臂动作、上身和脚的配合练习，分步骤进行。

（3）对镜纠正训练。学生根据老师所讲的动作要领，面对镜子练习，纠正错误动作。

（4）场景假设训练。分动作类别捡书、笔、垃圾，或系鞋带、整理鞋袜等。

（四）教师蹲姿的注意事项

（1）忌突然下蹲。蹲下来的时候，速度切勿过快，尤其是当自己在行进中需要下蹲时。

（2）忌距人过近。在下蹲时，应与他人保持一定的距离，以防迎头相撞。

（3）忌方位失当。在他人身边下蹲时，最好与之侧身相向。正对或背对他人下蹲，通常都是不礼貌的。

（4）忌毫无遮掩。身着裙装的女老师下蹲时，一定要避免个人隐私暴露在外。

（5）忌弯腰撅臀。下蹲时，切不可直腿弯腰撅臀或双腿下蹲，尤其是女教师不可采用这种蹲姿，以避免个人的隐私暴露在外。

（6）忌平行下蹲。两腿左右分开平行下蹲，即便是直腰下蹲，也有伤大雅，对他人也是一种失礼、不敬的行为。

第二节　手势、表情礼仪

心理学家埃克曼认为，表情是用来表达情绪的，而身体语言，如姿势、手势、眼神等是用来传递信息、加深理解和印象的。他总结出肢体语言的七大功能：①提供信息；

②调节交流；③表达亲和力；④表达社会控制；⑤表现功能；⑥情感影响管理；⑦协助达到目标任务。

教态美，是教师良好的驾驭能力、观察能力、组织教学能力及表达能力明确的外在信号。沉稳清越，是教师内心的安宁；慈祥和蔼，是教师善良品性的诠释；面带春风，是教师爱心瑰丽的浮现；微笑美丽，是教师从容自信的职业自豪感；庄肃严峻，是内心敬畏与述说严谨的呈示。教师的教态是准教师教学基本功训练的重要内容。

【案例导入】

1972年2月21日，美国总统尼克松访华，他乘坐的专机中午抵达北京。周恩来总理和其他接待人员前往机场迎接。当时，中美双方正谋求改善两国的紧张关系。在尼克松步出机舱后，周总理并没有立即带头鼓掌，周围的气氛顿时紧张起来，其他接待人员都诧异地看着周总理。然而，就在尼克松下到旋梯中央时，周恩来才鼓起了热烈的掌声，这时候，尼克松也微笑着报之以掌声。

在接下来的欢迎宴会上，周总理也没有像往常和其他国家领导人碰杯时一样，让自己酒杯上沿去碰对方杯子的中间部分。向尼克松敬酒时，周总理特意将自己酒杯的杯沿和尼克松酒杯的杯沿持平碰杯。这一次的会晤结束时，尼克松对我方的接待工作，给予了极高评价。

【案例评析】

俗话说："行动胜于语言。"周总理合理的肢体语言既尊重了对方又显示了我方不卑不亢的立场。在以后的外交中，面对外国首脑和记者的挑衅，周总理也是一次次用自己的语言和举止，维护了中国的尊严和主权。可见，适度、自然、自信的肢体语言，能使我们的沟通更加顺畅。

其实，我们日常的手势、眼神、动作及姿态等身体各部分为人所见的活动，都可以表达情感和与人进行交流。而且，通过肢体语言与有声语言的有机结合，能达到"眉来眼去传情意，举手投足皆语言"的境界。人们往往会在不经意间，使用肢体语言来表达心中的想法，那或许是你所不愿看到、听到的，却是最真实的。诸如，鼓掌表示兴奋，顿足代表生气，搓手表示焦虑，捶胸代表痛苦等。当事人以肢体活动表达情绪，旁观者也可从中辨析出当事人所要表达的心情。

凡在学校受过教育的人都有这样的体会，中小学老师每堂课讲的内容是无法完全记住的。可是最精彩的课堂场面，老师讲课的表情、动作常常记忆犹新。有经验的教师在课堂上往往能紧紧抓住教材中的重点和难点，言简意赅、有的放矢地进行讲授。在一般叙述时，教态自然大方。当讲到重点内容时，不仅提高音量，而且离开讲桌，向前跨步，配合适当的手势和身体姿态动作，慷慨激昂、热情奔放。这样做，教师的情绪必然会感染学生，给学生更加深刻的印象。

有一位教师讲解《荷花淀》中细节描写时，讲到当水生把自己明天就要上部队的事告诉给妻子，教材上写："女人的手指震动了一下，想是叫苇眉子划破了手，她把一个手指放在嘴里吮了一下。"教师演示了一遍,手指也"震动了一下",然后放在嘴里"吮了一下"。这不仅使学生对"震"和"吮"这两个动词加深了理解,进而了解了水生嫂心情的震动和手指震动的关系,对细节描写的作用也有了体会。这就达到了"此时无声胜有声"的效果。

一、手势

手势,又叫手姿。手势是通过手和手指的活动来传递信息的一种方式。布罗斯纳安认为:"手势实际上是体态语的核心。"法国大画家德拉克洛瓦则指出:"手应当像脸一样富有表情。"大家也许发现教师在日常交流中特别喜欢做手势,其实这是一种职业习惯。一般来说,老师在课堂都喜欢使用手势语言,因为手势和表情一样,都是老师个人情感的外在表现,能使课堂生辉,增强教学效果。手势有时还可起到口头语言无法取代的作用,促进学生对知识的理解和记忆。

(一)手势规范

手势既强调成型后的静态美,更强调摆动中的动态美。其挥动的规律为:先扬后抑,欲左先右,强化动作的内涵,并显得柔和,而不是生硬的、指挥式的、毫无回旋余地的。同时,还要注意配合眼神、步伐和其他各种礼节。手势的运用要使人看清看懂,并能根据你的手势领会你的心理和意向。为此,在教学过程中一定要注意手势规范。

(二)手势礼仪总体原则

手势是由手势的速度(快慢程度)、力度(轻重程度)、幅度(空间活动范围)和弧度(手指、手掌、手臂共同挥出的空间轨迹)四部分构成。所以,手势的运用应该注意遵循以下原则。

(1)速度适中。手势速度不宜过快,否则会给人杂乱无章、不稳重、不和谐的感觉,而且难以让人有一个心理过渡,无法引人注目,反而造成紧张感。

(2)力度适宜。手势力度大可以表现出果断和坚定的信心。手势力度小可以显示优柔细腻。力度过大地挥来舞去和伸张无度的手势,会给人造成惊异感,也缺乏美感和艺术感,会令人烦躁不安,心神不定。手势力度轻重适宜才能产生"柔中带刚"的美感。

(3)动幅适度。手势动幅应服从内容表达和对象、场合的需要,不要刻意模仿,更不能随意挥舞。手势动幅过大过多,不但会妨碍自己思想感情的表达,而且会显得张扬浮躁;过小则会显得暧昧不堪;手势生硬则会使人敬而远之。若要表达理想、希望等积极肯定的思想感情,动幅可高于肩部。若要表示否定的意思,动幅应在腰部以下。无论两臂如何挥动,两腋都要微微夹住,手肘尽量靠近自身两臂摆动不可超过两尺半[①]。

(4)弧度优美。手势弧度越优美,越能体现出对他人的敬意。所以,手部动作要如水一般流畅,似风一样自然,手势运用轨迹要柔和协调。手势弧度动作要与语言表达、面部表情相协调。

---

① 注:1尺≈0.33米

（三）教师的常用手势

（1）学生举手发言，老师示意"请"。教学活动主要在课堂上进行，遵守课堂上的礼节，师生间创造一个良好的氛围，会获得良好效果。比如：要问问题，或想回答老师提出的问题，先举手示意。动作要求：学生端庄坐好，双手体前屈臂重叠平放在桌上，右臂在左臂上，右臂以肘关节为轴抬起与左臂垂直，五指并拢。老师示意请发言后，即起立提问或答题，态度认真，声音响亮，姿态端正。发完言也须经过老师示意才坐下（图1-40）。

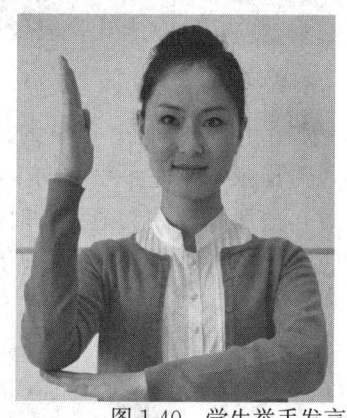

图1-40　学生举手发言，老师示意"请"

（2）请坐。请来宾入座时，教师的手势要向斜下方。在完成这个动作时，手要从上向下摆动，也可从体侧向提前。首先，要用双手将椅子向后拉开。然后，左手自然下垂，右手以肘关节为轴，从体侧摆至体前，使手臂向下成一斜线，并微笑点头示意来宾"请坐"（图1-41）。

（3）招呼。在中国和日本，人们习惯手臂前伸、手心向下、伸屈手指数次，示意"过来"；但在欧美，这一手势是唤狗的表示（图1-42）。

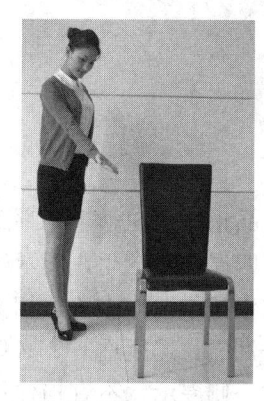

图1-41　请坐　　　　图1-42　中国式招呼手势

欧美国家招呼人过来的手势是掌心向上，手指来回勾动；而在中国和日本，这一动作是招呼幼儿和狗的手势。注意：使用该手势时，"内外有别"（图1-43）。

图 1-43　欧美式招呼手势

（4）鼓掌。鼓掌一般表示欢迎、祝贺、赞同、致谢等意。鼓掌的具体要求：两臂屈肘抬至于胸前，双手四指并拢，自然弯曲，拇指张开，左手手心向上，右手手心向下，用掌心互相拍击，有节奏地发出响声。注意，一般不要用力过大、时间过长，必要时，应起身站立。女教师鼓掌可以左手抬起于左侧上方，手指与肩同高，手心向前，用右手手指拍击左手掌心。这种鼓掌方式充分体现了女性的妩媚、优雅，我们经常会从电视上看到女主持人用此种方式鼓掌（图1-44）。

图 1-44　鼓掌

（5）展示物品。教师展示物品时，首先，一定要将被展示物品正面朝向学生，举到一定的高度，以方便学生观看，且展示的时间须足够充分。如果四周皆有学生，展示还须变换不同角度。其次，在展示物品时，不论是口头介绍还是动作操作，均应符合相关标准。解说时应口齿清晰，语速舒缓；动手操作时，应手法干净利索，速度适宜，必要时可重复。另外，手位要正确。在展示物品时，应使物品在身体一侧展示，不宜挡住展示人头部。具体而言，一是将物品举至高于双眼之处，这一手位适宜于被人围观时采用；二是双臂横伸将物品向前伸出，活动范围自肩至肘之处，上不过眼部，下不过胸部，这一手位易给人以安定感（图1-45）。

图 1-45　展示物品

（6）传递物品。给他人传递物品时，应双手将物品拿在胸前，主动上前递到对方手中。递送带有文字的物品时，应把字迹正面面对对方，以便对方能够看清楚。若是刀剪之类的尖锐物，要把尖锐的头向着自己。注意，所有的物品都要轻拿轻放，并根据当时的情况点头示意或者道谢（图 1-46 和图 1-47）。

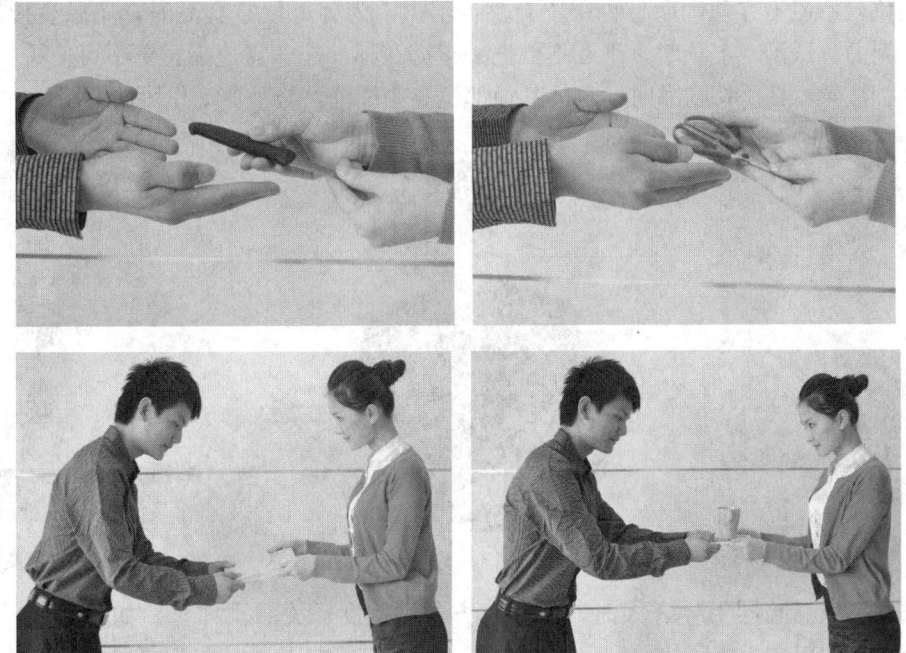

图 1-46　传递物品

在印度、印尼、缅甸、冈比亚、阿拉伯国家等，不能用左手与他人接触，传递物品、上菜、接送物品等不可用左手。在这些地方，左手被认为是不洁和低下的（图 1-48）。

图 1-47　传递物品　　　　图 1-48　禁忌左手传递物品

（7）手持物品。手持物品时，应遵循稳妥、自然、到位、卫生的原则。稳妥，手持物品时可根据物品重量、形状及易碎程度采取相应手势，切记确保物品的安全。尽量轻拿轻放，防止伤人伤己。自然，根据本人的能力与实际需要，酌情采用不同的姿势，但一定要避免在持物时手势夸张、"小题大做"，失去自然美。到位，就是持物到位。例如，箱子应当拎其提手，杯子应当握其杯耳，有手柄的物品应当持其手柄。持物时若手不能到位，不但不方便，而且也很不自然。卫生，为客人取拿食品时，切忌直接用手。敬茶、斟酒、送汤、上菜时，千万不要把手指搭在杯、碗、盘边沿，更不可使手指浸泡在其中。注意：在手持物品时，身体其他部位姿势规范，与手势动作协调（图 1-49）。

图 1-49　手持物品

（8）引领。陪同引导客人时，要注意方位、速度、关照及体位。如与其并排同行时，应遵循"以右为尊"的原则（西方"以右为尊"，中国"以左为尊"），让客人处在右侧。若双方单行行进时，应居于客人左斜前 1 米远左右的位置（具体就是前后二三步的位置，两者中间距 20 厘米）。当客人不熟悉行进方向时，陪同人员应走在前面，走在外侧。陪同引导客人时，行进速度要尽量配合客人的步速，太快或太慢都是不礼貌的。同时，有必要采取一些特殊的体态，如请对方开始行进时，应面向对方点头欠身；在行进中与对方交谈或答复其提问时，头部和上身应转向对方。陪同引导时，要处处以对方为中心。经过拐角、楼梯或道路坎坷、昏暗之处时，须提醒对方留意（图 1-50）。

图 1-50　引领

（9）举手致意与挥手道别。举手致意的具体做法：全身直立，面带微笑，目视对方，略微点头；右手手臂轻缓地由下而上，向右侧斜上方伸出，手臂可全部伸直，也可稍有弯曲；致意时伸开手掌，四指并拢，拇指分开，掌心向外对着对方，轻轻地来回摆动。

挥手道别的具体做法：保持身体站直，尽量不要走动、乱跑，更不要摇晃身体；目送对方远去直至离开，若不望道别对象，便会被对方理解为"目中无人"或敷衍了事；道别时，可用右手，也可双手并用，但手臂应尽力向前伸出；注意手臂不要伸得太低或过分弯曲，保持掌心向外，将手臂向左右两侧轻轻地来回挥动，但尽量不要上下摆动（图 1-51）。

图 1-51　举手致意与挥手道别

（四）手势在课堂教学中的运用

中国著名特级教师孙双金曾说："教育就是鼓励，教育就是肯定，教育就是教人成功！"很多教师习惯用名人名言来激励学生。这些话语虽然充满丰富的哲理，催人奋进，但被激励者由于思想和知识基础不同，可能觉得内容空洞而很难接受。事实上，对学生的激励应大处着眼，小处着手，让激励在具体和细微中升华。教师在教学过程中应尽量寻找机会与学生交流。交流时，应该低下头，弯下腰，拍着学生的肩膀。学生在课堂上正确回答出老师的提问时，教师应该毫不犹豫地跷起大拇指或做着鼓掌的动作。每一个眼神的接触，每一次身体的靠近，每一次会心的微笑，每一个细微的手势，学生都能从中寻找到信心和胆量。这里虽没有豪言壮语，但朴素简短的激励却在具体细微中得到了升华，且在很大程度上改变着学生。

1. 情意性手势

情意性手势一般用于教学活动中师生交往，传递情感。例如，跷起大拇指，表示赞赏；手掌平放胸前，然后掌心向上展开，指向学生，表示我和你；讲课讲到强调、鼓励时握一下拳头表示让学生记住某件事情或鼓励学生加油；等等（图1-52）。

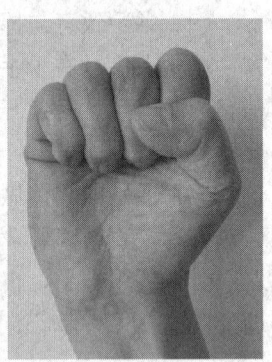

图1-52 情意性手势

情意性手势运用恰当，能极大地活跃课堂气氛，集中学生的注意力，提高教学效果。其实在日常生活，我们处处彰显文明举止，比如，行人过马路时，司机会放慢速度，摆手示意行人先走，而行人一般会举手致谢。如果当两辆汽车几乎同时到达"停止"标志，一位司机摆手示意另一位先行，先行的那位会挥手致谢。

2. 指令性手势

指令性手势一般用于组织控制整个课堂教学。例如，右手臂以肩关节为轴，从体侧抬起到体前，略高于肩部，五指并拢，掌心向上，身体重心向前倾斜，面带微笑，指向发言学生，和蔼亲切地说"请发言""请起立"（图1-53）。

图1-53 指令性手势

3. 暗示性手势

暗示性手势一般用于学生回答困难时启发学生思维。例如，老师讲课时，需要启发学生独立思考，也可用暗示性手势。暗示性手势运用恰当，可以启发学生的形象思维，使知识记忆更加牢固，减少学生因无法回答问题而产生的挫折感。又如，老师带领学生到图书馆、博物馆、礼堂等公共场所，老师可以用手势暗示学生"请安静"（图1-54）。

图 1-54　暗示性手势

4. 象形性手势

象形性手势一般用于模拟具体的事物，用来描述人物、形貌（或者对物体形状、空间关系的描绘）。例如，课堂上老师讲到，要有一颗感恩的心，就可模拟心的形状（图 1-55）。

图 1-55　象形性手势

5. 指引性手势

指引性手势一般用于指引具体教学活动中的人和物。例如，教师展示教具，指示学生看教材、看黑板、看老师、看同学。但要注意，教师用手势指引学生，一定要做到：手臂伸直，手指自然并拢，手掌向上，以肘关节为轴，指向目标，讲解时身体与背景资料形成 45°角。指引性手势运用得当，能加强教学的直观性和趣味性。

指引性手势可分为"三位"手势：①低位手势，该手势手的高度一般在腰部上下，对方距离 1 米左右；②中位手势，该手势手的高度一般在肩部上下，对方距离 2～5 米；③高位手势，该手势手的高度一般在头部上下，对方距离 5 米以外（图 1-56）。

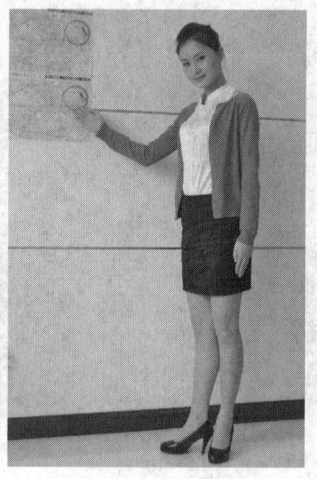

图1-56 指引性手势

6. 说明性手势

此类手势一般与语言并行，并对语言进行说明和解释。例如，在课堂上需说明若干问题，一边说一边伸出手指加以说明和强调，增强了发言的逻辑性和层次性（图1-57）。

图1-57 说明性手势

7. 与手指有关的数字手势语

1、2、3、4、5、6、7、8、9、10，这些数字本来是表示数目的符号，人们对这些数字，赋予了各种不同的内涵，使它们有了喜怒哀乐，酸甜苦辣，使得手势更为丰富多彩。在教学中适当地运用数字手势，会使课堂更加生动有趣。

"1"，在教学中可以作为一个情态语言，暗示学生开动脑筋，鼓励学生积极思考。此外，各国人民都喜欢它，在有些国家，人们认为，"1"可等同太阳神阿波罗或众神之父宙斯，它是真理、存在、友谊和一切善事的源泉，是平衡宇宙的根本要素、是至高无上的实体，它具有雌雄同体的特征。此手势为竖立食指，在日本、韩国这一手势表示

"只有一次";在新加坡这一手势表示"最重要";在缅甸这一手势表示"拜托";在法国这一手势表示"请求,提出问题"的意思;在澳大利亚这一手势表示"请再来一杯啤酒"(图1-58)。

"2",食指和中指形成"V"形,拇指弯曲压于无名指和小指上,用它表示"Victory"(胜利),据说是第二次世界大战时期英国首相丘吉尔发明的,非洲大多数国家也如此使用。不过,表示胜利时,手掌一定的要向外,但是在希腊则必须把手指背向对方,否则就表示贬低人、侮辱人的意思了。在澳大利亚、新西兰、英国等国,手心向内,则是表示一种侮辱人的信号,表示"up yours"(滚开)。在中国,若是两只手都做出这一手势放在头顶上则表示兔子耳朵(图1-59)。

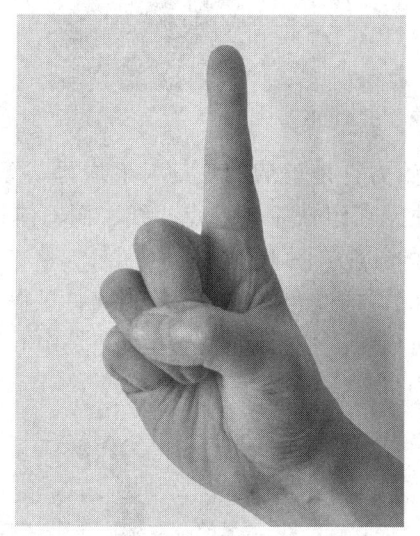
图1-58 数字"1"

图1-59 数字"2"、字母"V"

"3",在中国,是一个很吉祥的数字。中国香港人非常喜欢"3",因为粤语发音"3"和"升"是谐音,"升",当然是高升了。非洲的摩洛哥人民欣赏"3",他们认为"3"有积极的意义,会给人带来兴旺。在美国、英国"3"表示"OK",即"赞同""了不起"的意思;在法国南部地区,"3"手势则表示零之意,表示某件事情根本不值得一提,也表示自己的不赞成;在中东以及非洲地区,"3"手势则象征了孔或洞,有明显同性恋的意涵;在日本这一手势表示"钱"、"货币"的意思。在韩国处处都有"3",韩国的文字是以"天、地、人"的原理创制的,作为韩国饮食文化基础的酱油、辣椒酱、大酱被称为"三酱",喊万岁要喊三声;喝酒时的酒令也要说三次,所以韩国人认为"3"代表着完成、最高、稳定、神圣,大多数人认为"3"是带福气的数字(图1-60)。

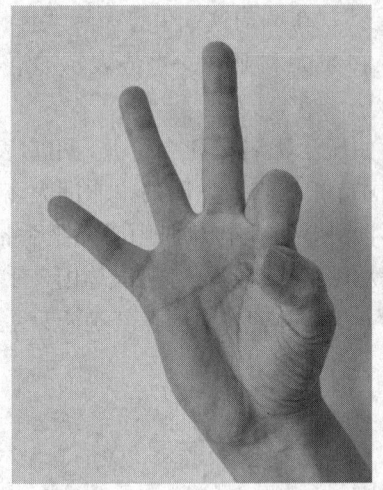 

图1-60　数字"3""OK"

"4",在世界上大多数人们喜欢"4",认为它是圣洁的,是天下之母,无所不通,永不偏倚,永不倦怠。水、火、土、气4种元素组成宇宙,点、线、面、体构成几何学,春、夏、秋、冬构成一年,"4"是宇宙的灵魂(图1-61)。

"5",其手势在教学中可以表示"我和你",拉近老师和学生的距离,显得亲切。大部分阿拉伯人民比较喜欢。习俗认为"5"可以给人们带来吉祥。"5"是中心数,表示婚姻,它是第一个雌数"2"和第一个雄数"3"之和(图1-62)。

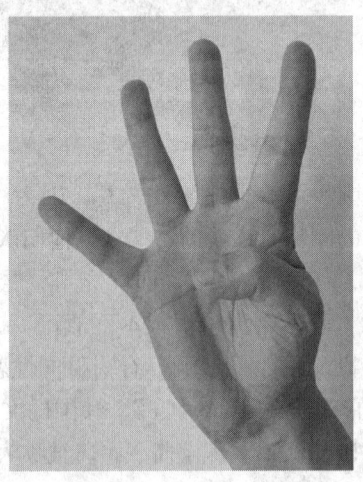 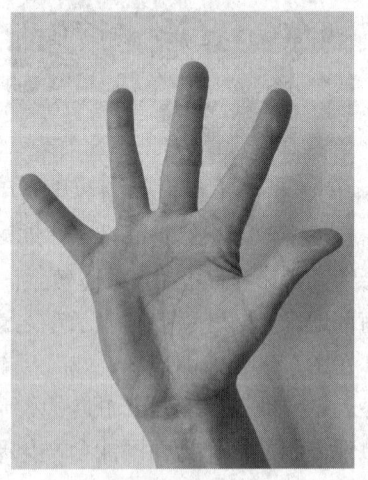

图1-61　数字"4"　　　　　　图1-62　数字"5"

"6",我国自古以来就有崇尚"六"的传统观念。如先秦时期六部儒家经典称为"六经"或"六艺",诸子中最著名的阴阳家、儒家、墨家、名家、法家、道德家总称为"六家",官制设有"六部",汉代官职有"六曹",朝廷军队统称"六军",皇后的寝宫称"六宫"。古代把亲属关系归纳为"六亲",妇女怀孕也称为"身怀六甲",天地四方合称为"六合"。中医将人的心、肺、肝、肾、脾、胆称为"六神",佛教认为凡人有"六欲"。现在年轻人常把"6"的手势放在耳边,其手势有"打电话"、"接电话"之意,而中年人使用时,一般不放在耳边。此外,东南亚国家人民,大约受中华文化影响,大都喜欢这个数字，是取六六大顺之意（图1-63）。

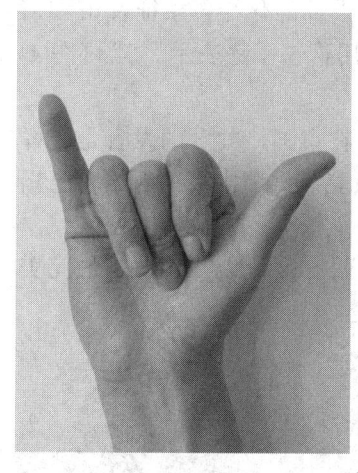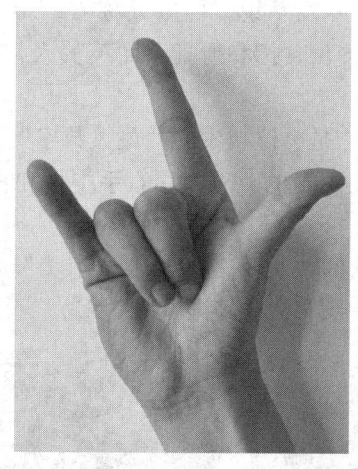

图1-63　数字"6""6+1""打电话"

"7"，大拇指贴近食指、中指指面，不停地捻动，类似数钱的动作，表示"数钱"或"钱"。信奉伊斯兰教的人民认为"7"是个受尊敬、完整的数字，很多好事要同"7"联在一起。西方信仰基督教，他们认为上帝用7天时间完成了创造世间万物的壮举，圣玛利亚有七喜、七悲，主祷文分为7个部分，等等。西方宗教和文化常用数字"七"来规范人的道德行为或归纳人文景物、社会团体、宗教仪式等。如，七大美德（信任、希望、仁慈、公正、毅力、谨慎、节制）、七宗罪（傲慢、发怒、嫉妒、肉欲、贪吃、贪婪、懒惰）、七重天（纯银天、纯金天、珍珠天、白金天、银天、红宝石天、极乐天）；人有七感（生机、感情、语言、味觉、视觉、听觉、嗅觉）；世界有七大奇观（埃及金字塔、巴比伦空中花园、墨索拉斯陵墓、以弗所的戴安娜神庙、罗得岛的巨像、菲底亚斯丘比特神像、亚历山大的灯塔）。这些足以说明，数字"7"在西方文化中占有极其重要的位置。即使在今天的西方，人们对"7"仍情有独钟（图1-64）。

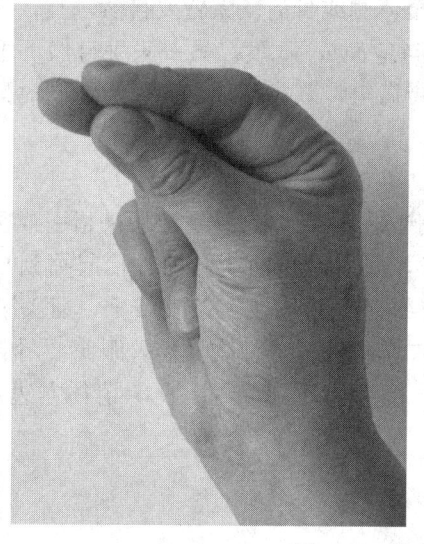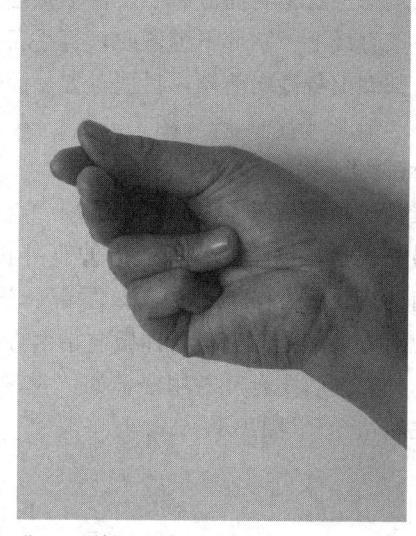

图1-64　数字"7"、"钱"

"8",是香港同胞特别喜欢的数字,此风俗也渐传入中国内地。在粤语发音中"8"是"发"的谐音,人们有"八八发"说。西方人称"8"是爱神的化身,象征友谊和谐和秩序。中国人表示"8"时伸出食指和拇指,而英美人常用这一手势表示"2"(图1-65)。

"9",在我国,人们认为它是个位数中的"最大数字"。在泰国,"9"的发音是吉祥之音,是"向上""兴旺""发达"的意思。用右手中指和食指轻轻叩击桌面对给自己斟酒或倒茶的人表示感谢(图1-66)。

"10",是全世界人都喜欢的数字,表示"十全十美"。西方人认为"10"是最完美的数,是宇宙和谐的典范,表示宇宙的极限(图1-67)。

 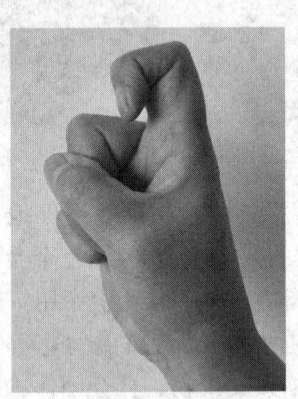 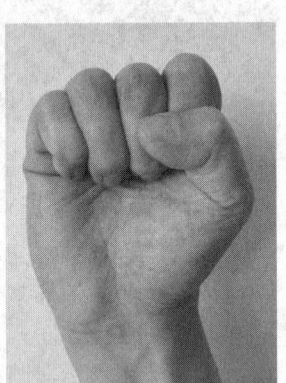

图1-65　数字"8"　　　　图1-66　数字"9"　　　　图1-67　数字"10"

(五) 教师在日常交往中常用的几种规范手势

1. 横摆式

迎接家长或领导时,可采用"横摆式"手势,这种手势多用于指引较近的方向,男女教师均可采用。这种手势开始时手从腹前抬起,以肘关节为轴,小臂轻缓地从一侧摆出,略成水平至身体右前方,不要将手臂摆至体侧或身后。大臂要自然垂直,手掌与小臂要在一条直线上,腕部不可弯曲,且手部与地面成45度。另一只手自然下垂或背在体后,头部和上身微向前倾,目视对方,面带微笑,双脚站成右丁字步,同时配合礼貌用语,如"请""请进"等(图1-68)。

2. 直臂式

给家长或领导指引方向时,可采用"直臂式"手势,这种手势用来指引或引领较远方向,男女教师均可采用。即五指伸直并拢,屈肘由身前向右前方抬起抬到与肩同高时,再向要指示的方向伸出前臂,手部、腕部、肩部均在一条直线上,肘关节稍有弯曲,目视对方,掌心向上,身体微向指示方向前倾。身体侧向宾客,眼睛要看着手势所指引方向处,同时配合礼貌用语,如"＊＊,请往前面走""＊＊,请往左边走""＊＊,请往右边走"(图1-69)。

图 1-68　横摆式　　　　　图 1-69　直臂式

3. 单手体前屈臂式

把家长或领导请入室内、上客车或进入电梯时可采用"单手体前屈臂式"手势，以右手为例：五指伸直并拢，从身体的侧前方，由下向上抬起，上臂抬至离开身体 45 度的高度，然后以肘关节为轴，手臂由体侧向体前向左摆动成曲臂状，掌心向上，手尖指向一方，头部随客人由右方转向左方，目视对方，面带微笑，施礼配合礼貌用语，如"＊＊，里面请"（图 1-70）。

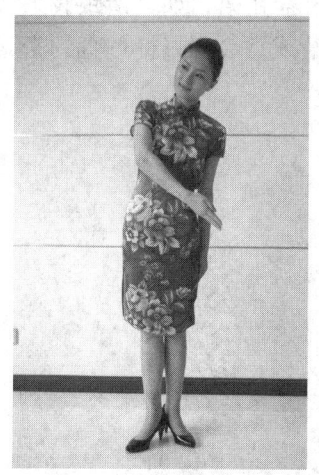 

图 1-70　单手体前屈臂式

4. 双手体前屈臂式

当面对较多来宾表示"请"时，站在来宾的侧面，可采用双手体前屈臂式。右手体前屈臂，左手体侧屈臂，两只手臂向一侧摆动，并微笑点头示意来宾，配合礼貌用语，如"请跟我来，请随我来"（图 1-71）。

图 1-71 双手体前屈臂式

5. 斜式

接待家长或领导入座时,可采用"斜式"手势,即手势以肘为轴,手掌翻转向上手臂向前抬起到腰部,再以肘关节为轴,小臂由上向下摆动,使手臂向下成一条斜线,掌心向前,目视对方。微笑施礼"请坐"(图 1-72)。

6. 体侧屈臂式

站在来宾的左斜前两三步处,将左手或右手从体前摆至体侧,手指并拢,掌心向上,朝欲指方向伸出前臂,手和前臂成一直线,整个手臂略弯曲,肘关节基本伸直。在指示方向时,上体微前倾,面带微笑,配合礼貌用语,如"请跟我来"。身体侧向来宾,眼睛看着所指目标方向,并兼顾来宾是否看清或意会到目标,直到来宾表示清楚了,再放下手臂(图 1-73)。

图 1-72 斜式　　　图 1-73 体侧屈臂式

7. 双臂横摆式

当面对较多来宾表示"请"时,可采用双臂横摆式。两手从腹前抬起,至横膈膜处,双手上下重叠,同时向身体两侧摆动,摆至身体的侧前方。上身稍前倾,提臀、立腰、挺胸、收腹,微笑施礼"诸位请"(图 1-74)。

8. 双臂竖摆式

在较隆重的场合，需同时要向广大的来宾表示"大家请"，"请开始"等时，为了使前后的来宾都能看到手势，可采用双臂竖摆式手势，将双手手指相对，由腹前抬到头的高度，再向两侧分开下划到腰部。在手臂向两侧分开的同时，目光从左至右环视全场来宾，并微笑伴以恰当的祝词，如"女士们，先生们，大家请"（图1-75）。

图1-74　双臂横摆式　　　图1-75　双臂竖摆式

（六）禁忌型手势

教师在课堂教学中，要尽力避免下意识的不良动作出现，诸如频推眼镜，抽鼻子、耸肩、摇头晃脑等，特别是新教师，在讲台上手足无措，讲课时不时地搔头、挤眼，学生从中可看出教师心情紧张、困窘。更要避免庸俗的动作，无谓的挤眉弄眼、吐舌喷沫、打口哨、瘪嘴咧嘴等。这些不良动作行为不仅有损教师尊严，而且还会被学生模仿发展成下流习气。

此外，还有以下手势禁忌。①忌食指指责他人。在课堂教学中，伸出食指向对方指指点点是很不礼貌的举动。这个手势，表示出对对方的轻蔑与指责。更不可将手举高，用食指指向别人的脸。忌讳用此种手势清点人数，西方人比东方人要更忌讳别人的这种指点（图1-76）。②我们熟悉的四指相握、翘起大拇指这个动作不仅表示"夸赞"。如果拇指向下，因为此手势在罗马帝国时期，凯撒大帝每当做出杀人的决定时，总是做出这种手势。意指"人头落地"，杀人当然是坏事。于是，这个手势便带着"坏""差"的含义在社会上流传开来（图1-77）。③五指握拳，拳心向上，食指伸直，然后做屈勾状。此动作有"挑衅"之意（图1-78）。④拇指、食指、中指、无名指卷握，小指伸直。此动作有"小人"之意（图1-79）。

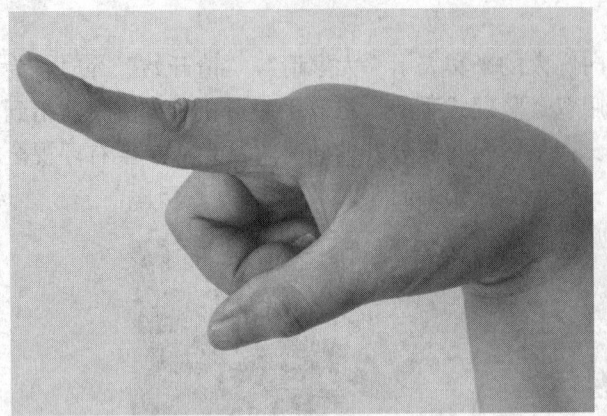 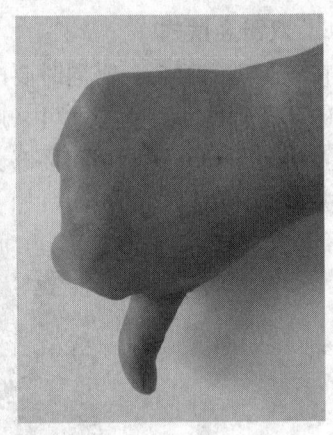

图 1-76　忌食指指人　　　　　图 1-77　"坏""差"

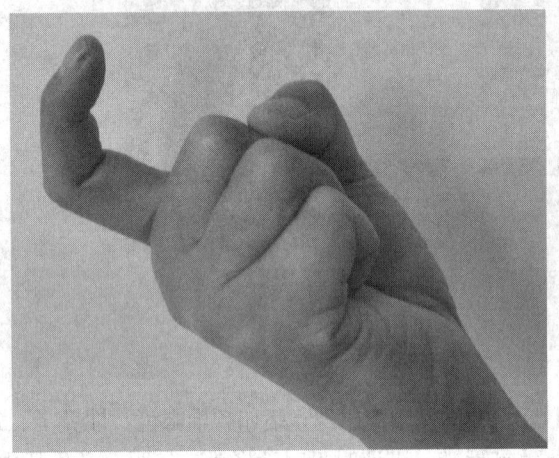 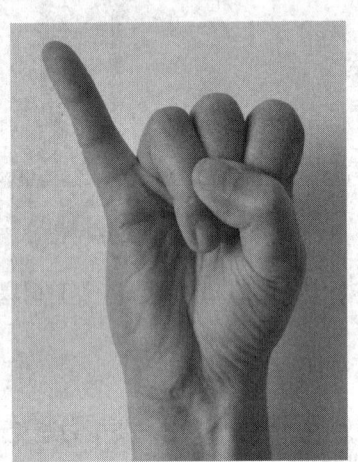

图 1-78　"挑衅"　　　　　　图 1-79　"小人"

（七）教师手势的注意事项

教师做出某种手势的目的要明确，不要带有随意性，手势的变化不能过碎、过多，要适度、适当、自然大方，会给人以美感。生硬造作的手势如：挠头皮、抠鼻子、敲桌子等，不仅不给人以美感，还会分散学生的注意力，影响教学效果。

（1）不要过多地重复一个手势，以免学生感到乏味。

（2）不要把双臂交叉于胸前，或者倚靠在门上，因为它表示抵触、抗议、不屑一顾、防范、疏远，也不要将手插入衣袋或双臂支撑在讲台上不动。

（3）不要用食指敲桌子，或用手指摩拭鼻部、颈背后脑勺、玩弄粉笔、抠指甲或玩弄衣扣等。

（4）不要把手势结束得太快，以免学生感觉突然。

（5）要保持手势自然、适度，达到"出其手若出其心"，不要大动作，不要太夸张、太过火。

（6）避免做抓耳挠腮、摸眼、捂嘴等具有说谎嫌疑的动作，容易使学生产生对抗心理。

二、表情

如果说眼睛是心灵的窗户，那么面部表情就是心灵的镜子。表情是人的思想感情和内在情绪的外露。脸部则是人体中最能传情达意的部位，可以表现出喜、怒、哀、乐、忧、思等各种复杂的思想感情。在交际活动中表情倍受人们的注意。在人千变万化的表情中，眼神和微笑最具礼仪功能和表现力。

法国著名作家雨果说过："有一种东西，比我们的面貌更像我们，那便是我们的表情；还有另外一种东西，比表情更像我们，那便是我们的微笑。"作为教师，我们该用什么样的表情来面对学生呢？心理学家发现，当人们面对面进行交谈时，所获得的信息有很大一部分是从对方交谈时的表情获得的。教师在课堂中应恰当利用表情来帮助教学，会起到出神入化的作用。学生在认真听课时，一般都会盯住教师的脸，如果教师总是一种表情，就会使学生的注意中心由于缺乏变化而容易分神。所以，表情非常重要，具体要注意以下几点。

（1）要面带微笑，和颜悦色，给人以亲切感；不能面孔冷漠，表情呆板，给人以不受欢迎感。

（2）要聚精会神注意倾听，给人以受尊重感；不要没精打采或漫不经心，给人以不受重视感。

（3）要坦诚待人，不卑不亢，给人以真诚感；不要诚惶诚恐、唯唯诺诺，给人以虚伪感。

（4）要沉着稳重，给人以镇定感；不要慌手慌脚，给人以毛躁感。

（5）要神色坦然、轻松、自信，给人以宽慰感；不要双眉紧锁，满面愁云，给人以负重感。

（6）不可常有厌烦、僵硬、愤怒的表情，也不可扭捏作态，做鬼脸、吐舌、眨眼，给客人以不受敬重感。

【案例导入】

源自窦桂梅教师《晏子使楚》教学片段。

"拱了拱手说"一段，说明什么？（放出这一段的课件。）

教师带领学生边读边体会其中的词汇：敌国有个规矩——规圆矩方，装着很为难的样子；说着他故意笑了笑；"故意"下加着重号；"笑了笑"颜色也不同。

师：他笑什么呀？

生：笑里藏刀。

师：你先把刀放着，我们一会再研究。（大家笑。）

师：看过洗发水的广告吧，那些形象代言人整个一个词——漂亮！（师抚弄自己的秀发，做模特状，大家笑。）雅戈尔西服的形象代言人费翔那整个一个词——帅！我去日本访问的时候，见过中国驻日本大使，那形象那个好啊！大家想象一下，晏子是怎样说"我最不中用"，这么笑是什么样的笑？

生：自嘲，唉！

师：大胆地想，他这个"唉"是什么样的"唉"？
生：笑里藏刀。
生：苦笑。（这个男生表演性地读了这一段并做苦笑状。）
生：得意的笑。（这位男生也表演性地读了这一段，大家都发出了赞赏的笑声。）
生：有一点讥笑。
师：你刚才藏的刀，现在钝一点了。（大家齐笑。）
师：一笑解千愁，谈笑间灰飞烟灭，笑傲江湖！晏子的笑里究竟藏的是什么？
生：（齐）智慧。
师：他笑出了自信，笑出了幽默，笑出了潇洒，小个子的晏子我依然有魅力，有我的倜傥，有笑声之外的滋味哟！继续发现，继续交流！

【案例评析】

窦桂梅教师可以说是"顶着阳光，一路走来"的一位特级教师。她在课堂上极其丰富的表情、始终微笑着的脸、热情奔放的激励、敏锐幽默的点拨、适度有效的肢体语言等，使得学生表现活跃，感悟文本实在、有效。教师的一次凝视、一个微笑，握一握手，摸一下头，拍拍肩膀，弯一下腰等可以达到"此时无声胜有声"之功效。这些肢体语言传递着师生间的情感，传递着一种和谐。可以说，教师的表情就如一根"指挥棒"。因为你的表情会调动学生的情绪，指挥着学生以怎样的姿态投入学习中。教师要丰满自己的表情。无论是一个眼神、一句话，还是一个手势等，都不能放过，须尽心打造。总之，教师应有一个积极良好的心态，善于通过表情调控课堂阴晴，使自己的表情永远充满阳光，富有人性和魅力。

（一）微笑

著名的印度诗人泰戈尔说："微笑，是世上最美丽的语言。当你微笑时，世界爱上了你。"教育是心灵交流的艺术，而微笑是教师在所有的交流中最有力的语言。它展示着一种胸怀，表达着一份信赖，传递着超越语言的理解与关怀。德国哲学家康德说过："人是能够笑的动物。会笑，是人与动物的区别之一。"微笑是人的积极肢体语言的集中体现。当一切顺心如意的时候，微笑是一种本能；当面对困难考验的时候，微笑则是一种修养，一种毅力，一种精神。在学校，孩子的成长，总是一个交织着痛苦与快乐的过程。很多时候，我们带给孩子们的微笑更多的是出于一种情绪本能，一种职业自律。但是作为一名成功的教育者，我们更应该做到的是，在逆境中——无论是自己身处逆境，还是孩子遭受挫折，都能够始终报之以微笑。"请把你的歌带回我的家，请把你的微笑留下……"带着微笑走进学校，带着微笑走进课堂，这会让我们教师感受到工作的乐趣、教学的乐趣。让微笑走进新课程，把微笑留在课堂，让微笑沟通孩子与教师的心灵，构建欢乐、民主、宽松的课堂氛围，不正是新课程所倡导的吗！

曾有这样一个真实的故事：一名学生因为学习成绩差特别喜欢捣乱纪律，被教师安排在特殊座位：一排一座。于是他也破罐子破摔，更加调皮。后来来了一位教数学的新班主任，他对这个小"捣蛋王"特别关爱，每次上课都喜欢对他笑一笑，摸一摸这名学生的头。教师这不经意的一笑一摸，却给学生带来了自豪感、荣誉感。从此，他就对这位教师颇有好感，也爱屋及乌地喜欢上了数学。这名学生就是后来成了大数学家的陈景润。长大成人的他总会记起那温柔的微笑，欣赏的目光和那份特殊的关爱。

1. 教师微笑的作用

（1）教师的微笑拥有无穷的教育魅力。萨克森说："最高级的社交外衣是：神采奕奕，满面笑容。"教师微笑着面对学生，能给学生一种宽松的师生交往人际环境，能使学生感受到教师的理解、关心、宽容和激励。教师的微笑是腼腆学生的兴奋剂，使他们得到鼓励，敢于去表达自己；教师的微笑是外向好动学生的镇静剂，使他们得到及时的提醒，意识到自己的言行需要控制和自律。教学工作中教师的微笑能够活跃课堂氛围，活跃学生思维，活跃学生的情绪；德育工作中教师的微笑是对不良行为的理解和宽容，能引起学生的自我反思和觉醒；是对良好行为的鼓励和赞许，能激励学生不断努力和进取。

（2）教师的微笑是对人谦和尊重的表示。苏联著名教育家苏霍姆林斯基曾说："尊重人是全部教育的工作重心。"尊重，是一种修养，一种品格，一种谦逊。人，要学会尊重。作为教师，更要学会尊重。因为，尊重是教育的前提，是教师一切教育活动的基础。《中学生守则》里规定："对人有礼貌。"微笑是礼貌地表示，一个懂礼貌的人，微笑总是挂在脸上，使人感到亲切、愉快。微笑还充满了自信和力量，能驱散他人阴郁、沮丧、恐惧、苦恼等不良情绪。正确运用微笑，还能表现自己的谦虚随和，表现对对方的尊重。尊重学生是教师的基本师德。我们知道，只有尊重别人的人才会受到别人的尊重。比如，在拥挤的学校食堂里，自己在别人的身旁坐了下来，别人投来一瞥，自己回报一个微笑就无疑地表示："我没有侵犯你的意思，但这是唯一的座位。"当听学生报告时，适当地把目光集中到报告者脸上，并报之以微笑，能令报告者感到你是在尊重他，在认真听讲，产生一种默契。教师的微笑应该是善意的、会意的、发自内心的，而不是装出来的、无奈的、痛苦的。只有真正尊重学生的地位，尊重学生的人格，尊重学生的潜能，教师的微笑才会起到作用。

（3）教师的微笑是良好的心境。教师微笑，不仅可以调整自己的心理状态，还能培养学生健康愉快的心理。教师用微笑增强自己信心，教师用微笑显示青春活力和朝气，教师用微笑调节师生的心理状态，教师用微笑协调师生关系，教师用微笑转变学生的不良习惯，教师用微笑让学生愿意与之亲近……微笑不是一种技术，而是一种心境。教师面露欢愉的微笑，说明心境平和、心情愉快，有乐观面世、善待人生的精神境界和对自己人格魅力、工作能力的自信，他传递给学生一种积极的信息，成为师生间交往的润滑剂。教学工作中教师的微笑能够调动学生的情绪，活跃课堂氛围，活跃学生思维。

（4）教师的微笑是关爱。俄罗斯有句谚语："漂亮的孩子人人都喜欢，而爱难看的孩子才是真正的爱。"在教学中，微笑是关爱，似乎在对人说"你好吗"，无论学生的长相、家庭背景、成绩如何，都予以亲切的微笑。教师的微笑是热爱学生的外在表现。西方教育学家罗素认为，教师的爱能使学生的道德与智慧得到更好的发展；然而没有爱的教育，将是一片教育的沙漠。我国教育学家夏丏尊说："教育之不能没有爱，犹如池塘之不能没有水。没有爱就没有教育。"可以说，爱，永远是教育的真正内涵。尤其是一些特殊学生群体更需要关爱。唯有爱，才能填补他们情感的空缺；唯有爱，才能修补他们心灵的困惑；唯有爱，才能点燃他们心中的希望。

（5）教师的微笑是激励。在教学中，微笑是激励，表达着我们可以共同努力。行为科学实验证明：一个人在没有受到充分鼓励的情况下，他的能力仅能发挥20%～30%，如果受到充分的鼓励，他的能力就有可能发挥80%～90%，以至更多。教师的微笑是腼腆学生的兴奋剂，使他们得到大胆的鼓励，敢于去表达自己。例如，当一位学生自卑时，教师可以微笑着鼓励他："努把力，相信你能行。"

（6）教师的微笑是赞许。在教学中，微笑是赞许，能给人以不夸张的肯定。中国著名教育专家周宏说："哪怕天下所有人都看不起你的孩子，你都应该眼含微笑地欣赏他，拥抱他，赞美他。"根据我们多年教学的经验，当学生在学习上有了进步或其他方面有了提高时，教师的脸上如果露出满意的微笑，学生就会从微笑中获得前进的力量，迸发出更高的学习热情；特别是对学习比较吃力的学生，教师要学会并善于用"放大镜"发现他们的长处和各方面的进步，并及时充分地肯定他们的每一点进步，给予他们肯定和赞扬的微笑，使他们感到自己的努力是会获得成功的，也能激发他们以更多的努力去获得更大的成功。苏联教育学家苏霍姆林斯基曾在《给教师的建议》中鼓励教师学会赞美学生。他相信，教师的赞美能开发学生内在的潜力，激发他们学习上的热情，唤起他们强烈的进取心，使得学生变"要我学"为"我要学"，从而在心理上彻底解放了学生。

（7）教师的微笑是宽容。在教学中，微笑是宽容，好像在对人说"没关系"。教师的微笑是对不良行为理解后的宽容，能引起学生的反思和觉醒。宽容，有时候比惩罚更具有力量。对学生宽容，不仅是美德，更是一种教育艺术。著名教育家陶行知曾告诫："你的教鞭下有瓦特，你的冷眼里有牛顿，你的讥笑中有爱迪生。"一颗无宽容的冷漠之心，必将绞杀学生的个性和智慧。一般的说，学生有过错的时候，恰好是教育的良机，因为内疚和不安使他们急于求助，而此时教师宽容的微笑和及时的教导可能使学生刻骨铭心。

（8）教师的微笑是友好。在与人交往中，微笑是有效的沟通法宝，是人际关系的磁石，预示着我们之间没有任何心理距离。没有亲和力的微笑，无疑是重大的遗憾，甚至会给工作带来不便。教师微笑着面对同事，领导微笑着面对教师，有利于构建合作性的同事关系，有利于营造一种积极向上、追求卓越、团队学习的发展型组织。用微笑去赞美同事和领导，用微笑去化解误会和冲突，用微笑去谋求合作与合力，用微笑去交流思想和灵感，教师会体验到教育的巨大幸福，少许多焦虑、困惑和无助，多许多理解、支持和帮助。

2. 正确微笑的方法

正确的笑容应真诚、适度、合时宜，具体如下。

（1）真诚。笑容应发自内心，做到表里如一，显示出亲切。同时，让笑容与自己的举止、谈吐有很好的呼应。

（2）适度。笑容虽然是人们交往中最有吸引力、最有价值的面部表情，但也不是随心所欲，不加节制的。

（3）合时宜。笑容需要注意区别场合与对象，并不是随时随地，见谁都笑。

3. 微笑的综合运用

（1）与眼睛的结合。当你微笑的时候，你的眼睛也要"微笑"，否则，让人感觉是"皮笑肉不笑"。眼睛是心灵的窗户，眼睛会说话也会笑。如果内心充满温和、善良和厚爱时，那眼睛的笑容一定非常感人。眼睛的笑容有两种："眼形笑"和"眼神笑"。

（2）与语言的结合。平时工作中我们不要光笑不说，也不要光说不笑。教师面对学生时，应微笑着说："请""你好""继续努力"等礼貌用语。

（3）与身体的结合。人们常说的肢体语言也是传递信息的一个重要方面。微笑与正确的身体语言相结合时，会相得益彰，给学生以最佳的影响。

（4）与神、情、气质的结合。"神"，就是笑得有情入神，笑出自己的神情、神色、神态，做到情绪饱满，神采奕奕。"情"，就是要笑出感情，笑得亲切、甜美，反映美好的心灵。"气质"，就是要体现出谦虚、稳重、大方和得体的良好气质。

（5）与仪表、举止的结合。端庄的仪表、适度的举止，是每个教师的基本要求。以姿助笑，以笑促姿，就能形成完整、统一、和谐的美。

4. 微笑的种类

（1）自信的微笑，这种微笑充满着自信和力量，一个人即使在遇到困难或危险时，若能微笑以待，那一定能冲破难关。

（2）礼貌的微笑，这种微笑像春风化雨，滋润人的心田。一个懂得礼貌的人，会将微笑当作礼物，慷慨地赠予他人。

（3）真诚的微笑，表现对别人的尊重、理解、同情。

5. 微笑的训练方法

1）眼睛笑容法

用手遮住鼻子和嘴，只露出眼睛，练习让自己的眼睛笑起来，这时眼角是微微上提的，眉头也一定是舒展的，这就是我们平常所说的眉开眼笑。面部肌肉放松后，眼睛也随之恢复原形，但目光中仍然会反射出脉脉含笑的神采。

2）模拟训练法

先端坐镜前，整理好衣装，以轻松愉快的心情调整呼吸至自然顺畅，静心 3 秒，最好能同时听听较欢乐的音乐，比如《请把我的歌带回你的家》《微笑》等。

练习步骤如下：

（1）轻合双唇。

（2）两手食指伸出（其余四指自然并拢），指尖对接，放在嘴前 15~20 厘米处。

（3）让两食指指尖缓慢匀速分别向左右移动，使之拉开 5~10 厘米的距离。同时嘴唇随两食指移动速度同步加大唇角的展开度，并在意念中形成美丽的微笑，让微笑停留数秒钟。

（4）两食指再缓慢匀速向中间靠拢，直至两食指相接，同时，唇角开始以两指移动的速度同步缓慢收回。需要提示的是，训练微笑缓缓收住很重要，切忌不能让微笑突然停止。

3）牙齿暴露法

数一数自己笑得最美时露出了几颗牙。标准的微笑是露出 6~8 颗牙齿，嘴角肌、颧骨肌与其他笑肌同时运动，是一种会心的微笑（图1-80）。

图1-80　微笑训练法

4）记忆提取法

记忆提取法是指从记忆中唤醒过去那些愉快、令人喜悦的情景，使这种情绪重新袭上心头，重享惬意的微笑。要求学生在镜中找到适合自己的最佳的微笑状态。

微笑的秘诀就是发自内心、自然亲切，做到表里如一。真正的微笑应当有丰富的内涵，渗透一定情感，这样才能具有感染力，这就是所谓笑中有情，笑以传情。

5）口型对照法

面对镜子深呼吸，然后慢慢地吐气，并将嘴角两侧对称往耳根部提拉，发出普通话"一""七""啊""衣""叶""钱"的声音，也可发出词语"茄子""田七"的音，还可发出英语单词"Lucky""Cheese"的声音。这些字、词形成的口型，正是微笑的最佳口型。

（二）目光

教师无时无刻不在通过眼神向学生传递心灵信息，目光是沟通师生感情的重要桥梁。教师应该具有一双会说话的眼睛，随时对学生投以关注的目光，显示友爱与关心；指导学生讨论时，关注同学的发言，使其感受教师的重视；当学生专心致志听讲时，应投以亲切的目光；当学生在回答问题时，应投以信任的目光……目光运用得当，就会像磁石一样吸引学生的注意力，像巨石投水一样在学生心海里激起情感的浪花。

1．教师眼神的作用及运用

（1）眼神，维持课堂秩序的"指挥棒"。教师的眼神不管是开始上课时还是授课中均有调节学生课堂情绪的作用。学生从课间的兴奋情绪到上课集中听课状态，这中间必定要有一个过渡。因此每次上课时，并不是教师立刻宣布上课，而是用一种柔和而期待的眼神环视全体学生，这时候学生能从教师的眼神里读懂老师是期待他们安静下来，迅速进入上课状态。当教学过程中发现有学生违反课堂纪律时，教师的一个眼神有时要比说上一句话更起作用。若教师使用语言上的批评，不但会伤害到学生的自尊心，还会引来其他同学的关注，打乱课堂秩序；若使用眼神提示，则完全可以避免这样的情况。比如，在讲课过程中，有个别的同学开小差，不注意听讲，教师又不打算打断其他学生思路，即可对违反课堂纪律的同学以目光示意，暗示："你违纪行为我已发现了，要注意听讲"。有时学生没注意教师进教室，说话声音十分嘈杂，口语被掩盖，说话不管用，教师即可借助手势：双手平行抬起手心向下连续摆动，则表示："安静，上课了"。在提问学生时，教师可目光注视被提问的学生报以鼓励性的微笑，如果单手手心向上摆动表示："请站起来回答这个问题"，再找另一名同学时，让这位同学坐下，手心向下摆动，表示："可以坐下"。用体态语组织教学，可以减少不必要的语言的重复，节约教学时间，活跃课堂气氛，维护教学常规，保证教学顺利进行。

（2）眼神，师生情感交流的"连心桥"。在教学中，眼神称为目光语，主要借助视线传递信息和情感，它是师生情感交流的桥梁和纽带。眼神的巧妙运用，可使师生在无声的条件下，进行交流，学生能从教师的眼神中体察到微妙的情感变化，感知眼神中蕴藏的知识。教师可从学生的眼神中观察到学生对知识的接受程度，从反馈的信息中，教师便于作出相应的对策，改变教学方式和方法。如，当学生起立回答问题时，教师亲切期待的目光注视学生，报以微笑，轻轻点头，即有肯定答案或思路正确，又有鼓励学生继续回答的作用。如果轻轻摇头，可以使学生得到暗示："答得不对或不完全"，学生可以认真思考，纠正错误，补充漏洞。这就比教师直接说："错了！好好想想！"委婉得多，学生也乐于接受这种启示。再如教师讲课学生听懂与否，一时是无法清楚的，有些老师在课堂喜欢问："听明白了吗？"学生常齐答："明白了。"实际上有个别同学没听懂也不好意思把问题提出来了。教师除询问外，可以利用体态语知识，通过观察学生的面部表情、神态动作洞察学生的心理。如果发现大多数学生在听讲时皱眉头或摇头，证明没听清楚或没理解，如果学生注视教师面露微笑或轻轻点头，那就是听入神了，问题弄懂了。这些都是教师可以根据观察的结果，进行调节自己的教学内容和教学方法。

（3）眼神，鼓励赞许学生的"好帮手"。在课堂教学中，对学生激励，用眼神远比用有声语言更能牵动他们的情感，让学生感到传递给他们的是一种更为真诚的鼓励与期待。上课时总会有一些不能够大胆回答问题的学生，教师如果用一种柔和、期待的目光去鼓励他们，经过多次的鼓励和肯定，他们的胆量会渐渐地大起来，使课堂气氛变得活跃起来。每个学生都有他闪光的一面，教师应该及时发现学生的闪光点，并向他们投以鼓励的目光，可以引导其正确发展。学生出现问题时，教师可以采取以肯定的眼光去看待他们，给予他们鼓励，为他们树立信心和勇气，去面对学习上的种种困难。比如在一次课上，当学生提出了一个有价值的问题时，教师走上前去，握住该同学的小手，微笑地注视着他的双眼，夸赞道："你有一双慧眼哟，能发现别人发现不了的问题，多了不起呀！"这极大地鼓舞了学生学习的兴趣和信心，给学生的学习带来了喜悦和动力，使他们爱上学习并取得进步。

2. 注视的时间

在课堂教学过程中，教师的目光要随时随地关注学生，如课堂上有学生开小差，一个严肃的眼神使他迅速改正；学生答对问题，一个赞许的目光或一个会心的微笑都会使他得到莫大的鼓励。但与学生或家长的日常接触却不能长时间的注视对方。据心理学家实验表明，人们目光相互接触的时间，通常占交谈时间的 30%~60%。如果超过 60%，则表示对对方本身的兴趣可能大于谈话；若低于 30%，则表示对对方或对谈话的话题不感兴趣，有疲倦、乏力的表现；如果完全不看对方，只是倾听，则表示听者或是自卑、紧张，或是心中有事，不愿让对方看到自己的心理活动，或者是对谈话者漠视。

3. 注视的角度

（1）俯视。即目光向下注视对方，一般表示爱护、宽容之意。

（2）平视。即目光与对方的目光约在同一高度平等接触，一般体现平等、公正、自信、坦率等语义。

（3）仰视。即目光向上注视对方，一般体现尊敬、崇拜、期待的语义。

（4）斜视。即视线斜行，一般表示怀疑、疑问之意。

（5）侧扫视。即目光向一侧扫视，一般表示兴趣、喜欢或轻视、敌意态度的语义。表示兴趣、喜欢时，伴有微笑和眉毛上扬；表示轻视、敌意时，伴有皱眉、嘴角下撇。

4. 目光的类型及注视的位置

（1）公事目光。公事目光的特征是，视线以对方双眼为下底线，与前额中部构成一个等边三角形。这是一种公事公办、严肃郑重，不含个人感情色彩的目光，它能够影响对方的情绪，让对方进入"角色"，开始商务或者政务交谈。主动使用这种目光的一方，掌握了交谈的主动权。公事目光的使用场合主要是外交谈判、商务谈判等。

（2）社交目光。社交目光的位置以双眼为上线，与唇部中央构成一个倒等边三角形。社交目光的特点是亲切温和，能够营造一种融洽和谐的气氛，让对方感到平等亲切。这种目光的使用场合，主要是上下级之间的友好交谈以及与同事交往。另外，各种联谊会、茶话会、座谈会等场合，也适用这种目光。

（3）亲密目光。朋友或恋人之间可以用亲密目光注视对方，这种目光的视线位置以双眼为上线，延长至胸部，属于隐私区、亲密区，不能乱盯。这种目光的特点是热烈而柔和，能将炽热的感情很快传达给对方，使对方体会到一种关切或热爱之情。它是亲人、爱人、家庭成员之间使用的一种凝视。

5. 教师眼神的注意事项

（1）在课堂教学中，教师不宜长时间凝视某人，或将目光盯在教室的某一侧，而应将目光放虚一点，让目光笼罩全场。

（2）在课堂上，忌对学生用斜视、瞥视、瞪视、眯视等，这样的眼神会引起学生的反感，极大地挫伤学生的自尊心。

（3）在课堂上，教师目光游移不定、看着天花板、或盯着讲稿，会显得其惊恐不安、心神不定，难以维持好课堂秩序、掌控全局。

（4）长时间对学生或他人凝视，特别是对犯了错误或者表现不佳的学生长时间凝视，是一种无礼行为，这也是全世界范围内通行的礼仪禁忌。此行为暗含利用眼神对抗表示仇视的意思。

（5）与学生谈话时，眼睛注视对方的时间超过整个交谈时间的 60%，属超时注视；少于整个交谈时间的 30%，属注视不足。这些都是失礼的注视。

（6）眼睛转动速度应适中，范围要适度。眼睛转动太快表示不诚实、不成熟，给人以轻浮、不庄重的印象，太慢则是头脑迟钝的反映。眼睛转动范围要适度，范围过大给人以白眼多的感觉，过小则显得木讷。

6. 教师目光禁忌

（1）忌责怪的目光。这种目光容易使学生产生逆反心理，造成学生对教师的抵抗情绪，割裂师生间的友谊，使两者矛盾激化，不利于学生健康人格的发展。

（2）忌漠视的目光。只顾做自己的事，不看对方说话，是怠慢、冷淡、心不在焉的流露。这种目光极易使学生的自尊心受到伤害，造成学生产生极大的自卑心理，任何活动不敢积极参与，甚至于对任何事情都缺乏信心和兴趣，沉默寡言，最终导致性格上的孤僻、冷漠、自私。

（3）忌面对学生突然一笑，是一种讥讽。

（4）忌面无悦色的斜视，是一种鄙意。

小贴士

眼神，代表着一个人所具有的特质，但按不同民族的习惯，不同的眼神代表着不同的意思。例如：中国人交谈时，可以礼貌、自然地看着对方；瑞典人交谈时，喜欢你看着我，我看着你；英国人交谈时，很少互相对视；美国西南有一个少数民族的人一般不打量对方，他们认为向对话人投射目光是不文明的举动；南美印第安人互相攀谈时，眼睛务必东张西望；日本人在闲谈时，喜欢看着对方的脖子，认为直截了当地盯着对方的脸，是不礼貌的举动；非洲肯尼亚卢奥部族，女婿与岳母不得面对面地交谈；地中海诸国的人们，认为呆滞的目光是不吉祥的，会给人们带来灾祸；希腊人交谈时，不能久久凝视对方；非洲尼日利亚人认为久久直视对方是对其不尊重。

基 础 练 习

一、简答题

1. 简述教师仪态在教学中的重要性。
2. 站姿的基本动作要领是什么？
3. 保持得体的坐姿应注意哪些礼仪？
4. 女性行走时应注意哪些问题？
5. 教师使用手势时，有哪些注意事项？
6. 简述教师微笑的作用。

二、案例分析题

全国模范教师殷雪梅便是以"微笑着面对生活"为信念的人，她在日记中写道，"微笑吧，让人生灿烂如春！每一天，我以最美的心境行走在阳光里，我感受着日子里一缕清风的柔情，一滴雨儿的晶莹，一个善意眼神的温暖，一句暖言的温馨，感动着走过每个日子。"

她认为，微笑就是一种欣赏，一种简单，一种坦荡，一种宽容，一种幸福的体验，一种诗意的享受。

殷雪梅常说："对学生没有真诚的爱，就不是好老师。"她在教师岗位上辛勤耕耘了30年，不仅将教师当作职业，更当作崇高的事业。与她共事多年的教师说："殷老师爱学生是出了名的。"1999年秋天开学第一天，一名智障学生看到殷雪梅走来，捡起砖头就朝她砸去。就是对这样的孩子，殷雪梅也没有放弃，也没有吝啬她那可贵的微笑。学习跟不上，她仍旧面带着微笑为他补课；家境贫寒，就把为儿子买的新衣服送给他，还常带他回家，一住就是几个月。

优秀生人见人爱，后进生更是检验教师爱心的试金石。殷雪梅称教师"端的是爱心碗，吃的是良心饭，对一个学生负责，就是对一个家庭负责"。有一男生刚转来时，语文、数学两门课总分不满60分。殷雪梅一有空就帮他补课，期终考试，他的语、数成绩都达到了85分以上。正是她那独特魅力的微笑，给予了学生莫大的鼓舞，促使他们在不断进步。

她的一位学生在作文中写道："每天我都希望再能看见殷老师那张笑脸，她的笑容非常灿烂，看到她我就很开心……"这种乐观感染了她的学生们，正如孩子们说的："成绩进步的时候，老师的微笑分明是在给为我们喝彩；遭遇挫折的时候，老师的微笑像是在安慰我们不要灰心。她总是那样快乐，笑容像阳光洒遍了每个角落。"

问题：
1. 从上述案例中，思考是什么成就了殷老师。
2. 结合案例谈谈微笑给您的启示。

三、实训练习

1. 运用五点靠墙法、双腿夹纸法、头上顶书法、对镜训练法等进行站姿实训练习。
2. 分解练习不同坐姿和入座、离座的动作要领，并对整体动作进行相互纠正训练。
3. 在音乐的伴奏下分步骤进行走姿双臂摆动训练，步位、步幅训练和步态及退步转身综合实训练习。
4. 根据学生的性别分别采用高低式或交叉式进行蹲姿分组实训练习。
5. 采用眼睛笑容法、模拟训练法、牙齿暴露法、记忆提取法、口型对照法进行微笑实训练习，对镜练习常用手势动作要领。

实训项目

实训项目一：

【实训项目】站姿

【实训目标】通过该实训项目的训练，使学生了解各种站姿的运用场合和适用对象，掌握各种站姿的动作要领和礼仪规范，并能灵活运用；要求学生在平时也能尽量做到姿势正确，纠正不正确的行为习惯，最终达到端正、稳重、亲切、自然、优美、典雅，塑造体态美，培养良好的仪态修养。

【实训学时】2 学时

【实训方法】教师先进行站姿动作要领的讲解示范，然后学生分别采用五点靠墙法、两腿间夹纸法、头上顶书法、对镜训练法等进行站姿练习。学生之间进行小组互评，教师指导纠正。

【实训考核】站姿训练考核内容。

站姿训练考核表

考生单位：　　　　　　　　　　　　　　　　考生姓名：

项目	操作标准	配分	评价等级			得分
			优	良	及格	
V 字步（男女通用）	两眼平视前方，嘴微闭，下颌微微上抬，面部表情放松、自然。两肩自然下沉、两臂自然下垂，中指贴紧裤缝。气息提到胸部胃部向上顶，收紧腹部，立腰，提臀。大小腿并拢，脚跟靠拢，两脚夹角 45～60 度	10（男）20（女）				
并腿式（男女通用）	两眼平视前方，嘴微闭，下颌微微上抬，面部表情放松、自然。两肩自然下沉、两臂自然下垂，中指贴紧裤缝。胸部胃部向上顶，收紧腹部，立腰，提臀。大小腿并拢，脚尖朝正前方	10（男）20（女）				
丁字步（男女通用）	并步站好，将左脚跟，靠于右脚内侧中间部位，两脚尖展开 45 度，两膝靠拢，头正，两肩自然下沉，双手垂直，五指并拢，中指贴近裤缝，目视前方，面带微笑	15（男）20（女）				
左右分腿式（男教师适用）	两眼平视前方，嘴微闭，下颌微微上抬，面部表情放松、自然。两肩自然下沉、两臂自然下垂，中指贴紧裤缝。胸部胃部向上顶，收紧腹部，立腰，提臀。两腿左右分开与肩同宽	15				
体前握手式（男女通用）	两脚尖略展开，右脚在前，将右脚跟靠于左脚内侧中部，形成丁字步，两手在腹前握手，身体重心可分布于两脚之间，也可于一只脚上，通过两脚重心的转移减轻疲劳	15（男）20（女）				

续 表

项目	操作标准	配分	评价等级 优	评价等级 良	评价等级 及格	得分
体后背手式（男教师适用）	两脚尖略展开，右脚在前，将右脚跟靠于左脚内侧中部，形成丁字步，两手在腹前握手，身体重心可分布于两脚之间，也可于一只脚上，通过两脚重心的转移减轻疲劳	10				
单手体后屈臂式（男教师适用）	两眼平视前方，嘴微闭，下颌微微上抬，面部表情放松、自然。两肩自然下沉，右手后背、左手下垂。两腿并拢，两脚分开成60度，右脚向前，脚跟靠于左脚脚心内侧，形成右丁字步	10				
单手体前屈臂式（男女适用）	两眼平视前方，嘴微闭，下颌微微上抬，面部表情放松、自然。两肩自然下沉，左手臂下垂，右臂肘关节弯曲，前臂抬至横膈膜处，手背向外。胸部胃部向上顶，收紧腹部，立腰、提臀。两腿立直，大小腿并拢，脚跟靠拢，两脚夹角45~60度	15（男）20（女）				
	总分	100分				

实训项目二：

【实训项目】坐姿

【实训目标】通过该实训项目的训练，使学生了解各种坐姿的运用场合和适用对象，掌握各种坐姿的动作要领和礼仪规范，并能灵活应用；要求学生在平时也能尽量做到姿势正确，纠正不正确的行为习惯，最终达到典雅、稳重、自然、大方的美感，提升教学效果。

【实训学时】2学时

【实训方法】教师先讲解示范，分解练习坐姿入座、离座动作要求，腿部脚位姿势造型以及手姿摆放的部位的过程进行强化练习，在背景音乐的配合下，分组进行成套动作的坐姿仪态展示，学生相互纠正，教师进行点评。

【实训考核】坐姿训练考核内容。

坐姿训练考核表

考生单位：　　　　　　　　　　　　　　　考生姓名：

项目	操作标准	配分	评价等级 优	评价等级 良	评价等级 及格	得分
入座（男女通用）	左侧入座、确定位置、整理裙装、右腿退半步、轻缓就座、调整体位	5				
并步坐（男女通用）	坐下之前，要站到椅子前面合适的位置上，两膝靠拢，小腿大腿形成90度，双脚并拢，脚尖向正前方，双手五指并拢，自然放在大腿中部，双肘靠于体侧，双肩自然放平，身体正直，目视前方，面带微笑	15（男）15（女）				

续 表

项目	操作标准	配分	评价等级			得分
			优	良	及格	
左右分腿式（男女通用）	并步坐好，双腿左右分开，脚尖向前，两膝靠拢，五指并拢，掌心向下，放在大腿中部，两肩自然下沉，双肘紧靠体侧，腰背挺直，目视前方	15（男）15（女）				
前后错步（男女通用）	在并步坐姿的基础上，左腿垂直于地面，右腿向后退半步，用前脚掌着地，脚后跟稍有抬起，两膝靠拢，身体稍向前倾，双手叠放在双腿之间，若左腿在前，就右手重叠与左手之上（男教师五指并拢，手心向下，放在大腿中部）	15（男）10（女）				
前索步（男女通用）	在并步坐姿的基础上，双腿向前伸出半步，右脚置于左脚之上，两脚尖点地，两膝靠拢。双手叠放于双腿之间（若左腿在前，右手则重叠于左手之上），男女教师都适宜	15（男）10（女）				
后索步（女教师适用）	在右侧点步的基础上，右小腿稍向回屈，右脚绷直，脚掌内侧着地。左脚提起，挂在右脚踝关节处。双腿并拢，上身左转45°，胸部挺起，下颌稍向上翘起。双手叠放在双腿之间（若左腿在后，左手则重叠于右手之上）	10				
双腿侧点步（女教师适用）	在并步坐姿的基础上，双腿向左伸出，双脚脚后跟离地，前脚掌着地，挺胸、立腰，目视前方。双手叠放在两腿之间（若双腿向右侧点，左手则重叠于右手之上），适合女教师在社交场合的坐姿	10				
向前小攀步（男女通用）	在并步坐姿的基础上，身体正直，用腹肌力量抬起左腿，屈膝叠放在右腿膝盖上，左腿脚尖向下绷直，右腿垂直于地面，右手体前屈臂放于腹前，五指并拢，手心向下，左手向前屈臂摆放在左大腿中部。要充分体现此动作的端庄、大方、典雅、得体，忌讳脚底朝向对方或抖脚	15（男）10（女）				
大攀步（男女通用）	在并步坐姿的基础上，左脚向左斜前伸出半步，脚尖正对左斜前，左腿垂直于地面，两膝靠拢，同时身体转向左斜45度，用腹肌的力量抬起右腿叠放于左腿上，右脚尖向下绷直，双手叠放在右腿之上，左手叠放于右手之上，然后拧腰，转身面向正前方。男女教师皆可适宜	15（男）10（女）				
离座（男女通用）	先有表示、注意次序、右脚向后退半步、上体向前倾斜、前脚掌蹬地、腿紧张腰紧张缓慢起身、站好再走、从左离开	5				
总分		100分				

实训项目三：

【实训项目】走姿

【实训目标】通过该实训项目的训练，使学生了解走姿的运用场合和适用对象，掌握走姿的动作要领和礼仪规范，并能灵活应用；要求学生在平时也能尽量做到姿势正确，改正不正确的行为习惯，男教师应具有阳刚之美，展现其矫健、稳重、挺拔的特点；女教师应显得温婉动人，体现其轻盈、妩媚、秀美、典雅、高贵的特质。

【实训学时】2学时

【实训方法】①教师示范动作讲解；②播放背景音乐，在教师的带动下以肩带动手臂做摆臂的节奏感训练；③分组列队走直线步位、步幅训练，手持道具（托盘、奖杯、手提包、雨伞等）进行综合性步态综合训练；④结合本章节的仪态和礼节进行展示。

【实训考核】走姿训练考核内容。

走姿训练考核表

考生单位：　　　　　　　　　　　　　　　　　　考生姓名：

项目	操作标准	配分	评价等级			得分
			优	良	及格	
标准走姿（男女通用）	头端、躯挺、肩稳、手臂摆动自然，步位正，步幅适当，步速均匀；走路时无身体前俯、后仰或脚尖向外、向内呈"外八字"、"内八字"，步幅太小等现象	40				
柳叶步（女教师适用）	遵守走姿基本要领；行走时，两脚跟在一条直线上；动作优雅、自然，能体现女性高雅、端庄的气质。要求：穿3~5厘米船式高跟鞋	60（仅作为女生实训配分）				
平行步（男教师适用）	遵守走姿基本要领，两脚朝前走，呈两条平行线。动作大方、协调，能体现男教师干练、沉稳的绅士风度	60（仅作为男生实训配分）				
总分		100分				

实训项目四：

【实训项目】蹲姿

【实训目标】通过该实训项目的训练，使学生了解各种蹲姿的运用场合和适用对象，掌握各种蹲姿的动作要领和礼仪规范，并能灵活应用；要求学生在平时也能做到姿势正确，使教师形象得到更完美的呈现。

【实训学时】1学时

【实训方法】教师先进行蹲姿讲解示范，然后学生按性别分别采用高低式或交叉式分解练习蹲姿，结合实地场景蹲捡物品。学生之间进行小组互评，教师指导纠正。

【实训考核】蹲姿训练考核内容。

蹲姿训练考核表

考生单位：　　　　　　　　　　　　　　　考生姓名：

项目	操作标准	配分	评价等级			得分
			优	良	及格	
高低步（男女通用）	下蹲时，左脚在前，右脚稍后，两腿靠紧往下蹲。左脚完全着地，小腿基本垂直于地面；右脚脚跟提起，脚掌着地。右膝内侧靠于左小腿内侧，形成左膝高右膝低的姿势，臀部向下，基本上靠一只腿支撑身体。男教师选用这种蹲姿时，两腿之间可有适当距离	40（仅作为女生实训配分）				
		100（仅作为男生实训配分）				
交叉步（女教师适用）	右脚在前，下蹲时左脚在后。右小腿垂直于地面，全脚着地。左腿在后与右腿交叉重叠，左膝由后面伸向右侧，左脚跟抬起脚掌撑着地。两腿前后靠紧，合力支撑身体。臀部向下，上身稍向前倾，拧腰顺肩，右手臂垂直于地面，保持所捡物品在身体右侧	60（仅作为女生实训配分）				
总分		100 分				

实训项目五

【实训项目】表情、手势

【实训目标】通过该实训项目的训练，使学生了解表情和手势在教师课堂教学中的重要性，掌握"三度"微笑和常用手势的动作技巧及规范，能表现出炯炯有神、神采奕奕的眼神，亲善友好的目光，并能通过敏锐的眼睛洞察别人的心理，达到微笑、眼神与手势的协调配合，并将所学到的礼仪知识运用到日常交际场合。

【实训学时】1 学时

【实训方法】教师先分别讲解微笑的训练方法和常用手势的动作要领，然后学生按规定程序练习。在背景音乐的配合下，分组进行站、坐、行、手势、日常见面礼节展示表演。学生之间进行小组互评，教师综合测评。

【实训考核】表情、手势训练考核内容。

表情、手势训练考核表

考生单位：　　　　　　　　　　　　　　　　考生姓名：

项目		操作标准	配分	评价等级 优	评价等级 良	评价等级 及格	得分
手势	请坐	手势动作要领规范，动作协调，优美，使观看对象能明白其动作表达的含义	10				
手势	鼓掌	手势动作要领规范，动作协调优美	10				
手势	递物	手势动作要领规范，所持物品手位、方向正确，动作协调优美	10				
手势	指示	手势动作要领规范，动作协调优美	10				
微笑		真诚、适度、合时宜，符合国际惯例	15				
目光		能表现出炯炯有神、神采奕奕的眼神，亲善友好的目光	15				
微笑、眼神与手势的协调表现		微笑、眼神与手势能协调配合，表达一致，动作连贯、舒展、得体	30				
总分			100分				

第二章 教师仪容礼仪
——让自己的形象更完美

仪容，是指人的容貌，是教师个人礼仪的重要组成部分，包括面容、发式及身体裸露在外的肌肤部分。它体现出了一个教师的气质与修养。正如西汉戴圣所言："凡人之所以为人者，礼仪也。礼仪之始在于正容体，齐颜容，顺辞言。"仪容，是一个人给别人的外在形象感，是一个人的气质与精神面貌的外在表现，也是一个人的内在修养的显露。仪容美的基本要素是貌美、发美、肌肤美。美好的仪容一定能让人感觉到其五官构成彼此和谐。教师礼仪中对于教师仪容的首要要求是仪容美。主要包括三个层次，首先要求教师仪容自然美，即仪容的先天条件好，长相端庄大方。其次，要求教师仪容修饰美，即对仪容的必要修饰，扬长避短。最后，要求教师仪容内在美，即教师完善内在、培养高尚气质和美好心灵。在教育活动中，教师仪容修饰得当，看上去神采奕奕、自信满满，会取得良好的教学成果；教师仪容修饰不当，看上去萎靡不振、不修边幅，不仅自信不足、失敬于人，还会降低教学成效。因此，每一位教师都应十分注意自己的仪容修饰，给学生留下一个温文尔雅、端庄亲切的教育工作者形象。

【学习目标】

通过本章的理论学习与实践操作，使学生了解教师仪容的基本常识，熟悉教师仪容礼仪的含义与要求，并能根据不同场合，有针对性地修饰和美化自己的仪容，较好地掌握教师化妆的操作规范。

【基本内容】

本章内容主要包括教师个人卫生与教师的化妆规范两大部分。其中，教师个人卫生主要从仪容卫生、面部修饰、发型、肢体等方面提出应遵循的基本规范与要求。教师的化妆规范主要包括教师化妆的基本原则、实践操作及禁忌。

第一节 教师的个人卫生

【案例导入】

周恩来一生的风度和仪表，堪称世人的楷模。他在南开大学读书时，大立镜旁糊了一面"纸镜"，上面写着："面必净，发必理，衣必整，头容正，肩容平，胸容宽，背容直，气象勿傲、勿暴、勿怠，颜色宜和、宜静、宜庄。"这些仪表风度方面的要求，使得年轻的周恩来在礼仪修养方面打下了良好的基础，在后来的革命生涯中，他一直严格要求自己，身体力行，坚持不懈。所以，周恩来当了国务院总理之后，他总是能在外交活动中光彩照人，赢得人们的称赞。上述格言，当然也可作为我们现在学习仪容礼仪的准则。

【案例评析】

美国前总统尼克松在他的回忆录中是这样描写周恩来的："他待人很谦虚，但沉着坚定。他优雅的举止、直率而从容的姿态，都显示出巨大的魅力和泰然自若的风度。"他还写道："周恩来的外貌给人的印象是仪态亲切、非常直率、镇定自若而又十分热情。"凡是与周恩来接触过的中外人士无不为他的风度所倾倒。在上述案例中，讲到了周总理对于自己言行举止、风度气质的严格要求，这说明良好的文化修养、渊博的学识、精深独到的思辨能力，是构成高雅风度的内在因素。我们需要通过对仪容礼仪的学习，自然地将内在修养转换为外在仪容的表现。普通人应该从周总理的事例中了解到注重自己仪容的重要性，而身为教师更是应该具有良好的仪容礼仪，为学生树立榜样。

教师要遵守仪容礼仪，首先就要从基本的个人卫生做起，做好自己的个人卫生后，才能进行自身仪容的修饰，从而达到为人师表所具有的优雅风度。身为一名教育工作者，自己的言行都会受到学生的关注，好的言行举止、气质风度会让学生从中学习而受益；教师不良的个人卫生习惯、怪异的发型、不雅的肢体暴露等都会影响学生的学习，给学生产生误导，甚至让自己成为学生的笑柄。所以，每位教师只有在个人卫生及面部、发型、肢体修饰完善的情况下，再辅以后续的化妆修饰，才能塑造成一名优雅端庄、风度堂堂、举止典雅的当代教育楷模的形象。

一、仪容卫生的基本要求

【案例导入】

李老师的口头表达能力不错，对课程的讲授也掌握的恰到好处，人朴实又勤快，学历也高，资历深的老教师对他期望很高。可是李老师工作快一年了，全班的成绩一直上不去，问题出在哪儿啊？原来，李老师是个不修边幅的人，双手拇指和食指喜欢留着长指甲，里面经常藏着很多脏东西，鼻毛也时而露出鼻孔外，脖子上的白衣领更是经常是黑色的汗迹，有时，手上还抄写着电话号码。平时，李老师也喜欢吃大饼卷大葱，吃完后，也不知道祛除口腔异味的必要性。因而，在课后学生即使有不清楚的问题，也不愿意找李老师当面请教解决，许多同学都带有没有解决的问题学习，所以整个班级的成绩不理想。

【案例评析】

教师在工作岗位上授教与学生时，必须要对自己的面部修饰、个人卫生、形象气质予以高度的重视，按照教师仪容礼仪要求，教师必须遵守仪容要求，即讲究卫生、干净整洁、端庄稳重、落落大方等，只有教师给学生带来良好的教师仪容风采时，才可以使教学成果达到事半功倍的效果。

面部是一个人最突出的代表部位，面容是否洁净，是有生气、有光泽，还是灰暗、憔悴，关系到教师留给他人的印象是否良好。仪容美的一个基本点是面部清洁和面部卫生。教师仪容卫生的基本要求主要为干净、整洁、卫生。要求仪容干净、整洁、卫生就是要努力做到无异味、无异物，坚持不懈地做到仪容细节的修饰工作。

（一）干净

干净，主要包括面容、脖颈、毛发、肢体等方面的干净、清洁，其中重要考虑外露皮肤、毛发等的干净。

1. 洁面

面容的清洁主要包括面部肌肤污垢清洁、去除眼角分泌物、去除鼻孔分泌物、去除耳孔分泌物、去除口部多余物等。如果教师脸上经常存有灰尘、污垢、汗渍，难免会让学生觉得其又懒又脏。教师应该在授课前，面对穿衣镜检查自己面部是否有污渍。清洁面部最简单的方式就是勤于洗脸，午休、用餐、出汗、劳动或者外出后都应立刻洗脸。一般女教师如果带妆上岗，那在晚上睡觉前一定要使用专业的洁面产品，使面部残妆能被彻底地清洁掉。再好的化妆品，如果清洁不彻底，长年累月的累积对皮肤的损伤是非常严重的。倘若化妆后，没有彻底清洁掉化妆品，让其残留在皮肤毛孔内，堵塞毛孔，阻碍皮肤的自然透气性，这对皮肤的伤害非常严重，长期如此容易患上皮肤的各种疾病。因此，教师一定要重视自己的面部清洁。

由于生理因素和活动量大，男性皮肤比较粗、毛孔大，表皮容易角质化，同时汗液和油脂分泌物也较多，会使灰尘和污垢积聚，堵塞毛孔，引起皮肤发炎，因为男教师更应该注意"面子问题"。有粉刺的男教师，可以在粉刺已成熟或出现黑头时，洗净脸用热毛巾敷几分钟，然后用酒精涂搽患部，再用消过毒的针轻轻拔出粉刺和黑头，但是在粉刺还不成熟时不能这样做，更不能用手挤压，否则会造成感染，留下疤痕。除了早上要洁面外，外出工作一天后，晚上睡觉前也要进行洁面，这样才能彻底清洁面部皮肤上一天的灰尘、污垢、分泌物等，有条件的男士在进行晚上的洁面时，可用男士专用的护肤品护理皮肤。

此外，洁肤的益处是很多的。正确的洁面方式不仅可以彻底清洁面部污垢，并且通过正确的按摩方式，有效促进皮肤良好的血液循环和新陈代谢，使人精神焕发，充满朝气。正确的清洁方式能使皮肤尽可能处于放松、无污染的状态，便于后期的护肤工作。

不要小看面容洁净，教师面容是最突出的代表部分。清洁面部也要注意不同部位有不同的要求。

（1）眼部清洁。上课及日常交往中，学生和同事都是直接注视着教师的双眼，所以必须要清除掉双眼角的分泌物，做到双眼无睡意、不充血、不斜视等。戴眼镜的老师还需要注意及时擦去镜片上的多余物，保持眼镜的干净、明亮。

（2）鼻部清洁。教师要保持鼻腔的清洁，不要随便吸鼻子、擤鼻涕，也不能用手挖鼻孔。正确清洁鼻部的方式是在洁面时，用湿毛巾轻擦鼻孔或用棉棒轻钻鼻孔。在上课前，教师需要检查鼻孔是否有明显的鼻涕等，若有，必须防患于未然，去除干净。必须注意的是，鼻部清洁不能在公共场所进行。

(3) 耳朵清洁。耳朵是平常容易藏污纳垢，也是容易让人遗漏的地方，所以要常常用棉棒清理耳孔。

(4) 嘴部清洁。教师在讲课或与他人交谈时，如果嘴角遗留有食物残渣、牙缝遗存有牙垢或泛出唾液，则会令对方作呕，所以必须及时清除口角多余物。

2. 清洁头发

教师的头发首先要求就是干净整洁，即保持自己的头发清洁、卫生、没有头屑、没有异味、柔软顺滑。教师头发干净、松软亮泽、整齐有型，衬出光洁的面部，才能展示出教师良好的素养与气质。保持头发的清洁，第一要勤于洗头，养成周期性洗发的习惯。这样可以避免头屑、污垢堵塞头皮的皮脂分泌孔，使头皮不致发痒，避免头发产生枯燥和脱发现象。洗发的间隔时间应该灵活掌握。中性发质的人，冬天可隔4~5天，夏天可隔3~4天洗一次，油性和干性发质的人，要分别缩短或延长1~2天；第二要勤于梳理，养成早晚梳头的习惯；第三是要定期修剪头发。

洗发时，可以遵循以下原则：

(1) 应选择适合自己发质的洗发水。一般洗发水有一类是药物性洗发剂，如去头屑洗发水、止痒洗发水等；另一类是营养性洗发水，如蛋白洗发水、水果洗发水、首乌洗发水等，可根据自己的需要选择。

(2) 洗发时，用指尖摩擦或抓头发易损伤头皮，正确的做法是用指腹边按摩头皮清洗，双手还要适度地移动。

(3) 按摩完后，用温水清洗干净，不要让多余的洗发水和护发素残留在头皮上。

(4) 要用毛巾将头发上的水分轻柔地擦干，余留水分可让其自然蒸发，如需进行头发的造型，便可在这个时刻进行。若需用吹风机，则以距离头发20~25厘米处为佳。使用吹风机时，应先吹发根处，尽量少吹发尾，因为发尾本身含水分较少，若经常用吹风机吹发尾，会使发尾变得越来越干燥。

(5) 洗头发时最好用温水，37~38℃是最适当的温度，若水温过高将会使头皮所需的油分也一并去除，导致头皮干燥、发痒，损伤头发。

(6) 洗完后，用冷水将头发彻底冲净可加速毛孔的关闭，以防污垢进入毛孔。

(二) 整洁

整洁，主要包括教师的毛发的整理、服饰整齐等方面，做到修整得体。

1. 修剪胡须、鼻毛、体毛

教师的工作几乎是每天都陪伴着学生度过。教师的体毛也会每日生长，因而，教师应该时常定期修剪自己的体毛，做到整洁、清爽。男性教师不宜留胡须，既是为了清洁，也是对他人的一种尊重，所以男教师最好每天剃胡须，绝不能胡子拉碴地去学校。此外，每次工作前，教师在衣冠镜前，检查自己面容时，也不能忘记检查自己鼻毛是否露出，平日里也要注意修剪自己的鼻毛。鼻毛、胡须、胸毛都是影响教师外在形象的魔鬼。纽约的一个出版商曾经感言："现在我们的时代和社会要求男人追求更多的东西，他们除了事业外,还要在外表上温文尔雅,不乏英俊而又有魅力。因此,美国的男人现在比以往任何一个时代都重视仪容仪表。"据报道,美国男人每年花在美容方面的开销高达95亿美元,是女性市场的2/3。可见,仪容修饰已不再是女性的专利,男士美容已经成为一种新的时尚。我们当代男性教师也要关注国际绅士的时尚趋势,学会打理好自己,让自己更具有绅士风采。

女性教师在夏季着装时,也要注意自己的体毛不能外露,要定期清除自己的腋毛,这样不仅美观大方,同时也防止细菌滋生,消除体臭。

2. 整洁服饰

教师的服饰要求简约、得体、大方。虽然色彩并不一定鲜艳,款式也不一定是最时髦的,但是,服装整洁是必须的。教师服饰必须干净整齐,衣领袖口或其他地方,若有了污渍,就不能算整洁。教师的服装应该是平整无皱折的,扣子齐全,不能有开线的地方。教师上下课后,要整理袖口,裤腿,拍掉附着的粉笔灰等。此外,鞋袜也要干净整齐,勤换袜子,皮鞋也要保持鞋面光亮。人说,"三分衣服七分鞋",可见鞋(袜)对教师仪容的重要性。

(三) 卫生

教师个人卫生是十分重要的,主要包括口腔面部和身体卫生等。在日常工作中,随时调整个人习惯,保持干净卫生的清爽状态。

1. 口腔卫生

教师的口腔卫生十分重要。教师是靠"说话"传授知识的,所以口腔需要保持健康、卫生的状态。口腔卫生主要包括牙齿、唇部、口气等。

(1) 刷牙与漱口。教师应该重视刷牙与漱口。刷牙除了刷牙齿外,还包括舌苔,内黏膜的清洁。刷牙要采用正确的刷牙方式,并且贵在坚持。每天做到"三个三",即每天刷三次牙,每次刷牙宜在餐后3分钟进行,每次刷3分钟。刷牙可有效去除牙垢,防止细菌滋生。教师在进食后,要用清水漱口,这样可有效去除口腔内的食物残渣,防止牙缝遗留食物残片,影响美观。在洗手间时,教师也可对镜检查牙齿,查看是否有食物残渣附在牙齿上。若有,要及时清除,但这些动作应私下进行,不可当众操作。

(2) 口气。教师经常与人交谈,若交谈中散发难闻的口气,会使对方很不愉快,自己也很难堪。通常情况下,口腔异味多为口腔疾病或不注意口腔卫生引起的,口腔内本来就有多种细菌,能够分解食物残渣中的淀粉类物质和蛋白类物质,但会产生酸性或其他异味。坚持饭后刷牙漱口以利于减轻这类口腔异味。此外,教师工作时应尽量不食葱、蒜、韭菜、腐乳、虾酱、烈酒等味重刺鼻的食物。如果产生了口腔异味,应嚼一些茶叶、口香糖等来减少异味,但是在公共场所,当众嚼口香糖是不礼貌的行为。另外,口腔异味也有可能是由身体内部疾病引起的。所以,健康的生活方式、合理的饮食规律及及时的药物治疗是避免这类口腔异味的方法。

2. 面部和身体卫生

在平日,教师要注意自己的面部卫生,不要用脏手在脸上乱抠、乱摸、乱掐、乱挤,使得自己脸上到处生疮、伤痕累累。如果患了面部疾病,如面癣、痤疮等,一定要遵照医生嘱托休息治疗，尽早痊愈。面部干净了，也不能忘了清洁颈部，尤其是脖颈后、耳后，绝不能成为"藏污纳垢"的地方。

教师如果有体味，要消除体味。品格高尚的人，自然受人欣赏，清香干净的味道比汗臭味更具男子气概，所以，教师一定要注意自己是否有体味或异味。没有一个人愿意让自己的异味成为别人对自己的记忆符号。没有人会希望别人想到自己时，联想到的是自己的狐臭、汗臭或是口臭。教师身体异味是令人反感的，更甚的是，会分散学生的注意力。特别是炎热的夏季，带着过重的体味去接触学生，学生是很难和老师交流的。如果存在狐臭、体臭等情况，教师应及时治疗，采取合理有效的方法将其处理掉。此外，教师还要经常洗澡，勤换内衣，保持身体清洁。同时，可配合使用一些怡人的的香水，美好的气味会给自己和周围的人带去美好的心情。拥有清香好体味的教师，总会给同学或是同事留下洁净、文明、健康的印象，使人愿意与之接近、交往，而浓烈的异味总是会让人产生不愉快的感觉。

二、面部修饰的基本规范

【案例导入】

王老师是位资历颇深的老教师，从事教育工作已有近30年的时间。可以说，王老师在学校是位德高望重的老师，学校各位教师十分敬重他。在学校的年度总结上，王老师获得了"最杰出教师"的荣誉。理由是王老师不仅课上得好，学生教得好，更重要的是王老师给年轻的教师树立了杰出的教师榜样。原来王老师年轻时爱吸烟，几年下来，一口洁白的牙齿被烟熏得焦黄发黑，口臭也十分严重，稍微近距离讲话，就会呼出浓烈的烟臭味。于是，同学们很不愿意和王老师面谈解决学习中的问题。渐渐的，王老师才发现了自己不良的习惯对自己教学工作、对学生学习成果造成严重影响。自此以后，王老师戒掉了烟。当他发现喝茶也会使自己的牙齿发黄发黑，于是也尽量以白水代替茶水。为了还原一口洁白的牙齿，为了使学生乐于和自己交流、面谈，王老师还到医疗机构洗牙，即便牙齿被洗的麻木酸胀，王老师也一直坚持洗牙直到牙齿重新洁白。此后，王老师更加注重自己的面部修饰，并且一坚持就是20年，为年轻的教师树立了重视仪容礼仪的榜样，也使得自己成为学生最为尊敬、最爱亲近的教师。

【案例评析】

王老师愿意牺牲掉自己的爱好，并坚持做好自己的面部修饰，使自己时刻保持整洁的形象。这种行为是值得每个教育工作者学习的。教师注重面部修饰，除了使自己看上去更加整洁、端庄，也是对他人的一种尊重。学生愿意与整洁、和蔼的教师接触，教师的教学工作才会开展得更加顺利，学生也会感到被老师尊重。

面部是教师的"门脸"。在教学工作中，面部是最容易受到学生注意的地方。容貌给他人的视觉印象迅速而直接，认识和记住一个人往往从容貌开始。容貌美除了面部的清洁，还要根据面部不同器官进行适当的护理和修饰。教师将自己的面部修饰得当，会给学生留下洁净、文明的形象，使学生更乐意接近教师，从而提高自己的教学成果。教师应该对自己的面部修饰予以高度的重视。教师面部修饰的重点在于眼部、眉部、口部、鼻部和耳部，通过修饰，使自己的面部美观、整洁、端庄。

（一）眼部的修饰

"眼睛是心灵的窗户"，一个人的眼睛是否有神，往往反映了他的精神状态。教师一定要注重自己的眼部修饰，让眼部焕发出奕奕神采。眼部修饰应该达到洁净、健康和美观的标准。

（1）眼部的洁净。眼部保持干净是基本要求。教师在洁面时，要及时去除眼角的分泌物，教师上课前，也要对着镜子检查自己眼角周围有无异物。

（2）眼部的健康。眼部的健康主要包括眼部的保健和眼病的防治。教师因需要经常用眼批阅学生作业，所以做好眼部的保健，勤做眼保健操，对于眼睛的保护有着重要的作用。教师要注意科学用眼，保证充足的睡眠，以防止黑眼圈和红血丝。此外，也要注意眼病的预防和治疗，一旦感觉眼部不适，就应及时就诊治疗。

（3）眼部的美观。现在有些教师需要佩戴眼镜上岗，但应该注意三点事项：一是要注意眼镜的选择；二是要注意眼镜的清洁，教师戴眼镜上岗，眼镜容易变脏，教师一定要坚持每天擦拭眼镜，如有必要，还应定期对镜架进行清洗；三是要注意隐形眼镜的佩戴。有些教师佩戴隐形眼镜，但是一定注意隐形眼镜的消毒要彻底，佩戴的卫生条件要求高，不留指甲、勤洗双手，少用手揉搓双眼，佩戴隐形眼镜时间不可过长等。四是要注意墨镜或太阳镜的佩戴，它主要适合教师户外活动时，以防止紫外线伤害眼睛时佩戴的，在室内工作时不宜佩戴太阳镜。

（二）眉部的修饰

（1）眉形的美观。大凡美观的眉形，不仅形态自然优美，而且还应又黑又浓，对于那些不够美观的眉形，诸如残眉、断眉、竖眉、八字眉或过淡、过稀的眉毛，必要时应该采取措施进行适当的美化修饰。如修眉和画眉。

（2）眉毛的修整。教师应养成习惯，每天上班前梳理一下眉毛，令其眉清目秀；在洗脸、化妆及其他可能的情况下，教师也要特别留意一下自己的眉部是否整洁，以防止在眉部出现诸如灰尘、死皮或脱落的眉毛等异物。

（三）口部的修饰

教师是以说教为授课方式的，所以口部的修饰十分重要。

（1）牙齿的整洁。教师的笑容是鼓励学生最有效的方式，而完美笑容的前提就是教师有一口洁白、整齐的牙齿。软垢、牙石、色素沉淀是改变牙色的三大杀手。有些教师的某些生活习惯，如吸烟、喝茶等会使牙齿表面沾染茶渍、烟渍，导致其牙齿焦黄，甚至发黑，这样的笑容是让人哭笑不得的。牙齿的洁白可以通过洗牙方式处理，因而，牙齿不洁白的教师可以定期去口腔医院洗牙，维持牙的洁白。成年人半年左右应洗牙一次。牙齿不整齐的教师可以通过牙齿矫正等方式纠正自己的牙齿，使自己拥有一口整齐明亮的好牙。此外,上课前也要检查牙缝是否有异物,及时清除(特别是食用韭菜、辣椒等小颗粒食物后,要及时清除,以免分散学生注意力)。但是,清洁牙齿的工作应单独进行,切不可当众操作,这是不雅的行为。

(2) 护唇。教师应呵护自己的双唇,使其不干裂、暴皮或生疮。男性教师可使用无色的润唇膏护唇,女性教师可使用色彩浅、色泽清亮的润唇膏护理双唇。若嘴唇不慎破皮,教师也不可用手去撕扯或用舌添,以免流血或肿胀,并且这类行为十分粗鲁不雅,也要避免。正确的方法是在睡觉前,双唇涂抹一些蜂蜜再入睡,持续数日,情况可有所改善。

(3) 剃须。男教师应该每天坚持上班前剃须,这样既能令自己显得干净整洁、精明强干,又能充满阳刚之气,切忌胡子拉碴在工作岗位上抛头露面。

(4) 嘴角清洁。在每餐后,教师都应及时清洁自己的嘴角,用纸巾拭去食物残渣和汁渍,不可用手擦拭嘴角,这样十分不雅也不卫生。干净的嘴角才会留给学生一个干净清爽的笑容,而不是邋里邋遢的形象。讲课时也要避免口角泛白沫、口喷唾沫等不雅情况。

(四) 鼻部的修饰

(1) 鼻垢的清理。教师由于其工作性质,经常在充满粉笔尘的空气中上课,所以其鼻孔很容易黏附灰尘,造成鼻垢多。当教师鼻子感觉不适,有必要去除鼻垢时,宜在无人场合以手帕或纸巾辅助轻声进行。教师不要当众挖鼻孔或者乱抹、乱弹鼻垢,同时男老师更要注意及时修剪鼻毛。

(2) 黑头的清理。黑头是硬化油脂阻塞物,通常出现在面部的额头、鼻子等部位,当油脂腺受到过分刺激,毛孔充满多余的油脂而造成阻塞时,在鼻头及其周围部分,经常会有油腻的感觉。这些油脂最终会硬化,经氧化后成为黑色的小点,这些小点就是被称作黑头的油脂阻塞物。成年人鼻部周围,往往毛孔较大,油脂分泌较为旺盛。若油脂分泌旺盛的教师在清洁面部时对此不加注意,便会在此处积存油脂或污垢,最后形成黑头。教师在清理这些有损个人形象的黑头时,一是平时洁面时对此处重点清洗,二是可用专门的去黑头鼻贴或鼻膜,将其处理掉,切忌乱挤乱抠,以免造成局部感染。

(五) 耳部、颈部修饰

(1) 耳部的除垢。由于教师经常近距离的靠近学生或者教师,所以其耳内不能存有明显的分泌物或灰尘。如果存有是十分不雅的。因而,每天洁面后要注意用棉签清洁耳孔。但要提醒的是,此举不宜在工作岗位上进行。

(2) 耳周的修饰。有些教师耳部会长一些浓密的毛发,这种情况需要教师及时修剪。此外,耳周也是藏污纳垢的地方,教师也要及时清理耳周污垢,避免留下污渍。

(3) 颈部的修饰。颈部是人体最易显现年龄的部位,因此在进行眼、嘴、鼻、耳修饰的同时,也要同修饰脸部一样修饰脖颈,保持颈部皮肤的清洁,并加强颈部的运动与营养按摩,这样会使颈部皮肤绷紧,光洁动人。因此,尽早护理能有效延缓颈部衰老。

三、教师发型的基本要求

【案例导入】

小米是刚上岗的年轻女教师。平时,小米喜欢留着一头长发,她知道秀发会给自己增色不少。长发不好打理,夏天气温又高,爱美爱干净的小米,几乎每天都要洗头,即使是懒一点的,两天也要洗一次。头发长了,洗起来浪费时间,尤其是早上的时候,大量宝贵的时间用在了洗头、吹头上面。一天,小米接到了教学任务,要求在学校其他教师前进行教学示范展示课。为此小米准备了很久。在要进行教学示范课那天,小米早上醒来时已经快要迟到了,所以也没有洗头发,也没有弄好发型就急急忙忙的赶到学校开始教学示范课,学校领导一见小米这般模样,没怎么听课就陆续离场了。小米没有想到因为自己留长发并且发型不得体,会带给自己这么多的麻烦。

【案例评析】

教师在讲台授课时,无论穿多漂亮的衣服,同学们及听课老师首先注意到的是老师的"头部",也就是发型。人的气质与魅力从"头"开始,一个人的风貌呈现在别人面前时,头部首先被人注意到。头发的干净、整洁与否往往影响自己在别人眼中的印象。良好的发型可使人仪容端庄显得彬彬有礼,蓬头散发是对别人不尊重的表现。作为教师,应当像重视自己的服饰一样,对自己头发的干净与整洁程度给予高度的重视。教师发部的基本要求就是要经常保持头发的健康、秀美、干净、清爽、卫生。头发乱蓬蓬的,看起来就会给人邋遢的印象。在教师工作中,提倡教师发型干练、方便打理。女教师头发不宜过长,在工作岗位上不宜披头散发;男教师更是要勤剪头发,不能留长发。

首先我们教师需要了解自己的头发及发质。每个人的头发都是一种有生命的纤维质,在显微镜下观察,可以看到它的表面排列着无数的鳞片,即鳞状表层。头发的生长主要靠头皮内部的发囊提供养分。一般人大约有10万根头发,每根头发平均每个月可长1厘米。头发的寿命约为4~5年,之后它便自行脱落,每人每天大约脱落几十根头发,随之新的头发又会长出来。健康的头发从外观上看,其主要特征是:头发有很好的弹性、韧性和光泽;头发柔顺、易于梳理,不分叉打结;用手指轻抚时有润滑的感觉;梳理时无静电;不容易折断。

教师日常护理头发前需要清楚地知道自己的发质情况。一般发质分为4类。①油性头发。头发常有油腻感,洗后容易出油,头皮较多,需要经常清洗。②干性头发。头发表皮干燥,洗后无光泽、润滑之感,发型不易保持。③中性发质。头发柔顺、有光泽,是理想的发质。④劣质发质。摸起来质感不好,梳头时尖端会断裂,易打结。

判断自己头发的软硬,可以从烫头后头发是否容易保持发型来断定,较硬的发质保持性较好,软发则不然。

教师头发的日常护理主要包括头发的整洁、头发的造型以及头发的美化与护理等。

（一）教师发部的整洁

教师发部整洁就是指教师的头发需要保持干净、整洁的状态。由于教师经常接触到粉笔尘等灰尘，头发更是容易变脏。要做到保持头发干净整洁，就需要教师养成勤洗头发的好习惯。教师仪容礼仪要求教师至少做到三天洗一次头。倘若是油性发质，则应该两天左右洗一次头。遇上某些特殊情况，如刮大风、出汗等，应当随时洗头，不必拘泥于"定期"。

任何一个健康而正常的人，头发都会随时产生各种分泌物。并且，头发还会吸附空气中的灰尘、并与分泌物、汗液混杂在一起，甚至产生不雅的气味。所以，教师一定要避免这类情况的出现，随时保持一个干净整洁、飘逸健康的头发状态。

另外，头发干净了，也需要进行梳理、修剪。教师应该在上课前认真梳理头发，这样既保养头发，又有助于保持美好的发型和仪容。不注意梳理头、头发张牙舞爪的教师，会给学生和同事一种有始无终、大大咧咧、不修边幅之感。此外，头发的修剪也需要定期进行，正常情况下男教师需要半个月修剪头发一次，女教师则无严格要求。但是，无论男女教师，发型也是十分重要的。

（二）教师发部的造型

发部造型即头发经过一定修饰之后呈现出来的形状。发型在一定程度上是时代的留影，也是历来人们审美趣味的中心。教师必须意识到：发型不仅反映着个人修养与艺术品位，而且还是个人形象的核心组成部分之一。著名造型师吉米说过："人们穿衣服随意一点可以，但是发型是整个精神面貌的焦点，就一定不能马虎。"所以，发型是整个穿衣打扮中十分重要的一环。选择发型总的原则是男性应讲究阳刚之美，女性则崇尚阴柔之美。对教师而言，在选择发型时，首先要考虑的是自己的职业性质，要以工作为重，不能只满足个性需求。总之，要时刻记住教师发型的主导风格是：庄重、简约、典雅、大方。

1. 发型要与脸型相协调

从脸型上讲，椭圆形脸（俗称标准型脸型）可选择任何发型（男女教师各不同）。圆形脸选择发型时，要避免从中间分开头发，应将头发偏分或额头头发梳起来，顶部头发蓬高，两侧头发要服帖；梨形脸的发型选择短发为好，头发尽量梳高并覆盖前额和太阳穴，两鬓紧贴双耳；方形脸的发型应尽量使脸型趋于圆形，故发型不要有棱角，用前额的刘海遮住前额，两侧的头发可以稍长一些；三角形脸型的发型应尽量增加额头两侧的厚度，上半部头发不宜蓬高，不宜取无缝式或全部后掠式，应采用侧分缝来掩盖狭窄的额头；长方形脸型的发型应选斜角的刘海或两旁较浓密的发型，给人产生宽度的错觉，不宜短发，男性发脚蓄低一点或额前垂下一缕头发，耳后发稍微长而蓬松，女性顶发平贴头皮，额前留齐平刘海，并且尽量让头发向两边分散；菱形脸的发型应将两侧头发加大厚度，用刘海遮住前额，耳后下部的头发蓬松，男性忌梳背头，女性可将头发剪成中长并烫卷，使脸型看起来呈椭圆形；瓜子型脸选择额前覆盖些头发，头发可在身后散下，显得下巴丰润些。教师要根据自己不同脸型选择不同的发型，才能显得匀称协调。

2. 发型要与性别、年龄相符合

（1）男教师的发型要求：男教师的头发不能过长，前发不覆额，侧发不掩双耳，后发不及衣领，不留大鬓角，也不能剃光头，也不能为追求时尚而留长发或辫子。男教师要给学生干净、干练、利落的形象，头发线条分明、层次清晰、一丝不苟是极为重要的，若头发又长又乱，则会给人不稳重、邋遢的感觉。

（2）女教师的发型要求：女教师的发型比较多变，但是女教师的发型不可过短。同时，发型要与年龄相符。通常，年长的女教师发型要求简约、端庄、稳重、大方，给人以温柔可亲的印象。年轻的女教师要注重整洁、美观、健康、大方，适合采用马尾、扎辫、盘发等。一般来说，长发是女教师的偏爱，无论直或卷曲，都会给人以不同的美感。但是教师需要给学生树立朴实、素雅的形象，所以，女教师的发型不可繁乱、华丽、美艳，或者过于追求时髦，这样在授课时会很大程度上分散学生的注意力。

3. 发型要与体态相协调

对于女教师来说，瘦高形身材不宜留过短的短发，一般适合留长直发或卷发，给人以潇洒、活泼、飘逸的美感。身材矮小的女教师不宜留长发、披肩发，而适合短发或盘发，显得脖颈更长、身材高挑一些。身材高大的女教师适合留直发或大波浪的卷发、盘发。身材矮胖的女教师适合留随意一点的运动式发型或盘发等。

（三）教师发部的美化与护理

1）美化

教师发部的美化主要包括染发、烫发、佩戴假发、佩戴发饰等。但是，教师头发的美化需要遵循端庄、简洁、素雅的原则，不能一味地追求时髦。

（1）教师染发时，首要考虑染黑发。中国人历来以一头黑发为美，若是自己早生白发或有一头杂色的头发，均可以染成黑发。但是女教师发型较多，也可以配合发型进行一些颜色的染发，但是务必染得颜色要符合身份、要低调，而不是五彩斑斓的。

（2）教师烫发时，考虑为自己做出端庄大方的造型，不得烫得过于复杂、繁乱、夸张，要符合自己的职业和脸型。

（3）教师在佩戴假发方面，要明确只有在自己出现一定的情况，如掉发、秃发时，才适于佩戴假发，以弥补自己的缺陷，而如果是出于自己的妆饰目的，教师则不宜佩戴假发。

（4）女教师在佩戴发饰上，可以选择一些点缀发型的发饰，但是不要选择佩戴一些造型夸张、色彩绚烂的发饰，这与教师端庄的形象不相符。另外，要注意的是，只有在需要佩戴工作帽的岗位，才可以佩戴帽子。教师工作是很不宜戴帽子的，否则会显得对很多人不尊重，在人际交往中，有脱帽为礼的讲究，所以教师不宜戴帽子工作。

2）护理

教师发部的护理主要是教师平日对自己头发的日常护理。头发的护理主要包括洗发、梳理头发、按摩头部及体内调养。

（1）教师平日清洗头发时，要注意正确的洗发方式：洗发时，要用指腹轻揉发根，从周边到头顶中心，再从头顶到周边反复按摩、抓洗，洗净后涂上护发素按摩片刻，清水冲头时要从前往后。干性头发宜用含有蛋白质的营养型洗发剂，油性头发选择去油作用强的洗发剂。如果头皮屑多，可使用去头屑的洗发剂。洗发后，还可使用适量的护发素，有益保持头发柔顺光亮。洗完后最好自然风干，尽量少使用吹风机吹头发。

（2）教师梳理头发可以促进头部血液循环，使头发根部的营养输送到发茎、发梢部分，保持头发有光泽和柔软。梳头时，头发被梳拉的方向与头皮垂直，头顶和头后部的头发向下梳，左右两侧的头发向左右两边梳，用力要均匀，不可猛拉猛梳。坚持每日梳头 50~100 次，持之以恒，对头发大有益处。

（3）按摩头部有助于增进头发健康。教师职业是需要脑力劳动的职业，经常做头部按摩可以减缓头部神经紧张、减轻头疼等劳累症状。按摩的正确方式是将十指分开，从前向后作环状揉动，反复多次。按摩后会产生头皮发热和紧缩的感觉，有利于促进头部的血液循环，促进头发生长，防止头发脱落。

（4）教师的头发养护除了外部焗油，还需做到心情愉快、营养平衡、睡眠充分。教师应学会调理饮食，平日多吃一些富含蛋白质、铁、钙、锌和镁的食物，如鱼类、贝类、橄榄油和坚果类，都有改善头发组织、增加头发弹性和光泽的功能。

有些教师会遇到头皮瘙痒的情况。头皮搔痒是由于不经常洗澡，不注意皮肤卫生等原因引起的，所以首先应注意清除头皮的污物，保持皮肤清洁，头皮搔痒可逐渐减轻或消失。另外，某些教师的头皮可能是属于干性头皮。由于皮脂分泌减少，头皮干燥引起头皮发痒。因此，保持头发的清洁是防治头皮搔痒的基本，同时还需补充油分防止干燥。

四、肢体的修饰规范

【案例导入】

夏天天气非常炎热，教师的着装也越来越清凉，许多女教师也会选择穿裙装或是无袖上装等。小王是一位年轻教师，到了夏季她也很自然地换上清爽凉快的夏装。只是有一天，她所忽视的一个细节却让全班同学"铭记"很久并津津乐道了一番。那天，气温突然爬高了很多，小王也自然地换上了无袖连衣裙。当她站在讲台上并认真开始讲课、写板书时，同学们却开始窃窃私语。原来，小王老师换上无袖裙装后，没有处理自己的腋毛和腿毛，上课时就让其完全暴露在学生面前，场面极为尴尬。那节课学生几乎都没有认真听课，课后也议论了小王老师很长一段时间。小王自己也非常尴尬，事后上课也极不自然，一旦有同学窃窃私语，她就会认为是在议论自己，久而久之让自己上课的注意力涣散很多，教学质量也受到极大影响。

【案例评析】

教师的肢体语言比较丰富，所以要格外重视教师的肢体的修饰。夏季是露出肢体的季节，所以女教师在夏季来临时要及时修剪、脱去自己外露的体毛，如腋毛、腿毛等，避免留下尴尬和笑话。男教师也要注重自己的体毛，在工作岗位上，夏季尽量不着短裤、凉鞋等。

教师的授课时的肢体语言是极为丰富的。所以，教师要对自己的肢体进行一定的修饰。教师肢体的修饰主要包括教师手部修饰、下肢修饰、体毛修饰、香水使用等。

(一) 教师的手部修饰

对于教师而言，手可谓是其第二张脸。在教师的仪容礼仪中，手部修饰占有十分重要的位置。在教育教学工作中，教师随时都会用到双手，如办公室伏案批阅、课堂板书、课余辅导学生等。教师一双保养良好、干净秀美的手，往往会给教学工作增添美感，所以教师对于自己在工作中自始至终处于显著位置的手，要悉心加以保养和修饰。

1. 手的保洁

手常常露在服饰之外，容易接触细菌和污垢，许多传染性疾病的传播就是源于手的各种触摸活动，所以要注意手的保洁和清洗。教师因工作需要会经常接触许多物品，因而教师要勤洗双手。洗手，不仅是在饭前便后，更应在一切有必要的时候，尤其是下课后。清洗手部，要真正保持无泥垢、无污痕，一切碍眼的污迹，如手上所沾的墨水、粉笔灰、印墨、油渍等，均应清洗干净。一般正确的洗手方式是用流动的水清洗，涂抹洗手液或肥皂等双手相互揉搓，然后在流动的水流下自然将手指间向下，双手下垂，让水顺手指冲下，之所以用这样的姿势来洗手，主要因为下垂的手臂能让水流顺势流下，让污垢随着水流冲走，而又不会弄到手臂上。注意要将洗手液等冲洗干净，不要残留在手部皮肤上。一般洗手时间大约 30 秒较为合理。洗完手后，用清洁的毛巾或纸巾将手擦干。

2. 手的保养

教师平日工作中，用手非常普遍，特别是使用粉笔频繁，会使得手部肌肤比较粗糙。教师的双手可以通过手部保养，从而使手部肌肤恢复弹性与细滑。手部养护的方法主要有常备润手霜、手部按摩、消除手部浮肿、调理饮食等。

(1) 常备润手霜。手背上皮脂较少，肌肤易变得干燥粗糙。教师可在每次洗手后涂抹一点润手霜并进行些简单的按摩，会使润手霜充分被皮肤吸收，让双手变得柔软细腻。若是在冬季，则可使用含甘油的手霜，以保持手部滋润，防止手部细纹出现。若是在夏季，则宜使用质地清爽不腻的啫喱状手霜，保持手部水润不腻。

(2) 手部按摩。主要包括手指按摩、手背按摩、手臂按摩。教师在双手洗净后，可涂抹一些手部按摩膏，进行手部按摩。按摩可以增进手部肌肤的血液循环，增进新陈代谢以及营养成分的吸收，使其更加光滑细嫩。手臂按摩可采用单手揉捏、轻捶的方式。

(3) 消除手部浮肿。手指的浮肿往往是由于经常使用含盐分较多的食物以及血液循环不畅所致。因此，为避免手指浮肿，不仅要多食蔬菜和水果等，尽量少吃含盐分较多的食物，还要经常做手部体操。也可以在温水中做手部体操，加快血液循环，促进手部肌肤细胞的运动。

3. 手的修饰

为了增加美感，在对手部清洁保养的同时须进行必要的修饰，教师在工作岗位上的手部修饰应以庄重朴素为美，不应艳丽、怪诞，否则就与自身的社会角色不符。手的修饰主要包括手指甲的修饰。教师的指甲要勤剪，不能让自己的指甲缝藏污纳垢，否则会给人留下不雅的印象。手部指甲首先要清洁，其次要修剪形状。指甲应修成椭圆形，不要修得过尖，这样容易折断。有些教师有挖指甲、咬指甲的癖好，殊不知这影响了指甲的正常发育，甚至会使指甲板向两侧生长，嵌入软组织刺激甲沟而发生甲沟炎或化脓性肉芽肿，形成"嵌甲"，十分影响美观。所以剪完指甲后，应用小锉刀将指甲边缘修饰光滑，绝不可用嘴去啃指甲。同时，要及时去除指甲沟附近的"暴皮""死皮"，要用剪子剪去，而不要用手去撕。在国外，女性打理自己的指甲非常注重场合，除了明星派对，在正式的社交场合几乎看不到艳丽的指甲。即使要涂指甲油，她们通常也会选择柔和的银灰色、粉色等，女教师如果要选择涂指甲油，要选择不含甲醛或丙酮的指甲油或亮光剂，而是以含醋酸盐的产品替代，最好选择透明的颜色，这样既低调朴素，又显得手指纤长。不要选择色彩浓烈的指甲油。使用的次数最好不要超过一周一次，指甲油停留在指甲上的时间不要超过 5 天。

4. 调理日常饮食

教师平日应充分摄入富含维生素 A、维生素 E 及锌硒的食物，如绿色蔬菜、瓜果、鸡蛋、牛奶、海产品、坚果等以避免手部干燥。此外、还应注意钙、铜等营养素的摄入。因为一旦缺钙、缺铜，指甲就易变脆、易折断。

5. 手部粗糙治疗方法

用热水洗手、洗衣服后手部会变得粗糙，这是因为热气从手上蒸发，吸收并带走皮肤的水分。所以，平时尽量不用热水洗手、洗衣服，即使用冷水洗手，也要及时把手上水分擦干。冬天手部皮肤极易损伤，最好在洗涤之后，抹上护手霜，戴上手套就寝，第二天就可恢复光滑。

（二）教师下肢的修饰

在日常人际交往中，人们有"远看头、近看脚"的习惯，特别是在夏季，下肢一般都会显露在外。若教师的下肢不注重修理，脚趾甲又长又脏，为给人留下极其不雅的形象。所以，教师在日常工作生活中，除了要慎重选择下肢服饰和搭配物外，还要特别注意下肢的保洁与适当修饰。

1. 保持下肢清洁

教师的下肢清洁要注意四点。第一，教师要坚持每天洗脚。人的双脚不但易出汗，而且极易产生异味，必须坚持每天洗脚，洗脚时也要认真洗，将脚趾、脚趾甲、趾缝、脚跟、脚腕等都要认真清洗干净。第二，教师要坚持每天换洗袜子。每天换袜子才能避免脚臭，最好穿着透气性好、吸湿性强的袜子。第三，教师要定期更换自己的鞋子。不要认定一双鞋穿，这样不仅损伤鞋，还容易滋生细菌。鞋子要勤清洗、勤晾晒。在穿鞋前，也务必要清洁鞋面、鞋跟、鞋底等处，皮鞋要定期上油，使其光洁。第四，勤剪脚趾甲。脚趾甲过长，不仅趾甲缝会滋生细菌，产生异味，同时脚趾甲过长不利于步行，时间长了会引发甲周炎等疾病。另外，在夏天，女教师一般着凉鞋，脚趾会外露，所以一定要修剪好自己的脚趾甲，才会给别人留下好的印象。

2. 下肢的适度修饰

下肢的修饰，男女教师要求各不相同。男教师的下肢无需过多修饰，只要保证下肢清爽，干净，无异味。同时，男教师的鞋袜选择要与下装搭配，颜色不可错乱。男教师的袜子要每天更换，鞋面要保持干净。夏季，男教师在工作岗位上时，穿拖鞋、凉鞋或无袜穿鞋等，这样都极为不雅，可以选择透气性较好的夏季皮鞋。女教师的下肢修饰方法较多。一般情况下，女教师的下肢服饰选择与搭配要慎重，不要选择过于鲜艳、样式夸张的服饰。在夏季，女教师一般会选择凉鞋，因此女教师要注意自己的脚趾及脚趾甲的清洁程度。脚趾甲要定期修剪，尽量不要涂抹指甲油。脚上尽量不佩戴饰品。女教师应选择简单、舒适等低跟或平跟鞋，因为教师需要经常站立讲课，穿着高跟鞋会引起双脚不适甚至小腿胀痛，不利于专心授课。若穿高跟鞋，跟的高度应在3~5厘米以内，鞋的款式选择船式为宜。此外，若女教师着套裙装，不要光腿着裙，应选择合适的连裤丝袜搭配，颜色选择透明或黑色最佳。简而言之，教师下肢的适度修饰一定要符合自己的社会角色，要给人留下庄重、得体、整洁的印象。

3. 教师脚部按摩

教师由于经常站立工作，所以脚部血液循环不畅，经常会感到脚部肿胀、疲惫、酸痛。所以学会脚部按摩，能放松腿部。脚部的按摩可促进脚部的新陈代谢，促进血液畅通，消除疲劳。具体为方法为如下几点。

（1）装一盆温水，倒入浴盐或滴几滴精油浸泡双脚，几分钟后，在手指上擦上按摩膏，一次按摩一只脚。

（2）先按摩脚趾，用大拇指和食指轻捏脚趾的根部，多肉的部分施加压力，从每一脚趾的根部按摩到脚趾尖。

（3）用打圆圈的动作按摩脚趾间的部分，这样可以促进血液循环。

（4）用大拇指和食指轻轻上下捏脚后跟骨，然后两脚交互做脚尖向下的弯曲动作，放松脚部关节。

（5）按摩完后，要仔细擦干。然后，试着用脚趾拾起地上的毛巾，以便放松脚趾，最后再擦一点爽身粉。

（三）教师体毛的修饰

某些教师因各种原因，体毛较多，在注重了面部、手部、下肢的修饰后，一定不能忘记自己体毛的修饰。特别是在夏季，男教师最好不要着短裤装，以免腿毛外露，给人留下不礼貌的印象。女教师若腿毛较多，在着短夏装时，一定要用专业的脱毛用品进行脱毛。女教师留有腿毛，并且腿毛外露是十分不雅的。另外，女教师着短袖衫时，也要注意自己的腋毛是否较多、是否外露。如果举手投足间，腋毛会露出，一定要用专业的脱毛产品去掉腋毛。女教师工作期间，穿着无袖衫或背心，不符合校园场所和课堂教学的着装。

（四）教师香水的使用

适当的使用香水，其芬芳的香味能提神醒脑、驱浊除味，会使自己魅力倍增，风度迷人。教师使用香水，如果得当，学生和同事都愿意接近该教师，清香的气味给人舒适、静谧之感，<u>丝丝缕缕让人心情明媚沉醉</u>。但如果教师的香水使用不当，不仅不会给周围人带来良好的嗅觉感官,反而会让周围的人"敬而远之",所以教师要使用香水时,一定要选择适合自己、符合身份的香水味。且男女教师的香水需要根据性别不同来选择,男教师用男士香水,女教师用女士香水。教师在工作岗位上选择的香水应是淡雅、清香的类型,而不应选择浓香型香水。一般淡香型香水香气可持续5小时左右,适合一般性的交际应酬;清香型香水香气可持续3~4小时,适合上班时使用。要正确使用香水,还要注意以下几点。

(1) 忌用量过多。香水使用过量,会给人以不适之感,起不到美饰自己的作用。一般情况下,1米的范围内能闻到淡淡香味较为合适,若3米左右都还能闻到香味则显得过量了。

(2) 忌使用部位不当。香水中的香精和酒精被光线照射后,在紫外线的作用下会对皮肤形成不良刺激,容易出现色素沉着。所以涂搽香水的部位最好是光线照射不到的地方。另外,香水的挥发需要一定的温度,人的体温最适合香水的有效挥发,所以可以选择在脉搏跳动处涂搽香水,香味更为持久。所以一般可以在颈部、耳部、手臂内侧等处涂抹。

(3) 忌不洁使用。要使香水挥发的香味纯正,应在沐浴后使用香水。避免使用香水时还掺杂体味或其他异味,以免引起更加难闻的气味。

(4) 忌不同香水混合使用。教师使用香水时,不能不同品牌、不同系列、不同香型香水混合使用,以免产生副作用或掩盖掉了每种香水的特点。

第二节　教师的化妆规范

【案例导入】

戴安娜王妃天生丽质,她也特别重视化妆。她的化妆师曾告诉她:"你的脸色本身就很红润,所以你不需要鲜艳的胭脂,如果还涂鲜艳的胭脂,会适得其反,看上去像个害羞的小姑娘。"戴安娜接受化妆师的意见,改用薄粉底来调和她红润的肤色,再搭配以色调比较轻柔的珊瑚色胭脂,在颧骨下打阴影,使颧骨看上去不那么突出,脸型也显得小巧玲珑。后来,她还听取了著名的化妆师芭拉·黛尔的建议,以蓝色眼线液和蓝色眼影,衬托出迷人的双眼,在脸上薄施桃褐色腮红,衬出美丽的双颊。有了这些化妆品的陪衬,戴安娜的美丽直逼人心。在戴安娜的整体造型和妆容上最突出的特点就是她对妆容恰到好处的把握。如果用一个词来形容戴安娜的话,那就是优雅。清爽的妆容永远是那么大方,细微处的变化贴合她着装风格,为女性优雅做出了最好的诠释。

【案例评析】

在现今教师工作中,女性化妆是最基本的礼貌。礼貌的妆容要遵循"3W"原则,即When(什么时间)、Where(什么场合)、What(做什么)。不同场合化不同的妆容,做到"浓妆淡抹总相宜",是得体形象的定位与诠释。教师也要根据自己的工作场合不同,选择符合标准的妆容,一般教师是化工作妆的。而工作妆的要求主要是以淡雅为宜,略施粉黛、清新自然。粉底过厚、口红过艳是不合工作礼仪的,也会令人产生过于重视化妆、不把精力放在工作上的误解。

"化妆是使人放弃自卑,与憔悴无缘的最好良药。它可以让人们表现得更加自爱,更加光彩夺目。"化妆,是一种通过对美容用品的使用,来修饰自己的仪容,美化自我形象的行为。简单地说,化妆就是有意识、有步骤地来为自己美容。适度得体的修饰,可以体现女性端庄、美丽、温柔、大方的独特气质。进行面部的保养与化妆可以达到美化自己、尊重他人、振奋精神、增强自信和塑造良好职业形象的目的。

教师的职业决定了教师的形象也是一种巨大的教育资源和教育力量,因此,无论是教师的外在形象还是教师的个性,都应该符合这个前提。教师教书育人,容貌上朴素一些,是情理之中的事,而且还会显得平易近人。而如今,素面朝天的老师已不再是学生们崇拜的对象。据一项针对中学生的调查显示,现在的中学生大都不喜欢女教师穿"复古装",而喜欢老师打扮得时尚而又不失庄重。

教师人员在日常生活和上岗工作中,需要对面部进行美容与化妆,一是要美观,二是要自然大方,三是要与身份协调相符。所以,教师需要从化妆的基本原则、化妆品的选择与用法、化妆的基本程序及化妆的禁忌等四方面的内容来学习化妆的方法,严格地遵守相关的礼仪规范。

一、美容化妆的历史回顾

化妆作为美容的一种方法,古已有之。中国女子,在远古时代就已经进行装扮了。随着人类的进化、社会的前进,人类就有意识地利用能获取的天然的色素来装扮自己,这可能就是最早的化妆品。再者,中国的山顶洞人,在人类的童年时期,就已经凭着他们对于自然珠宝审美特性的最原始感觉,开始使用石珠、壳类作为美的装饰品。这些饰品中,有钻孔的小砾石和大石珠,也有动物的牙齿等。由此可见,由爱美而进行的化妆与装饰,始于人类的祖先,从古至今从未停止过。

据记载,纣王爱将凝固的花汁给宠爱的妻妾染指甲或化妆。"燕脂"(即胭脂)就是由于此化妆品最早在燕国出现而得名。杜牧的《阿房宫赋》中写道:"妃嫔媵嫱,王子皇孙,辞楼下殿,辇来于秦。朝歌夜弦,为秦宫人。明星荧荧,开妆镜也;绿云扰扰,梳晓鬟也;渭流涨腻,弃脂水也;烟斜雾横,焚椒兰也……"这当然写的是剥削阶级过的奢华的生活情景,也反映了古代中国对化妆美容的追求。《礼记》有"以丹注面"的记载,说明那时已有人用红颜色涂在脸上当胭脂。《诗经》有"玉之瑱兮,充耳琇莹,充耳琇矣"之句,说明当时已有人将瑱(即美玉)挂在耳上做装饰品。《事物记原》中"秦始皇宫中悉红妆翠眉"之说,则更明确地说明秦时已有人用修画眉毛、脸上涂红来化妆与美容。

到了汉代以后,便有正式的妆点、妆扮、妆饰等词了。据悉,在春秋时期,美女西施还以水代镜来梳妆打扮,而到了汉代,各种铜镜已经广泛流传,成为妇女梳妆打扮的常用工具。

美容工具的发展和完善,证明了当时人们对美的强烈追求。从长沙马王堆一号汉墓出土的漆器梳妆箱中发现,有化妆用的发簪、梳子、香粉和燕脂,说明当时化妆美容的工具和化妆品已经相当讲究。此外,作为化妆工具的眉笔,古代称之为"黛"。

西汉宣帝时的京兆尹张敞经常用黛为其妻描眉,称为张敞眉。东汉时期,长安地区的女子盛行用青蓝色眉笔画宽眉。到唐代时,杨贵妃已经懂得用贴金的方法来弥补脸上的缺陷。此方法在唐代妇女中盛行一时,晚唐时期,妇女在妆靥中贴上花纹图案,大都贴在额上、眉间、两颊,称作花子或花钿。此外在唐代,妇女还流行画娥须眉。古人对眼部的化妆十分重视,有"盈盈秋水,淡淡春山"之喻,形容佳丽的黛眉眼波,正所谓"水是眼波横,山是眉峰聚"。唐代妇女在化妆前先在脸上擦白粉,再抹上红色胭脂,流行着一种"红妆"、"朱脸"和"红脸"。白粉一般是米粉经过精心加工而制成,还可以染成红色(图2-1~图2-3)。

宋明以来,化妆美容经久不衰。明代李时珍在《本草纲目》中记载了用珍珠粉搽脸,使皮肤滋润的方法。此外在文学作品中,化妆美容亦有诸多反映,《木兰诗》中有"当户理红妆,对镜贴花黄",刘禹锡有"花面丫头十三四",温庭筠有"照花前后镜,花面交相映",徐图昌有"汉宫花面学梅妆",宋徽宗有"裁剪冰绡,轻叠数重,淡著胭脂匀注。新样亲妆,艳溢香浓,羞杀蕊珠宫女。"化妆美容在我国有悠久的历史,源远流长。

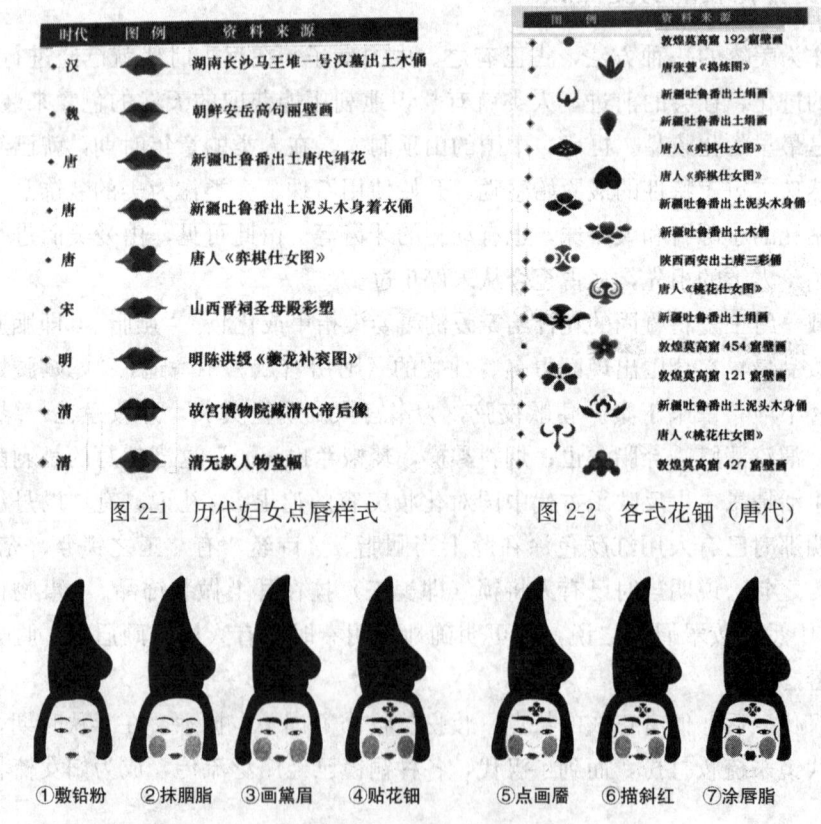

图2-1 历代妇女点唇样式　　图2-2 各式花钿(唐代)

①敷铅粉 ②抹胭脂 ③画黛眉 ④贴花钿 ⑤点画靥 ⑥描斜红 ⑦涂唇脂

图2-3 唐代妇女化妆顺序①

---

① 图2-1、图2-2、图2-3自摄取于西安历史博物馆。

除中国以外，世界各地也盛行化妆美容。在古埃及，妇女把嘴唇涂红，用"口尔"（一种硫化铅）把眼皮涂黑，再用蓝绿色孔雀石把下眼睑涂成绿色，据说可以预防沙眼和飞虫侵入；在古希腊，妇女在宗教仪式上，大量使用香水和其他化妆品，用白铅粉抹脸，朱砂擦双颊，木炭加黑眉毛和眼线，以此来掩饰脸部的瑕疵，使其美观；在中东地区，妇女们早就有把眼圈勾画成蓝黑色的习俗。时至今日，在某些伊斯兰国家，人们仍可偶尔透过薄薄的面纱，见到那些眼圈浓妆艳抹的女人；古罗马的化妆品也很讲究，用铅白擦脸，用杏仁油与牛奶的混合物擦皮肤，用棕榈油擦脸或乳房，还用亚麻籽和牛脚中的脂肪制成的防老剂擦面部，以消除皱纹；17世纪末，法国妇女流行点黑痣的化妆术。黑痣的形状分为星状、月牙状和圆形。一般多点缀于额、鼻、两颊和唇边，也有点于腹、肚和两腿内侧。痣的颜色有黑、红两种。在法国西南部出土的旧石器时代古人尸体上发现涂有红赭石粉。到了文艺复兴时期，妇女化妆已经成了风气，不但把脸涂白，脸颊和嘴唇涂上胭脂，还要卷发染发。化妆品的种类繁多，质量也有了很大提高。印度人也是很讲究仪容美观的民族，在公元前5世纪，就开始美容化妆。公元8世纪，妇女已经普遍采用画眼圈、修眉、染发和涂指甲等方法来打扮自己，并使用香水、香脂和油膏。为保持皮肤柔美，有用水果或蔬菜擦脸的习惯。现代印度女性常用朱砂、清漆或者一种叫做戈洛荛的植物，在额头中间点痣，这些习惯都是古代遗留下来的美容方法。到20世纪初，随着科学技术的发展，物质生活水平的提高，化妆已成为人们生活中必不可少的内容。以后，苯胺染料的出现并把其使用在化妆品的生产中，降低了化妆品的成本，使得一般人也可以买来化妆。美容化妆行业也逐渐兴旺，出现许多专家并把美容化妆作为生活美进行科学的研究。

二、化妆的基本原则

化妆必须根据自己的面容特征、性格特点、工作性质等来确定化妆的风格，但应该讲究整体性、和谐性和自然性，给人以美的享受。化妆时因遵循五大原则，具体如下。

（一）化妆符合审美原则

美容化妆必须根据自己的面容、服饰、性格、职业等特征来确定化妆的风格，讲究和谐得体，给人以美的享受。化妆对人的朴素美进行雕琢加工，充分利用一切自然美的规律，使人的美进一步和自然多姿多彩的美相结合，创造出更高尚、更健康、更多姿的环境、气氛和情调。

（二）了解自己面部原则

面部修饰美的前提和基础，是人们常说的"五官端正"（即耳、眼、鼻、口要协调匀称），达到"三庭五眼"图的比例（图2-4）。其中"三庭"是指上庭、中庭和下庭。理想的比例是上庭：中庭：下庭＝1∶1∶1，即三者长度相等。上庭是从额头发际到两眉连线之间的距离；中庭是从两眉头连线到鼻头底端之间的距离；下庭是从鼻头底端到下颔（下巴尖）的距离。"五眼"是指左右太阳穴发际至眼尾的长度、右眼和左眼长度、两眼之间的长度。一个人的脸型如果符合这个比例就会产生均匀感，如果不符合就要通过化妆,用一定的化妆技巧对脸部进行修饰与调整。此外,"三点一线"即将内眼角和鼻翼连成一垂直线,眉头的位置在垂直线的延长线上,这样也会让面部呈现较强的立体感。教师化妆时,也要了解自己面部的优缺点,在扬长避短的原则下,寻找并突出自己面部最富魅力的部位,掩盖或削弱有缺陷的地方,这样才能起到化妆的效果。

化妆的三要素主要包括眼睛、肤色和唇部。眼睛的化妆是面部化妆的核心,被称为化妆的第一要素,眼睛的美表现在"神"和"形"两个方面。"神"是内在修养的表现;"形"是漂亮的眼部形状,可通过眼部化妆修饰表现出来。肤色是化妆的第二要素,所谓"一白遮百丑",准确用色能表现出面部轮廓的立体感,还能起到改善肤色和表现肤质质感的作用。嘴唇被称为女性的"魅力点",嘴唇的美包括形态美、曲线美、质地美和色彩美,可以通过化妆来表现出这几种美。

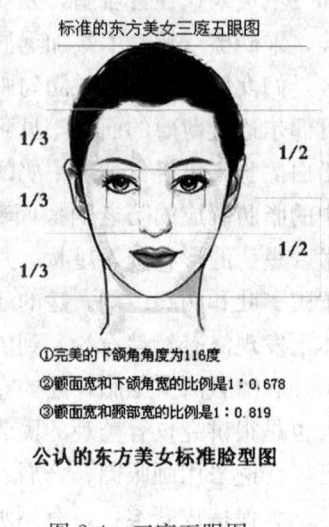

图 2-4 三庭五眼图

(三)化妆符合身份原则

教师化妆一定要符合自己的身份特征。教师是端庄、稳重、淡雅的职业的象征,因而教师在化妆时,一定要选择符合自己身份的妆容。自然大方、素净雅致的淡雅型妆容,简单修饰唇部、眼部、眉形的简洁型妆容,意在扬长避短的避短型妆容等都是教师化妆的首选妆容。厚厚的粉底、鲜艳的唇膏、浓浓的香水与周围的工作气氛不相宜,让人感觉你不够稳重、没把注意力放在工作上。所以教师工作期间应该选择自然、质朴、亲切的淡妆。

(四)化妆品的合理使用原则

教师在使用化妆品时,一定要了解各种化妆品的性质和特点,一般化妆品分为四大类:润肤型化妆品、美发型化妆品、芳香型化妆品、修饰型化妆品。合理选择和使用。如何使用化妆品要根据自己的皮肤性质来选择:一是根据自己的肤色选择,二是根据自己皮肤性质(中、干、油性)选择,三是要注意化妆品的质量,四是不要频繁更换化妆品。同时还要了解正确的涂抹方式,在不同环境、不同季节,应随皮肤性质的改变更换不同的化妆品。

(五)修饰适度得体原则

对于教师来说,适当的面部修饰是必要的,这样可以扬长避短,使自己容光焕发,充满活力。化妆更多的是追求自然的美感,所以过于浓妆艳抹,刻意追求打扮是不适宜的。教师工作妆以淡雅、简约、端庄为主,整个面部色彩要协调、自然,以突出容貌的天生丽质,使自己容光焕发,充满活力。从心理学角度考虑,教师过于浓艳的妆会在学生面前造成自己华贵娇艳的印象，也会分散学生的学习注意力。所以，教师的面部修饰要适度得体。

三、化妆品的选择与用法

【案例导入】

女教师小姚皮肤是油性皮肤，以前上课时从不化妆，所以不知道自己适合用哪种化妆品。工作不久后，见周围年轻教师都会保养自己皮肤，能给自己画漂亮的工作妆，小姚自己也开始学习化妆。她向许多同事咨询化妆的方法、步骤，但是却不清楚自己要买哪种化妆品，所以，她见同事用哪种粉饼、粉底液、睫毛膏等，自己也去买同样的化妆品。小姚心想同事都可以画出漂亮的妆容，自己也可以。小姚顶着自己刚化好的妆满意地开始工作，没想到妆容仅过了上午半天的时间，就花的面目全非，而同事脸上仍然保持着清新的妆容。小姚很不解，便去询问卖化妆品的专业人士。结果，专业人士告诉小姚她的皮肤属于油性皮肤，并且毛孔较大，很容易出汗出油，而小姚使用的化妆品均是适合干性皮肤使用的。油性皮肤应选择清爽、透气、控油的化妆品以保持妆容的持久。原来，小姚的同事很多都是干性皮肤，而小姚是油性皮肤，将干性皮肤适用的化妆品用到自己油性皮肤上，当然小姚皮肤会油腻、不透气、出汗，最终导致花妆，严重的甚至会引起过敏反应，长红疹等。

【案例评析】

每个人都应该根据自己的皮肤特性，选择适合的化妆品。了解不同化妆品的用途，正确选择，这样才能令自己的妆容锦上添花，而不是弄巧成拙。

教师在化妆时，首先要确定自己的皮肤类型，然后根据皮肤的特点选择化妆品的种类。这样，才可以使自己的皮肤得到最有效的呵护与修饰。

(一) 确定皮肤类型

人的皮肤通常分为以下 6 种类型。

(1) 干性皮肤。毛孔细小，皮脂分泌物较少，表面几乎不泛油光，不易生面疮。眼部及口部四周容易形成表情纹、遇到寒冷干燥的环境易粗糙、脱皮或干裂。眼部、颈部易出现松弛现象。

(2) 中性皮肤。皮肤红润细腻，富有弹性，看起来很健康且质地光滑柔嫩，有均衡的油分和水分，很少生面疮，无粗大的毛孔或过于油腻的部位。中性皮肤十分罕见，通常以发育前的少女为多。

(3) 混合性皮肤。看起来很健康且质地光滑，但 T 字区（额头、鼻子、下巴的区域）有些油腻，而两颊及脸部的边缘有一些干燥的迹象。成年女性 80% 都是混合性皮肤。

(4) 油性皮肤。皮脂腺分泌很多的油脂，使皮肤看上去油亮、毛孔粗大、易生面疮，但不易生皱纹，表皮较厚。

（5）敏感性皮肤。皮肤表皮较薄，毛细血管较明显，使用保养品时很容易过敏，出现发炎、泛红、起斑疹、瘙痒等症状。通常以西方女士为多。

（6）衰老性皮肤。皮肤多干燥，有细纹或深皱纹，缺乏弹性。早晨起床前进行，准备三张干纸片，分别贴在额头、鼻子、面颊上，两分钟后揭下，放在亮处观察，判断自己的皮肤类型。若是满纸油迹，则属于油性皮肤，需要使用控制油脂分泌并保湿的化妆品；若是极少油迹，则属于干性皮肤，需要使用补充油脂并保湿的化妆品；若是额头、鼻头有油迹而脸颊几乎没有，则属于中性皮肤，需要使用维持水油平衡的化妆品；若是鼻子、额头有较多油迹而脸颊没有，属于混合性皮肤，则需要选择控制T区油脂分泌、消除两颊干燥、保湿的化妆品。

（二）化妆品的类型

既然不同类型的化妆品，有其各不相同的功能和特定的使用范围，那么我们在使用化妆品之前了解一下各种化妆品的具体用法，是很有必要的。否则，"张冠李戴"，误入歧途，则会让他人见笑，甚至会破坏自己的个人形象。

一般化妆品分为四大类：润肤型化妆品、美发型化妆品、芳香型化妆品、修饰型化妆品。

（1）润肤型化妆品。它的主要功能是，护理面部、手部以及身体其他部位的护肤，使之更为细腻、柔嫩、滋润。这类化妆品常见的品种有香脂、乳液、洁面霜、润肤蜜、雪花膏等。

（2）美发型化妆品。它的主要功能，是保护头发、止痒去屑，以及为头发塑造出种种美妙动人的造型。香波、润丝、发蜡、发乳、发油、发胶、摩丝、冷烫液、染发水、生发水等，都属于这一类型。

（3）芳香型化妆品。它的主要功能，是溢香祛臭芬芳宜人。有的还兼有护肤、护发和防止蚊虫叮咬等作用。香水、香粉蜜、花露水、爽肤水等，都是这一类型的以芳香为主要特征的化妆品。

（4）修饰型化妆品。它的主要功能，是通过在面部适当部位的着色，来为人们扬长避短，使化妆者看起来更加亮丽生辉。最常见的修饰型化妆品有粉饼、油彩、唇膏、眉笔、眼影、睫毛膏、化妆水等。

（三）化妆品选择与用法

教师在了解了自己的皮肤类型和化妆品类型后，就可根据自己的需要选择适合的化妆品。但是选择化妆品，是有一定的方法和技巧的，具体如下。

1. 根据自己的肤色选择化妆品

教师化妆时，要明辨自己的肤色，若是偏黄的肤色，则不能选择过白或过深颜色的底妆；若是白皙的皮肤，则选择颜色较浅的底妆；若是偏黑的肤色，则选择颜色较深点的底妆，切勿选择颜色较浅白的底妆。

2. 根据自己的皮肤类型选择化妆品

教师选择化妆品时，并不是越贵的越好，而是要适合自己的皮肤特点。根据皮肤的类型选择化妆品不失为最有效的选择化妆品的方法。根据上述的五种类型的皮肤，选择合适的化妆品。干性皮肤要选择含水分、油脂多一点的化妆品，如粉底液，以保持妆容的持久水嫩，不起干裂纹，避免脱妆的粉底液为佳；油性皮肤要选择含油脂少的，但能保湿的化妆品，如粉状粉底、粉饼，以保持面部干爽、不泛油光，以免出油花妆；中性皮肤选择不油不干的化妆品即可，以保持面部的水油平衡；混合性皮肤要选择既能控制T区出油又能让两颊保湿的化妆品，结合使用，以保持面部水嫩舒爽的妆容；敏感性皮肤要选择质量好，低过敏度的适合敏感性肌肤使用的化妆品，以避免面部过敏，引起炎症。

3. 根据自己的服饰色彩选择化妆品

教师选择化妆品时，也要考虑服饰与妆容色彩效果的协调统一。着装在人体所占面积最大，要以着装的主色彩为中心基调，施妆用色则需配上与之相近或相对的色彩，以取得和谐与呼应（表2-1）。

表2-1　服饰色彩与妆容色彩的搭配

服装颜色	眼影颜色	口红颜色
红色	蓝、绿、灰、紫、棕色	红、粉、桃红、棕色
粉红色	粉红、紫、棕、绿色	粉红、桃红、棕色
紫色	紫粉、红、蓝、灰色	桃红、粉红、棕色
蓝色	蓝、灰、紫、粉红色	红色、粉红、桃红、棕色
黄色	棕、绿、灰、紫色	橙、棕、桃红色
橙色	绿、棕、紫、灰色	橙、棕、红色
灰色	灰、粉、紫、蓝、绿	粉、红、桃、橙
棕色	棕、红、蓝、灰	橙、红、棕、粉红
绿色	绿、棕、灰、粉红	红、粉、桃、橙红
黑色	灰、紫、粉红、棕、蓝、绿	红、桃、橙、粉红
白色	粉、紫、棕、蓝、绿、灰	粉、红、桃、橙

4. 使用正规渠道生产销售的化妆品

教师如果条件允许的情况下，可选择质量好的，有一定知名度的、比较成熟的品牌化妆品。这样的化妆品的成分是符合国家安全标准的。另外，购买化妆品一定要注意生产日期和保质期，不要使用已过期的化妆品。尽可能使用同系列的化妆品，以避免同时使用不同化妆品所产生的细微的不适反应。

四、化妆的基本程序

【案例导入】

每年都有不少毕业生奔忙于各地的应届毕业生供需见面会。他们背着行李从一座城市赶到另一座城市，参加见面会往往是风尘仆仆，一身疲惫地应聘，有的男士胡子拉碴、衣冠不整，有的女士素面朝天，容颜憔悴。结果，不佳的仪容形象令应聘效果大打折扣。有些招聘者说:"那些衣冠不整、仪表形象不佳的应聘者,在第一轮筛选时我们就将其淘汰了。"

【案例评析】

美好的容貌往往给人留下过目不忘的效果,学会基本的工作妆,可以让自己在工作中增添更多的自信心。人都希望获得成功,如果将注意力过分集中于个人形象固然是不可取的,但是如果不关心自己的个人形象的人往往也是很难获得成功的。现今,组织需要包装、商品需要包装,个人形象也需要通过学习化妆等方法进行包装,对于自身容貌的美化和修饰可以反映出对他人的态度和对自身价值的重视程度,同时也反映了其内在素质、创造能力和职业特征。所以,正确掌握化妆的程序与技巧,才能给自己化个漂亮的工作妆,给自己的事业起到添色增彩的作用。

化妆是门艺术,它涉及美学、心理学、生理学、造型艺术等内容,教师在学习化妆时,首先要了解妆容类型有哪些,这样才能在合适的场合选择合适的妆容,表现出教师的不同风采。

（一）妆容的类型

妆容类型有很多种划分方法。按人们带妆的场合和环境可分为工作妆、生活妆、晚宴妆和舞会妆等。不同类型的妆面有不同的要求。

1. 工作妆

工作妆的主要特征为简约、清丽、素雅,具有鲜明的立体感。既清淡而又传神。教师由于其职业特征适宜化淡妆,净面之后涂上润肤霜、粉底、薄施粉,轻点朱唇淡扫眉。妆色健康、明朗、端庄,追求自然清雅的化妆效果。在一般情况下,教师化妆时修饰的重点,主要是嘴唇、面颊和眼部。对于其他部位,化妆时不予考虑,则是允许的。

2. 生活妆

追求清丽洒脱的化妆效果,宜淡妆轻描。粉底用耐汗水的粉饼,腮红选用朱红色或桃红色,只涂淡淡一层。长时间外出最好不要涂眼影,不描眼线,以免汗多,化妆品刺激眼睛。

3. 晚宴妆

追求细致亮丽的化妆效果,宜化得浓艳些。粉底比白天用的亮一级,蜜粉色彩以亮丽色系为佳,腮红用浅色,口红用深桃色或玫瑰红,在灯光下这些颜色会让肤色华艳鲜亮,要强调眉型,并涂眼影,画上眼线与睫毛膏。一般适用于宴会等社交场所。

4. 舞会妆

追求妩媚动人的化妆效果。舞会灯幽暗,宜化得稍浓艳。可使用掩饰力较强的粉底(对于面部有瑕疵者),扑上肉色粉,腮红和唇彩选择明艳的粉红色调,涂深色眼影,画眼线,还可以戴假睫毛。一般适用于舞会、舞台表演等场所。

当然,教师在工作岗位上只能选择生活妆或者工作妆,切忌妆容浓艳。男教师的工作妆主要要求为:体现男子气概,可稍稍修整眉型和发型、美发定型;清洁、护理面部与手部,并使用护肤品;使用无色唇膏,保护嘴唇;使用香水等,要符合自己的年龄和脸型，切不可搞得油头粉面、花里胡哨。而女教师的工作妆在男士的基础上，还需要使用相对应的化妆品来略施粉黛、淡扫蛾眉、轻点红唇，恰到好处地强化优点，充分展现女性光彩与魅力的面颊、眉眼、唇部等。

（二）化妆的一般程序

1. 化妆的用具

教师在化妆前，要准备好化妆的用具，主要包括毛刷（粉刷、腮红刷、眉刷、唇刷）眉夹、睫毛夹、粉扑、镜子、棉签等。

2. 妆前准备工作

主要包括束发、洁面、护肤、修眉。

（1）束发。用发带或者发夹，将头发夹上，露出全脸，方便于洁脸，也更有针对性地化妆。

（2）洁面。用温水或洗面奶等洁面化妆品彻底清洁面部，洗去脸上的油脂、汗水、灰尘等污秽。若用洗面奶洗脸，要注意任何洗面奶在面部停留的时间以2分钟内为宜，并且一定要用清水冲洗干净。特别注意是嘴巴四周和鼻部用两手的食指和中指由内朝外画圈清洗，这部分容易长粉刺痤疮，一定要仔细揉搓，使污垢浮出，深层洁净毛孔。

（3）护肤。在彻底清洁面部后，先用化妆水浸透化妆棉后均匀涂于面部，双手轻拍至皮肤吸收，然后选择日霜、润肤霜或者乳液等涂于面部，按照由中央朝外、由下朝上的要领画圈涂抹，轻拍至吸收。涂抹乳液等护肤品时要绕过眼部肌肤和唇部肌肤，这些部位皮肤较薄，皮肤构造也不同，所以要采用专门针对眼部皮肤或唇部皮肤的护肤品。做好护肤步骤后，可使皮肤润泽光滑，更便于涂抹底妆。

（4）修眉。眉毛能够体现出人的脸形，好的眉型能给面部增加很强的轮廓感，使得面部五官更加立体。修眉时，首先要决定哪一部分需要修饰，先用眉笔由眼角的内部与鼻的边缘排成一条虚线，虚线外的眉毛便需拔去。将眉笔垂直放在眼球的外边缘，眉笔穿过眉毛的部分就是眉的最高点。眉毛的末端，建议眼的外角部分要与鼻角成一条直线，线外的眉毛便要钳去（图2-5）。

东方人的眉毛通常都是向下生长，因此修饰眉毛时，就要用一把小剪刀去修剪垂下的眉尖。

眉形的修饰与脸型相关，一定要确定自己的脸型，才可以修出合适的眉形。眉形和脸型的搭配。①国字脸型：给人感觉一板一眼，适宜粗一点的一字眉毛。②申字脸型：给人感觉机敏，适宜眉毛应平、长、细一些。③由字脸型：给人感觉富态，适宜柔和一点的眉毛，眉型尽量放平缓一些。④甲字脸型：适宜上扬一点的眉毛，眉峰在眉毛的2/3处以外一些。⑤圆脸型：给人感觉圆润、亲切、可爱，适合上扬眉，眉头眉尾不在一条水平线上，眉尾高于眉头。⑥方脸型：给人感觉正直，与圆形脸型基本相同。⑦标准脸型：称鹅蛋形，搭配标准眉

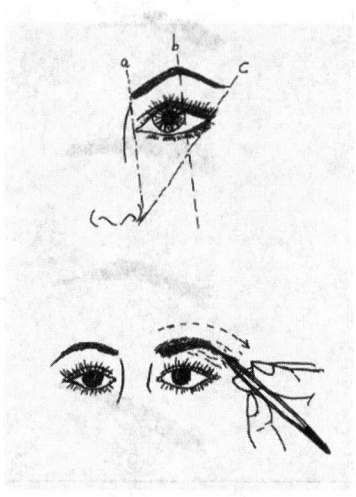

图2-5 修眉

型,眉头与内眼角垂直,眉头眉尾在一条水平线上,眉峰在眉毛的 2/3 处(图 2-6)。

国字脸型:给人感觉一板一眼,适宜粗一点的一字眉毛

申字脸型:给人感觉机敏,适宜眉毛应平、长、细一些

由字脸型:富态、适宜柔和一点的眉毛,眉型尽量放平缓一些

方脸型:给人感觉正直,与圆形脸型基本相同

甲字脸型:适宜上扬一点的眉毛,眉峰在眉毛的 2/3 处以外

圆脸型:给人感觉圆润、亲切、可爱,适合上扬眉,眉头眉尾不在一条水平线上,眉尾高于眉头

标准脸型:称鹅蛋型,搭配标准眉型,眉头与内眼角垂直,眉头眉尾在一条水平线上,眉峰在眉毛的 2/3 处

图 2-6 脸型

眉毛具有多种变化,不同的眉型体现出不同的韵味。以下几种眉型,可根据个人的气质和穿着选用(图 2-7)。

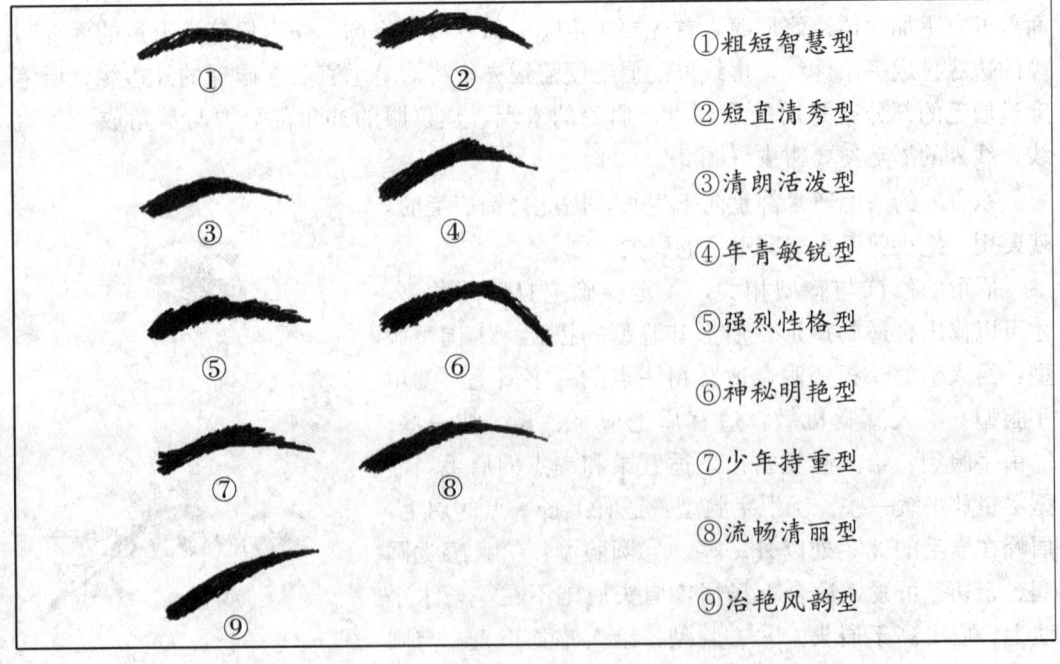

①粗短智慧型

②短直清秀型

③清朗活泼型

④年青敏锐型

⑤强烈性格型

⑥神秘明艳型

⑦少年持重型

⑧流畅清丽型

⑨冶艳风韵型

图 2-7 眉型

相对于女教师，男教师的面部化妆中，可以修饰的部分不多，但眉毛的修饰相对重要。由于眉毛的修整可塑性较大，也容易留下人为的痕迹，所以男士忌讳画眉、描眉，最好保持眉型自然。在不破坏自然眉形的前提下可以做适当的修饰。如眉型过宽，可以沿下部剔除一周，使双眉变得修长；眉型过浓，可以用眉毛夹顺着眉毛生长方向，均匀地剔除一部分；若两眉之间的距离太近，或近似一字眉，会给人滑稽之感，可以剔除多余的眉毛。而对于稀疏残缺的眉毛，只有在出席晚间活动时，才可以模仿女性画眉的方法修饰眉毛，用眉笔填补眉毛间隙，在白天是不可以用此方法修饰眉毛的。白天光鲜明亮，眉色太淡的人可以用眉刷蘸取少量深灰色眉粉，擦在稀疏的眉毛根中间或残缺部位，然后用小指轻轻抹匀，用色要薄，不要溢出自然眉型之外，修补之后，眉毛会变得浓密漂亮许多。男教师在修饰自己眉型时，一定要注意不能过分造作，否则会有损自然美、潇洒美，甚至会损害阳刚之气。

3. 施妆过程

程序：打底色—画眼部—画额、鼻部、脸颊部—定妆—画唇部。

1）皮肤打底色

用粉底打底。打粉底是用来调整面部皮肤颜色的一种基础化妆，特别要注意四个方面：一是要先清洁好面部。清洁面部后，有条件的可以在涂抹粉底前，涂一点粉底妆前乳或者隔离霜等，以使粉底更容易上妆、服帖。二是选择与自己肤色接近的颜色的粉底，并且考虑自己皮肤的类型，选择清爽或者滋润的粉底。三是用海绵块或手指蘸取粉底，从鼻子处向外均匀地涂抹于脸部，不要忽略细小的部位。四是不要忘记脖颈部位，在面部与脖颈衔接处要渐淡下去，粉底不能涂得太厚，要清新自然。粉底抹完后要达到调整肤色、遮盖瑕疵、使皮肤细腻光洁的目的。脸上有明显瑕疵的可在使用完粉底后，在瑕疵部位局部使用遮瑕膏遮盖，并以它为中心向周围扩展，使颜色自然地、不留痕迹地由浓转淡。

2）眼部的化妆

第一，眼部的修饰。首先是涂眼影。眼影颜色的选择因人而异，可与服饰搭配。可选择多色眼影或单色。一般眼影只需涂1~2色。教师在工作时的眼影要选择色浅、清爽，不要超过两种颜色的眼影搭配。一般来说，先涂稍浅一点颜色的眼影，刷在整个眼皮，靠近眼睑处颜色略深，接着将深色眼影刷在最贴近上睫毛根部处，以眼球最高处为分割线涂暗色，越靠近眼睑处越深，越靠近眉毛处越浅。要注意的是，眼影由下至上、由深变浅的过渡是自然的、有层次性的。眼影涂好后，就可以画眼线了。眼线的描绘比较有难度，需要多多练习。眼线要贴着睫毛根部描画，教师的工作妆要求可以不画眼线或者画较细的眼线，以突显眼妆清新自然。画上眼线时，一般是由眼尾向眼头描画，也可从两边向中间画。从内眼角到外眼角的方向应该是由细变粗，甚至外眼角处眼线可拉长或向上微翘，这样会显得眼角上提，眼部更立体。而下眼线最好不画。一般画眼线时，是微微张开眼睛，不能紧闭双眼，可用另一只手的手指指腹将眼窝稍稍提拉起，露出睫毛根部，便于顺畅描绘眼线。接着，在画好眼线之后，就是睫毛的处理了。可以涂抹黑色的睫毛膏，使得睫毛增长卷翘，显得双眼明亮有神。涂睫毛膏时，先用专业的睫毛夹稍微夹一夹上眼睫毛，使得睫毛由内向外翻卷，然后用睫毛膏从睫毛根部到睫毛末端涂抹，可采用"Z"字形的涂抹方向，这样更能均匀地使睫毛膏包裹住睫毛。待睫毛稍干，可根据需要再次涂抹睫毛膏或使用睫毛夹稍微轻夹两下。有利于睫毛的定型。

第二，画眉。①选择画眉工具。眉笔：能表现出线条感，适合在眉尾部使用；眉粉：善于表现眉头虚化的形态，适合初学者。②画眉过程。在眉型修饰好之后，需要用眉笔或眉粉顺着眉毛生长的方向，慢慢描绘，眉头应较深较粗，而眉尾则逐渐变细。画眉时可从眉毛的 1/3 处或眉毛弯曲弧度的地方开始画，然后再逐步往前推，眉尾处较为稀疏，因而颜色可深些，而眉头处本身颜色较浓，所以描绘时可用眉粉轻轻带过。整个眉形的描绘要过渡自然，弧度自然圆润，转折处不可过于"尖锐"。眉笔颜色的选择通常与头发的颜色相近，但是现今多流行深棕色或是咖啡色，这种颜色更自然也更能衬托皮肤白皙，而黑色比较死板。画好眉后，可使用眉刷轻轻顺眉毛生长的方向梳理，使眉型更加自然。描画眉毛有多种形状，如直线眉显得人年轻活泼；曲线眉能衬托出优雅、温婉、富有女性美；角度眉则表现出理智、成熟、富有个性美，千万不能修成八字眉。

3）额、鼻部、脸颊部的化妆

完成上述化妆后，可以在脸颊上涂抹适量的腮红，这样使人的气色看上去更好，具体方法为，在微笑时两颊形成的凸起部位，用腮红刷蘸取适量腮红，向外向上轻扫。有条件可使用阴影粉搭配腮红使用，可修饰脸型。在额头、鼻梁上也可轻涂一些高光粉，使鼻部立体。

4）定妆

定妆需要使用定妆粉，目的是为了使已画好的面部妆容更加持久不脱妆。用粉扑蘸取定妆粉，均匀地扑到妆面上，只需薄薄一层即可。扑好后，可使用大粉刷将妆面上的浮粉扫掉。

5）口部化妆

一般教师的唇部最好不要使用黏性较高的唇彩或口红，因为教师需要不断地讲课，若使用这类唇部化妆品，时间一长便会感到唇部粘黏、油腻。所以教师最好选用质地清爽的唇彩，颜色要以淡雅为主，这样，私下补妆也较为简便。切忌夸张浓艳的口红色并且涂得厚重。如果觉得自己的唇形不理想的，可以使用口红笔描绘理想唇形，但描绘出的唇形要自然、不造作。一般选定唇彩颜色要根据个人的皮肤特点，是属于白皙、中等，还是偏深，再选择较肤色稍深的唇膏，才显得自然。

6）妆后检查

在完成妆容后，可按几步进行妆容的检查。首先，检查左右是否对称。眼部、鼻部、脸颊、唇部、耳部等两侧是否形状、浓淡、弧度一致。接着，检查过渡是否自然，特别是脸部与颈部、耳部的底妆色的过渡，眼影、阴影的层次的过渡等。然后，检查整体与局部是否协调。各局部是否缺漏、弄花，整个妆面是否协调统一。最后，检查全身是否协调完美。化妆要忌"手镜效果"即把镜子贴近面部检查。虽然这样会更易看清细小的部位，但是，一般人只会在一米之外的距离与你面谈或招呼，所以要在整体镜 50 厘米处审视自己，从上到下的打量自己是否有不协调之处。

（三）化妆的技巧

1. 不同脸型的施妆技巧

（1）鹅蛋脸（椭圆脸型）。这是很标准的东方脸型，施妆时无需掩饰，只是腮红涂抹在脸颊骨最高处，再向上向后晕开。尽量按自然唇形涂抹唇彩或唇膏。可顺着眼睛的轮廓修成弧形眉毛，眉头应与内眼角对齐，眉尾可稍长于外眼角。

（2）圆脸型。由于脸型较圆，施妆时可将腮红向脸颊两侧纵向刷，两腮处刷上深色阴影，营造椭圆脸型，使圆脸削减，不可简单地将腮红在颧骨突出部位涂成圆形；眉毛可修剪得有少许弯曲的幅度，起到增长脸部的效果。粉底可选择一点暗色粉底，沿额头靠近发际处起向下窄窄地涂抹，至颧骨部下可加宽涂抹的面积，形成脸部亮度自颧骨以下逐步集中于鼻子、嘴唇、下巴附近的部位。唇膏可在上嘴唇涂成浅浅的弓形，不能涂成圆形的小嘴形状，以免有圆上加圆之感。

（3）长脸形。应该在视觉上适当增加面部宽度。腮红应该向外横刷，并且离鼻部较远处打腮红。若属于脸颊凹陷或额头窄类型长脸，可在该处涂抹浅色或高光色的粉底，造成光影，使之变得丰满一些。特别注意，眉型不可修得太有棱角，且眉峰位置不可挑高，眉尾不可上翘。

（4）方脸形。方脸形主要是脸部两腮处较为突出，显得面部很有棱角。应该将两腮处用深色阴影粉涂抹，使其视觉上不再那么突出。用深色阴影沿着额头靠近发际处向下窄窄地涂抹，至颧骨下可加宽涂抹的面积，使面部视觉上变窄。眉型可修成自然的弧度，少许弯曲即可。唇膏可涂得丰满些，强调柔和感。

（5）三角脸型。三角脸型明显地凸显出面部上窄下宽。应修饰面部下部的宽角，丰盈额头及太阳穴处，向椭圆脸型靠近。胭脂可由外眼角处向下涂抹，令面部上部分拉宽。太阳穴处可涂抹高光粉，增加光感，丰盈脸颊。而两腮处，用深色阴影粉涂抹、削弱棱角感，使两腮变得"柔和"。眉形的修剪不可太平直或太弯曲。

2. 不同眼形的施妆技巧

（1）大眼睛。大眼睛比较有神，可以不画眼线，略施眼影，涂睫毛膏即可。

（2）小眼睛。小眼睛较为有失神采，通过眼线的描画，可使眼部明亮有神。眼线可画得较宽较长，眼线长度可超过眼尾并且在外眼角处略微上扬。

（3）肿胀眼。眼球较为突出，眼皮浮肿或者眼袋较肥厚，均使得眼部看上去肿胀无神。通过使用深色眼影搭配较粗、较长的上眼线，制造深邃眼窝的视觉感。

（4）单眼皮眼睛。可在上眼皮中央将眼线画得粗些，两端细些，从视觉上制造出眼部圆润之感，单眼皮因选用颜色较深的眼影，不要使用颜色浅、亮度大的眼影，这样显得眼睛更为狭长。

（5）凸眼睛。用深色眼影涂满眼睑，从内眼角至外眼角展开。

（6）细长眼睛。眼线中央部位画得粗浓些，会产生眼周线缩短的错觉；眉毛应描得较直，以冲淡细长眼之感。

（7）丹凤眼。眼影微染，眼角内侧不必画眼线，中央部分沿眼圈在眼皮上画眼线。

3. 不同年龄的施妆技巧

（1）青年女教师。青年女教师较为青春活泼、活力四射，所以在选择妆容时，可以选择色彩明亮、颜色鲜艳的类型。眼影可选择粉色、紫色、蓝色、绿色等，腮红也可相对较红透一些，粉底也可扑得白皙柔嫩一些。口红也可使用色泽亮丽（浅色调），光泽感好的珠光唇彩类，以显示出青年女教师的朝气与魅力。

（2）中年女教师。中年女教师较青年女教师而言要显得端庄、沉稳一些，成熟的外表多了一丝严肃。所以，中年女教师的施妆技巧在于塑造优雅、气质的妆容。底妆选择接近于肤色的色调，不可搽得过于白皙，应该展示的是皮肤的光泽和弹性。此外，眼部也不可使用粉红、蓝色等色调鲜明、色彩斑斓的眼影，而是根据服饰颜色等来选择。比较适合的眼影颜色有咖啡色、灰色、金色等高贵典雅的色调。腮红不能选择鲜红色等过于红透的颜色，而是选择肉色、浅橘色等接近肤色的颜色，以提高面部的光感度，显得皮肤有光泽有弹性。口红则是选择色调偏深红、橘红等颜色，而不是鲜艳的亮红色，以凸显中年女教师低调、含蓄的魅力。

（3）老年女教师。老年女教师原则上可以不用刻意化妆。只需要着装整齐大方，面部精神饱满即可。老年女教师可使用一些保养皮肤的化妆品，使皮肤光泽和弹性较好，这样即使不化妆，也会显得端庄，精神抖擞。老年女教师不适宜化妆，特别是涂抹粉底、腮红、口红等，这样反而显得老年女教师"惺惺作态"。

4. 不同唇形的施妆技巧

（1）标准唇形。嘴角上翘，上下唇比例为1∶1.5，唇峰居中，嘴角在左右眼球内侧，此为标准唇形。施妆时只需着色润泽即可。

（2）嘴唇厚大。唇膏颜色宜淡不宜深，淡红色的唇膏是首选色调。施妆时，抹比皮肤颜色还暗一级的粉底，隐去原有唇廓，用唇笔画比原唇形小些的轮廓线，涂与原唇色相近的唇膏，靠内侧浓，靠外侧略淡。

（3）唇形薄小。宜用大红、玫瑰红等明亮颜色的唇膏。施妆时，用唇笔描出较粗的唇线，然后涂抹口红，唇内以浅、亮色的唇膏涂抹。

（4）唇形下厚。过厚的下唇，可抹较上唇颜色深暗的唇膏，并比上唇敷得稍浓些。

（5）唇形下垂。嘴角下垂，需要改变唇形。画唇廓线时将唇中部上下唇线稍向上下扩大些，从视觉上冲淡对嘴角的注意。在勾勒唇线时适当提高唇峰，并使嘴角上翘些。下唇口角使用的口红颜色比上唇口角颜色略淡些。

5. 描绘唇形技巧

确定唇形后，接着就是确定唇部化妆的轮廓，用唇笔描绘。描绘时，将嘴唇微微张开，在嘴唇上用圆点标出唇山、唇谷的位置，再将这些点用圆滑的曲线连接起来，嘴唇的轮廓线要力求自然，用笔力量要平稳而均匀。唇线的具体画法有如下几种。

（1）内描法：将轮廓线画在原本唇形稍内侧，适合于双唇大而厚的嘴唇。

（2）外描法：在唇的稍外侧描绘轮廓线，使唇部丰满起来，适合于薄而小的嘴唇。

（3）1/3唇线法：这种唇形呈山形，起伏深，给人以感情丰富的感觉。

（4）1/2唇线法：上唇山形最高处恰在口角和中心线中间，其高度与相应位置的下唇厚度相同，上下唇轮廓线匀称，是大众化的唇形。

（5）2/3唇线法：上唇山形高峰在唇中央到口角2/3的地方，给人以宽广优美的感觉。

6. 男性教师的化妆技巧

男性教师要显得有风度、有气质、庄重、文雅，那么其外形就应该让人感到清洁、自然和有品位。男性教师美化面部首先还是要清洁面部。其次，男教师还要重视修饰眼部、修饰鼻部、牙齿和口腔保洁、处理胡须、修饰耳朵、修饰眉部。

（1）修饰眼部。男教师的眼部需要保持清洁，避免眼部分泌物遗留在眼角，同时注意合理用眼，让眼睛能够得到足够的休息，避免黑眼圈、眼袋过重。

（2）修饰鼻部。男教师的工作妆中要重视自己的鼻部，及时修剪鼻毛，避免鼻毛外露。有鼻液要用纸巾、手巾擦干净。

（3）牙齿和口腔保洁。前面已经讲到教师口腔清洁卫生的重要，需要强调的是男教师要尽量少抽或不抽烟，避免牙齿被熏黑。值得强调的是男士如果出现牙齿发黄发黑，需要到专业洗牙机构洗牙，使牙齿看起来更加洁白、健康。

（4）处理胡须。男教师应当每天刮胡须，并养成一个好的生活习惯，不能胡子拉碴地开展教学工作。正确的剃须流程是先洁面，用热毛巾捂敷胡须部位，然后涂上剃须膏，再鼓起腮帮，以由上到下、由内向外的顺序，用剃须刀剃走胡须，要顺着胡须生长方向剃除，不可逆着胡须生长的方向刮剃，这样易破坏皮肤角质层，引起毛孔粗大。最后，在剃须完毕后，要注意须后保养，涂上须后润肤霜，缓解皮肤因剃须受到的刺激。

（5）修饰耳朵。耳孔里容易有分泌物，还有灰尘。所以男士要经常进行耳部的清洁，但是不能在公共场所进行。如果有耳毛，也要及时修剪。

（6）修饰眉部。男士的眉毛一般不作人为的美化，力求保持自然的风采。若眉毛有重大缺陷，如眉毛稀淡、眉毛残缺或无眉等情况，可以适当修饰。一般修饰眉部的方法有描眉和修剪。描眉要用黑色的眉笔对眉毛残缺部分进行均匀的补描，要与真眉毛混然一体。而修眉要注意不要把眉毛的上下边缘修得太整齐，眉峰可适度上扬，使之英武潇洒，但要避免修成过于平直的眉毛和倒八字眉。

五、化妆的禁忌

【案例导入】

张眯是一位刚刚毕业的师范类大学生，面对就业的压力，她不轻易错过每一次应聘的机会。一天，她去应聘某中学教师。张眯顺利地通过了笔试，她信心十足地参加最后的面试。可没想到就是一个小小的细节让她丢掉了这次绝好的机会。那天，由于赶时间，张眯没有化妆就出了门。到了目的地后，还有一些准备的时间，于是张眯就在面试室的外面简单地化起了妆。不巧这一幕正好被从里面走出来的主考官看见了，他觉得作为中学教师，即将为人师表，连这点最起码的礼仪常识都不懂，又怎么能做好学生的榜样，起好带头工作呢？因此，张眯便与机会擦肩而过，后悔也已经晚了。

【案例评析】

当众化妆或补妆，既不尊重自己，也妨碍他人。公共场合是不能化妆或补妆的。女教师更应切忌在上班时间或一些公共场合化妆、补妆。上班前或参加活动前就要化好妆，其间需要补妆要到洗手间或化妆间进行，不能在大庭广众之下当场"表演"。这是十分不雅、失礼的行为。

　　教师在进行个人化妆时，一定要避免出现某些不当的错误做法，化妆的禁忌需要教师在化妆操作时牢记，主要包括以下几点。

　　（1）忌妆容离奇出众。教师在化工作妆时所出现的离奇出众，指的是化妆时忘记了自己的职业、自己的角色，画出一些过于时髦、荒诞、怪异的妆容，或者有意使自己的妆容别具风格，从而产生不符合教师身份的妆容。特别是教师一定要忌浓妆艳抹。教师的责任在于育人，其职业堪比"神职"，如果教师画得浓妆艳抹，不仅让人怀疑其职业，更使得学生将注意力从学习上转向模仿老师，不利于学生学习发展与身心健康。

　　（2）忌化妆于公共场所。教师当众化妆是非常失礼的行为，既不尊重别人，也不尊重自己。如果需要补妆，应该到房间或卫生间去。教师在工作岗位上，应时刻将自己自信、规整、端庄的形象展示给学生和同事，这是对自己的负责，更是对他人审美的负责。

　　（3）忌化妆于异性前面。女性教师在异性前化妆，是非常失礼的行为。要时刻避免。因为，这种行为极易让人产生误会，认为该女教师不分场合、不考虑个人仪容和行为所产生的负面影响，不重视自己声誉等。所以，教师在工作中，即使补妆也应该私下无人时补妆，不可在异性前无所顾忌地化妆。

　　（4）忌妆面残妆。由于出汗、休息或用餐等原因造成妆容残缺或破坏，即为残妆。长时间的残妆会给人懒散、邋遢之感，特别是在正式场合，以残妆示人，既有损自己形象，也显得对人不礼貌。所以，教师在工作时，要注意保持自己的妆容，并及时进行检查和补妆。如果发现妆面残缺，要立即补妆，不要拖延，以免给人留下不佳印象。补妆应在无人的角落或洗手间进行。由于补妆只是局部性修补，应该以补为主，只需在妆容残缺的地方稍作弥补即可，不必抹去旧妆重新化妆。如果晚间还要应酬，那么临去前应洗去残妆，重新化一个晚妆。晚妆可以浓一些，但忌过于浓艳。当然也要注意适当补妆。

　　（5）忌非议他人化妆。教师为人师表，要给学生树立良好的榜样。所以，作为教师，更不能对别人指手画脚，仿如"闲人"一般。所以，教师不管别人化妆方式、妆容等如何，都不可非议他人化妆。每个人都有各自不同的审美情趣和化妆手法，教师更应具有理解、包容之态，取长补短、相互学习。

　　（6）忌借用他人化妆品。教师在工作期间应自己准备好自己常用的化妆品，以备不时之需。不要借用他人的化妆品，这样既不礼貌，也不卫生。别人化妆品可能并不适合自己的皮肤等，有可能会出现过敏等现象，这样反而弄巧成拙。所以，教师应随身准备简易的化妆品，方便及时使用。

基 础 练 习

一、简答题

1. 教师仪容卫生的具体要求有哪些？
2. 谈谈口部修饰的作用。
3. 教师头发的基本要求有哪些？不同年龄段的教师应选择哪种适合的发型？
4. 夏季教师肢体修饰要注意哪些部位、哪些细节？
5. 化妆的基本原则有哪些？
6. 选择化妆品的依据是什么？
7. 不同眼睛的施妆技巧是什么？
8. 化妆的禁忌有哪些？

二、案例分析题

1. 夏季，天气非常炎热。小洁老师一大早起床化好工作妆，急急忙忙地骑车去学校上课。由于气温较高加上体力劳动，小洁到学校时已经是汗流浃背了，脸上更是出汗不止。原本化好的妆容也被汗水弄得花掉，小洁不顾自己的妆面，走上讲台开始授课。

请问案例中小洁老师犯了什么错误？如果你是小洁老师，你这时应该怎么做？

2. 王老师是学校的老教师了，讲课激情澎湃，同学们也喜欢听王老师的课。可是上王老师的课时，同学们都不喜欢坐第一排的位置。原来，王老师非常喜欢吃大蒜，每餐都会生吃两瓣大蒜。而王老师却不会刻意去处理掉自己口腔中的异味，所以同学们都不愿意和王老师近距离说话，加之王老师讲课语速很快，讲得十分投入，以至于嘴角泛起了白沫，王老师也全然不知。同学们见此状，更是不愿坐在第一排的位置了。

请分析王老师仪容礼仪需要改善的方面。

三、教师仪容的实训安排与考核

实训项目

实训项目一：

【实训项目】女性教师工作妆实训

【实训目标】掌握教师工作妆的基本操作规程。

【实训学时】1学时

【实训方法】课堂上女师范生分别按照画工作妆的步骤和要求，现场操作，为自己化个工作妆。

【实训准备】化妆镜、润肤霜（润肤乳液）、隔离霜、粉底液、粉饼、腮红、眼影、眉笔（粉）、唇彩。

【实训考核】女性教师工作妆实训考核内容。

女性教师工作妆实训考核表

考生单位：　　　　　　　　　　　　　　　　　考生姓名：

项目	操作标准	配分	评价等级 优	评价等级 良	评价等级 及格	得分
底妆操作	1. 涂抹一点润肤霜或润肤乳于面部，轻拍至吸收 2. 用海绵块或手指蘸取粉底液，点与面部数处。然后晕开，涂抹至全脸，留意细节处，要耐心涂抹 3. 用粉扑蘸取粉饼，涂抹面部，轻压。面部与脖颈处也要衔接 4. 检查底妆浓淡，粉底不可过厚	20分				
眼部化妆	1. 画眉：眉型提前修剪好，用深棕色或咖啡色眉笔依据眉型描绘。眉头粗眉尾细，不宜过浓，幅度要自然圆润 2. 涂眼影：先用眼影刷蘸取浅色眼影晕染整个眼窝，再在接近睫毛根部涂抹深色眼影，并逐渐向上晕开，变淡 3. 画眼线：沿着睫毛根部用眼线笔描绘	20分				
涂抹腮红	用腮红刷沾取适量腮红涂抹于两颊处，注意根据脸型不同而选择涂抹的方式。长脸形横着刷，圆脸型和方脸形竖着刷腮红	20分				
画口红	根据自己唇部颜色选择相近口红颜色。可先使用唇笔描绘上下唇轮廓，可改变唇形。然后使用唇彩或口红涂抹唇部均匀	20分				
妆容检查	1. 发际和眉毛上是否沾上粉底液。 2. 双眉是否描绘得高低对称、粗细对称。 3. 腮红是否涂得两颊均匀。 4. 整个妆面是否均衡 5. 妆容与穿着是否协调。 6. 适当调整修改妆容。	20分				
总分		100分				

实训项目二：

【实训项目】男教师工作妆

【实训目标】掌握男教师工作妆的具体要求和规范。

【实训学时】1学时

【实训方法】课堂检查男师范生的工作妆的达标情况。

【实训准备】男学生提前做好工作妆。

【实训考核】男教师工作妆实训考核内容。

男教师工作妆实训考核表

考生单位：　　　　　　　　　　　　　考生姓名：

项目	操作标准	配分	评价等级			得分
			优	良	及格	
头发清洁及发型	1. 男性头发清洁、无异味、无头屑 2. 男性发型头发不能过长，前发不覆额，侧发不掩双耳，后发不及衣领，不留大鬓角，不能剃光头，也不能留长发或辫子	20分				
面部清洁	男性面部无油光、皮肤毛孔清洁、无黑头、无脓包、痤疮	20分				
牙齿与口腔清洁	1. 男性教师牙齿洁白、无明显牙垢、牙斑，无烟熏牙、茶渍牙等 2. 男性口腔清洁、口气清新，无烟味、酒味、蒜味等异味	10分				
修饰眼部	1. 男性教师眼部无分泌物，双眼有神不浮肿，无明显黑眼圈、眼袋 2. 男性教师眉型自然、刚毅、不可过细	10分				
修饰鼻部	男性教师无鼻毛外露，鼻部无分泌物	10分				
胡须处理	男性教师胡须修剪干净、下颚清爽整洁、光滑	10分				
修饰耳部	男性教师耳孔内无分泌物和灰尘。耳朵干净无垢。若有耳毛已及时修剪	10分				
修饰眉部	1. 眉部没有残缺，无需修饰，保持自然的风采 2. 眉部有明显残缺，需要适当修饰，用眉笔填补残缺处，但不可过于平直或修成倒八字眉	10分				
总分		100分				

第三章 教师服饰礼仪
——服饰通常说明您的一切

服饰，是一种文化，是一种文明。它可以反映一个民族的文化素养、精神面貌和物质文明的发展程度；服饰又是一种语言，在一定程度上反映了一个人的社会地位、爱好、个性、文化素质和审美品位，是一种特殊的"身份证"。作为一种无声的语言，就更加要求教师应该掌握一些穿着的艺术和服饰礼仪技巧，向学生展示教师良好的个人品位和审美情趣，在衣着上不能"穿衣戴帽，各凭所好"，而是要遵循教师这一职业的要求和限制。此外，学生具有的向师性特点，使得教师的着装具有一定的榜样示范性，很多学生对仪表大方、着装得体的教师特别具有好感，对这些教师所授的课程也更主动积极。因此，教师的着装也要考虑到教育对象这一因素，根据教育对象的年龄、能力、性格等因素来考虑自己的着装，充分体现自身的审美性和育人性。

【学习目标】

通过本章的学习，使学生了解教师服饰礼仪的基本常识，熟悉教师服饰的基本含义，明确教师服饰礼仪的重要意义，掌握教师服饰的基本原则、搭配技巧等具体操作规范，并能根据自己的职业特征、肤色、体型合理地选择得体应景的服饰，使自己的仪表形象符合教师为人师表的风范气质。

【基本内容】

本章内容主要包括教师服饰礼仪概述、服饰礼仪意义、基本要求及禁忌。女教师的西装套裙礼仪、旗袍礼仪、便装礼仪以及佩饰礼仪；男教师的西装礼仪、中山装礼仪、便装礼仪以及佩饰礼仪。

第一节 教师服饰礼仪概述

英国著名体态语学者 D. 莫里斯说："穿衣服不传递社会信号是不可能的，每件衣服都说出穿着者的一段故事，而且常常是很微妙的故事。"的确，一个人的着装在很大程度上传递出他的各种信息，如他的职业、地位，他的愿望、追求，他的知识、修养，他的品位水准、生活情趣，等等。对教师而言，服装更是一种表现力很强的无声语言，得体的着装可帮助教师建立美好的形象，畅通地传递与教书育人密切关联的各种信息，从而顺利地完成教育教学任务。郭沫若先生曾经说过："衣裳是文化的表征，衣裳是思想的形象。"在学生的心目中，教师是他们崇拜及学习的榜样，只有当教师的一言一行都符合教师职业道德规范，并模范地遵守了学校的各项规章制度及学生日常行为规范时，对学生的教育才是有效教育，学生才有可能接受，并尽可能转化为一种自觉性。

随着国际的交流日益加深，服饰逐渐向国际化、多样化、个性化方向发展。然而，整洁、大方、典雅、和谐永远是着装的追求目标，着装要与自己的年龄、职业相称，与周围的环境相协调。在某种意义上，一个教师的服装并不只是表露他的情感，而且还显示着他的智慧。教师的衣着习惯，往往透露出人生的哲学和价值观。教师遵守服饰礼仪是人际交往取得成功的一个前提，更是教师职业道德、职业规范的一部分。教师的服饰不仅对自己起着重要的修饰作用，对学生也起着潜移默化的榜样和示范作用。教师的服饰是无言的课本，决不可掉以轻心，随随便便。教师服饰美的基本要求：高雅、得体、整洁、大方。

【案例导入】

不完美的毕业照

海伦是一名来自英国的留学生，就读于中国某师范大学，为了更好地了解中国目前的教育状况，来到当地的某中学参观。整个参观过程非常顺利，留学生们纷纷称赞学校的教学设备、教学质量、校园文化建设都很不错。参观即将结束时，海伦注意到有几位摄影师正在指挥一个毕业班的学生在学校操场列队站立，准备摄影。海伦好奇地留步看了一会。只见学生们都身着统一的校服，整齐的排队站好，一名学生干部邀请旁边的班主任和其他任课教师到第一排的椅子就座准备合影。

海伦觉得当几位教师入座后，整个拍摄画面显得不太协调。认真一看，原来教师没有入座以前，学生们都穿着统一的校服，显得非常整齐，但几位教师除了班主任穿着西装外，其他的人就穿得五花八门了。有的女教师穿着无袖连衣裙，有的男教师穿着牛仔裤套头衫，显得过于随意。海伦想，毕业照是学生们整个中学美好回忆的重要组成部分，教师和同学们朝夕相处了三年，应该更加重视这件事情，给同学们留下一个更为完美的永久纪念。

【案例评析】

在中国，有"不以衣帽取人"的古训，但在当代社会中通行的看法与中国人的传统习惯恰恰相反。人们认为在正式场合中每个人的外在形象不仅体现了个人的教养和素质，而且也体现了对其交往对象的重视程度。在学生面前，一名教师的穿着打扮，不但展示个人的品位，也体现了对学生的重视程度。在外宾面前，这种形象还代表了他所属行业的形象、民族的形象，甚至国家的形象。

一、教师服饰礼仪的意义

教师的天职是通过自身德智体美劳的素质影响、教育着下一代，每时每刻通过自己的情态、语言、服饰、行为精雕细刻一件件社会需要的艺术品；同时自己又是一件由上一代人塑造而成的传播美的艺术媒体。教师无时无刻不在向学生展现自己的美，以提高学生的审美趣味和审美力。学生每天有1/3的时间在学校与各位教师相处，他们好奇地对每位教师进行观察，自觉不自觉地向教师学习。教师的穿着、服饰都对学生产生直接的教育作用。教师注重自己的服饰礼仪,不仅仅是个人问题,在一定程度上体现了教师对他人、对社会的尊重,是自爱、爱人、热爱生活的一种表现。教师的服饰美,可以让学生在美的环境中接受陶冶,在美的气氛中成长。学生们希望自己美的同时周围也是美的,教师应该满足他们的需求。美育是个过程,情感感染是它的特点,潜移默化是它的规律,没有情感感染和潜移默化就没有美育。

随着生活水平的不断提高,衣服除了具有裹体御寒的作用之外,也体现了一个人对美的追求。而在追求美的同时也体现了这个人的经济、文化、生活水平,传递了着装者思想、情感的"非语言信息"。教师作为一个具有良好文化知识素养的职业群体,其服饰也存在着特殊的礼节和规范。教师是否具有良好的仪表,对其职业生涯有着重要的作用。教师是人类灵魂的工程师,他既要教书,又要育人。教师自己不仅仅是知识与智慧的化身和传播者,而且还应是美的化身、文明的传播者,对受教育者来说,教师的仪表行为具有示范性,是他们学习的榜样,直接影响着受教育者的行为习惯、审美情操,触及他们的心灵深处,对他们产生潜移默化的影响。对教师自身来说,教师的仪表行为不仅仅体现了一个教师的风度气质和精神风貌,而且也反映了一个教师在影响受教育者时所持有的风范姿态。应该说,教师要将着装问题提高到建立良好的为人师表的职业形象的高度来认识。

二、教师服饰礼仪的基本要求

曾经有媒体报道,扮演《泰坦尼克号》的女主角凯特·温斯莱特和男友回英国度假,在一家高档商店门前,其男友因穿着随便而被门卫拒之门外。当时其男友振振有词,指着大名鼎鼎的女友对门卫说:"你可知道她是谁?她就是《泰坦尼克号》中的罗斯的扮演者——凯特!而我就是她的男朋友。"谁知这位门卫铁面无私,偏偏让他吃了闭门羹。交涉无果的男友只好回到宾馆,换好服装后才得以迈进那座商店的大门。

国内也有不少人不讲究礼仪。1999年夏天,在北京劳动人民文化宫太庙上演由张艺谋执导的意大利歌剧《图兰朵》时,就有身穿裤衩、背心的中国百姓与衣着燕尾服、晚礼服、西装裤的国际友人一同欣赏节目,就是一个典型例子。

西装革履扛煤气罐和穿着短裤背心听音乐会一样不合适。穿什么和怎么穿,不是服装本身的问题,而是不同场合的人与服装的协调的问题。许多时候,礼仪素养就在不经意的举手投足间表现出来。个人礼仪对于每个人而言,是待人接物的立身之本。

(一)遵循"TPO"原则

"TPO"原则的概念是由日本男装协会于1963年提出来的,之后便成为世界服装界所公认的着装"TPO"审美原则。TPO是英文Time、Place、Object三个词首字母的缩写。T代表时间、季节、时令、时代;P代表地点、场合、职位;O代表目的、对象。着装的"TPO"原则是世界通行的着装打扮的最基本的原则。这个原则要求教师在选择服饰时应力求和谐,以和谐为美。着装要与时间、季节相吻合,符合时令;要与所处场合、环境,与不同国家、区域、民族的不同习俗相吻合;符合自己的身份;要根据不同的交往目的、交往对象选择服饰,从而给人留下良好的第一印象。

服装的品味与时尚，跟品牌无关，跟流行无关，跟金钱无关。所谓得体的服饰，是契合年龄、季节、地点、场合的服装；是考虑他人感受，尊重对方，让对方觉得舒服悦目的服装。也就是说，是遵循礼仪之道的服装。

世界上没有不得体的衣服，只有不得体的人在不恰当的时候穿了不恰当的衣服。在任何特殊场合，如果你能够事先弄明白着装的基本原则，就能首先在外在印象上占得先机，胜人一筹。

（二）不同场合服装的款式要求

在"TPO"原则的指引下，面对不同的场合教师应着不同的服装。教师一般会面临的场合有正式场合和休闲场合，正式场合又可以分为公务场合与社交场合两大类。

（1）公务场合，主要是指教师在工作单位上班办公的场合。在这一场合，正统、庄重、保守是着装的基本要求。教师在公务场合的着装最为标准的，是以深色毛料为主的套装、套裙、套服或制服。具体而言，男教师最好是身着藏蓝色、灰色的西装套装或中山装，内穿白色衬衫，脚穿深色袜子、黑色皮鞋。穿西装套装时，务必要戴领带。女教师最佳的衣着是，身着单一色彩的西服套裙，内穿白色衬衫，脚穿肉色长丝袜和黑色高跟皮鞋。有时，穿着单一色彩的连衣裙亦可。不符合在公务场合穿着的服装款式有：牛仔装、运动装、沙滩装、文化衫、家居装等。

（2）社交场合，广义上指的是一切人际交往场合。从狭义上讲，它指的则是在工作之余进行应酬活动的场合。比如教师在工作之余经常有机会拜访家长、应邀赴宴、出席舞会、观看演出等业余活动都属于典型的社交活动。在社交场合里，着装的基本要求是时尚、典雅和个性。一些不宜在公务场合穿着的服装，例如，礼服、民族服装等，改在社交场合穿着，则显得适得其所，如在需要穿礼服的场合，男教师穿着黑色的中山套装或西装套装，女教师则穿单色的旗袍或下摆长于膝部的连衣裙。其中，尤其以黑色中山套装和单色旗袍最具有中国特色，并且应用最为广泛。而不适合在社交场合穿着的服装款式有制服、工作服、牛仔装、运动装、沙滩装、家居装等。

（3）休闲场合，一般是指人们在公务活动之外用于个人休息的场合，以及在公共场所里与不相识者共处的场合。如居家生活、健身运动，浏览观光、商场购物等。休闲场合对教师的着装没有正式场合规范、严格，教师可以根据自己的着装爱好和舒适感进行选择，充分展示自己的个性特点。休闲场合对于服装款式的基本要求是：舒适、方便、自然。过于正式，既没必要，也与所处的具体环境不符。而符合这一要求，适用于休闲场合的服装款式为：家居装、牛仔裤、运动装、沙滩装等。不适合在休闲场合穿着的服装款式则有：制服、套裙、套装、工作服、礼服、时装等。

（三）根据自身的特点选择服饰

不同的人有不同的个性特点，教师在选择服饰时也会受到教师不同的体型、年龄、个性等个人因素的影响，所以教师在追求服饰美时，必须充分了解自身的特点，只有这样才能达到扬长避短的目的。首先，服饰的选择与着装的体形相协调。例如，体型较丰满的人应选择直条纹、冷色调的衣服，在视觉上达到瘦的效果，但也不宜选择紧身或束腰的衣服；体型较瘦的人应选择色彩鲜明、大花案以及方格、横格的衣料，或增加服饰的花样，选择较厚的面料，给人以宽阔、健壮的视觉效果。身材较矮的教师，衣着选择宜以简洁明快、上下色泽一致或上浅下深的色泽为主，以便把身材衬托得高一些；颈部较细长的教师，衣着选择宜以高领、简领、翻领为主，颈部较粗短的教师，则宜选择V形领口一类的衣着，以便敞开胸口，使颈部的长度在视觉上有所延伸。其次，服饰的选择与着装者的年龄也要相协调。例如年轻人可以选择富有时代感，颜色较艳丽的衣服，避免在色泽、款式上老气横秋，显得毫无生气和活力，给学生带来沉闷感和压抑感。在款式和品质不能并选时，应将款式放在首位；中年老师可选择庄重、严谨的衣服，在款式和品质不能并选时应将品质放在首位，如经济条件许可，可以选择一些有品牌的服饰以体现自身的成熟稳重。最后，教师在选择服饰时还要注意自己在社会上所扮演的角色，中国历来是一个尊师重教的国家，长期以来，社会对教师的职业形象要求的是温文尔雅、彬彬有礼。很难想象，一个不修边幅、衣冠不整的人如何与为人师表的教师职业画等号。教师的仪表行为又广泛深刻地影响着学生，具有一定的榜样示范性，间接地影响着学生对自身仪表的重视程度。

（四）符合学生的欣赏水平

教师的服装要以符合学生的欣赏水平为前提。作为一名教师，就必须要慎重地把自己的服装调整到符合教育者的欣赏水平上，在为人师表的宗旨下，教师的服装应简洁而庄重，明快而得体，符合教师职业规范，充分地把自己的精神风貌呈现给学生。学生善于模仿，教师的服饰对学生审美观的养成起着重要的作用。中小学生的审美观正处于形成期，对教师服饰的美丑会直接产生好感和反感，从而影响教师在学生中的威信，甚至影响到他们上课的效果。例如，某日，一学生走进教师的办公室，天真而诚恳地对英语老师说："老师，你的穿着太朴素了。你看我们的外语老师，打扮得多精神，一看见她就来精神，心里就舒服。"该老师一听，难过极了，心里头是又酸又气又难堪。自己以为这是一种敬业的牺牲精神，没想到学生却给了这么一个评语，唯有感叹现在学生的思想与自己当年不一样了。自己当年以朴素为美，也这么要求自己，没想到现在却不合学生的胃口了。

教师一走进课堂，自然成为学生注目的焦点，一言一行对学生的影响极大，对学生的行为产生着潜移默化的作用，所以教师应该对自己的服饰负责。很多人认为教师着装不能过于新潮，否则会影响学生的注意力，可事实上，教师着装也不能过于守旧，这样会让学生产生距离感。随着改革开放的不断深入，人们的着装观念和审美情趣都在发生着急剧的变化，而学生更是时代的弄潮儿，有朝气、有个性、有热情、有追求，对于教师的要求是多方面的，对环境视觉各方面的变化也是非常敏感的。在这样的大环境里，如果教师的着装还不修边幅，陈旧保守，又如何能赢得社会的尊重和学生的热爱呢？因此教师也需要不断地接受、选择美的服饰，纳入时代大潮而不可一味地古板地拘泥于自己的天地之中，与世隔绝。教师应该撇开"形而上学"的观点，坚持传统不意味着固守传统，跟上时代步伐才是教育发展方向。这就说，教师的着装应与社会大环境协调，给人以时代感。

（五）符合中外服饰习俗

习俗的不同可以直观地从服饰上表现出来，俗语说"十里认人，百里认衣"，正是表达了这层意思。在服饰方面，不同的民俗文化又有着不同的禁忌规约。关于服饰的相互感应，或是服饰本身的魔力信仰等。服饰的各种禁忌常常表现于服饰的颜色、材料、款式、穿戴等方面。了解服饰的民族特色，顺应并尊重各国服饰的风俗禁忌，对于相互交往是大有帮助的。教师参与婚礼时，要注意服饰颜色的选择。婚礼场合一般热闹喜庆，因而服饰可选择色彩明亮、款式华丽的适于正式社交场合的服饰。但当教师参加丧礼时，服饰应选择符合丧葬场合的颜色、如深色、黑色的服装，且款式简洁大方，没有花哨的修饰。

又比如说在有些国家，尤其是亚洲地区，进入别人家或者清真寺时，必须脱鞋。因此，请注意你的袜子是否干净，是否有破洞或出现抽丝。在热带国家，因为气候炎热，在工作场所男士可以不穿外套，不系领带。而在泰国，人们平时多穿衬衫、长裤与裙子。只有在商务交往中，才会穿深色的套装或裙装。但在公共场合，尤其是在参观王宫、佛寺时，穿背心、短裤和超短裙是被禁止的。在国外，正式餐厅，则不论男女应该着正式服装，有些高级场所，还有男士不打领带不得入内的规定，最好事先问清楚，以免被拒之门外。

真正做到尊重交往对象，首先就必须尊重对方所独有的风俗习惯。教师在前往其他国家或地区进行工作、学习、参观、访问、旅游的时候，尤其要对当地所特有的风俗习惯，加以认真地了解和尊重。做不到这一点，对于交往对象的尊重、友好和敬意，就好似敷衍了事，无从谈起。

（六）量力而行

现在的年轻教师为了突出个性、追求时尚，每个人在穿着方面都有自己的想法和风格，显得与众不同，特别是在服装的色彩和款式方面都想标新立异、别具一格。但是教师不是时装模特，也不是影视明星。教师的职业性质决定了教师在着装时不能过分新奇古怪，追求新潮。教师在着装时过分赶时髦，求新奇，一方面有招摇过市之嫌，给人以轻浮之感；另一方面由于教育对象涉世不深，辨别美丑能力较差，也会使他们陷入着装的审美误区。因此教师在选择服饰时要量力而行，一味地追求高档时髦甚至奢侈品牌与自身的职业形象也不符合。教师要更加重视服饰的品味，抓住美的真正内涵，体现教师的职业要求，展示教师的风采，从礼仪的角度来讲，得体的打扮本身也是一种礼仪。

三、教师服饰礼仪的禁忌

教师的着装体现了所处学校的形象和个人形象，要求着装要符合本国的道德传统和常规做法，忌穿过露、过透、过短和过紧的服装。身体部位的过分暴露，不但有失自己身份，而且也失敬于人，使他人感到多有不便。因此，每一位教师都必须对着装礼仪禁忌有所了解和掌握。否则，不分场合的乱穿衣，会给工作带来不必要的麻烦。

（一）忌脏

教师在着装时要做到衣服无异味、无异物、无异色、无异迹，若作为教师其衣服上汗臭扑鼻，或是遍布油垢、墨水，这都会留给学生不讲卫生、邋里邋遢的职业形象。这样的教师即使满腹经纶，也不是一个合格的师者形象。正如丹麦有句谚语："服装整洁，胜过言语奇巧。"所以作为教师，对于服装的清洁与否，一定要时刻留意，一旦发觉它弄脏了，就应当马上进行换洗。这是一位教师用以维护自我形象的自觉而主动的行为。此外，与之配套的内衣、衬衫和鞋袜也应定期进行换洗，最好能做到"一天一换"。

（二）忌破

衣服穿久了，会自然地产生"老化"，例如开线、磨毛、磨破等，发现衣服有了这些损坏可以采取一些必要的补救措施，如开线，纽扣丢失可以经过认真修补后继续穿着。但如果已有破洞经修补后痕迹明显者，则不宜再度在正式场合穿着。此外不能用贴胶布或别针等不规范的方式进行修补，教师固然要崇尚节俭，但也不能衣衫褴褛，破坏教学氛围。

（三）忌乱

教师在着装时要注意遵守规范，不能自行其是，随便乱穿。比如说，穿中山装不系领扣，穿西装不打领带，衬衫下摆不束起来，穿西裤挽起裤腿，穿衬衫敞胸露怀，穿裙子袜子口露在衣裙外，用白袜子配黑皮鞋，这些都不符合着装的整体和谐。

（四）忌透

教师在着装时不能选择面料太透的服饰，里面穿的内衣、内裤若隐若现，这是非常不雅观的。即使是对着装比较开放的西欧人也是笑透不笑露的，即认为在社交场合中穿露一些是可以接受的，但穿透了就是太欠文雅。尤其是女教师在选择质薄面料的衣服时，应配以同色的胸衣或衬裙，才能显得庄重得体，同时也符合教师自身的形象。

（五）忌露

教师在着装时要体现其综合素质，维护教师职业形象。尤其是夏天，一些女教师不太注重自己的身份，穿着颇为性感，这样反而会使这些女老师的能力和智慧被埋没，甚至会被看成轻浮。因此，再热的天气也要注意自身仪表的整洁大方，切记教师着装不能露出乳沟、肚脐、胸毛、腋毛、腿毛等。在公众场合，女教师不穿超短裙、超短裤、吊带衫，男教师不穿背心、短裤。

（六）忌皱

教师在着装时要保持衣服的外观完好，不能皱皱巴巴。为了防止服装产生褶皱，要采取一些必要的措施。例如，脱下来的制服应当挂好或叠好，切勿随手乱扔。洗涤后的衣服或加以熨烫，挂好。要在思想上认识到，再高档的衣服如果褶痕遍布也只会给人留下低档的感觉。

（七）忌怪

有的年轻教师喜欢追求个性、时尚，在选择服装时过分地赶时髦、求新求奇，比如衣服上印有怪异的、不文明的英文字母或图案；或者穿着过分随意散漫，例如，上身随便穿一件T恤或吊带衫，而下面配上一条泛白的破烂不堪的牛仔裤；还有过分可爱类的服装，如中年教师身着俏皮可爱的款式，容易给人以不稳重的感觉等，这些都与教师的职业特征不相符，而且还会使学生陷入着装的审美误区，对其产生不良影响。

正如美国心理学家彼得·罗福所说："一个人的服装并不只是表露他的情感，而且还显示着他的智慧。一个人的衣着习惯，往往透露出他的人生哲学和价值观。"伟大的莎士比亚则进一步强调："服装往往可以表现人格。"因此，一个人能否成功，关键在于他的心态，成功人士都有一种积极的心态。而仪表正是积极心态的外在表现，正式的、得体的、优雅的仪表能够增加人的自信以及乐观进取的心态。所以，教师在着装方面必须更具道德魅力、审美魅力、知识魅力以及行为规范的魅力，使服装在无形中为协调人际关系、提高工作效率、增加职位升迁机会等方面起到良好的作用。

第二节 女教师服饰礼仪

【案例导入】

我们喜欢的女教师

李雅涵和王舒菲初中是同班同学，上高中后两人进了不同的班级。某天下课后，两人在操场里聊天，说到了自己班上的英语老师，王舒菲说："我太喜欢Miss刘了，她每次上课都非常注意自己的服饰，当她出现时，我就觉得眼前一亮，非常有新鲜感，再加上她优雅的风度、脱俗的气质、优美的语言，我都觉得英语在她的口里已经不是一门语言，而是一门艺术了，所以我上课特别用心，甚至每天都盼望着能上英语课。我要努力学习，争取考上北外，成为一个像刘老师那样优雅的人。"

李雅涵说："我可没有你幸运，可以遇到这样的好老师，你上英语课是享受，我上英语课是难受。我们班的蒋老师每天都穿深色的衣服，再加上她很严肃，英语又是我的弱科，感觉一堂课在沉闷中开始，又在沉闷中结束。可惜我既不敢在沉闷中爆发，也不愿在沉闷中灭亡，只有寄希望于下学期换老师了。真怀念我们初中的英语老师呀。"

【案例评析】

教师为人师表，其言谈举止、衣着服饰都会对学生有潜移默化的影响，也会影响到教师在学生心目中的地位，熏陶学生在美的气氛中成长，他们希望自己美的同时周围也是美的，教师应该满足他们的要求。教师无时无刻不在向学生展现自己的美，以提高学生的审美趣味和审美能力。因此教师要使自己的教育、教学更富有感染力，提高教育、教学效果，就应该学会读解、掌握和运用好无声语言，就要注意自己的仪表、仪容、仪态。

一、女教师着装原则

女教师的服装比男教师更有个性特色，但是要注意自己的教师身份、榜样作用，因此女教师应掌握以下基本的着装原则，以便展示良好的个人形象。

（一）与课堂环境相协调

女教师的着装要考虑自己的工作场合是课堂，应随着具体的教学内容、教学环境的变化而变化。课堂教学时的衣着应该整洁而高雅，劳动、游乐时的着装应简便、轻盈。同样是课堂教学，不同学科的教师在着装上也应有差别。体育教师上外堂不可着西装、套裙，理化试验课教师需考虑便捷利落。语文课教师在讲到文学气息的诗篇时，可以穿着素雅的旗袍增添课堂的古色古韵；讲到基调悲痛的课文时不宜穿得花花绿绿，而以冷色调的服装为宜。

（二）考虑教学对象的心理

教师应一切以学生为中心。女教师在选择服装着装时也要考虑到所教学生的年龄、性格、知识、能力等因素。如幼儿园或小学低年级教师，要针对孩子们天真烂漫、活泼好动的特点，选择一些色泽鲜艳、明快的服饰，给他们以亲切、柔美的心理感受。而面对小学高年级或初高中学生时，女教师的服饰选择应偏向素雅、端庄，以培养学生成熟的衣着行为和逐渐成熟的思维方式，同时还能使学生受到思想情操方面的陶冶与启迪。大学生的世界观和审美观基本形成，他们已具备较好的审美能力，因而对大学教师的着装要求就以稳重、端庄、成熟为宜。

（三）体型决定款型

体型，即身材，每个人的体型都不一样，要真实坦诚地剖析自己的体型，世界上没有哪个女性的身材是完美无缺的，要想穿好衣服必须先了解自己的体型缺陷，做到扬长避短。了解自己体形的方法：穿紧身黑衣在全身镜前观察自己的体型，找出自己身材的优缺点，根据自己的体型来搭配服装的款型。

款型：指服装的外形与轮廓，服装大致可以分为以下几种款型。

（1）"A"型：上衣为紧身式，裙子为宽松式，此种上紧下松的造型既能体现着装者上半身的身材优势，又能适当的遮掩其下半身的身材劣势。不仅如此，它还在总体造型上显得松紧有致，富于变化和动感。适合上半身优势，下身胖或腿型不美（如"O"型、"S"型腿）的女教师。

（2）"Y"型：上衣为松身式，裙子多为紧身式，并且以筒式为主，它的基本造型，实际上就是上松下紧。这种款式看得出它意在遮掩着装者上半身的短处，同时表现出下半身的长处。此种造型往往令着装者看上去亭亭玉立、端庄大方。

（3）"H"型：上衣较为宽松，裙子多为筒式，上衣与下裙给人以直上直下，浑然一体之感，可以让着装者显得优雅，含蓄。

（4）"X"型：上衣多为紧身式，裙子大都是喇叭形，以上紧下松来突出腰部的纤细，突出胸、腰、臀。使着装者看上去婀娜多姿、楚楚动人。

> **小贴士**
>
> 人体各部位比例的"黄金分割"律系意大利著名画家、人体解剖学家达·芬奇提出，人体各部位之间的比例应合乎"黄金分割"律：人的头长应是全身高度的1/7，肩宽为身长的1/4，跪时身长减少1/4，卧时减少1/10，两腋的宽度与臀部的宽度相等，大腿正面的宽度应等于脸的宽度，两眼间的距离应等于一只眼的长度，耳朵的长度应等于鼻子的长度，乳峰应与肩胛骨在同一水平线上，等等。这些比例体现了人体美的自然规律。

（四）脸型决定领型

衣领处于衣服的最上端，是人们视线较集中的部位，所以脸型和领型的搭配非常重要。一般可以将脸型分为以下几种。

(1) "A"型，三角脸，圆脸，脸型偏短，可穿V型领，延伸脸型；不要穿高领，会使脸显得更短；不穿小圆领，会使脸显得更圆。

(2) "V"型，倒三角，脸型偏长，一字领可以使脸看上去没那么长，小圆领，加宽领可弥补脸颊消瘦的不足。不要穿低领，那会拉长你的脸。

(3) "E"型，国字脸，四方脸，圆型领可以使脸显得圆润一些，不要穿一字领，会使脸变得更大。

(4) "X"型，鹅蛋脸，瓜子脸，适合多种领型。

（五）肤色、体型决定颜色

我们知道服装给人的第一印象是色彩，有一句话叫做"选对了颜色，就穿对了一半"。人们穿衣服往往喜欢选择自己喜欢的颜色，但喜欢的颜色未必是适合自己的颜色，我们的肤色、发色、瞳孔色都是与生俱来的，衣服的颜色用得好可以使肤色看起来健康，气质美好。然而，不是任何一组色彩组合都是美的，只有恰当色彩组合才合乎礼仪规范，并创造出美。因此，可以说，服装色彩搭配是一门艺术，"没有不美丽的色彩，只有不美丽的搭配"。其美丽真谛在于和谐，即变化于统一之中。

东方人的肤色其实也是千差万别、各具特色的。细究起来，大致可分为偏白、偏红、偏黄、偏黑四大类。这有助于帮助判断皮肤颜色类型并"对号入座"，正确地选择颜色，以达到"和谐之美"。

目前流行的"四季色彩理论"，即将生活中常见的颜色按照其基调的不同划分为四大组，由于各组颜色的特征恰到好处与大自然的四季特征相吻合，故分别命名为"春""夏""秋""冬"。着装者可根据所属的类型选择合适的色彩。

(1) 肤色偏白（春季型人）适合的典型色彩：黄绿色、杏色、亮金色、浅棕色、浅蛙肉色（青蛙肉色）。

(2) 肤色偏红（夏季型人）适合的典型色彩：浅蓝色、蓝灰色、薰衣草紫、粉红色、浅正绿。

(3) 肤色偏黄（秋季型人）适合的典型色彩：橙色、金色、褐色、橄榄球绿、芥末黄、深棕色等。

（4）肤色偏黑（冬季型人）适合的典型色彩：银灰色、纯黑色、深紫红、海洋蓝、玫瑰粉色。

女教师在选择服装的颜色时，还要根据自己的身体条件做到扬长避短。一般来说，体型较胖的女教师应选择富于收缩感的深色、冷调，使人看起来显得苗条；体型细腻丰腴的女性，适合亮而暖的色调；体型偏瘦的女教师，服装颜色的选择应更富有膨胀、扩张感的淡色，沉稳的暖色调，使之产生放大感，显得丰满一些，不宜着清冷的蓝绿色调或高明度的暖色调。

同时，胖体和瘦体还可以利用衣料的花色条纹来调节。例如，横色条纹能使瘦体型横向舒展、延伸，变得稍丰满；竖色条纹能使胖体型直向上长，产生修长、苗条的感觉。臀部过大的体型，上装宜用明色调，下装用暗色调；腿短的人，上装的色彩和图案比下装华丽显眼一些，或者选择统一色调的套装，也可以增加腿的长度；匀称的体型则选择服装的自由度要大些，亮而暖的色彩显得俏丽多姿，暗而冷的色调则可显得冷峻迷人。

二、女教师西装套裙礼仪

西装套裙最早是由男式西装演变而来的，其上身为一件女式西装，下身为一条半截式裙子。它是由高档面料缝制而成的，上衣与裙子采用同一质地、同一色彩的素色面料。它在造型上讲究为着装者扬长避短，提倡量体裁衣、做工考究。它的上衣注重平整、挺括、贴身，较少使用饰物、花边进行点缀，裙子则以窄裙为主，并且裙长及膝或者过膝。西装套裙是深受女教师喜爱的服装之一，更是职业女性的最佳选择。女教师穿着西装套裙，不仅会使着装者显得精明、干练、洒脱和成熟，还能烘托出女教师所独具的韵味，显得优雅、文静、娇柔与妩媚。因此，西装套裙是体现女教师美的"最好道具"，是女教师上讲台以及出席正式场合的首选着装。

（一）西装套裙的选择

1. 面料

在面料上，套裙所选用的面料是纯天然质地的，除了薄花呢、人字呢、女士呢、华达呢、凡立丁、法兰绒等纯毛面料之外，高档的府绸、丝绸、亚麻、麻纱，以及一些化纤面料也在选择之列。在外观上，套裙所选用的面料讲究的是匀称、平整、滑润、光洁、丰厚、柔软、悬垂、挺括，所以套裙的面料不仅弹性、手感要好，而且要不起皱、不起毛、不起球。一般羊毛制成的套裙，四季皆宜，经久耐穿。在夏天，则可选择棉织品。选择亚麻材质的套裙时，要选择混有人造纤维，如聚酯纤维、人造丝或丙烯酸系纤维的，否则衣物很容易出褶子。对丝绸制成的套裙也要谨慎，因为其极容易起皱。检验一种面料是否抗皱的方法是用手攥住布料，然后松开，如果起褶子，要谨慎购买。虽说"女人的衣服永远是少一件的"，但是把一些质料、剪裁俱佳的服装搭配在一起，可能远胜于一大堆廉价材料拼凑而成的套装。

2. 色彩

在色彩方面，套裙的色彩选择应注意两个方面。一是力求色调淡雅、清晰、庄重，不宜选择过于鲜亮、刺眼的色彩。因此，应与"流行色"保持一定的距离，以示穿着者的传统与庄重。二是标准的西装套裙的色彩，应注意与穿着者所处场所的环境要协调，应能体现出穿着者的端庄与稳重。比如，藏青、炭黑、烟灰、雪青、茶褐、土黄、紫红等稍冷一些的色彩，往往都是女教师可予考虑的。

3. 造型

在套裙的造型（即款式）方面，西装套裙的造型与其他一般套裙不同，主要在于它的上衣为女式西装。随着时代的发展，其造型也在不断变化，其变化主要集中在长短和宽窄两个方面。套裙之中上衣衣领的款式分为：平驳领、枪驳领、一字领、圆状领、"V"字领、"U"字领、青果领、披肩领、燕翼领、蟹钳领、缎带领等领型。同时，上衣衣扣也讲究款式，有无扣式的、单排式、双排式、明扣式、暗扣式。而套裙的裙子的款式也较多，有西装裙、一步裙、筒式裙、折裥裙等，此类裙子款式端庄、线条优美，此外还有百褶裙、旗袍裙、开衩裙、"A"字裙、喇叭裙等，此类裙子则飘逸洒脱、高雅漂亮。西装套裙的造型采用四种形式，即上长下长、上短下短、上长下短、上短下长。并根据身材和体型，对上衣选用紧身式或松身式，配以宽窄适度的裙子，展现着装者的风姿。体型苗条或过瘦者，则应以紧身式上衣与喇叭裙搭配以显示其女性的线条美；肥胖者则可选择宽松式上衣与筒裙搭配，使其显得优雅和帅气。

4. 图案

在套裙图案上，力求简洁。正式的套裙一般不带任何图案，也可根据个人喜好选择格子、圆点等图案，但花卉、人物、符号、动物、单位名称和商标等不宜出现在套裙上。这些图案一方面与教师的职业特点不相符合，另一方面也会分散学生上课的注意力。一般情况下，套裙上不宜有过多的点缀，如花边、彩条、亮片、珍珠、皮革等，这些点缀过多会使着装者失之稳重。适当的用装饰扣、蕾丝等可以增加衣服的变化性。关键是这些装饰宜少不宜多，宜精不宜糙，宜简不宜繁。

5. 尺寸

套裙尺寸上，大小适度，上衣应略长一些，不可在穿职业装时露出肚子。袖长以盖住着装者的手腕为好，衣袖如果过长，甚至在垂手而立时挡住着装者的大半个手掌，会使着装者显得很矮小。而衣袖过短将手腕完全暴露，又会显得过于随意，禁穿无袖上衣。筒裙应合体，如过于肥大会使着装者显得没有精神，过小的紧身裙不适合在工作场合穿。虽然超短的筒裙已经逐渐被大家所接受，但是出于自尊自爱与职业道德等方面的缘故，女教师仍需注意筒裙中的超短并不是越短越好，越"迷你"，过多地裸露自己的大腿无论如何都是不文明的。筒裙最短不能超过膝盖以上15厘米，最长以小腿肚子最丰满处为最适宜。

6. 搭配

（1）套裙与衬衫的搭配。女教师在选择搭配套裙的衬衫时，也有颇多讲究。面料上，主要选择轻薄而柔软的面料，以真丝、麻纱、府绸、罗布、花瑶、涤棉等为主。色彩上，除了作为"基本型"的白色之外，也可其他的色彩，包括流行色在内，只要不是过于鲜艳，结合套裙的色彩搭配原则选择与套裙颜色互相般配的颜色。款式上，女式衬衫的款式甚多，其变化多体现在领型、袖管、门襟、轮廓、点缀等方面。为了搭配方便，与外套搭配时最好应遵循"外浅内深"或"外深内浅"的原则。

女教师穿衬衫时的注意事项：一是衬衫的下摆必须掖入裙腰之内；二是衬衫的纽扣要一一系好，特别注意胸前纽扣一定系牢固，避免松开；三是又薄又透的衬衫在公共场合不宜直接外穿。

（2）套裙内的衬裙搭配。衬裙，特指穿在裙子之内的裙子。选择衬裙时，可以考虑各种面料，但是以透气、吸湿、单薄、柔软者为佳。衬裙的色彩，宜为单色，如黑色、灰色、白色和肉色等。在一般情况下，衬裙上不宜出现任何图案，并有意识地注意应使衬裙的色彩与同时所穿的套裙的色彩相互般配。从款式方面来看，衬裙亦须与套裙相配套。

穿衬裙的注意事项：一是衬裙的裙腰切不可高于套裙的裙腰，从而暴露在外；二是应将衬衫下摆掖入衬裙裙腰与套裙的裙腰二者之间，切不可将其掖入衬裙裙腰之内。

（3）套裙与内衣的搭配。一套内衣往往由胸罩、内裤以及腹带、吊带、连体内衣等构成。它应当柔软贴身，并且起着支撑和烘托女性线条的作用。内衣所用的面料，以纯棉、真丝等面料为佳。它的色彩可以是常规的白色、肉色、也可以是粉色、红色、紫色、棕色、蓝色、黑色。不过，一套内衣最好同为一色，而且其各个组成部分亦为单色。就图案而论，着装者完全可以根据个人爱好加以选择。内衣的具体款式甚多。在进行选择之时，特别应当注意的是，穿上内衣以后，不应当使它的轮廓一目了然地在套裙之外展现出来。不然，就很有可能使自己为他人所藐视。

内衣穿着的注意事项：一是内衣一定要穿；二是内衣不准外穿；三是内衣不准外露；四是内衣不准外透。

（4）套裙与鞋袜的搭配。搭配套裙的鞋子以高跟或中跟的船鞋为首选，鞋跟在3～5厘米为佳，也可选用盖式皮鞋。但系带式皮鞋、丁字式皮鞋、皮靴、凉鞋等不宜采用。鞋子的颜色以黑色最为适宜，此外也可选择与套裙色彩一致的皮鞋或与手提包色彩一致的皮鞋。鞋子应当完好无损，不能穿开线、裂缝、掉漆、残破的鞋子，而一双精心擦拭过的鞋子体现了细节的完美。

在任何场合穿裙装均应搭配长筒丝袜或连裤袜。袜子颜色以肉色、黑色为宜。腿细的女教师可选择穿浅色丝袜，腿粗的女教师应穿深色丝袜，以产生修长之感。有洞、挑丝的袜子均应立即更换，紧急情况下可用透明的指甲油对破损处进行黏合，但最好能随身携带一双作为备用。女教师穿袜子时要注意：一定要大小相宜，不要出现走路时往下掉的情况；穿袜子时，不可将袜口暴露于裙摆或裤脚之外，所以中筒袜、低筒袜不宜搭配套裙（图3-1）。

图 3-1　女教师套裙的穿着

（二）女教师穿套裙时需注意的问题及禁忌

女教师在正式场合要想显得衣着不俗，不仅要注意选择一些符合常规要求的套裙，更要注意的是，套裙的穿着一定要得法。也就是说，在穿着套裙时，套裙的具体穿着与搭配的方法多有讲究，比男教师服饰复杂，完全是一个复杂的系统的工程。因此希望女教师在穿着套裙时注意以下五个方面。

（1）大小适度。通常认为套裙中的上衣最短可以齐腰，而其中的裙子最长则可达到小腿中部。特别应注意，上衣的袖长以恰恰盖住着装者的手腕为好。还要注意，上衣或裙子不可过于肥大或包身，肥大乃显得萎靡不振，过于包身的套裙则往往令着装者"引火烧身"，惹来麻烦。

（2）穿着到位。特别需要指出是女老师在正式场合露面之前，一定要抽出一点儿时间仔细地检查一下自己所穿的衣裙的纽扣是否系好，拉锁是否拉好。在大庭广众之下，如果上衣的衣扣系得有所遗漏或者裙子的拉锁忘记拉上，稍稍滑开一些，都会令着装者一时无地自容。

（3）考虑场合。女教师尽管与套裙非常般配，但是并不意味着不论干什么事情都可以以套裙应付下来。与任何服装一样，套裙自有适用的特定场合。在不同场合，也要注意套裙的选择，如在喜庆的场合，不宜穿着黑色或深色套裙，适宜穿颜色鲜艳明亮的套裙；在悲伤的场合，如追悼会等，则应穿着深色套裙或白色的套裙，花色素雅，不宜穿着颜色过分鲜艳的套裙；女教师在教学岗位特别是涉外场合中不宜穿黑色皮裙。此外要注意裙子，鞋子和袜子的整体协调性搭配，重要场合不光腿，不宜三截腿。

（4）协调妆饰。高层次的穿着打扮、讲究的是着装，化妆与配饰风格统一、相辅相成。因此，在穿着套裙时，女教师必须具有全局意识，注重妆饰、着装、配饰的整体协调。

（5）兼顾举止。虽说套裙最能体现女性的柔美曲线，但是假如着装者举止不雅，对个人的仪态毫无要求，甚至听任自己肆意而为，则依然不会将套裙自身的美感表现出来。穿上套裙之后，女教师站姿应该庄重而典雅，不可双腿分开，站得东倒西歪。就座以后，务必注意姿态，以免失态。

三、女教师旗袍礼仪

旗袍，20世纪以来特指民国款式的女式时装款式。流行的群体也早已不限旗人。在民国年代成为国内都市上中层女性普遍穿着的时装。旗袍起源于旗人（即现在所称的满族）的传统民族服装。

20世纪上半叶，旗袍经过大幅度改进后由中华民国政府于1929年4月确定为国家礼服之一。旗袍现在常被视为代表中国文化精髓、反映中国传统女性美、体现中国元素的传统女性服饰，同时也被誉为近代中国女性时装的代表。以其流动的旋律、潇洒的画意与浓郁的诗情，表现出近代中国女性的贤淑、典雅、性感、清丽。

旗袍，满语称"衣介"。分为单、夹、皮、棉四种，这种"衣皆连裳"（古代上为衣，下为裳）与汉族的上衣下裳的两截衣裳有明显区别。它是满族男人喜着的服饰，也叫大衫、长袍。满族男子穿的旗袍，其样式和结构都比较简单，原为满族骑射时穿用的圆领（无领后习惯加一假领）、大襟、窄袖、四面开裾、左衽、带扣绊、束带，适于骑马射猎。满族妇女穿的旗袍，样式美观大方，讲究装饰，领口、袖头、衣襟都绣有不同颜色的花边，有的多至十几道，穿起来匀称苗条，婀娜多姿。20世纪20年代被看作是旗袍流行的起点，30年代到了顶峰状态，很快从发源地上海风靡至全国各地。当时上海是上流名媛的福地，他们热衷于游泳、打高尔夫、骑马，奢华的社交活动和追赶时髦，注定了旗袍的流行。由于上海一直是崇尚海派的西式生活方式，以致后来出现了"改良旗袍"，从遮掩身体的曲线到显现玲珑突兀的女性曲线美的服装，用最中国的布料，丝绸、锦缎做成最中国的服装——旗袍，穿在发髻高挽身段窈窕的中国女性身上，尽显东方审美观与东方的神韵。

女教师在上到文艺课程或具有古风韵味的课程时，可选取旗袍作为渲染课堂气氛的最宜服饰。对于中国女士来说，剪裁得体、做工精细的旗袍也能被视为礼服，可以在任何正式场合穿着。

（一）旗袍的分类

旗袍的样式很多，开襟有如意襟、琵琶襟、斜襟、双襟；领有高领、低领、无领；袖有袖长、袖短、无袖。开裾有高开裾、低开裾；还有长旗袍、短旗袍、夹旗袍、单旗袍等。旗袍款式的变化主要是袖式、襟形的变化。袖形的款式主要有：宽袖形、窄袖形、长袖、中袖、短袖或无袖。襟形的款式主要有：圆襟、直襟、方襟、琵琶襟等。圆襟旗袍礼服：襟处线条圆顺流畅。直襟旗袍礼服：身材丰满、圆脸形的女性适合这一款式，可使身材显得修长。方襟旗袍礼服：将襟部进行了大胆的改革，适合不同脸形穿着。还有琵琶襟旗袍礼服、双圆襟旗袍、双开襟旗袍等款式。

（二）旗袍的材质、色彩、图案

制作旗袍的有布料、丝绸、锦缎等，目前又有真丝双绉、绢纺、电力纺、杭罗等真丝织品。清代满人旗袍以蓝、黑二色为主，但读书人却有相当一部分人穿白、红、紫色的。至于黄色，因是皇家独尊之色，民众是忌用的。清代满族妇女的旗袍色彩鲜艳复杂、对比度高，在领口、袖口和袯襟上加上几道鲜艳花边或彩色牙子，且认为越多越美。旗袍图案繁多，以花、鸟、兽为主。清代旗袍纹样多以写生手法为主，龙狮麒麟百兽、凤凰仙鹤百鸟、梅兰竹菊百花以及八宝、八仙、福禄寿喜等都是常用题材；现代常见的旗袍图案为中国水墨画手法描绘的花卉图案设计。女教师选择的旗袍色彩应以淡雅为主、图案以刺绣花朵为宜，且图案不宜过于繁琐复杂。

（三）旗袍的选料

旗袍选料是很广泛的。日常女教师一般穿着的旗袍，夏季可选择纯棉印花细布、印花府绸、色织府绸、什色府绸、各种麻纱、印花横贡缎、提花布等薄型织品，该织品质地柔软、轻盈不粘身、舒适透凉。春秋季可选择化纤或混纺织品，旗袍面料应选各种缎和丝绒类，如织锦缎、古香缎、金玉缎、绉缎、乔其立绒、金丝绒等，这些高级面料制作的旗袍能充分体现东方女性形体美，点线突出，风韵而柔媚，华贵而高雅，如果在胸、领、襟稍加点缀装饰，更为光彩夺目。

（四）旗袍的规格

女教师在选择旗袍时，最好量体裁衣。市场上成衣旗袍的规格是按大众化的身材体型量制的。由于每个人身材都有自己的特殊性，而旗袍又是趋于紧身、饱和性强的服装，尺寸规格则是选购旗袍的重要指标。所以，购买旗袍必须准确地测量出自己的三围，即胸围、腰围、臀围，并与旗袍三围相适或略有余；然后，在更衣室试穿观其三围是否贴切舒适；最后还要看领子、衣身、袖子的长短与肥瘦等。旗袍尺寸大小的选购不同于连衣裙等服装，要求十分严格，否则将会失去其风格和独到之处。

（五）旗袍的穿着

作为礼服的旗袍，最好是单一的颜色，一般常在绸缎面料上刺绣或饰物。面料以典雅华丽、柔美挺括的织锦缎、古香缎和金丝绒为佳。为了体现女性的端庄，旗袍的长度最好是长至脚面，开衩的高度，应在膝盖以上，大腿中部以下。穿无袖式旗袍，不要暴露其内衣，冬天可配以披肩，但不适合戴手套。着旗袍可配穿高跟鞋或半高跟鞋，或配穿面料高级、制作考究的布鞋，或绣花鞋。

虽然旗袍是我国女性的礼服，但这类服装人们平时极少穿用，使得人们不禁在为中华古国的传统女装旗袍大声疾呼。我国妇女在国外，常常穿着我国的旗袍去参加正式的社交活动。旗袍这种民族服装，得到许多外国人的赞赏。据说，旗袍曾一度对西方女服的剪裁产生过影响（图3-2）。

图 3-2 旗袍的规格与穿着

（六）旗袍的整理

现在大部分女性所穿着的旗袍大都为织锦缎的面料，而这类锦缎都是不宜水洗的，所以穿着时应非常小心，尤其是注意不要沾染上油渍、可乐和口红，因为这类物质最难清洗，就算是送去干洗店也未必能完全清除。旗袍不要连续穿着好几天，要留意尖锐的物件，以避免旗袍钩洞与抽丝。穿时不要将袖子高高卷起。

1. 旗袍的洗烫

如果新穿的旗袍不小心被弄脏了，可以用块微湿的布铺在脏处用熨斗熨烫一下，这样一些灰尘就会附着在布上，既清洁了旗袍，又起到了整烫的作用。

2. 旗袍的收藏

旗袍如果不穿了要用宽衣架（宽宽的那种）把旗袍挂起来，注意肩部要撑妥当。在挂进衣橱前，还要记得放上防蛀用品。

3. 穿着丝绸衣服的注意事项

丝绸衣服要勤换勤洗，脱下后切勿搁置。穿着丝绸衣服时不要贴身，避免过多的汗液侵蚀衣服，使衣服变色、变质、破损。穿着丝绸服装也不要在席子、藤椅、木板等粗糙物上睡觉，以免造成不必要的破损和并丝。另外，收藏丝绸服装时，应放在樟木箱内，以防蛀虫。

四、女教师便装礼仪

便装指平常穿的服装，使用范围广泛，根据不同的用途和环境，便装又分为很多种。便装比正装随便得多，例如，上街购物、看影剧、会见朋友等都可以穿着。它很大程度上受流行趋势影响，是时装的重要组成部分。每个人可根据自己的爱好及自身的客观条件去选择各种式样，但穿着时一定要注意到它是否符合将要去的环境与氛围。女教师便装一般包括了裙装、裤装、大衣外套等。在选择时应注意以下几点。

（一）连衣裙或半截裙

连衣裙、半截裙可以单独穿着或搭配上衣一起穿。连衣裙以单色为宜，如铁锈色、米色和蓝色等，丝质的连衣裙具有柔和高雅之感，最能衬托出女教师典雅庄重的气质。灰色细条连衣裙可以产生极强的职业感，印有抽象图案的印花连衣裙在社交场所极其抢眼，斜纹粗布连衣裙则适合于休闲度假等。无袖连衣裙和吊带连衣裙、超短连衣裙、低胸连衣裙、露背连衣裙均不应出现在女教师工作岗位中。

通常选择半截裙时，女教师应利用裙子能充分修饰美化女性身材的优势，用以弥补身材的不足。例如，上身较长双腿较短的女性，可选择高腰半裙和短小上衣，或选在腰间扎一条较宽的深色腰带，以掩盖腿部粗短的缺点。对中年女教师而言，穿裙装比穿裤装更能显出女性的风韵。西装裙、有褶或无褶的直筒裙很适合中年女教师。着半身裙时，上衣的搭配也显得尤为重要。衣裙色调呈反差对比则显得活泼；短裙配长外套也是近几年的流行时装，比正统的西服套裙显得更为潇洒；羊毛衫配裙装则能突显中年女教师的典雅气质。

（二）裤子

裤子在面料上应选择质料考究的毛料或华达呢长裤，在色彩上以深色、纯色为宜，以便于与上衣相搭配。打褶长裤的造型比较宽裕，穿后不会显露大腿和小腹的曲线，因此它与无褶长裤相比更正式些，牛仔裤具有穿着方便、体现朝气的特性，且穿着不受年龄的限制，老少皆宜，是女教师在休闲运动场合的必备衣着，其他如裙裤、七分裤和九分裤都可以成为一般场合和休闲场合女教师的装束，它们可以丰富女教师的个性色彩。但是紧身牛仔裤、超短裤、低腰裤均不应出现在工作场所。

（三）运动针织衫

运动针织衫有不宜起皱，轻便保暖的优点，是轻松悠闲系列的服饰。针织衫又可分为套头式和开襟式两种，套头式不适合颈短脸胖的女教师，开襟式可以拉长人的脸形，洗涤时注意不要使其变形，过于紧身的针织衫，图案奇特，颜色过于艳丽的针织衫以及变形的针织衫不应出现工作场所（图3-3）。

图3-3 运动装的穿着

（四）衬衫

衬衫从面料上讲，主要有真丝、麻纱、罗布、府绸、涤棉等，从色彩上讲，除了百搭的白色以外，常用的颜色有米色、褐色、蓝色、黑色、浅灰色，为了搭配方便最好选用单色。同时与外套搭配时应遵循"外浅内深"或"外深内浅"的原则。最好选择没有任何图案的衬衫，此外也可选择有条纹、方格、暗花、碎花的衬衣。衬衣与外套搭配时可以都是无图案的，也可以"外繁内简"或者"外简内繁"。女教师要选择款式简单的衬衫，最好不要带有花边或饰带的，穿衬衫时除靠领口的第一粒纽扣允许松开外，其他纽扣都要一一系好。在工作场合，又薄又透的衫衣不宜直接外穿。

（五）大衣

在穿着大衣时要考虑到与里面服装的搭配性，所以百搭的黑、白、红三色为首选，面料以毛料为佳。大衣下露出5厘米左右的裙边，是良好的平衡关键，与大衣相配的下装以简洁为原则。穿深V领大衣要配色调对比强烈的内装，这样可使V型部分更清爽大方。紧扣大衣前襟时，要保持腿部的简洁素净。敞穿大衣时，内装束腰带是重要原则。色调别致的围巾是装扮大衣的重要小道具，领口紧闭时可用下垂系法，领口敞开时又可松松塞入领内。

五、女教师佩饰礼仪

饰物是在整体服装中发挥装饰作用的配件。饰物的选择、搭配与使用往往能体现女教师对细节的重视程度和修养。佩饰搭配得当可以成为整体装扮中画龙点睛的一笔，使女教师看上去形象气质更好，增添个人魅力。俗话说得好："女教师的服装，不是穿出来，是搭配出来的。比起男教师来说更加丰富，新颖别致。"她们不仅要借服饰来显示自己美好的体态，还要以此来表现自己的修养和风格。如果胡乱佩戴，则可能会打破着装的和谐，反而成了画蛇添足。

由于女教师的工作性质，决定了她们在选择佩饰时应以方便工作为第一优先原则。佩戴饰品并不是越贵越华美越多越好，而是应简洁明快，方便工作，仅仅起到点缀的作用。如果教师佩戴的饰品在办公室工作或是在讲台上讲课时，发出了声音或显得牵绊，则会大大影响工作效率，分散学生注意力。此外，佩戴饰品要注意与服饰搭配，注意色彩、形状等。首饰并不是戴的越多越好，也不是越贵越好，关键是要运用到位，戴出它与众不同的魅力，这才是戴佩饰的真正用意。正确搭配一件好的佩饰，才可以产生出化腐朽为神奇的美化效果。

（一）女教师首饰的佩戴原则

（1）数量规则：以少为佳，可少到为零，要戴全身饰物也不超过三件，仅起到点缀作用。

（2）惯例规则：通行做法，懂得寓意，并表明婚恋的现状。

（3）色彩规则：色彩力求做到同色系。

(4) 质地规则：质地上力求做到质地相同。
(5) 身份规则：符合女教师身份，显优藏拙。
(6) 体型规则：首饰与自己体形相配，突出个性，不盲目模仿，扬长避短。
(7) 季节规则：佩戴饰物要与季节吻合。
(8) 搭配规则：妆饰、着装、配饰的整体协调。
(9) 习俗规则：戴首饰时要了解并尊重不同民族地域间的文化习俗，避免尴尬。

（二）戒指的佩戴

戴戒指的习俗可以追溯到古代埃及。中国早在汉初，宫廷里就盛行戴指环。将戒指作为男女婚姻的信物在中国则开始于南北朝时期。此外，戒指不仅作为一种信物，也是一种装饰品。结婚戒指最初并不镶嵌钻石、翡翠以及蓝宝石等饰物，圆形象征着由婚姻联袂在一起的两个人的团圆。在一些民族中戒指象征着一种魔力，保佑夫妇幸福长寿，同时，还表示施予者对接受者的信任以及接受者对施予者的忠诚。

不同的戒指戴法也有不同的讲究，例如戒指按照惯例戴在食指上，表示目前未婚并在寻求意中人；戒指戴在中指上，表示已经订婚；戒指戴在无名指上，表示已婚；戒指戴在小指上，表示想要独身。因此戒指不能乱戴，否则容易引起误会。女教师一般只戴一枚戒指。若女老师要戴薄纱手套则戒指戴在手套里，只有新娘才可以把戒指戴在薄纱手套外面。

此外，戒指要与指形相配。女教师的指形一般可分为四种形态，即修长形、丰满形、肥短形、纤秀形。修长形手指宜佩戴宽阔的指环、单粒宝石或粗线款式，如方戒、榄戒及钻戒；丰满形手指宜选择圆形、梨形和心形的戒指，且应注意戒指的分量要相对加重，否则会使手掌显得更大；肥短形手指宜戴细小的指环或梨形、椭圆形的单粒宝石的戒指，可使肥短的手指显得修长；纤秀形手指则适合佩戴任何类型的戒指。男教师按其指形选戴戒指的要求，则与女教师有所不同，手指短粗肥胖者，宜戴花纹、榄尖、V型等款式戒指；手指修长者宜戴造型较为饱满的戒指，如方戒、宝石戒等。

（三）项链

项链也是深受女教师青睐的主要饰品之一，其种类很多，但根据质地基本上可分为两大系列，一种是以金银等贵重金属制成的金属项链系列，一种是以钻石、玛瑙、水晶、珍珠等为材料制成的珠宝项链系列。项链的粗细，应与脖子的粗细成为正比。从长度上区分，项链可分为四种。①短项链。它约长40厘米，适合搭配低领上装。②中长项链。它约长50厘米，可广泛使用。③长项链。它约长60厘米，适合女士使用社交场合。④特长项链。它约长70厘米，适合女士用于隆重的社交场合佩戴。

选配项链，应注意以下几个方面。①选戴项链应根据自己的年龄，年轻女教师宜佩戴细形、花色丰富的项链；中年女教师宜佩戴粗形、传统设计的项链；年龄较大的女教师宜佩戴金银项链系列中的马鞭链。②应根据自己的脸形，脖子长的人宜佩戴颗粒大的短项链或佩戴方丝链，不宜戴过长的项链；脖子短的人选择项链的尺寸应大些，宜佩戴颗粒小而长的项链，不宜戴多层或短而宽的项链；圆脸又短小的女性，最好戴细长而有坠子的项链。③选戴项链应与服装的色彩、款式、质地相协调，一般而言，衣着较薄时，则以金银项链为佳，穿单色或素色服装，宜戴色泽鲜艳的项链，穿着低领口衣服宜选用短项链；穿着套装或连衣裙宜选用长项链，穿着衣服的衣领较高时，项链的尺寸不宜过长，否则挂件不易露出，穿高领羊毛衫、绒线衫时项链应戴在衣服外面。④项链佩戴应根据场合选择，在正式、隆重场合，女教师身着礼服，宜选金银、钻石的特长项链，可以增添华贵高雅的气质，休闲或旅游场合，宜选择仿金、贝壳、陶制等项链，可更显年轻活泼，上班时则应选择一条体积不大的金或银项链，以免给学生造成一种招摇的感觉，在音乐会场合，宜选择长项链；舞会场合宜选择精巧细致、发光发亮的项链。

（四）耳环

恰如其分的耳环配饰也可以让着装者更增风采，但选择耳环时要注意圆柱形、心形、椭圆形均适合身材娇小的女性佩戴，大环形的耳环较适合身材高大的女教师。但女教师在工作时间要慎选耳环，最好不要佩戴，特别是带有长坠的耳环和形状夸张奇异的耳环是不允许在工作场合出现的。

（1）耳环的大小不一，色泽也是五颜六色。选择耳环首先应当考虑自己的脸型。圆形脸的女教师宜佩戴长方形、叶形、"之"字形等各种款式的长耳环及有坠耳环；瓜子脸适合戴各种造型的耳环，尤以扇形耳环更显秀丽妩媚；方脸形的女教师应选择精致细巧、造型柔和的中小型耳环，宜戴富有卷曲线条或圆形、纽扣形、螺丝形耳环，使脸形更有曲线之美。三角形脸的女教师宜佩戴星点状的贴耳式耳环，这样可使头部的发型更加生动，使下颚宽度不太明显。

（2）耳环的佩戴必须同整体服饰协调一致。服装色调鲜艳的，选配耳环应色泽淡雅或同色调，以映衬服装的色彩，如身穿暖色调的米黄或浅棕色衣服，宜佩戴黄色、牙白的耳环；身穿冷色调，如蓝、白、灰等服装，宜戴银、白金耳环。

（3）与所处场合相协调，在各种比较正规的社交场合，如参加宴会、婚礼、庆典仪式的，应尽量选用高档的耳环，如钻石、翡翠、宝石镶嵌的耳环，宝石色彩要鲜艳一些，以增加喜庆气氛。

（五）胸针

胸针有大有小，形状各异。大的胸针，多镶珠宝，而且图案精致、复杂；小胸针，一般以单一的材料制成，色彩简洁、图案简单。

胸针佩戴的位置，可视自己意欲突出的重点而定。一般多佩戴于左胸上方，以强调自己胸部线条的优美。穿套裙时，将其别在衣领处，可在庄重之中平添一分妩媚。

佩戴胸针比较强调场合，在一些正式场合，如参加舞会、宴会、音乐会等戴上一枚精致的胸针，既能造成视线上移，现出身材高挑，还能衬托出美丽的面庞，显得雍容华贵。须注意的是，佩戴胸针时，既不能和胸花、徽章等同时佩戴，也不能和项链，尤其是与带坠式项链同时佩戴，否则只会分散他人的注意力，影响整体装扮效果。

（六）腕饰

不提倡女教师戴腕饰，戴腕饰在讲课或板书时会分散学生的注意力。若私下在正式的社交场合，则可以选择合适的腕饰作为点缀。腕饰有手镯、手链、手表等。对于女教师而言，一款质地精雅，品质上乘的腕表是最佳选择，它同时兼具了实用功能和装饰功能。一般而言戴手表就不戴手镯或手链了，女教师在工作场所通常是不戴手镯的。如穿西式套裙不能佩戴木质的、石头的、绳编的及塑料制成的手镯或手链。标榜前卫、张扬个性的鼻环、脐环、脚戒指等不适合女教师佩戴。同时佩戴首饰应遵循同质、同色、同风格的"三同原则"。手镯的佩戴方法是：如果只戴一个，通常应该戴在左手上；如果是两个，应该分别戴在左右手上；如果是戴三个或三个以上手镯（比较少见），则应该全部戴在右手上，切不可分别戴在两只手上。

（七）头饰

头饰主要是指装饰头部、发部的小饰物，如头花、发箍、发卡、插梳和簪子等。头饰大多由布、塑料、木制、金属等一般原材料制成。贵重的头饰价格较为昂贵，一般有玉石、宝石等。

运用得当可以让女教师增添风采，让人耳目一新；但运用不当，也会带来画蛇添足的感觉。头饰的选择要考虑到发型、发色、整体服饰的协调性，也要与整体服饰的色彩、风格协调，与佩戴者的年龄、气质相符合。当女教师衣着素雅时，可选择精致、与头发颜色相近的头饰。当女教师着装颜色较多时，则不宜再佩戴头饰，以免画蛇添足。

（八）丝巾

丝巾可谓最富于变化的女性佩饰。不同质地、颜色、款式的丝巾，采用不同的系法，与不同的服装搭配，能产生不同的整体效果，为女教师端庄典雅的形象增添一份甜美与温柔。

（九）公文包与手提包

对女教师而言，教学工作期间多使用公文包。一款做工精良的黑色皮质公文包无疑是一个百搭包。此外女教师在选择包时应注意其实用性，要有足够的空间放下教材、备课本等教学用品，要注意常用物品应分类摆放井然有序，又不能把东西放得过多，破坏了包的款型。

手提包是女教师社交场合、日常生活时使用的重要饰物。精美的手提包使人赏心悦目，可以在动态中显示出独特的魅力，自古以来就受到高雅女性的青睐。手提包的面料很多，有金属、漆皮、塑料、串珠、刺绣、布制品等。其款式应是可以拿在手中的小皮包型或手提型。女教师选择日常手提包的原则是：看起来大小适中但容积率一定要大。因为，化妆包、钱包、工作笔记、手机、名片夹、钥匙，甚至雨伞、丝袜、纸巾等都是需要一股脑儿装进去。此外，主张选择精良材质的与做工、经典耐用的款式。包的搭配应考虑到服装的整体和谐性，质地上，女教师多选择皮质；颜色上，大多选择单色，对于杂色、花色、多色、艳色的皮具应慎重选用；包的形状多为长方形、正方形、半圆形、椭圆形等较规范的几何图案（图3-4）。

图 3-4　公文包与手提包

六、女教师服饰色彩搭配原则

服装给人的第一印象是色彩。人们经常根据配色的优劣来决定对服装的取舍，来评价穿着者的文化艺术修养。所以服装配色，是衣着美的重要一环，也是讲究服饰礼仪的必备话题。服装色彩搭配得当，可使人显得端庄优雅、风姿卓越。搭配不当，则使人显得不伦不类、俗不可耐。要巧妙地利用服装色彩神奇的魔力，得体地打扮自己，就要掌握服装配色的一般原则，具体分为以下 6 个方面。

1. 含色搭配

含色搭配是一种最简单易行的配色方法，全身某种色彩为主，把同一个色相、明度接近的色彩搭配起来（如深红与浅红；深绿与浅绿；深灰与浅灰等）。这样搭配的上下衣可以产生一种和谐、自然的色彩美。

2. 近色搭配

把色谱上相近的色彩搭配起来，易收到调和的效果。如粉与紫、橙与黄、蓝与绿等色的配合。这样搭配时，两个颜色的明度与纯度最好错开。例如，用深一点的蓝和浅一点的绿相配或中橙和浅蓝相配，都能显出调和中的变化，起到一定对比作用。

3. 反差搭配

在配色时运用冷暖、深浅、明暗两种特性相反的色彩进行组合的方法，它可以使着装在色彩上反差强烈，静中有动，突出个性，此法适用于各种场合，也是目前常用的手法。

4. 呼应搭配

呼应搭配即配色时在配饰与服装，或某些相关的部位刻意采用同一种色彩，以便其遥相呼应产生协调美感。比如，女士配饰与服装，手提包色彩与鞋色彩，化妆口红与指夹油。

5. 点缀搭配

点缀搭配即在采用统一配色时，为了有所变化，而在某些小范围里，选用某种不同色彩加以点缀美化，此法若运用得当，会有很好的效果，这种方法主要选用工作场合的配色。

6. 时尚搭配

时尚搭配法即在配色时酌情选用当时正在流行的某种色彩。它多用于普遍性社交场合与休闲场合的搭配，女教师在教学工作时不宜采取此搭配方法。

总之，不同的色彩搭配能产生不同的效果，只要运用得当，就能使着装更好地体现自己的仪表美。如黄色与紫色、青绿色与红色等两种相隔较远颜色的服装相配，能给人以惊艳的感觉。浅绿色与墨绿色、天蓝色与青色、咖啡色与米色、浅红色与深红色等两种深浅、明暗不同的服装相配，会使着装显得柔和文雅。紫色与红色、橙黄色与黄色、红色与橙色、草绿色与黄色等两种接近颜色的服装相配，也会产生柔和感，使女教师着装更显女人味。绿色与红色、青色与橙色等两种相对颜色的服装相配，能形成鲜明的对比，收到特别的效果。

第三节　男教师服饰礼仪

【案例导入】

我国元朝，有一个名叫胡石塘的文人进京赶考。此人满腹经纶、才超群儒，但有一个最大的缺点就是不修边幅，经常衣冠不整，别人提醒他，他也满不在乎。在元世祖忽必烈召见他时，他所戴的帽子还像平常一样歪斜着。元世祖就问他都学了些什么？胡生答道："修身、治国、平天下之学。"元世祖笑着说："自己的一顶帽子都戴不端正，还能平天下吗？"胡生汗颜，从此回家教书，第一课即教学生注重仪容仪表："衣贵洁，不贵华，冠必正，纽必结。袜必履。俱紧切。"

【案例评析】

一直以来，人们对不修边幅，不重仪表的男人仍被宽容地视为"做大事不拘小节"，但作为教书育人的男教师应衣着得体，落落大方，为学生做好表率，体现教师特定职业所要求的为人师表的风范气质。教师教书育人的过程，不仅仅是单纯地传授知识、培养能力，教师适当的形象设计，也同样重要。因此，教师不应该把穿着打扮仅看成是个人的事，而应与其事业联系在一起。

一、男教师西装礼仪

西装，又称西服、洋服。它起源于欧洲，目前是全世界最流行的一种服装，也是我们男教师课堂教学和正式场合着装的优先选择。西装的造型典雅高贵。它拥有开放适度的领部、宽阔舒展的肩部和略加收缩的腰部，穿在男教师的身上，会使之显得英武矫健，风度翩翩，魅力十足。男教师在正式场合穿着西装应注意以下几点。

（一）面料

鉴于西装在男教师教学或正式场合中往往充当正装或礼服之用，故此，其面料的选择应力求高档。在一般情况下，毛料应为西装首选的面料。具体而言，纯毛、纯羊绒的面料以及高比例含毛的毛涤混纺面料皆可用作西装的面料。而不透气、不散热、发光亮的各类化纤面料，则尽量不要用以制西装。

目前,以高档毛料制作的西装,大都具有轻、薄、软、挺等四个方面。轻,指的是西装不笨重,穿在身上轻飘犹如丝绸;薄,指的是西装的面料单薄,而不过分地厚实;软,指的是西装穿起来柔软舒适,既合身,又不会给人以束缚挤压之感;挺,则指的是西装外表挺括雅观,不起皱、不松垮、不起泡。

小贴士			
服装的面料和质地			
在着装时,要考虑到面料的相配,不能上身穿着绸缎,下身着呢绒。现在,一般服饰使用的面料主要有以下种类:			
COTTON	棉	LYCRA	莱卡
SILK	丝	WOOL	羊毛
RAYON	人造丝	NYLON	尼龙
LACE	蕾丝	ACRYLIC	腈纶
LINEN	麻	VINYLON	维纶
FIBRES	合成纤维	KNITTEDFABRICS	针织布
VISCOSE	粘胶	CANVAS	帆布
POLYAMIDES	聚酰胺	LEATHER	皮革
POLYESTER	聚脂	PVC	聚氯乙烯
POLYETHYLENETEREPHTHALATE FIBER	涤纶	ELASTICFIBRES	弹性纤维

(二) 颜色

男教师在穿西装时,往往将其视作自己出席正式场合的礼服。因此,西装的具体色彩必须显得庄重、正统,而不过于轻浮和随便。根据此项要求,适合于男教师在正式场合所穿的西装的色彩,理当首选藏蓝色。在世界各地藏蓝色的西装往往是每一位商界男士的首选色彩。除此之外,还可以选择灰色或棕色的西装。黑色的西装亦可予以考虑,不过它更适于庄严而肃穆的礼仪性活动之中穿着。要是平日里,上班时穿黑色的西装,未免有些小题大做。在国外,人们在评价一位男士的服饰品味时,往往要看其是否遵守以下原则。

1. "三色"原则

"三色"原则是指全身上下的衣着应当保持三种颜色之内。这样有助于保持正装庄重、保守的总体风格,并使正装在色彩上显得规范、简洁、和谐。正装的色彩若超出三种颜色,一般会给人以繁杂、低俗之感。它所规范的依旧是色彩搭配问题。

2. "三一律"原则

"三一律"原则指男教师在出席正式场合时,其体现着装细节完美的三大件即公文包、鞋子、腰带这三样饰品在色彩、质地上应相同或相近。如身穿黑色皮鞋,其公文包、腰带也最好选择黑色皮质,使这三样饰品在风格上保持一致。

3. 男士配饰色彩统一

男士配饰色彩统一指男教师在出席正式场合时,手表链、皮带扣、眼镜框架三色统一。男教师的穿着不要求华丽、鲜艳,一身上下五彩缤纷,只会显得俗气。

（三）款式

西装的款式可分为欧式、英式、美式和日式四种流派，主要款式造型各有特色，可供各位参考，欧式西装洒脱大气，英式西装剪裁得体，美式西装宽大飘逸，日式西装贴身凝重。尽管西装在款式上有流派之分，但是各流派之间差异并不大，只是在后开衩的部位有开一个叉的、开两个叉的和不开叉的，扣是单排还是双排，以及西装领的大小等方面有所不同。不过，在胸、腰围的胖瘦，肩的宽窄上还是有所变化的。因此，我们在选择西装时，要充分考虑到自己的身高、体型，如身材较胖的人最好不要选择瘦型短西装；身材较矮者也最好不要穿上衣较长、肩较宽的双排扣西装（图3-5）。

图 3-5　男教师西装穿着

（四）衬衫

1. 正装衬衫具备的特征

据说，法国男人一般至少要有7件衬衣，因为一个星期有7天，每天都换，以保持袖口和领子的洁净。衬衫除了搭配西装之外，也可以单穿。在颜色和图案的选择上，衬衫比西装更富于变化，最能穿出特色和风格。其中质地和搭配是关键。购买西装衬衫的时候，一定要选择面料质地精良的。好衬衫让人感到舒适，好面料利于人体健康，尤其是衣领部位的剪裁与设计会更加挺括，且不易变形，耐洗耐穿。从面料上讲，正装衬衫以纯棉、纯毛制品为主；从色彩上讲，正装衬衫必须为单一色彩；从图案上讲，正装衬衫大体上以无任何图案为佳；从衣领上讲，正装衬衫的领型多为方领、短领和长领，具体进行选择时，须兼顾本人的脸形、脖长以及将打的领带结的大小，千万不要使它们相互之间反差过大；从衣袖上讲，正装衬衫必须为长袖衬衫，袖口的扣子越多越为上品，短袖的衬衫一般是不打领带的，除非是企业制服；从衣袋上讲，正装衬衫以无胸袋者为佳。

2. 正装衬衫与西装的穿法

穿西装，衬衫是一个重点，颇有讲究。一般来说，与西服配套的衬衫必须挺括整洁无褶皱，尤其是领口。西装穿好后，衬衫领应高出西装领口2厘米，衬衫衣袖要露出西装袖口2厘米左右，白领露出部分与袖口露出部分相互呼应，可有一种匀称感。在正式场合，不管是否与西装合穿，长袖衬衫的下摆必须塞在西裤里，袖口必须扣上，不可翻起，不系领带时，衬衫领口可以敞开。如系领带，应着有衬硬领的衬衫，领围以合领后可以伸入一个手指头为宜。衬衫袖长应比西装上装衣袖长出2厘米。这样可以避免西装袖口受到过多的磨损，而且用白色衬托西装的美观，显得更干净、利落、活泼有生气。夏季着短袖衬衫时，一般也应将下摆塞在裤内，但着无衬软领短袖衬衫例外。

（五）西裤

西裤作为西服整体的另一个主体部分，要求与上装互相协调，以构成和谐的整体。

西裤立档的长度以皮带的鼻子正好通过胯骨上边为宜,裤腰大小以合扣后伸入一手掌为标准,裤长以裤脚接触鞋面最为适合。西裤穿着时,裤扣要扣好,拉锁全部拉严。西裤的皮带宽度一般在 2.5~3 厘米较为美观,裤带系好后留有皮带头的长度一般为 10 厘米左右,过长或过短都不合美学要求。

（六）纽扣

西装的纽扣除实用功能外,还有很重要的装饰作用。西装有单排扣和双排扣之分。正式场合,应穿单排扣。穿着西装站立必须按规则扣好,坐下时可以不系扣。单排扣又有单粒扣、双粒扣、三粒扣、四粒扣之别。单排两粒扣,应当只系上边的那粒衣扣;单排三粒扣,则应当系上面的两粒衣扣,或只系中间的那粒衣扣单排四粒扣,则应当系上面的三粒衣扣,最底下一颗不扣。我们可以发现,不管是双粒扣、三粒扣、四粒扣,最下面一颗不扣,是为了露皮带扣。这就是西装纽扣扣法的礼仪。

（七）领带

据说,领带的前身是领巾,出现于 17 世纪。当时,有一支克罗地亚的骑兵部队来到巴黎,他们的脖子都系有一条传统的彩色围巾。法国军官看后争相仿效。巴黎街头爱时髦的贵族和公子哥儿们也纷纷系起围巾来。一次,一位大臣上朝时,也按流行方式在颈上围了一条白围巾,并在前面一领巾作为高贵的标记,下令凡尔赛的上流人士都这样打扮。领带的前身——领巾就这样诞生了。18 世纪工业革命兴起,资产阶级大量生产时髦服装,这时领带才真正问世。从此,领带风靡了整个西方世界,并逐渐传遍全球,成为男子喜爱的装饰品。美国有些大公司规定职员上班必须打领带。夏天在办公室,可以脱去外衣,穿着衬衫,但也要打上领带。

领带是西装的重要装饰品,在西装的穿着中起画龙点睛的作用。克林顿说:"领带是男人个性的宣泄,不同的领带或张扬或含蓄地向人们表达它的佩戴者是一个真诚、可以信赖的人。"一条好的领带,必须具有良好的质量。其主要特征为:外形美观、平整、无跳丝、无疵点、无线头,衬里为毛料,不变形,悬垂挺括较为厚重。在正式场合穿西装必须打领带,领带的颜色、花纹和款式要与所穿西装相协调。

1. 领带的长度

成人日常所用的领带,通常长约 130~150 厘米,宽度为 10~12 厘米。领带打好之后,外侧应略长于内侧。其标准的长度应当是下端正好触及腰带扣的上端。这样,当外穿的西装上衣系上扣子后,领带的下端便不会从衣襟下面"探头探脑"地显露出来。当然,领带也别打得太短,不要让它动不动就从衣襟上面跳出来。出于这一考虑,不提倡在正式场合选用难以调节其长度的"一拉得"领带或"一挂得"领带,有损职业形象（图 3-6）。

图 3-6 领带的长度

2. 领带的种类

领带的种类很多，大体分为一般型领带和变形领带两种。一般型领带有活结领带、方型领带、蝴蝶结领带；变型领带有阿司阔领带、西部式领带、线环领带等。从领带面料分，有毛织、丝质、化纤几种。从花型上分，又有小花型、条纹型、点子花型、图案花型、条纹图案结合花型、古香缎花型等。领带选用丝质的为上乘，使用最多的花色品种是斜条纹图案领带。这种领带分美式、英式两种，其区别在于斜条图案的走向：美式从左上斜到右下，英式从右上斜到左下。穿英、法式西服配英式领带，穿美、意式西服配美式领带，不宜互相错用。

3. 领带的选择

作为西装的灵魂，领带的选择讲究甚多。男教师在挑选领带时，至少要重视如下几点。

（1）面料。制作领带的最高档、最正宗的面料是真丝或纯羊毛。除真丝之外，以其他面料，例如棉布、麻布、羊毛、皮革、塑料、纸张、珍珠等制作的领带，大多不适合在正式场合使用。国外以意大利领带为最有名，国内要数上海产的真丝领带为上品。

（2）色彩。从色彩上讲，领带有单色、多色之分。单色领带适用于公务活动和隆重的社交场合，并以蓝色、灰色、黑色、棕色、白色、紫红色最受欢迎。多色领带一般不应超过三种色彩，可用于各类场合。色彩过于艳丽的领带用途并不广泛，只有在非正式的社交、休闲时，使用它才不会为人非议。

（3）款式。领带的款式，即其形状外观。一般来说，它有宽窄之分，这主要受到时尚流行的左右，进行选择时，领带的宽窄最好与本人的胸围或西装的上衣衣领成正比，而不要反差过大。它还有箭头与平头之别。前者下端为倒三角形，适用于各种场合，比较传统。后者下端为平头，比较时髦，多适用于非正式场合。此外，简易式的领带如"一拉得"领带，"一挂得"领带不适合正式场合、商务场合使用。领结宜于同礼服、翼领衬衫搭配，并且主要适用于社交场合。

（4）图案。用于正式场合的领带，其图案应规则、传统，最常见的有斜条、横条、竖条、圆点、方格以及规则的碎花。它们多有一定的寓意：碎花的代表体贴；圆点的代表关怀；方格的代表热情；斜条纹的代表果断以及权力的象征。印有人物、动物、植物、花卉、房屋、景观、怪异神秘图案的领带，仅适用于非正式的场合。印有广告、团体标志、家族徽记的领带，最好不要乱用。

（5）领带的配饰。领带的配饰包括领带夹、领带棒、领带针、领带别针等，有各种型号，主要功能是固定领带，并不应突出其装饰的功能。除经常做过大幅度的动作，或者用领带夹作为企业标志时用领带夹外，其他情况最好不用领带夹。佩戴时应注意，领带夹的位置不能太靠上，以衬衣领第一粒纽扣开始往下数衬衫的第四粒与第五粒纽扣之间为宜。军人以及执行公务的人员的领带夹应夹在第三粒与第四粒之间。西装上衣系好扣子后，领带夹是不应被看见的。

4. 领带的系法

领带不同的系法可以产生不同的视觉效果，最常用的系法有以下几种。

（1）平结。平结为最多男士选用的领结打法之一，几乎适用于各种材质的领带。要诀：领结下方所形成的凹洞需让两边均匀且对称，不过这种凹洞一般只有真丝或纯毛的领带才能打出来（图3-7）。

图 3-7 平结

（2）交叉结。交叉结是对于单色素雅质料且较薄领带适合选用的领结。对于喜欢展现流行感的男士不妨多加使用"交叉结"（图 3-8）。

图 3-8 交叉结

（3）双环结。一条质地细致的领带再搭配上双环结颇能营造时尚感，适合年轻的上班族选用。该领结完成的特色就是第一圈会稍露出于第二圈之外（图 3-9）。

图 3-9 双环结

（4）温莎结。温莎结是最常用的领结打法之一，适合用于宽领型的衬衫，该领结应多往横向发展。应避免选用材质过厚的领带，领结也勿打得过大（图 3-10）。

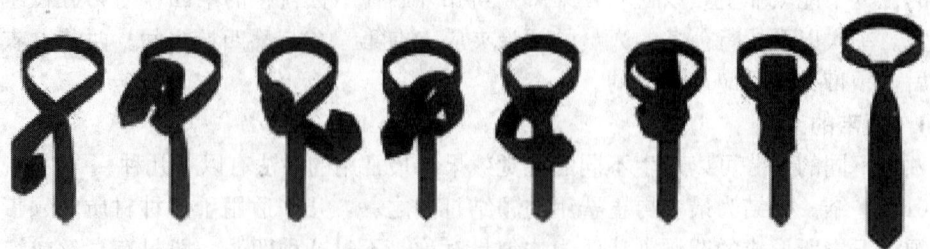

图 3-10 温莎结

第三章 教师服饰礼仪

(5) 双交叉结。双交叉结的领结很容易让人有种高雅且隆重的感觉,适合正式场合选用。该领结应多运用在素色且丝质领带上,适合搭配大翻领的衬衫,会有种尊贵感(图3-11)。

图3-11 双交叉结

(6) 大三角结的具体操作流程如图3-12所示。

图3-12 大三角结

（7）小三角结的具体操作流程如图 3-13 所示。

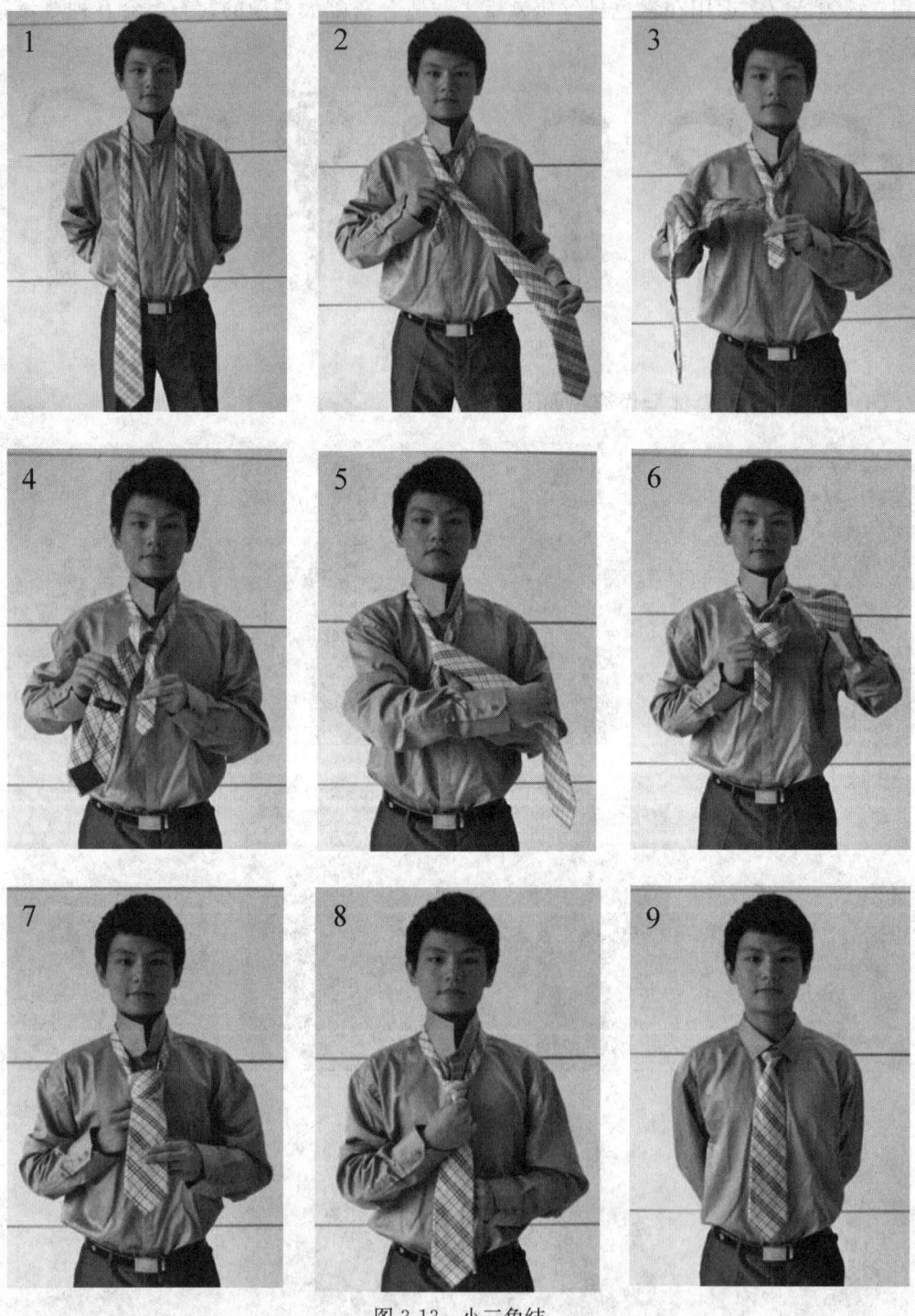

图 3-13 小三角结

（八）鞋袜

鞋子和袜子在西方被称为"脚部时装"和"腿部景致"，因此每一位爱惜自身形象的男教师都切不可对其马虎大意。男教师穿袜子要从长度、颜色和质地着手，袜颈的长度要高于踝关节之上，太短的袜子坐下来时若稍微不留意就会露出皮肉，风度全无。袜子的颜色以单一色调为佳，穿彩条、带图案的袜子不适合商务场合和工作场合，穿黑皮鞋最好配一双黑色袜子。男袜不能太薄或太厚，以棉线袜最好，丝质其次，尼龙袜最好不穿。

男士的皮鞋不管新旧，首先要保持鞋面的清洁。在一切正式场合，男士宜穿黑色或深咖啡色皮鞋。黑色的皮鞋可与任何颜色的西装搭配，如黑色、灰色、藏青色西装，深咖啡色的皮鞋最好与咖啡色西装相配。如在写字楼里工作，绝对不能够穿咖啡色皮鞋或无带皮鞋，只能穿黑色有带制式皮鞋。至于白色与灰色的皮鞋，只能与白色的西装或休闲衣装相配，适合于休闲娱乐的场合穿，不适合正式场合。但是，我国的男士有穿中山装为正装的习惯，这样也可以穿皮鞋与其搭配。但穿西装配布鞋、旅游鞋或凉鞋都是不妥的。

（九）手帕

西装手帕起装饰作用，是以熨烫平整的各种单色帕折叠而成的，式样很多，如三角形、三尖峰形、任意形和V形等，插入西装的上衣口袋，根据不同场合需要，变化成各种图形。装饰手帕使用得当能起到画龙点睛、锦上添花的效果。

（十）衣袋

上衣两侧的两个衣袋只作为装饰用，不宜装东西；上衣左胸部的衣袋是专装手帕之用的，而名片夹、钱包可置于上衣内侧衣袋。西裤的左右插袋和后袋同样不宜放鼓囊之物，以求臀围合适，裤型美观。

（十一）着西装的七个注意事项

（1）要拆除衣袖上的商标。
（2）要熨烫平整。
（3）要扣好纽扣。
（4）要不卷不挽。
（5）要慎穿毛衫。
（6）穿黑皮鞋禁穿白袜子、尼龙袜。
（7）重要的涉外商务交往中忌穿夹克打领带。

（十二）西装、衬衫、领带的搭配

正确选用西装、衬衫和领带后，应注意三者间的和谐搭配。整体协调会使你风度翩翩，格外优雅。按一般规律，深色西装配穿白色衬衫，从来就是最合适的搭配。如果杂色西装，配以色调相同或相似的衬衫，结果也可能不坏。但带条纹的西装不可配以方格的衬衫，反之亦然。因为条条加块块，给人以散乱的感觉。总之，人们的一般思路是，衬衫和西装在色调上要成对比，西装颜色越深衬衫越要明快，同时也不能忘了领带的映衬作用。西装的色调深沉稳重，领带的颜色不妨相对明快；而西装的色调朴实淡雅，领带则必须华丽而又明亮，否则看上去会是模糊不清，尤其当衬衫的颜色也不明快时。当然，这也不是绝对的，假如，西装与领带的色调一致，只要两者在颜色上有深浅变化，成为互补，或两者成对比色，且这种对比又是整套西装中唯一的对比，也是有特殊效果的。这里要提醒注意的一点是：西装和领带的花纹（如条纹型）不能重复，即使两者花纹不一样，可以相配，但图案也不宜太大，否则看起来过于奇巧。

图3-14 西装的搭配

在礼仪场合，西装、衬衫、领带通常的搭配方法有：①黑色西装，配白色或浅蓝色衬衫，系砖红色、绿色或蓝色调领带；②中灰色调西装，配白色或浅蓝色衬衫，系蓝色、深玫瑰色、褐色、橙黄色调领带；③墨绿色调西装，配白色或银灰色衬衫，系银灰色、灰黄色领带；④乳白色西装，配与红色略带黑色、砖红色或黄褐色调领带互补的衬衫会更显得文雅气派（图3-14）。

二、男教师中山装礼仪

【案例导入】

作家张弦在回忆她的启蒙老师蒙圣瑞时写道："和一些不修边幅的老师不同，他注意仪表，衣着整洁，中山服总是洗得干干净净，风纪扣总是紧紧扣着。里面露出一圈洁白的衬衣边，一尘不染。他走起路来腰杆笔挺。上课时头发梳得很光，胡茬儿刮得铁青，始终保持着充沛的精力。给人感觉他时刻在从事一件崇高而严肃的事业，对学生是一种潜移默化的教育，足以赢得同学的尊重和敬爱。我们很多男同学把蒙老师的形象作为自己的榜样，注意文明整洁，连走路也学他那轩昂的样子。"

【案例评析】

中小学生善于模仿，教师的仪表对学生审美观的形成起着重要作用。他们的审美观正处于形成期，教师仪表的好坏会使他们直接产生好感和反感，从而影响教师在学生中的威信，乃至他们上课时的效果。教师一走进课堂，自然成为学生注目的中心，一言一行对学生的影响极大。优雅的风度、脱俗的气质、优美的语言、整齐的衣着、端庄的外表、工整的板书等，都有助于陶冶学生的思想情操，对学生行为产生潜移默化的作用。在强调培养人文精神的今天，教师必须对自己的仪表负责。在检查仪表时，教师应该以怎样的标准要求自己呢？

第一，教师的仪表要与教育教学的情调相适应，以便更有效地调动各方面因素传情达意、相互辉映，使其能更好地与教育教学内容保持审美情趣上的协调一致。

第二，教师的仪表要以学生的欣赏水平为前提。作为一名教师，就必须要慎重地把自己的仪表行为调整到符合教育者的欣赏水平上，必须在为人师表的宗旨下，服饰打扮整洁朴实、美观大方，充分地把自己的审美观点和精神面貌呈现给学生。

第三，教师的仪表还应与自己的性格特点相符，与年龄特点相符。人们在不同的场合对服饰有不同的要求，教师的着装要同职业相适应，重在协调。在学校这个环境中，我们教师的着装应简洁大方、端庄典雅，既为人师表，又有助于营造宽松和谐的学习氛围。应该说服饰的审美价值，一方面是通过服饰的整体设计制造出来的，另一方面则是通过与穿着者完美结合而体现出来的。所以，应该对自身的各方面因素有整体的把握，使外在包装更好地体现内在的神韵。

（一）中山装的形成与发展

中山装为服装的一种，是以中国革命先行者孙中山命名的男用套装。上身左右各有两个带盖子和扣子的口袋，下身是西式长裤，由孙中山提倡而得名。在20世纪60和70年代，亿万中国成年男性大多穿着中山装。20世纪80年代以后，随着改革开放的深入，西装和其他时装逐渐开始流行。虽然中山装在民间逐渐被人们遗忘，但值得一提的是中国国家领导人在出席国内重大活动时，依旧习惯穿着中山装，比如国庆大阅兵等。中山装是在广泛吸收欧美服饰优点的基础上形成的，孙中山综合了西式服装与中式服装的特点，设计出的一种直翻有袋盖的四帖袋服装，定名为中山装，此后几十年，中山装大为流行，成为中国男士喜欢的标准服装。在那个年代，作为国家的着装形象，"中山装"关联着民族认同和民族自尊的情感，也体现了民族的凝聚力，是国家的象征和民族的标志。

（二）中山装的设计理念及文化内涵

关于中山装，《中华文化习俗辞典》记载说："孙中山参照中国原有的衣裤特点，吸收南洋华侨的'企领文装'和'西装样式'，本着'适于卫生，便于动作，易于经济，壮于观瞻'的原则，亲自主持设计，由黄隆生裁制出的一种服装式样。"

中山装由于孙中山的提倡，也由于它的简便，实用，自辛亥革命起便和西服一起开始流行。1912年民国政府通令将中山装定为礼服，修改中山装造型，并赋予了它新的含义。立翻领，对襟，前襟五粒扣，四个贴袋，袖口三粒扣。后片不破缝。这些形制其实是有讲究的，根据《易经》周代礼仪等内容寓以意义。

（三）中山装的材质做工

中山装做工比较讲究，领角要做成窝势，后过肩不应涌起，袖子同西装袖一样要求前圆后登，前胸处要有胖势，四个口袋要做得平服，丝缕要直。在工艺上可分精做和简做两种，前者有夹里和衬垫，一般用作礼服，与裤子配套穿用；后者不加衬料，适合于日常做便服穿用。中山装的优点，主要是造型均衡对称，外形美观大方，穿着高雅稳重，活动方便，行动自如，保暖护身，既可作礼服，又可作便装。中山装素以其特有的沉着老练、稳重大方的风格受到了广大的中老年人和海外华人的青睐，尤其是知识分子依然视中山装为自己的日常服装。在穿着时，要注意由中山装所传递出的意蕴与其人生态度相吻合，要把风纪扣弥合，有人图一时的舒适而敞开领扣，这样会使自己在众人眼里显得不伦不类，有失风雅和严肃。

（四）中山装的面料色彩

中山装的色彩很丰富，除常见的蓝色、灰色外，还有驼色、黑色、白色、灰绿色、米黄色等。一般来说，南方地区偏爱浅色，而北方地区则偏爱深色。在不同场合穿用，对其颜色的选择也不一样：作礼服用的中山装色彩要庄重、沉着，而作便服用时色彩可以鲜明活泼些。对于面料的选用也有些不同，作为礼服用的中山装面料宜选用纯毛华达呢、驼丝锦、麦尔登、海军呢等，这些面料的特点是质地厚实，手感丰满，呢面平滑，光泽柔和，与中山装的款式风格相得益彰，使服装更显得沉稳庄重；而作为便服用的面料，选择相对较灵活，可用棉布、卡其、华达呢、化纤织物以及混织毛纺物。

（五）穿着中山装礼仪

中山装简便实用、庄重大方、寓意丰富，它的诞生成为中国服饰文化划时代的经典，代表了中国人民振兴中华、自强不息的爱国精神。穿中山装时，不仅要扣上全部衣扣，而且要系上领扣，如在穿着时图一时舒适而敞开领扣和领钩，这样会有失风雅和严肃，使人觉得不伦不类。此外，穿中山装时不允许挽起衣袖，衬衣要收到裤子里面，不能放在外边。特别要注意的是，如果外面没有外衣的时候，不能把衬衣袖子卷起来。同时还要注意皮带不要露在外面。穿中山装和穿西装一样，要配好鞋袜，不能穿凉鞋，运动鞋，不能只穿鞋不穿袜子（图3-15）。

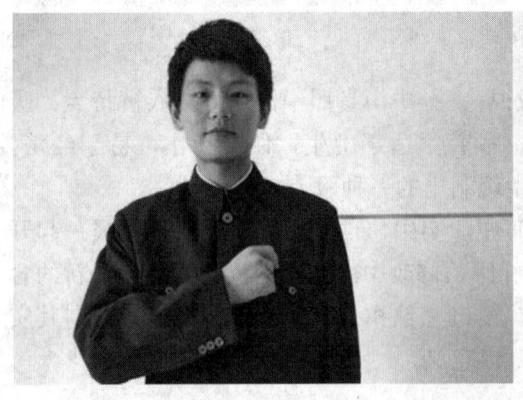 

图 3-15　中山装的穿着

三、男教师便装礼仪

（一）商务休闲装的着装礼仪

商务休闲装是一种游走于西装和休闲装之间，适应各种场合的男式服装，它不像西装那样正统、规矩，在自然舒适之余也保留了一份端正严谨之感，如休闲西装、短袖衬衫都属于这种风格。男教师的休闲装可选择全棉运动衫、毛衣、运动夹克、马球衫，可以与任何休闲裤相配，男教师可以根据自己的身材、气质进行选择，这样可以丰富男教师的着装风格。但应注意，在上课期间，不允许穿短裤、凉鞋，因为这是非常不雅观的。

（二）夹克衫的着装礼仪

夹克衫的造型变化较大，主要表现在领衫、袖型、袋型、下摆及装饰等几个方面。

（1）夹克衫的领型有方领、翻领、西装领、立领等。西装领的夹克衫穿起来显得温文尔雅，具有绅士风度，适合体形修长、俊逸和年龄较大的男性穿着。立领夹克衫适合在秋冬穿着，可扣可开，扣上可御风寒，敞开分外潇洒。

（2）夹克衫的袖型一般有上肩袖、连肩袖、插肩袖等。肩膀宽厚的人宜穿插肩袖夹克衫，这样会使人显得健美；身材纤瘦单薄的人，可以穿上肩袖，并且最好在肩部装有垫肩或纳以密针码的装饰线，以夸大肩部，这样显得人体结实一点。

（3）夹克衫的袋型一般是斜插袋，显得胸前简洁明快，还有横开袋、直开袋、开贴袋和变化多端的胸前贴袋等。就其形状而言，多是尖角型或矩型，袋上采用的工艺亦是以增加活泼感为目的的。

（4）夹克衫的装饰线分为四种，即竖线条分割、横线分割、斜线条分割和横直线条分割。体胖者宜穿有明晰竖向主线的无松紧带夹克衫；体矮者宜选择领小、袋小的夹克衫；身材高大者宜选择领大、多袋（最好是贴袋），且下摆有松紧带，并有明晰横线分割的夹克衫，以增加厚度感，并能突出腿长的优点。

（5）夹克衫的颜色也可根据自己的肤色、身材、用途、年龄来选择，如身材矮胖者宜选择深色、冷色调，而身材瘦长者宜选择暖色调，以增加健壮之感。

（6）男教师穿着夹克衫配上合体的长裤也十分重要。与夹克衫搭配的裤子最好是较为贴身，且穿起来显得比较精神的西裤、牛仔裤和萝卜裤。上装宽松而下装贴身，显得双腿较长，整个人体呈T字形，与男性倒三角形体形相符，能使男性健壮粗犷的美感更加突出。

（三）风衣的着装礼仪

无论是在春寒料峭的初春，还是在满眼红枫的深秋，风衣都是人们极为经济和理想的一种外套，它既可抵御风寒，又可体现穿着者潇洒漂亮的体态。对于男教师来说，穿上一件理想的风衣，可以充分体现男子气派，显得分外威武。

风衣式样和色彩呈现多种变化。整体上讲，有长风衣和短风衣之分。根据穿着季节不同，有单层风衣和夹风衣甚至薄呢风衣之分。在色彩方面，男式风衣一般宜选浅驼色、米色、白色、灰色、黑色等单调色，少用拼色。

风衣的穿着也有一定的讲究。首先要注意穿着的场合，风衣一般不要在室内开会或较正式的场合穿，而应在那些需要多走动的场合穿着。其次要注意穿着的技巧，穿着时要根据个人的体型选择风衣式样，并注意穿着要领。一般来讲，身材较魁梧的男教师最适宜穿风衣，配上有肩绊的肩部造型、双排扣、宽腰带，使人具有一种冷峻、硬朗的男子汉气质，若是敞开衣襟穿着，又会使人显得豪放、洒脱；而身材较瘦长的男教师，最好穿单排扣的西装式风衣，长度不宜过膝，面料应选择略微厚实挺括一点的，这样会使人显得魁伟；身材偏矮，特别是矮胖形男教师，在选择风衣时要慎重，不宜穿过长的风衣，也不要穿短风衣和双排扣风衣，以免显得拖沓或腿短。穿风衣时还要考虑与裤子的搭配，牛仔裤、西裤配风衣都可以，但不宜穿裤脚太大的裤子，风衣宽宽大大，若裤管也宽大，就不协调了。

四、男教师饰品礼仪

男教师的装饰品不多，但很有个人的风格和品位，要精心挑选，宁缺毋滥。

（一）手表

手表对于男教师来说是极为重要的。男教师可从中得到一种自信和力量。在正规的社交场合，手表往往被视为首饰，对于平时只有戒指一种首饰可戴的男教师来说，更是备受重视。在西方国家，手表、钢笔、打火机曾一度被称为成年男子的"三件宝"，是每个男人须臾不可离身之物。因此手表是男教师的首选饰品，它不仅实用，也可以体现出教师有较强的时间观念。男教师应选用风格庄重、保守的手表。在形状上正圆、正方、椭圆、长方形手表都可以考虑，但异型表就不适合了，在颜色上应力戒繁杂凌乱，一般宜选择单色手表，双色手表，不应选择三色或三种颜色以上的手表。不论是单色手表还是双色手表，其色彩都要清晰、高贵、典雅，全黄、全银、全黑色是首选，也可以表壳、表带为金色、银色、黑色中任意两种颜色混搭。同时要注意不能戴失效表、劣质表、怀式表、广告表、卡通表等。

（二）钢笔

虽然随着电脑的普及，钢笔的使用频率远远低于以前，但作为教师，钢笔也是常用的工作用品之一。因为使用的场合较多，所以在选择时，男教师可以选择一款自己经济能力能承受品牌钢笔。在颜色上传统的黑色、灰色、金色、银色是首选，避免使用装饰较复杂的钢笔。钢笔应随身携带，同时保证墨水充足，在学生面前甩墨水是一个不雅的动作。钢笔应放在公文包、上衣口袋处，不可乱放在西装上衣外侧左上方的口袋上、裤兜内，更不可夹在耳朵上。做到藏而不露，一旦要用时，在露出笔来的一刹那，让人不禁惊羡其笔的精致与高级，从而达到瞬间提高自己在别人眼中文化品位的目的。

（三）公文包

公文包已被大家公认为"移动的办公桌"，男教师在选择公文包时要注意其实用性和美观性。面料以真皮为宜，并以牛皮、羊皮制品为最佳。在常规的情况下，黑色、棕色公文包为最正统的选择，当然公文包若是和皮鞋、腰带色彩一致，则看上去十分完美而和谐。教师所用的公文包在外表上不宜再带有任何图案、文字。最标准的公文包，是手提式的长方形公文包。穿休闲装时也可以选择一个好的尼龙帆布电脑包。使用公文包的基本要求：用包不宜多、用包不张扬、用包不乱装、用包不乱放。

（四）眼镜

眼镜不仅仅适用，而且它越来越时尚、个性，是现代人修饰脸型的重要饰物。作为教师的我们，在选择眼镜时，应考虑镜架与身材、脸型和肤色是否相协调。身材矮小者不宜戴深色宽边的大眼镜，因为它会给人压抑感和深重感，身材消瘦的人戴浅色、细边框的眼镜较适合。圆脸脸型，面部轮廓线圆满，最好选用圆中带方，稍有棱角的细边眼镜或无底边眼镜框。对于长形脸，可选方形镜框，镜框上下框将脸横向切割，会打破长脸的直线感。方型脸的人不宜选用圆镜框，眉毛粗浓的人不要戴眉框粗重的镜架，否则，仿佛又生了两条眉毛，最好选择扁圆型的镜架，以柔和脸上突出的棱角。对三角形脸，镜架应设计成上重下轻，上侧眉框要粗重有力，下侧要醒目有力，以使别人目光向两边打开。皮肤较黑的人，应选用较为明亮的镜框，皮肤白皙者可选用浅色镜架，皮肤发黄的人，宜用暖色调镜架。

（五）皮夹

皮夹是男教师重要的随身物品，是教师整体形象不可忽略的一部分。颜色可选含有华贵质感的暗咖啡色和黑色。但值得注意的是，无论你携带的皮夹款式如何，质量如何，都不应该塞满东西，使得皮夹过分鼓胀，有失雅观。

（六）皮带

男教师在选择皮带时，要注意颜色要选用单色，多色皮带是不能配正装的，一般黑色、棕色是首选，皮带上的图案除了商标以外，不应有其他任何图案，配正装的皮带最好宽3厘米，系好后长过皮带环扣约10厘米，皮带的环扣一般为金属制品，最好选择金色、银色和黑色，皮带上不宜挂手机、钥匙等任何物品。

基 础 练 习

一、解答题

1. 三一律原则。
2. "TPO"原则。
3. 简述女教师在选择服装时要注意哪些原则。
4. 简述男教师在穿西装时要注意哪些问题。
5. 女教师佩戴首饰为什么以少为佳？佩戴首饰有哪些原则？

二、案例分析

一位有30多年销售和市场经验的英国老教授总是以这样一个事例作为他的开场白：有位商人有一批订单，先后去两家公司考察，这两家公司的实力、产品、价格、质量、售后服务都不相上下，最后商人做出了选择。有人问标准是什么？商人回答，是司机的制服。原来两家公司都派司机接送，其中一位司机的制服已经很久没洗了，连领口都发黑了，而另一位司机却穿得干净挺括。商人说："如果一个企业连司机都知道时刻保持整洁，那么这个企业的效率一定非常高，管理一定非常好。"可见个人的形象在一定程度上代表了单位的形象。

结合本章内容对以上案例进行点评分析。

实训项目

【实训项目】服饰礼仪

【实训目标】通过该实训项目的训练，使学生了解作为教师上课时服饰的基本礼仪知识，掌握服饰搭配的技巧，能将服饰搭配的相关原则、方法熟悉地运用到工作生活中去。

【实训学时】2学时

【实训方法】将学生分为男女两组，按各自的服饰搭配原则、方法进行配搭，教师对每个学生的服饰进行点评。针对每个学生自身的体型和气质进行相关的服饰指导。

【实训考核】实训课服饰礼仪测评。

服饰礼仪测评表（男女分开计分）

考生单位： **考生姓名：**

项目	操作标准	配分	评价等级			得分
			优	良	及格	
选择服装款型	1. 会辨别各种服装款型 2. 根据自己体型特点选择相应的款型	5分 10分				
选择服装领型	1. 会辨别各种服装领型 2. 根据自己脸型特点选择相应的领型	5分 10分				
选择服装色系	1. 分析各种色系对肤色产生的影响 2. 根据自己肤色选择相应的色系	10分 10分				
女教师服饰搭配	1. 色系不超过三种 2. 内衣无外露 3. 如选择裙装不短于膝上15厘米 4. 衣领不低于两个腋窝直线以下 5. 袜子无破损并与衣服颜色相配 6. 鞋子款型颜色与衣服款型颜色相搭配 7. 装饰品的选择与服装相协调并不超过三件（如选用耳坠、过于夸张的饰物，此项不得分）	10分 5分 5分 5分 10分 5分 10分				
男教师服饰装搭配	1. 领带打法符合标准 2. 扣子系法符合要求 3. 衣袖、裤边不上卷 4. 西装的上衣及西裤的口袋不可装物品 5. 配好鞋袜 6. 衬衫的选择合理	10分 5分 5分 10分 10分 10分				
总分		100分				

第四章　教师人际交往见面礼仪
——此时无声胜有声

所谓见面礼就是在人际交往中，遇见他人时用来表示自己对对方的热情、尊重、致意等态度的一种行为。见面礼包括问候礼、称呼礼、介绍礼、握手礼、名片礼等礼仪。

教师不仅仅是传授知识的源泉，而且是传承文明的导师，教书育人的园丁，以身作则的楷模。"为人师表"不仅表现在课堂上，而且表现在生活中，表现在无数细节中。古人言"礼者，人道之极也""不学礼，无以立"。育人就要讲礼仪。作为教师，掌握一定的社交礼仪知识，并能恰到好处地加以应用，必将大大提升你的人格魅力，从而使你的人生闪射出不一样的光彩。

【学习目标】

通过本章的学习，使学生熟练掌握教师在人际交往中的问候、称呼、介绍、握手、交换名片等见面礼仪的基本规范和技能，具备与人交往的基本素质，体现教师工作者待人接物的优雅风度。

能够有针对性地正确使用人际交往见面中的礼仪知识，具有因地制宜的应对能力，懂得中外不同国家和地区各自的人际交往见面礼仪习俗，掌握与世界各国、各地区人们的交往技巧。

【基本内容】

本章内容主要包括问候礼仪、称呼礼仪、介绍礼仪、握手礼仪、名片礼仪和常见的其他会面礼节及见面礼的禁忌。

第一节　问候礼仪

【案例导入】

一天早上，我正站在教学楼前招呼几个调皮的学生进教室上课，这时，迎面走来了一年级三班的小男生徐子明同学。说起这个同学，他比较特别，自从我教他开始，他几乎都不跟我说话，就算是面对我问他话，他也只是摇头、点头，而且也不怎么爱笑。同学们告诉我，他跟其他老师也这样，即使和同学们也是极少讲话的。既然如此，我也没有刻意去接近他。今天他站在那一动不动地看着我发呆，也许是看到其他同学向我问好，也想说点什么吧，但是却始终没有开口。接着，他低下头准备从我身边走过，就在那一瞬间，我突然产生了一个想法，一回身，拉住了他，然后给他一个阳光般的微笑，轻快地对他说："徐子明同学，早上好！"他依旧没有回答，只是回报了一个灿烂的微笑给我，虽然有点失望，但是他的笑已经给了我很大的满足。

第二天早上，我正在值班，这时候，我听到了一个不大的声音："余老师，早上好！""你……"好字还没有出口，我猛抬头一看，着实吃了一惊，原来是徐子明，便愣住了，天啊！他居然主动跟我打招呼了，我还没有来得及说什么，他就已经蹦蹦跳跳的从我身边跑开了。我兴奋极了，从那以后，徐子明变得喜欢和我交流了，我也用更多的尊重和爱心去不断地感动着这个不爱与外界交流的孩子。

【案例评析】

上述案例中，教师一个主动的问好，居然有了意想不到的收获。其实，学生不是不想和老师打招呼，很多时候他们不能确定老师是否认识他，害怕和教师打招呼后教师没有反应而尴尬。因此，要改善师生关系，做学生的知心朋友，教师就要彻底放下师长的架子，做到真正的师生平等。教师和学生的平等首先体现的是相互尊重，学生主动向教师问好是尊重老师的表现，而教师主动给学生问好也是对学生的尊重。

教师要主动关爱学生，常怀此心，常行此道，而且从点滴小事做起，才能真正成为学生的良师益友，真正得到学生的尊重。

问候，又称问好、问安或打招呼，是以语言或动作向他人询问安好、致意，表示关切或友好的一种常规方式。问候是交流的基础，如同在社会交往中整理衣冠一样，是展示一个人形象的第一步。如果不会问候，会让自己的整体形象大打折扣，甚至会影响到进一步交流的效果。

在日常教学工作中，问候是最基本的语言交流形式，它往往是教师教学工作的起点。因此，作为教师要想提高教学语言的表达效果，为学生提供一堂高效的、令人倍感愉悦的、亲切的课程，首先得掌握问候的技巧。

一、问候的态度

问候是敬意的一种表达方式，在问候他人时，教师务必要自己言行一致。此时此刻，人们往往对交往对象是"听其言、观其行"的。教师在问候他人时，一定要力求态度热情而友好，切勿显得傲慢冷漠、敷衍了事、得过且过。

在问候他人时，要使自己的态度热情而友好，关键是要使自己的表情与举止能够同问候语的具体使用彼此协调，并相互配合。在具体态度上需要注意以下4点。

（1）主动。问候他人应该积极主动。在他人首先问候自己后，应立即予以回应。

（2）热情。在问候他人时，通常应表现得热情而友好。毫无表情或者表情冷漠都是应当避免的。

（3）自然。问候他人时应热情主动，要表现得大方而自然。矫揉造作、神态夸张或者扭扭捏捏，都会给他人留下不好的印象。

（4）专注。教师在问候他人时，应面带微笑，与对方眼睛相对，以表示口到、眼到、意到，即表现得诚心诚意。

二、问候的次序

在正式会面时,宾主之间的问候,在具体的次序上有一定的讲究。

(1) 一个人问候另一个人。一个人向另外一个人问候时,通常应遵循"位低者先行"的原则,即双方之间身份较低者应当首先问候身份较高者,如晚辈问候长辈,下级问候上级,主人问候客人,男士问候女士。

(2) 一个人问候多人。当一个人问候多个人时,既可以笼统地问候所有人,也可以逐个人地问候。例如:"各位好","同学们好"。当一个人逐一问候许多人时,既可以"由长而幼"地依次进行,也可以"由近而远"地依次进行。

三、问候的形式

问候他人大致有两种形式,它们各有自己的不同使用范围。

(一) 直接式

所谓直接式问候,就是直截了当地以问好作为问候的主要内容。它适用于正式的人际交往场合,尤其是宾主双方初次相见。

最普遍使用的称呼语问候,因场合、职业、关系等因素的不同,问候内容要有所差异。

(1) 行政职务称呼与问候。例如,"尊敬的部长阁下,您好!"
(2) 技术性职称称呼与问候。例如,"刘工程师,见到您很高兴!"
(3) 行业称呼与问候。例如,"张老师,您辛苦了!"
(4) 时尚性称呼与问候。例如,"李小姐,您很迷人!"
(5) 在商务交往中适用的称呼与问候。和外商打交道时,更习惯称呼其头衔或先生、小姐、女士。例如,"董事长,与您合作很荣幸!"

(二) 间接式

所谓间接式问候,就是以某些约定俗成的问候语,或者在当时条件下可以引起话题来替代直接式问候,如"我们又见面了!"它主要适用于非正式交往场合,尤其是经常见面的熟人之间。

四、问候的内容

问候的内容是丰富多彩的,可因人、因时、因事而有所区别。如每天不同时间问候学生或同事时应说:"早上好!""中午好!""下午好!""晚上好!""晚安!",等等;与学生家长见面时应主动说:"您好,欢迎您的到来!""您好,见到您很高兴!",等等;与多位学生或家长会面时,可统一对其问候,不再一一具体到每个人,例如可说:"大家好!"

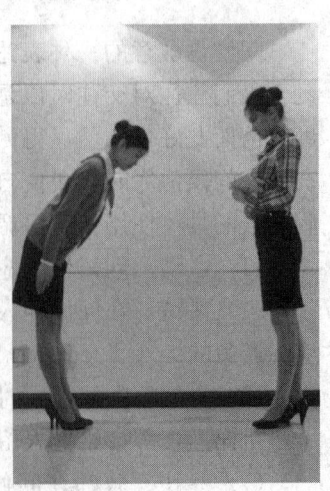

图 4-1 学生向老师问候

"各位早上好！"，等等；遇到节日、生日等喜庆日子时，应说："祝您节日快乐！""新年好！""祝您生日快乐！"，等等；向客人道别或给宾客送行时，一般问候语是："祝您一路平安！""欢迎再来！"，等等。

五、问候的注意事项

（1）问候语应表现出在形式上简洁，在内容上体现友好与尊重的特征。

（2）问候语应当删繁就简，不要过于程式化。

（3）问候语应不牵涉个人私生活、个人禁忌等方面。

（4）问候语具有非常鲜明的民俗性、地域性的特征。如老北京人爱问别人"吃了吗"，其实质就是"您好"的意思，你要是答以"还没吃"，意思就大不对劲了。若以此形式问候南方人或外国人，就容易使对方感到莫名其妙，甚至引起误会。

在阿拉伯国家，也有一句与"您吃了吗"异曲同工的问候语"牲口好吗"。如果被人这样问候，你可别生气，人家这样问候你，绝不是拿你当牲口，而是关心你的经济状况如何。在以游牧为主的阿拉伯国家，还有什么比牲口更加重要的呢？问你"牲口好吗"，的确是关心你的日子过得怎么样。

需要注意的是，为了避免歧义，产生误解，教师应统一以"您好"为问候语。

第二节　称呼礼仪

记住别人的名字，是你走近他们的钥匙。你记得越快，你们之间的那扇门开得越早。

——卡内基

一、称呼的重要性

称呼，指的是人们在日常交往应酬之中，所采用的彼此之间的称谓语。在人际交往中，如何称呼他人是一门极为重要的学问。卡内基曾说："记住人家的名字，而且很轻易地叫出来，等于给别人一个巧妙而有效的赞美。"

选择正确、适当的称呼，不仅反映了自身的教养、对对方尊敬的程度，甚至还体现着双方关系发展所达到的程度和社会的风尚，因此对它不能疏忽大意，随便乱用。

选择称呼要合乎常规，要照顾到被称呼者的个人习惯，做到入乡随俗。在工作岗位上，人们彼此之间称呼是有特殊性的，若称呼不当则很容易让他人产生反感，甚至嫉恨在心。教师与学生、家长以及同事彼此之间的称呼要做到庄重、正式、规范。

根据社交礼仪规范，选择正确、适当的称呼，有三点务必应该注意：其一，要合乎常规；其二，要照顾习惯；其三，要入乡随俗。

与此同时，还应对生活中的称呼、工作中的称呼、外交中的称呼、称呼的禁忌等细心掌握，认真区别。

二、称呼的种类和用法

（一）生活中的称呼

在日常生活中，称呼应当亲切、自然、准确、合理，不可肆意为之，大而化之。

1. 对亲属的称呼

对亲属的称呼，有常规与特例之分。

（1）常规。亲属，即与本人有直接或间接血缘关系者。在日常生活中，对亲属的称呼也已约定俗成，人所共知。例如，父亲的父亲应称为"祖父"，父亲的祖父应称为"曾祖父"，姑、舅之子应称为"表兄""表弟"，叔、伯之子应称为"堂兄""堂弟"，等等。

对待亲属的称呼，有时讲究亲切，并不一定非常标准。例如，儿媳对公公、婆婆，女婿对岳父、岳母，皆可以"爸爸""妈妈"相称。这样做，主要是意在表示自己与对方完全"不见外"。

（2）特例。面对外人，对亲属可根据不同情况采取谦称或敬称。对本人的亲属，应采用谦称。称辈分或年龄高于自己的亲属，可在其称呼前加"家"字，如"家父""家叔""家姐"。称辈分或年龄低于自己的亲属，可在其称呼前加"舍"字，如"舍弟""舍侄"。称自己的子女，则可在其称呼前加"小"字，如"小儿""小婿"。

对他人的亲属，应采用敬称。对其长辈，宜在称呼之前加"尊"字，如"尊母""尊兄"。对其平辈或晚辈，宜在称呼之前加"贤"字，如"贤妹""贤侄"。若在其亲属的称呼前加"令"字，一般可不分辈分与长幼，如"令堂""令尊""令爱""令郎"。对待比自己辈分低、年纪小的亲属，可以直呼其名，使用其爱称、小名，或是在其名字之前加上"小"字相称，如"毛毛""小宝"，等等。

2. 对朋友、熟人的称呼

对任何朋友、熟人，都可以人称代词"你""您"相称。对长辈、平辈可称其为"您"。对待晚辈，则可称为"你"。以"您"称呼他人，是为了表示自己的恭敬之意。

对于有身份者、年纪长者，可以"先生"相称。其前还可以冠以姓氏，如"余先生""宋先生"。

对文艺界、教育界人士，以及有成就者、有身份者，均可称之为"老师"。在其前，也可以加上姓氏，如"金老师"。

对德高望重的年长者、资深者，可称之为"公"或"老"。其具体做法是：将姓氏冠以"公"之前，如"谢公"。将姓氏冠以"老"之前，如"周老"。若被尊称者名字为双音，则还可将其双名中的头一个字加在"老"之前，如可称沈雁冰先生为"雁老"。

3. 姓名的称呼

平辈的朋友、熟人，均可彼此之间以姓名相称。例如，"李俊""郭伟""胡奇"。长辈对晚辈也可以这么做，但晚辈对长辈却不可如此。为了表示亲切，可以在被称呼者的姓前分别加上"老"、"大"或"小"字相称，而免称其名。例如，对年长于己者，可称"老刘""大赵"；对年幼于己者，可称"小郝"。

对同性的朋友、熟人，若关系极为亲密，可以不称其姓，而直呼其名，如"永秋""诗意"。对于异性，则一般不可这样做。要是称"刘俊英""刘俊玲"为"俊英""俊玲"，若不是其家人，便是其恋人或配偶了。

对于邻居、至交，有时可采用"大爷""大娘""大妈""大伯""大叔""大婶""伯伯""叔叔""爷爷""奶奶""阿姨"等类似血缘关系的称呼。这种称呼，会令人感到信任和亲切。

在这类称呼前，也可以加上姓氏。例如，"张大哥""李大姐""余大妈""蒋阿姨"，等等。

4. 对普通人的称呼

在现实生活中，对一面之交、关系普通的交往对象，可酌情采取下列方法称呼。

（1）以"同志"相称。
（2）以"先生""女士""小姐""夫人""太太"相称。
（3）以其职务、职称相称。
（4）入乡随俗，采用对方所能理解并接受的称呼相称。

（二）社交礼仪的称呼

在工作岗位上，人们彼此之间的称呼是有其特殊性的。它总的要求，是庄重、正式、规范。

1. 职务性称呼

在工作中，以交往对象的职务相称，以示身份有别、敬意有加，这是一种最常见的称呼方法。

以职务相称，具体来说又分为三种情况。

（1）仅称职务。例如："校长""书记""主任"，等等。
（2）在职务之前加上姓氏。例如："周校长""杨处长""马委员"，等等。
（3）在职务之前加上姓名，这仅适用极其正式的场合。例如："胡××厂长""周××校长""余××书记"，等等。

2. 职称性称呼

对于具有技术职称者，尤其是具有高级、中级职称者，可以在工作中直接以其职称相称。

以职称相称，也有下列三种情况较为常见。①仅称职称。例如："教授""律师""工程师"，等等。②职称前加上姓氏。例如："张教授""李律师"。有时，这种称呼也可加以约定俗成的简化，例如，可将"吴工程师"简称为"吴工"。但使用简称应以不发生误会、歧义为限。③职称前加上姓名。它适用于十分正式的场合。例如："张××教授""李××律师""王××主任医师"，等等。

3. 学衔性称呼

在工作中，以学衔作为称呼，可增加被称呼者的权威性，有助于增强现场的学术气氛。

称呼学衔，有四种情况使用最多。①仅称学衔。例如，"博士"。②在学衔前加上姓氏。例如，"杨博士"。③在学衔前加上姓名。例如，"杨静博士"。④将学衔具体化，说明其所属学科，并在其后加上姓名。例如，"史学博士杨静""工学硕士余伟""法学学士李金华"，等等。此种称呼最为正式。

4. 行业性称呼

在工作中，有时可按行业进行称呼。它具体又分为两种情况。

（1）称呼职业。称呼职业，即直接以被称呼者的职业作为称呼。例如，将教员称为"老师"、将教练员称为"教练"，将专业辩护人员称为"律师"，将警察称为"警官"，将会计师称为"会计"，将医生称为"医生"或"大夫"等。在一般情况下，在此类称呼前，均可加上姓氏或姓名。

（2）称呼"先生""小姐""女士"。对于商界、服务业从业人员，一般约定俗成地按性别的不同分别称呼为"先生"、"小姐"或"女士"。其中，"小姐"与"女士"二者的区别在于：未婚者称"小姐"，已婚者或不明确其婚否者则称"女士"。在公司、银行、外企、宾馆、商店、餐馆、歌厅、酒吧以及交通行业，此种称呼极其通行。在此种称呼前，可加姓氏或姓名。

5. 姓名性称呼

在工作岗位上称呼姓名，一般限于同事、熟人之间。其具体方法有三种。①直呼姓名。②只呼其姓，不称其名。但要在它前面加上"老""大"等。③只称其名，不呼其姓。它通常限于同性之间，尤其是上司称呼下级、长辈称呼晚辈之时。在亲友、同学、邻里之间，也可使用这种称呼。

（三）外交中的称呼

俗语说："十里不同风，百里不同俗。"在涉外交往中，称呼的问题因为国情、民族、宗教、文化背景的不同，而显得千差万别，十分复杂，因此值得认真进行研究。

在对外交往中，对待称呼问题，有两点必须切记：其一，要掌握一般性规律，即国际上通行的做法；其二，要留心国别差异，并加以区别对待。

1. 一般性规律

在对外交往中，称呼方面的普遍性规律有如下几方面。

（1）对任何成年人，均可以将男子称为"先生"，将女子称为"小姐""夫人""女士"。对于女子，已婚者应称"夫人"，左手无名指戴结婚戒指者也可称为"夫人"。对未婚者及不了解其婚否者，可称之为"小姐"。对不了解其婚否者，亦可称为"女士"。

上述称呼，均可冠以姓名、职务、职称、学衔或军衔。例如："杰克先生""艾丽丝小姐""市长先生""少校先生"，等等。

（2）在商务交往中，一般应以"先生""小姐""女士"称呼交往对象。在国际商务交往中，一般不称呼交往对象的行政职务，而以"先生""小姐""女士"称呼交往对象，这一点与我国极为不同。

"夫人"这一称呼，也较少采用于商务活动之中。

（3）在政务交往中，常见的称呼除"先生""小姐""女士"外，还有两种方法，一是称其职务，二是对地位较高者称"阁下"。在称呼职务或"阁下"时，还可加上"先生"这一称呼。其组成顺序为：先职务，次"先生"，最后"阁下"；或为职务在先，"先生"在后。例如，"总理先生阁下"、"大使阁下"或"市长先生"，等等。

此外，有几种人的头衔是终身适用的，如大使（Ambassador）及公爵、侯爵、伯爵、子爵和男爵皇室贵族爵位，在称呼时一定要加上头衔，否则是表示十分不敬，甚至被视为一种羞辱，所以要务必谨慎小心。另外，在美国、德国、墨西哥等国，没有称"阁下"的习惯，对男士一律称先生。

（4）对军界人士，可以其军衔相称。称军衔不称职务，是国外对军界人士称呼最通用的做法。在进行称呼时，具体有四种方法：一是只称军衔，如"将军""上校""下士"；二是军衔之后加上"先生"，如"上尉先生""少校先生"；三是先姓名后军衔，如"朱德元帅""巴顿将军"；四是先姓名、次军衔、后"先生"，如"布莱尔上校先生""卡尔松下士先生"。

（5）对宗教界人士，一般可称呼其神职。称呼神职时，具体做法有三类：一是仅称神职，如"牧师"；二是称姓名加神职，如"亚当神父"；三是神职加"先生"，如"传教士先生"。

（6）对君主制国家的王公贵族，称呼上应尊重对方习惯。对国王、皇后，通常应称"陛下"；对王子、公主、亲王等等，应称之为"殿下"；对有封号、爵位者，则以其封号、爵位相称，如"爵士""勋爵""公爵""大公"，等等。

有时，可在国王、皇后、王子、公主、亲王等头衔之前加上姓名相称。例如："西哈努克亲王""莫尼列公主""拉那烈王子"等。对有爵位者，可称"阁下"，也可称为"先生"。

（7）教授、法官、律师、医生、博士等，因其社会地位较高，颇受尊重，故可直接以此作为称呼。

称呼的具体做法，一是直接称"教授""法官""律师""医生""博士"；二是在其前加上姓名，如"福特教授"；三是在其后加上"先生"，如"法官先生"；四是在其前加姓名，在其后加"先生"，如"高斯博士先生"。

（8）对社会主义国家或兄弟党的人士，可称之为"同志"。除此之外，对方若称我方为"同志"，我方即可对对方以"同志"相称。不过，对"同志"这种称呼，在对外交往中切勿乱用。

2. 国别性差异

由于各国、各民族语言和文字的不同，风俗习惯亦相差甚远，不同国家和地区对于名字的叫法和称呼的方式也有很大差别。教师在国际交往中，要充分注意这点，以免造成交往对象的不满或反感，甚至闹笑话或发生误会。以下简单介绍我国及其他主要国家姓名称呼方面的特点。

1）中国姓名

据有关记载，我国的姓起源于母系社会，氏起源于父系社会，以后才合而为一。我国的一些主要姓氏已经有4000多年历史，1996年，教育科学出版社出版了由袁义达、杜若甫编著的《中华姓氏大辞典》，共收集记录我国古今有文字记载的各民族用汉字记录的姓氏11 969个，其中单字姓5 327个，双字姓4 329个，三字姓1 615个，四字姓

569个，五字姓96个，六字姓22个，七字姓7个，八字姓3个，九字姓1个，此外还有异译、异体字姓氏3 136个。从姓氏的演变过程中看，我国姓的形成有许多原因，分为许多类型。有的以祖先的族号或殷号为姓，如姓文、姓武；有的以国名或地名为姓，如姓东郭、欧阳等；有的以封地为姓，如姓赵、姓邢；有的以官职或职务为姓，如姓司马、姓尉；有的以动植物为姓，如姓牛、姓马、姓杨；有的以数字为姓，如姓五、姓万；有的以天子赐氏，以谥号为姓；有的以祖辈的字为姓；有的以神话中传说为姓，如姓龙等。

在姓名的演变过程中，我国古代有名也有号，号也称别号。号一般可用住地、室名、斋名或志趣爱好为号，亦可用暗寓深意示人不测的词号。中国人在起"名"时还要有"字"，且名与字一般要有意义上的联系。孔子的弟子宰予，字子我，予与我是同义。中国人的姓名一般是姓父或母的姓，还要由父母命名，命名很讲究，要很有意义。

2) 英美等国姓名称呼礼仪

在英国、美国、加拿大、澳大利亚、新西兰等讲英语的国家里，人们的姓名一般由两个部分构成：通常名字在前，姓氏在后。例如，在"理查德·尼克松"这一姓名之中，"理查德"是名字，"尼克松"才是姓氏。在英美诸国，女子结婚前一般都有自己的姓名。但在结婚之后，通常姓名由本名与夫姓所组成，例如"玛格丽特·撒切尔"这一姓名中，"玛格丽特"为其本名，"撒切尔"则为其夫姓。

有些英美人士的姓名前会冠以"小"字，例如"小乔治·威廉斯"。这个"小"字，与其年龄无关，而是表明他沿用了父名或父辈之名。

跟英美人士交往，一般应称其姓氏，并加上"先生""小姐""女士""夫人"。例如，"华盛顿先生"、"富兰克林夫人"。在十分正式的场合，则应称呼其姓名全称，并加上"先生""小姐""女士""夫人"。例如，"约翰·威尔逊先生"、"玛丽·怀特小姐"。

对于关系密切的人士，往往可直接称呼其名，不称其姓，而且可以不论辈分，如"乔治""约翰""玛丽"等。在家人与亲友之间，还可称呼爱称。例如："维利""比尔"，等等。但与人初次交往时，却不可这样称呼。

3) 法国姓名称呼礼仪

法国人姓名也是名在前姓在后，一般是由二节或三节组成。前一、二节为个人名，最后一节为姓。有时姓名可达四、五节，多是教名和由长辈起的名字。但现在长名字越来越少。如：亨利·勒内·阿贝尔·居伊·德·莫泊桑，一般写成居伊·德·莫泊桑。法文名字中常有le、la等冠词和de等介词，译成中文时应与姓联译，如La Fantaine（拉方丹）、Le Goff（勒戈夫）、De Gaulle（戴高乐）等。

法国妇女姓名，口头称呼基本同英文姓名。如名叫雅克琳·布尔热瓦的小姐与名叫佛郎索瓦·马丹的先生结为夫妇，婚后该女士称马丹夫人，姓名为雅克琳·马丹。

4) 俄罗斯姓名称呼礼仪

俄罗斯人的姓名由三个部分构成。首为本名，次为父名，末为姓氏。例如伊万·伊万诺维奇·伊万诺夫这一姓名中，"伊万"为本名，"伊万诺维奇"为父名，"伊万诺夫"方为姓氏。俄罗斯妇女的姓名同样也由三个部分组成，多以娃、娜结尾，本名与父名通常一成不变，但其姓氏结婚前后却有所变化：婚前使用父姓，婚后则使用夫姓。比如尼娜·伊万诺夫娜·伊万诺娃，假如她与罗果夫结婚，婚后姓改为罗果娃，其全名为尼娜·伊万诺夫娜·罗果娃。在正式文件中，上述伊万和尼娜的名字可写成伊万诺夫·伊万·伊万诺维奇、伊万诺娃·尼娜·伊万诺夫娜。名字、父名都可以缩写，只写第一个字母。

在俄罗斯，人们口头称呼中一般只采用姓氏或本名。比如：对"米哈伊尔·谢尔盖耶维奇·戈尔巴乔夫"，可以只称"戈尔巴乔夫"或"米哈伊尔"。在特意表示客气与尊敬时，可同时称其本名与父名，如称前者为"米哈伊尔·谢尔盖耶维奇"，这是一种尊称。对于长者表达敬意时，方可仅称其父名，如称前者为"谢尔盖耶维奇"。

俄罗斯人在与亲友、家人交往时，习惯使用由对方本名化来的爱称。例如，可称"伊万"为"万尼亚"。

俄罗斯人喜欢用最动听或含义最好的少部分名字起名，因此重名者很多（全俄罗斯人的名字总数仅1 300多个）。俄罗斯人的姓很多，也有一定含义，当然在实际应用时原始含义已经消失。如扎依采夫，意为"兔子"；克拉斯诺乌索夫，意为"红胡子"；别祖霍夫，意为"无耳朵"等。名字也多有含义，如亚历山大，意为"勇敢"；列夫，意为"狮子"；安娜，意为"慈善"。

5）西班牙与拉丁美洲姓名称呼礼仪

西班牙语系人们的姓名通常有三至四节，前一二节为本人的名字，倒数第二节为父姓，最后一节为母姓。口头称呼时常称父姓，比如古巴国务委员会前主席卡斯特罗的全名就是"菲德尔·亚历杭德若·卡斯特罗·鲁斯"；也有称第一节名字加父姓的。

西班牙人一般以父姓为自己的姓，但也有少数人用母姓作为自己的姓。已婚的女性往往把名字中的母姓去掉而加上丈夫的姓。他们也有夫姓、夫名，因此有时其姓名会显得比较长，但其父姓，亦即本人的姓，一般也是在倒数第二个词组。

6）葡萄牙和巴西姓名称呼礼仪

在葡萄牙和巴西，人们的姓名由本名、父姓和母姓三部分。其正常顺序是：名字居前，母姓居中，父姓居后。简称为本人名字加上父姓。

7）匈牙利姓名称呼礼仪

匈牙利人的姓名与中国人的姓名很相似，姓在前，而名在后，都由两节组成。如纳吉·山多尔，简称纳吉。

女性在结婚后改用丈夫的姓名，只是在丈夫的姓名后再加上尾词"ne"，译为"妮"，是夫人的意思。当然，妇女也可以保持自己的姓和名。

8）阿拉伯国家姓名称呼礼仪

在阿拉伯各国，人们的姓名由四个部分组成。其排列顺序，由前而后依次为：本人名字，父亲名字，祖父名字，家族姓氏。例如，米歇尔·阿弗拉克·萨拉赫·比塔尔这个名字中，比塔尔为姓，萨拉赫为祖父名，阿弗拉克为父名，米歇尔为本名。

在正式场合，称呼阿拉伯人使用其姓名全称，有时也可以省去其父名与祖父名，例如萨达姆·侯赛因。事实上很多阿拉伯人，特别是有社会地位的上层人士都简称其姓。如穆罕默德·阿贝德·阿鲁夫·阿拉法特，简称阿拉法特。

阿拉伯人名字前面常带有一些称号，如埃米尔（Amir或Emir）表示王子、亲王、酋长之意，苏丹（Sultan）为君主国王之意，伊玛姆（Imam）是清真寺领拜人之意，赛义德（Sayed）是先生、老爷之意，谢赫（Sheik）是长老、酋长、村长、族长之意。这些称号有的已转为人名。

阿拉伯文中"al"或"el"是冠词，Ibn（伊本）、Ben（本）或 Ould（乌尔德）表示"某人之子"，"Abu"（阿布）或 Um（乌姆）表示"某人之父"或"某人之母"。称呼中这些词均不省略。如艾哈迈德·本·贝拉（Abmed Ben Bella），简称本·贝拉。阿拉伯人的姓名用词常具有一定的含义，如穆罕默德（Mohammad）是借用伊斯兰教创始人的名字，马哈茂德（Mahamond）是"受赞扬"的意思，哈桑（Hassan）是"好"的意思，阿明（Amin）是"忠诚"的意思，萨利赫（Saleh）意为"正直"等。

9）日本姓名称呼礼仪

日本人的姓名均用汉字书写，而且姓名的排列与中国人的做法也一样，即姓氏在前，名字居后。所不同的是，日本人的姓名往往字数较多，且多为四字组成。其读音，与汉字也大相径庭。

为了避免差错，与日本人交往时，一定要了解在其姓名之中，哪一部分为姓，哪一部分为名。在进行书写时，最好将其姓与名隔开一格来书写，例如，"竹下　登""小泽　一郎""二阶堂　进""桥本　龙太郎"等。日本妇女婚前使用父姓，婚后使用夫姓，本名则一直不变。

在日本，人们进行日常交往时，往往只称其姓。只有在正式场合，才使用全称。

称呼日本人，"先生""小姐""女士""夫人"皆可采用。一般可与其姓氏，或全称合并使用。例如，"田中先生""宫泽理惠小姐"等。

10）缅甸姓名称呼礼仪

在邻国缅甸，人们却只有名字，并无姓氏。故在称呼时，可在其名字之前冠以某种尊称。"吴"意为先生，吴奈温即对奈温的尊称。不要以为全体缅甸人都姓吴。其他的尊称有："女士"称"杜"；"兄长"称"哥"；"弟弟"称"貌"；"姐妹"称"玛"；"老师"称"塞雅"、"耶波"；"军官"称"波"；"主人"称"德一钦"。

一个缅甸男子名"刚"，那么长辈称他为"貌刚"；同辈称他为"哥刚"，如果该男子在社会上有一定地位时则被称为"吴刚"，如果是军官，则称为"波刚"。如一女子名"刚"，且有一定社会地位，则称"杜刚"；是女青年则称"玛刚"。

11）泰国姓名称呼礼仪

泰国人的姓名是名在前姓在后，如巴颂·乍仑蓬是姓，未婚妇女用父姓，已婚妇女用丈夫姓。

一般场合尊称无论男子或妇女，只叫名字不叫姓，并在名字前加一冠称"坤"（意为你），如称"巴颂·乍仑蓬"，口头称"巴颂"即可。

泰国人姓名按照习惯都有冠称。平民的冠称有：成年男子为"乃"（先生），已婚妇女"娘"（女士），未婚妇女为"少娘"（小姐），男孩为"德猜"（男童），女孩为"德英"（女童）等。

贵族的冠称按国王分赐的爵位高低分五等级，有昭披耶、披耶、拍、銮、昆。妇女为"坤仁"，意为夫人、太太。王族按与国王的亲疏关系分十二种：拍娘、昭华、公摩拍耶、公摩拍、公摩拍、公摩銮、公摩昆、公摩蒙、拍翁昭、蒙昭、蒙叻察翁、蒙銮、蒙。这里蒙昭以上的王族才算嫡亲，即亲王，以下都是王族后裔。宗教冠称有：佛教僧侣用"颂德""拍摩铪""拍"，伊斯兰教徒用"哈吉"。

12）越南姓名称呼礼仪

越南人的姓名与中国人的姓名相似，多数由三个字组成。阮、范、黎、陈、黄、潘、武、吴等都是越南人之中的大姓。过去，越南人起名时，中间一字多用垫字。男的常用的字是"文"，女的常用的字是"氏"。例如，"范文同""阮氏萍"，等等。还有一些少数民族，往往有名而无姓。

根据越南人的习惯做法，在需要以姓名称呼对方时，最好只称其名，而不称其姓。在称名时，往往也只称最后一个字。例如，在称呼"阮文才"时，宜以"才"相称。在一般情况下，最好在其名之后再加上兄、弟、姐、妹、叔、伯之类的称呼。只是要切记，越南人不喜欢被以"你"相称。

在需要进行自称时，通常不要用"我"字，而宜使用弟、妹、侄之类的自谦词。

在政府机关里，人们惯以"同志"相称。

三、称呼的禁忌

在人际交往中使用称呼时，一定要回避以下几种错误的做法。其共同的特征，是失敬于人。

1. 错误的称呼

使用错误的称呼，主要在于粗心大意，用心不专。常见的错误称呼有两种。

（1）误读。误读，一般表现为念错被称呼者的姓名。比如，"查""盖"这些姓氏就极易弄错。要避免犯此错误，就一定要做好先期准备，必要时要虚心请教他人。

（2）误会。误会，主要指对被称呼的年纪、辈分、婚否以及与其他人的关系做出了错误判断。比如，将未婚妇女称为"夫人"，就属于误会。

2. 过时的称呼

有些称呼，具有一定的时效性，一旦时过境迁，若再采用，难免贻笑大芳。比方说，法国大革命时期人民彼此之间互称"公民"。在我国古代，对官员称为"老爷""大人"。若将它们全盘照搬进现代生活里来，就会显得滑稽可笑，不伦不类。

3. 不通行的称呼

有些称呼，具有一定的地域性，比如，北京人爱称人为"师傅"，山东人爱称人为"伙计"，中国人把配偶、孩子经常称为"爱人""小鬼"。但是，在南方人听来，"师傅"等于"出家人"，"伙计"肯定是"打工仔"。而外国人则将"爱人"理解为搞"婚外恋"的"第三者"，将"小鬼"理解为"鬼怪""精灵"，所以我们在使用称呼语时要了解当地的习惯。

4. 不恰当的行业称呼

学生喜欢互称为"同学"，军人经常互称"战友"，工人可以称为"师傅"，道士、和尚可以称为"出家人"，这并无可厚非。但以此去称呼"界外"人士，并不表示亲近，没准还会不为对方领情，反而产生被贬低的感觉。

5. 庸俗低级的称呼

在人际交往中，有些称呼在正式场合切勿使用。例如，"兄弟""朋友""哥们儿""姐们儿""死党""铁哥们儿"，等等一类的称呼，就显得庸俗低级，档次不高。逢人便称"老板"，也显得不伦不类。

6. 绰号

对于关系一般者，切勿自作主张给对方起绰号，更不能随意以道听途说来的对方的绰号去称呼对方。至于一些对对方具有侮辱性质的绰号，则更应当免开尊口。另外，还要注意，不要随便拿别人的姓名乱开玩笑。要尊重一个人，必须首先学会去尊重他的姓名。每一个正常人，都极为看重本人的姓名，而不容他人对此进行任何形式的轻践。对此，在人际交往中，一定要予以牢记。

第三节 介绍礼仪

【案例导入】

罗莎去参加朋友的生日聚会，在那里她遇上了几个不认识的人，当时朋友正在忙里忙外招呼客人，所以没有顾得上过多地关照罗小姐这位"自己人"。正当性格内向的罗小姐胆怯地坐在客厅一角，不知道自己该不该跟那些陌生人寒暄几句，更不知道自己应该如何启齿时，一位温文尔雅的先生走了过来，主动跟她打招呼说："小姐您好，我叫邓宇轩，请问您怎么称呼？"缺乏准备的罗莎有点慌乱地随口应道："叫我小罗好了。"

其实，罗莎这时打心里感谢这位不熟悉的邓先生过来跟她打招呼，使她不至于"孤立无援"，而且她也真想大大方方地同邓先生多聊上几句，但是，罗莎就那么一句"叫我小罗好了"，让邓先生的热情顿减，立马扭头折了回去。原来，罗莎的那句自我介绍，在邓先生听来，其"话外音"好似：我不想告诉你本小姐的芳名。这怎么能不叫邓先生"知难而退"呢？

【案例评析】

本案例中，罗莎的那句自我介绍，用于熟人之间可缩短彼此之间的距离，但用于同陌生人的初次交往，就明显带有不愿进一步深谈、拒人千里之外的意思。自我介绍是在没有中介人的情况下，自己把自己介绍给其他人，以便使对方认识自己的一种方法。它是树立个人形象的一种重要方法与手段，自我介绍要根据交往目的来决定介绍内容繁简以及介绍的语言和方法。

"第一印象是黄金"，介绍是社交场合中进行相互了解的一种基本方式。介绍是人与人进行相互沟通的出发点，其最突出的作用就是缩短人与人之间的距离。介绍，简单地说就是向有关人士说明有关情况，使双方相互认识。在社交场合，教师如能正确地介绍自己，不仅可以扩大自己的社交圈，广交朋友，而且有助于进行必要的自我展示，自我宣传，还可以树立为人师表的良好礼仪形象，替自己在人际交往中消除误会，减少麻烦。

根据介绍者,即做介绍人的不同,介绍可以分为自我介绍、他人介绍、集体介绍等三大类型。以下分别加以说明。

一、自我介绍

自我介绍,简言之,就是在必要的社交场合,在没有中介人的情况下,由自己担任介绍的主角,自己将自己介绍给其他人,以便使对方认识自己的一种方法。它是树立个人形象的一种重要方法与手段,也是社会交往的一把钥匙。

在社交活动中,欲结识某个人或某些人,而又无人引见,如有可能,即可自己充当自己的介绍人,自己将自己介绍给对方。这种自我介绍叫做主动型的自我介绍。在其他一些情况,人们有时会应其他人的要求,将自己某些方面的具体情况进行一番自我介绍。这种自我介绍则称为被动型的自我介绍。

从总体上讲,主动型的自我介绍与被动型的自我介绍都是自我介绍。它们在人际交往中,都是经常被采用的介绍方式。

(一)基本做法

自我介绍时,本人要镇定,充满自信,微笑要亲切自然,眼神要友善坚定,先向对方点头致意,得到回应后,再向对方介绍自己的姓名、身份、单位,并可随之递上名片。

自我介绍要根据交往目的来决定介绍内容的繁简以及所用的语言和方法。在聚会、宴请等社交活动中,如果想多结识些朋友,扩大社交的圈子,最好的办法就是作自我介绍。在这种场合,介绍内容可以简单些,如找到合适的机会向对方点头致意,并介绍自己:"我叫×××,很高兴认识您。"需要的话可以补充一下供职单位,效果也很好。在不了解对方是否愿意认识你时,不妨先请问对方的尊姓大名,如果对方立即回答了,说明愿意与你交往,此时,你便可随之介绍自己,使交往顺利进行下去。

(二)注意事项

根据社交礼仪具体规范,进行自我介绍,应注意自我介绍的时机、自我介绍的内容、自我介绍的分寸诸方面的问题。

1. 自我介绍的时机

向别人介绍自己时,要选择适当的时机,否则便会劳而无功。应当何时进行自我介绍,这个问题比较复杂,它涉及时间、地点、当事人、旁观者、现场气氛等多种因素。不过一般认为,在下述时机,如有可能,有必要进行适当的自我介绍。

(1)在社交场合,与不相识者相处时。
(2)在社交场合,有不相识者表现出对结识自己感兴趣时。
(3)在社交场合,有不相识者请求自己作自我介绍时。
(4)在公共聚会上,与身边的陌生人共处时。
(5)在公共聚会上,打算介入陌生人组成的交际圈时。

（6）有求于人，而对方对自己不甚了解，或一无所知时。

（7）交往对象因为健忘而记不清自己，或担心这种情况有可能出现时。

（8）在出差、旅行途中，与他人不期而遇，并且有必要与之建立临时接触时。

（9）初次前往他人居所、办公室，进行登门拜访时。

（10）拜访熟人遇到不相识者挡驾，或是对方不在，而需要请不相识者代为转告时。

（11）初次利用大众传媒，如报纸、杂志、广播、电视、网络、电影、标语、传单等，向社会公众进行自我推介、自我宣传时。

（12）利用社交媒介，如信函、电话、电报、传真、电子信函等，与其他不相识者进行联络时。

（13）前往陌生单位，进行业务联系时。

（14）因业务需要，在公共场合进行业务推广时。

（15）应聘求职时。

（16）应试求学时。

凡此以上种种，又可以归纳为三种情况：一是本人希望结识他人；二是他人希望结识本人；三是本人认为有必要令他人了解或认识本人。

2. 自我介绍的内容

鉴于需要进行自我介绍的时机多有不同，因而进行自我介绍时的表述方法也有所不同。自我介绍的内容，指的是自我介绍时所表述的主体部分，即在自我介绍时表述的具体形式。确定自我介绍的具体内容，应兼顾实际需要、所处场景，并应具有鲜明的针对性，切不可"千人一面"，一概而论。依照自我介绍时表述的内容的不同，自我介绍可以分为下述 5 种具体形式。

1）应酬式

应酬式的自我介绍，适用于某些公共场合和一般性的社交场合，如旅行途中、宴会厅里、舞场之上、通电话时。它的对象，主要是进行一般性接触的交往对象。对介绍者而言，对方属于泛泛之交，或者早已熟悉，进行自我介绍只不过是为了确认身份而已，故此种自我介绍内容要少而精。

应酬式的自我介绍内容最为简洁，往往只包括姓名一项即可。例如："您好！我的名字叫张××。"或"我是张××。"

2）工作式

工作式的自我介绍，主要适用于工作之中。它是以工作为自我介绍的中心，因工作而交际，因工作而交友。有时，它也叫公务式的自我介绍。工作式的自我介绍的内容，应当包括本人姓名、供职的单位及其部门、担任的职务或从事的具体工作等三项。它们叫做工作式自我介绍内容的三要素，通常缺一不可。其中，第一项姓名，应当一口报出，不可有姓无名，或有名无姓。第二项供职的单位及其部门，有可能最好全部报出，具体工作部门有时也可以暂不报出。第三项担负的职务或从事的具体工作，有职务最好报出职务，职务较低或者无职务，则可报出目前所从事的具体工作。例如：

"你好！我叫李××，是成都市××中学的教务处处长。"

"我的名字叫张××，现任教于××大学文学院。"

3）交流式

交流式的自我介绍主要适用于社交活动中，它是一种刻意寻求与交往对象进一步交流与沟通，希望对方认识自己、了解自己、与自己建立联系的自我介绍。有时，它也叫社交式自我介绍或沟通式自我介绍。交流式自我介绍的内容，除了介绍者的姓名之外，还同时具体介绍自己所在单位、所担任的具体职务或者所学习的具体专业、个人兴趣以及与交往对象的某些熟人的关系等，其目的是使他人对自己的基本情况有所了解。它们不一定非要面面俱到，而应依照具体情况而定。例如：

"我叫张××，现在成都××酒店工作。我是××大学历史文化与旅游学院2002级的，我想咱们是校友，对吗？"

"我的名字叫李××，现在××中学担任副校长，我和您先生是高中同学。"

"我叫王××，成都人。我刚才听见你在唱×××的歌，她是我们成都人，我特喜欢她唱的歌，你也喜欢吗？"

4）礼仪式

礼仪式的自我介绍，适用于讲座、报告、演出、庆典、仪式等一些正规而隆重的场合。它是一种意在表示对交往对象友好、敬意的自我介绍。礼仪式的自我介绍的内容，亦包含姓名、单位、职务等项，但是还应多加入一些适宜的谦辞、敬语，以示自己礼待交往对象。例如："各位来宾，大家好！我叫苏××，是××中学的副校长。现在，由我代表全校师生热烈欢迎大家光临我们的校庆仪式，谢谢大家的支持。"

5）问答式

问答式的自我介绍，即根据交往对象所提出的具体问题来选择自我介绍的基本内容，有问有答，答其所问。问答式的自我介绍，一般适用于应试、应聘和公务交往。在普通性交际应酬场合，它也时有所见。

问答式自我介绍的内容，讲究问什么答什么，有问必答。例如：某甲问："这位小姐，你好！不知您应该怎么称呼？"某乙答："先生您好！我叫唐××。"

主考官问："请介绍一下你的基本情况。"应聘者答："各位好！我叫张××，现年26岁，四川雅安人，汉族，共产党员，已婚，2008年毕业于上海交通大学船舶工程系，获工学学士学位，现在××公司任助理工程师，已工作3年。其间，曾去巴西工作1年。本人除精通专业外，还掌握英语、日语，懂电脑，会驾驶汽车和船只。曾在国内正式刊物上发表过8篇论文，并拥有两项技术专利。"

3. 自我介绍的分寸

进行自我介绍之时，对下述几方面的问题必须予以正视，以使自我介绍恰到好处，不失分寸。

（1）注意时间。在进行自我介绍时要注意时间，它具有双重含义。具体来说，有以下注意事项。

其一，要求进行自我介绍一定要力求简洁，尽可能地节省时间。虽然各种形式的自我介绍所用的时间长度不可笼统地等量齐观，但总的原则是所用时间愈短愈好，控制在1分钟左右为佳，如无特殊情况最好不要长于1分钟。初次见面作自我介绍时，指望交往对象仅凭自己的自我介绍，就对自己"一目了然"，是不现实的。在自我介绍时，东拉西扯，借题发挥，信口开河，滔滔不绝，对自己而言是失态，对对方而言是失敬，都是出力不讨好的。为了节省时间，在作自我介绍前，还可以递上本人的名片、介绍信加以辅助。若使用了名片、介绍信，则其上所列有的内容应尽量不予重复。

其二，要求自我介绍应选择在适当的时间进行，而不应选择在不适当的时间进行自我介绍。进行自我介绍的适当时间包括五个方面：一是对方有兴趣时，二是对方有空闲时，三是对方情绪好时，四是对方干扰少时，五是对方有此要求时。进行自我介绍的不适当时间，是指对方无兴趣、无要求、工作忙、干扰大、心情坏、休息用餐或正忙于私人交往之时。

(2) 讲究态度。进行自我介绍，态度务必要自然、友善、亲切、随和。介绍时，应做到落落大方，笑容可掬。既不要小里小气，畏首畏尾，瞻前顾后，又不要虚张声势，轻浮夸张，矫揉造作。

在作自我介绍时，要充满信心和勇气。千万不要妄自菲薄，心怀怯意，临场发挥失常。在进行自我介绍时，一定要敢于正视对方的双眼，显得胸有成竹，不慌不忙。这样做，将有助于进行自我放松，并使对方对自己产生好感。

在自我介绍的过程之中，语气要自然，语速要正常，语音要清晰，这对自我介绍的成功将大有好处。一定要力戒语气生硬冷漠、语速过快或过慢、语音含糊不清，它们其实都是缺少经验、缺乏自信的表现。

(3) 力求真实。进行自我介绍时所表述的各项内容，一定要实事求是，真实可信。没有必要过分谦虚，一味贬低自己去讨好别人，但也不可自吹自擂，吹嘘弄假，夸大其词，在自我介绍时大掺水分，否则定会得不偿失。

二、他人介绍

他人介绍，又称第三者介绍，它是指由介绍者以第三者身份来为彼此不相识的双方进行相互介绍。他人介绍架起了陌生人间相互了解的桥梁。

在他人介绍之中，为他人作介绍的第三者是介绍者，而被介绍者所介绍的双方则是被介绍者。

他人的介绍，通常都是双向的，即将被介绍者双方各自均作一番介绍。有时，也可进行单向的他人介绍，即只将被介绍者中的某一方介绍给另一方。其前提是前者了解后者，而后者不了解前者。

1. 他人介绍的介绍者

在他人介绍中，介绍者的确定是有一定之规的。通常，具有下列身份者，理应在他人介绍中充当介绍者。

(1) 社交活动中的东道主。
(2) 社交场合的长者。
(3) 家庭性聚会中的女主人。
(4) 公务交往中的专职人员，如公关人员、礼宾人员、文秘人员、办公室工作人员、接待人员。
(5) 正式活动中的地位、身份较高者或主要负责人员。

（6）熟悉被介绍者双方者。
（7）应被介绍者一方或双方要求者。
（8）在交际应酬中被指定的介绍者。

决定为他人作介绍，要审时度势，熟悉双方情况。如有可能，在为他人作介绍之前，最好先征求一下双方的意见，以免为原本相识者或关系恶劣者去作介绍。最客气的介绍方法是以询问的口气问："××老师，我可以介绍××老师与您认识吗？"或"您想认识××学校的××教授吗？"如果对方同意，再正式介绍。介绍时应本着"尊者优先了解情况"的规则进行。

2. 他人介绍的时机

遇上下述情况，通常有必要进行他人介绍。
（1）在家中接待彼此不相识的客人。
（2）在办公地点接待彼此不相识的来访者。
（3）与家人外出，路遇家人不相识的同事或朋友。
（4）陪同亲友前去拜会亲友不相识者。
（5）本人的接待对象遇见了其不相识的人士，而对方又跟自己打了招呼。
（6）陪同上司、长者、来宾时，遇见了其不相识者，而对方又跟自己打了招呼。
（7）打算推介某人加入某一交际圈。
（8）受到为他人作介绍的邀请。

3. 他人介绍的顺序

在为他人作介绍时，先介绍谁，后介绍谁，是一个比较敏感的礼仪问题。如图4-2所示，为他人作介绍时的顺序大致有如下几种情况。①介绍年长者与年幼者认识时，应先介绍年幼者，后介绍年长者。②介绍长辈与晚辈认识时，应先介绍晚辈，后介绍长辈。③介绍老师与学生认识时，应先介绍学生，后介绍老师。④介绍女士与男士认识时，应先介绍男士，后介绍女士。⑤介绍已婚者与未婚者认识时，应先介绍未婚者，后介绍已婚者。⑥介绍同事、朋友与家人认识时，应先介绍家人，后介绍同事、朋友。⑦介绍来宾与主人认识时，应先介绍主人，后介绍来宾。⑧介绍社交场合的先至者与后来者认识时，应先介绍后来者，后介绍先至者。⑨介绍上级与下级认识时，先介绍下级，后介绍上级。⑩介绍职位、身份高者与职位、身份低者认识时，应先介绍职位、身份低者，后介绍职位、身份高者。

4. 他人介绍的姿势

为他人作介绍时，介绍人整个手掌、掌心向上，五指并拢，胳膊向外伸，斜向被介绍人，向谁介绍，眼睛就注视谁。随语言内容在两位被介绍人之间做手势辅助。身体直立，不倾斜，不将身体重心只放在一条腿上。在介绍自己时，右手五指并拢，用手掌轻放在自己左胸进行介绍（图4-3）。

图 4-2　介绍的顺序　　　　图 4-3　介绍的姿势

5. 他人介绍的内容

在为他人作介绍时，介绍者对介绍的内容应当字斟句酌，慎之又慎。倘若对此掉以轻心，词不达意，敷衍了事，很容易给被介绍者留下不良印象。根据实际需要的不同，为他人作介绍时的内容也会有所不同。通常，有以下 6 种形式可供借鉴。

（1）标准式。它适用于正式场合，内容以双方的姓名、单位、职务为主。例如："我来给两位介绍一下。这位是××中学的教务处处长张××处长，这位是××中学的副校长余××校长。"

（2）简介式。它适用一般的社交场合，其内容往往只有双方姓名一项，甚至可以只提到双方姓氏为止。其他内容则留待被介绍者自己接下来见机行事。例如："我来介绍一下，这位是老贺，这位是小吕，你们彼此认识一下吧。"

（3）强调式。它适用于各种交际场合，其内容除被介绍者姓名外，往往还会刻意强调一下其中，某位被介绍者与介绍者之间的特殊关系，以便引起另一位被介绍者的重视。例如："这位是××大学历史文化与旅游学院院长王××先生。这位是吕××，她在市旅游局工作，是我的侄女。"

（4）引见式。它适用于普通社交场合。作这种介绍时，介绍者所要做的，就是将被介绍者双方引导到一起，而不需要表达任何具有实质性的内容。例如："两位认识一下如何？大家其实都是校友，只不过以前不认识，现在请你们自报家门吧。"

（5）推荐式。它使用于比较正规的场合，多是介绍者有备而来，有意要将某人举荐给某人，因此在内容方面，通常会对前者进行重点介绍。例如："这位是周××先生，这位是我们学校的人事处处长刘××先生。周先生是一位科研方面的专业人士，他还是××大学的博士后。刘处长，我想您一定乐于认识他吧？"

（6）礼仪式。它适用于正式场合，是一种最为正规的他人介绍。其内容略同于标准，但语气、表达、称呼上都更为礼貌和谦恭。例如："李小姐，你好！请允许我把××大学文理学院院团委书记余××先生介绍给你。余先生，这位就是××大学校团委书记李××小姐。"

在非正式场合所作的介绍不必讲究正式介绍的规则,如果大家都是年轻人,就更可以轻松、随便一些。如介绍人可先说"让我来介绍一下"等开场语,然后就开始作简单的介绍,也不必遵循先介绍谁后介绍谁的次序,最简单的介绍方式是直接报出被介绍者各自的姓名,当然也可加上"这位是""这就是"之类的话加强语气。采用这种较为随便、朋友式的介绍方法,可使被介绍者感到亲切自然。

至于把一位朋友介绍给大家时,只要说一句"诸位,这位是×××",就可以了。

6. 他人介绍的应对

在进行他人介绍时,介绍者与被介绍者都要注意自己的表达、态度与反应。此即所谓他人介绍的应对问题。

介绍者为被介绍者作介绍之前,不仅要尽量征求一下被介绍者双方的意见,而且在开始介绍时还应再打一下招呼,切勿上去开口即讲,显得突如其来,让被介绍者措手不及。

被介绍者在介绍者询问自己是否有意认识某人时,一般不应加以拒绝或扭扭捏捏,而应欣然表示接受。实在不愿意时,则应说明缘由。当介绍者走上前来,开始为被介绍者进行介绍时,被介绍者双方均应起身站立,面带微笑,大大方方地目视介绍者或对方,神态庄重、专注。当介绍者介绍完毕后,被介绍者双方应依照合乎礼仪的顺序进行握手,并且彼此问候对方。

图 4-4 介绍的应对

此时的常用语有:"您好""很高兴认识您""久仰大名""认识您非常荣幸""幸会,幸会"等。必要时,还可作进一步的自我介绍。

不要在此时此刻有意拿腔拿调,硬端架子,显得瞧不起对方,或是心不在焉,疲于应付。也不要奴颜婢膝,低三下四,阿谀奉承,成心讨好对方(图4-4)。

三、集体介绍

集体介绍,是为他人介绍的一种特殊情况,指的是由介绍者为两个集体之间或者个人与集体之间所作的介绍。进行集体介绍时,应主要关注其时机、顺序与内容等三方面的问题。

1. 集体介绍的时机

遇到如下情况,应当进行集体介绍。①大型的公务活动,参加者不只一方,而且各方不只一人。②涉外交往活动,参加活动的宾主双方皆不只一人。③规模较大的社交聚会,有多方参加,各方均可能不只一人。④家庭性私人交往,主人的家人与来访者双方均可能不只一人。⑤正式的大型宴会,主方人员与来宾均不只一人。⑥婚礼、生日晚会,当事人与来宾双方均不只一人。⑦举行会议,应邀前来的与会者往往不只一人。⑧演讲、报告、比赛,参加者不只一人。⑨会见、会谈,各方参加者不只一人。⑩接待参观、访问者,来宾不只一人。

2. 集体介绍的顺序

集体介绍时,依礼亦有顺序上的尊卑先后之别,一般情况下,集体介绍同样应当遵守"尊者优先了解情况"的规则。比如,替两个团体进行介绍时,通常应当首先介绍东道主一方,随后方可介绍来访者一方。应当强调的一点是,越是正式、大型的交际活动,对集体介绍的顺序就越是不可马虎。

(1) 少数服从多数。它的含义是指当被介绍者双方地位、身份大致相似,或者难以确定时,应该使人数较少的一方礼让人数较多的一方,个人礼让多数人,先介绍人数较少的一方或者个人,后介绍人数较多的一方或多数人。

(2) 强调地位、身份。若被介绍双方地位、身份之间存在明显差异,特别是当这些差异表现为年龄、性别、婚否、师生以及职务有别时,则地位、身份为尊的一方即使人数较少,甚至仅为一人,仍然应被置于尊贵的位置,最后加以介绍。

(3) 单向介绍。在演讲、报告、比赛、会议、会见时,往往只需要将主角介绍给广大参加者,而没有必要一一介绍广大参加者,因为这种可能性实际上并不存在。

(4) 人数较多一方的介绍。若需要介绍的一方人数不止一人,可采取笼统的方法进行介绍,例如,可以说:"这是我的家人","他们都是我的同事",等等。但是最好还是要对其进行一一介绍。进行此种介绍时,可比照他人介绍时位次尊卑的顺序,由尊而卑,如先长后幼,先女后男,等等。不过,这一顺序的标尺一定要正规、单一,且为众人所认可。

(5) 人数较多双方的介绍。若被介绍双方皆不止一人,则可依照礼规,先介绍位卑的一方,后介绍位尊的一方。在介绍各方人员时,均须由尊而卑,依次进行。

(6) 人数较多各方的介绍。有时,被介绍的会不止两方,此时需要对被介绍的各方进行位次排列。排列的具体方法:一是以负责人身份为准;二是以其单位规模为准;三是以单位名称的英文字母或汉语拼音字母顺序为准;四是以抵达的时间的先后顺序为准;五是以座次顺序为准;六是以距介绍者的远近为准。进行多方介绍,应由尊而卑,依次进行。如时间允许,应在介绍各方时以由尊而卑的顺序,一一介绍其各个成员。若时间不允许,则不必介绍其具体成员。

3. 集体介绍的内容

集体介绍的内容,基本上与他人介绍的内容无异,不过要求更认真、更准确、更清晰。集体介绍的内容有两种:一是只作整体介绍,即只介绍双方集体的情况,而不具体涉及个人情况;二是介绍个人情况,在介绍集体时如果涉及个人情况,一般讲究"双方平等",在遵守"尊者优先了解情况"规则的同时,对双方的个人情况均予以介绍。介绍各方的个人情况时,应由尊而卑,依次进行。集体介绍时有以下两点,应尤为注意。

(1) 不要使用易生歧义的简称。比如,不要讲"人大""消协",而应道明是"中国人民大学""消费者协会",还是"市人大常委会""消防协会"。又如,将范局长简称为"范局",就会使人听上去好似"饭局"而哗然大笑。至少,要在首次介绍时使用准确的全称，然后方才采用简称。

(2) 不要开玩笑、捉弄人。进行介绍时，要庄重、亲切，切勿随意拿被介绍者开玩笑，或是成心让对方出洋相。比如，在介绍时这样讲："这位是大名鼎鼎的邱先生，大家看，邱先生肥不肥。"这就是很不文明的。

在宴会、舞会或普通集会上，由于来宾较多，因而不必逐一进行介绍，只需介绍坐在自己旁边的客人相互认识即可，其余客人可主动和邻座聊天，不必等主人来介绍。

第四节　握手礼仪

【案例导入】

历史性的会面

1972年2月21日中午，尼克松乘坐的专机抵达北京，从此打开了中美关系的大门。周恩来总理等到机场迎接。关于尼克松下机时的一些礼仪细节，尼克松在他的回忆录中曾写道："我知道，周恩来在1954年曾因罗斯特·杜勒斯拒绝与之握手而深受其侮。所以当我刚下到舷梯最后一级时，我就特意主动伸出我的手走向周恩来。当我们的手相接触时，一个时代结束，另一个时代开始了。"

尼克松下机时，为了突出他和他的夫人，使照片拍出好的效果，不让基辛格、罗杰斯等人同他一起下机，等他同周总理握手之后，其他人才下舷梯。而周总理又是怎么做的呢？在尼克松步出机舱，走下舷梯近一半时，周总理鼓起掌来，尼克松也报之以掌声。请注意，周总理不是等尼克松一出舱就鼓掌，也不是根本不鼓掌，而是等尼克松下梯一半时才鼓掌，足见周总理对礼仪细节的重视。尼克松对周总理说："我非常高兴来到中华人民共和国的首都——北京。"而周总理则对这次历史性的握手作了寓意深长的形容："你的手伸过世界上最辽阔的海洋——我们25年没有交往了啊！"

这次机场欢迎仪式按惯例悬挂两国国旗，奏两国国歌和检阅仪仗队等。但同当时中国接待其他国家贵宾的仪式相比还是有所区别的，最明显的一点就是没有群众欢迎场面。所以西方媒体在报道中对中国接待工作的评价是"correct, not warm"。用于礼宾，就是说"合于礼而不热"。

【案例评析】

今天，握手是世界上通行的一种见面礼节。而有时候又具有"和解""友好"等重要的象征意义。貌似简单的握手，却蕴含着复杂的礼仪细则，承载者丰富的交际信息。比如，与成功者握手，表示祝贺；与失败者握手，表示理解；与同盟者握手，表示期待；与对立者握手，表示和解；与悲伤者握手，表示慰问；与欢送者握手，表示告别等。

握手礼是石器时代穴居人留下的一种遗俗。随时代变迁遗俗逐渐演变成一种两人相握的礼节。

在一般情况下，握手礼简称握手。学习握手礼，应掌握的重要问题有行礼的时机、伸手的次序、相握的方式、握手的禁忌等。

一、握手的时机

何时宜行握手礼？这是一个十分复杂而微妙的问题，它通常取决于双方的关系、现场的气氛，以及当事人个人的心情等多种因素，所以不能一概而论。

握手必须基于双方之间的意愿，不可强求，被人介绍后，最好不要立即主动伸手。年轻者、职务低者被介绍给年长者、职务高者时，应根据年长者、职务高者的反应行事，即当年长者、职务高者用点头致意代替握手时，年轻者、职务低者也应随之点头致意。另外一点要注意的是，在和年轻女性或异国女性握手时，男士一般不要先伸手。

一个人若是指望在人际交往中令自己显得彬彬有礼，那么下面这样一些时刻，是有必要与交往对象互行握手礼的，否则即为失礼。

1. 必须握手的场合

（1）遇到较长时间未曾谋面的熟人，应与其握手，以示为久别重逢而万分欣喜。

（2）在比较正式的场合同相识之人道别，应与之握手，以示自己的惜别之意和希望对方珍重之心。

（3）在家中、办公室里以及其他一切以本人作为东道主的社交场合，迎接或送别来访者之时，应与对方握手，以示欢迎或欢送。

（4）拜访他人之后，在辞行之时，应与对方握手，以示"再会"。

（5）被介绍给不相识者时，应与之握手，以示自己乐于结识对方，并为此深感荣幸。

（6）在社交性场合，偶然遇上同事、同学、朋友、邻居、长辈或者上司时，应与之握手，以示高兴与问候。

（7）他人给予自己一定的支持、鼓励或帮助时，应与之握手，以示衷心感谢。

（8）向他人表示恭喜、祝贺之时，如祝贺生日、结婚、生子、晋升、升学、乔迁、事业成功或获得荣誉、嘉奖时，应与之握手，以示贺喜之诚意。

（9）他人向自己表示恭喜、祝贺之时，应与之握手，以示谢意。

（10）向他人表示理解、支持、肯定时，应与之握手，以示真心实意、全心全意。

（11）应邀参与社交活动，如宴会、舞会之后，应与主人握手，以示谢意。

（12）在重要的社交活动，如宴会、舞会、沙龙、生日晚会开始前与结束时，主人应与来宾握手，以示欢迎与道别。

（13）得悉他人患病、失恋、失业、降职、遭受其他挫折或家人过世时，应与之握手，以示慰问。

（14）他人向自己赠送礼品或颁发奖品时，应与之握手，以示感谢。

（15）向他人赠送礼品或颁发奖品时，应与之握手，以示郑重。

2. 免行握手礼的场合

在下述一些情况下，因种种原因，不宜同交往对象握手为礼，则应免行握手礼。在适当的情况下，可采用对方理解的方式向其致意。

（1）对方手部负伤。

（2）对方手部负重。

（3）对方手中忙于其他事。如打电话、用餐、喝饮料、主持会议、与他人交谈，等等。

（4）对方与自己距离较远。

（5）对方所处环境不适合握手。

二、伸手的次序

在比较正式的场合，行握手礼时最为重要的礼仪问题，是握手的双方应当由谁首先伸出手来"发起"握手。倘若对此一无所知，在与他人握手时轻率地抢先伸出手去而得不到对方的回应，那种场景一定是令人非常尴尬的。

在公务场合，双方往往是先打招呼后握手致意，握手时伸手的先后次序主要取决于职位、身份。在社交、休闲场合，握手的次序主要取决于年龄、性别、婚姻状况。握手遵循的是"高者优先"的原则，即地位高的人先伸手，实际上是前者对后者接纳的一种表示。

1. "高者决定"原则

根据礼仪规范，握手时双方伸手的先后次序，应当在遵守"高者决定"的原则前提下，具体情况具体对待。

"高者决定"原则的含义是，在两人握手时，各自应首先确定握手双方彼此身份的高低，然后由此而决定伸手的先后。通常应由位高者先伸出手来，即"高者先行"。位卑者只能在此时予以响应，而决不可贸然抢先伸手，不然就是违反礼仪的举动。

在握手时，之所以要遵守"高者决定"的原则，既是为了恰到好处地体现对位高者的尊重，也是为了维护在握手之后的寒暄应酬中位高者的自尊。因为握手往往意味着进一步交往的开始，如果位高者不想与位低者深交，他是大可不必伸手与之相握的。换言之，如果位高者主动伸手与位低者相握，则表明前者对后者印象不坏，而且接下来有与之深交之意。

2. 具体涉及的情况

具体而言，握手时双方伸手的先后次序大体包括如下几种情况。

（1）年长者与年幼者握手，应由年长者首先伸出手来。

（2）长辈与晚辈握手，应由长辈首先伸出手来。

（3）老师与学生握手，应由老师首先伸出手来。

（4）女士与男士握手，应由女士首先伸出手来。

（5）已婚者与未婚者握手，应由已婚者首先伸出手来。

（6）社交场合的先至者与后来者握手，应由先至者首先伸出手来。

（7）上级与下级握手，应由上级首先伸出手来。

（8）职位、身份高者与职位、身份低者握手，应由职位、身份高者首先伸出手来。

3. 某些特殊情况

若是一个人需要与多人握手，则握手时亦应讲究先后次序，由高而低，即先年长者后年幼者，先长辈后晚辈，先老师后学生，先女士后男士，先已婚者后未婚者，先上级后下级，先职位、身份高者后职位、身份低者。

在公务场合，握手时伸手的先后次序主要取决于职位、身份。而在社交、休闲场合，它则主要取决于年龄、性别、婚否。

在接待来访者时，这一问题变得较为特殊一些：当客人抵达时，通常应由主人首先伸出手来与客人相握。而在客人告辞时，则应由客人首先伸出手来与主人相握。前者意在表示"欢迎"，后者则表示"再见"。若这一次序颠倒，则极易让人发生误解。如客人一看表，已经 11 点 50 分了，到吃中午饭的时间了，于是起身要走，在说"再见"的同时，客人与主人握手，意思是"您别送了"。如果客人刚一说"我要走了"，主人马上伸出手来表示"再见"，就有些失礼了。

应当强调的是：上述握手的先后次序可以用以律己，却不必处处苛求于人。要是当自己处于尊者之位，而位卑者抢先伸手要来相握时，最得体的做法，还是要积极与之配合，立即伸出自己的手与之相握。若过分拘泥于礼仪，对其视若不见，"置之不理"，使其进退两难，当场出丑，则会失礼于对方。

三、握手的方式

握手是交际的方式之一。握手的力量、姿势以及时间的长短往往能够表达出对对方的态度和礼遇程度，同时也可以显露自己的个性，给人留下不同的印象。通过握手，还能了解对方的个性，从而赢得交际的主动。

握手的标准方式，是行礼时行至距握手对象约 1 米处，双腿立正，上身略向前倾，伸出右手，四指并拢，拇指张开，双方双手虎口相交，与受礼者握手。握手时用力适度，握力在 2 千克左右最佳，上下稍晃动三四次，随即松开手，恢复原状。具体来说，握手时应加以注意的问题有以下几点。

1. 神态

与人握手时，理当神态专注，热情、友好、自然。在通常情况下，与人握手时应面含笑意，目视对方双眼，并且口道问候。

在握手时，切勿显得自己漫不经心，傲慢冷淡。如果在此时迟迟不握他人早已伸出的手，或是一边握手，一边东张西望，目中无人，甚至忙于跟其他人打招呼，都是极不应该的。

2. 姿势

向他人行握手礼时，只要有可能，就应起身站立。除非长辈或女士，坐着与人握手是不合适的。

握手之时，双方彼此之间的最佳距离为 1 米左右，因此握手时双方均应主动向对方靠拢。若双方距离过大，显得像是一方有意讨好或冷落一方。双方握手时距离过小，手臂难以伸直，也不大好看。最好的做法，是双方将要相握的手各向侧下方伸出，伸直相握后形成一个直角。

3. 方式

在握手时,手的位置至关重要。常见的手位有以下两种。

(1) 单手相握。①以右手单手与人相握,是最常用的握手方式。不过进而言之,单手与人相握时,手掌垂直于地面最为适当。它称为"平等式握手",表示自己不卑不亢。②与人握手时掌心向上,表示自己谦恭、谨慎,这一方式叫做"友善式握手"。③与人握手时掌心向下,则表示自己感觉甚佳,自高自大,这一方式叫做"控制式握手"。

(2) 双手相握。①双手相握,即用右手握住对方右手后,再以左手握住对方右手的手背。这种方式,适用于亲朋故旧之间,可用以表达自己的深厚情意。一般而言,此种方式的握手不适用于初识者或异性,因为它有可能被理解为讨好或失态。这一方式,有时亦称"手套式握手"。②双手相握时,左手除握住对方右手手背外,还有人以之握住对方右手手腕。握住对方右手手臂、按住或拥住对方右肩这些做法,若非对至交,则最好不要滥用。

4. 力度

握手之时,为了向交往对象表示热情友好,应当稍许用力,大致握力以在两千克左右为宜。与亲朋故旧握手时,所用的力量可以稍微大一些;而在与异性以及初次相识者握手时,则千万不可用力过猛。

总之,在与人握手时,不可以毫不用力,不然就会使对方感到缺乏热忱与朝气。但也不宜矫枉过正,要是在握手时拼命用力,不将对方整得龇牙咧嘴不肯罢休,则难免有示威或挑衅之嫌。

5. 时间

在普通情况下,与他人握手的时间不宜过短或过长。大体来讲,握手的全部时间应控制在 3 秒钟以内,握上后稍晃动三四下手即可。握手时两手稍触即分,时间过短好似在走过场,又像是对对方怀有戒意。而与他人握手时间过久,尤其是拉住异性或初次见面者的手长久不放,则显得有些虚情假意,甚至是被怀疑为"占便宜"(图 4-5)。

图 4-5 握手

四、握手的禁忌

在人际交往中,握手虽然司空见惯,看似寻常,但是由于它可被用来传递多种信息,因此在行握手礼时应努力做到合乎规范,并注意下述失礼的禁忌。

（1）不要用左手与他人握手，尤其是在与阿拉伯人、印度人打交道时要牢记此点，因为在他们看来左手是不洁的。

（2）不要在握手时争先恐后，而应当遵守秩序，依次而行。特别要记住，与基督徒交往时，要避免两人握手时与另外两人相握的手形成交叉状，这种形状类似十字架，在基督徒中被认为是很不吉利的。

（3）不要在握手时戴着手套。只有女士在社交场合戴薄纱手套与人握手，才是被允许的。

（4）不要在握手时戴着墨镜。只有患有眼疾或眼部有缺陷者方可例外。在路上跟人打招呼，将墨镜摘下来再去握手，这是起码的礼貌。

（5）不要在握手时将另外一只手插在衣袋里。

（6）尽量不要在握手时另外一只手依旧拿着东西而不肯放下。例如，仍然拿着香烟、报刊、公文包、行李等等。

（7）不要在握手时面无表情，不置一词，好像根本无视对方的存在，而纯粹是为了应付。

（8）不要在握手时长篇大论，点头哈腰，滥用热情，显得过分客套。过分的客套不会令对方受宠若惊，只会让对方不自在，不舒服。

（9）不要在握手时仅握住对方的手指尖，好像有意与对方保持距离。标准的握手姿势应该是平等式，即大方伸出右手用手掌和手指用一点力握住对方的手掌。要注意，这种握手方法是男女通用的。很多人认为，与女人握手只能握她的手指，这是错误的。

（10）不要在握手时只递给对方一截冷冰冰的手指尖，像是迫于无奈似的。这种握手方式在国外称作"死鱼式握手"，被公认是失礼的做法。

（11）不要在握手时把对方的手拉过来、推过去，或者上下左右抖个没完。还须谨记，切勿在握手后拉着对方的手长时间不放。

（12）不要以肮脏不洁或患有传染性疾病的手与他人相握。

（13）不要在与人握手之后，立即揩拭自己的手掌，好像与对方握一下手就会使自己受到"污染"似的。

（14）不要拒绝与他人握手，如果有手疾或手上有汗湿、污垢等暂不宜与对方握手，要先和对方说一下"对不起，我的手现在不方便"，以免造成不必要的误会。

第五节　常见的其他会面礼节

【案例导入】

奇特的见面礼

南美洲圭亚那东部的依那族十分好客，但他们的礼节会使你胆战心惊。如果你去那里做客，主人在门前离你几十步远的地方向你连射4箭，从你头顶上1~2厘米处飞过。当地称这种礼节为"箭首"。迎客是这样，送客也是这样。

澳大利亚有些当地土著居民见面时行"勾手礼",行该礼时两人中指相互勾住,然后再轻轻往自己身边一拉,来表示相亲、相敬。另外当地土著居民还有一种特殊的告别仪式,每当客人、亲朋好友告别时,要在口中放一根骨头使劲咬它,使其发出"咯咯"的声音,以此来互道珍重,期盼重逢。

【案例评析】

虽然各国、各地区、各民族生活习惯,文化背景不同,但都充满善意。懂得中外不同国家和地区各自的见面交往礼仪习俗,对增进彼此之间沟通交往大有好处。

在日常社会交往中,除握手礼之外,以下会面礼节,如点头礼、举手礼、脱帽礼、注目礼、拱手礼、鞠躬礼、合十礼、拥抱礼、亲吻礼、吻手礼、鼓掌礼、敬烟礼和递茶礼等也颇为常见。

一、点头礼

点头礼,又叫额首礼,它是同级或平辈间的一种礼节。它所适用的情况主要有:路遇熟人;剧院、歌厅、舞厅等不宜与人交谈之处;在同一场合碰上已多次见面者,遇上多人而又无法一一问候之时。

行点头礼时,一般应不戴帽子。具体做法是头部向下轻轻一点,同时面带笑容。不宜反复点头不止,也不必点头的幅度过大。

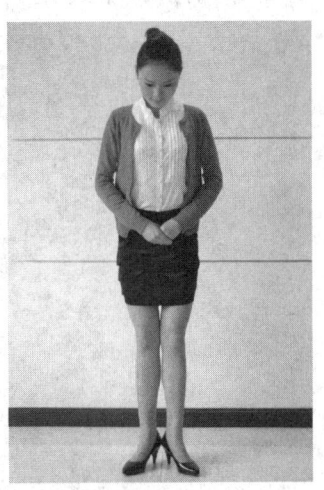

图 4-6　点头礼

双方在路上行走时相遇,可以在行进中点头示意;若在路上遇见上级或长者,必须立正行鞠躬礼,但上级对部下或长者对晚辈的答礼,可以在行进中进行,或伸右手示意(图 4-6)。

二、举手礼

举手礼是世界各国军人见面时的专用礼节,即敬礼,起源于中世纪的欧洲。当时的骑士常常在公主和贵族面前比武,在经过公主的坐席时,要口唱赞歌,歌词往往把公主比成光芒四射的美丽太阳,因而武士们看见公主时总要把手举到额前做遮阳的姿势。

敬礼时,要举右手,手指伸直并齐,指尖接触帽檐右侧,手掌微向外,右上臂与肩齐高,双目注视对方,待受礼者答礼后方可将手放下(图 4-7)。

在社交场合中也广泛使用举手礼,不过其做法与军人敬礼的做法不同,它最适合向距离较远的熟人打招呼。它的正

图 4-7　举手礼

确做法，是右臂向前方伸直，右手掌心向着对方，其他四指并齐、拇指叉开，轻轻向左右摆动一两下。不要将手上下摆动，也不要在手部摆动时用手背朝向对方。

如今国际通用的军队举手礼要领为：上体正直，右手取捷径迅速抬起，五指并拢自然伸直，中指微接帽檐右角前约2厘米处（戴无檐帽军帽或者不戴军帽时微接太阳穴，与眉同高），手心向下，微向外张（约20度），手臂不得弯曲，右大臂略平，与两肩落成一线，同时注视受礼者。

挥手道别（语言：再见）。道别时，可用右手，也可双手并用。但手臂应尽力向前伸出，手臂不要伸得太低或过分弯曲；挥手道别时要保持掌心向外，将手臂向左右两侧轻轻来回挥动，但尽量不要上下摆动（图4-8）。

图4-8 挥手道别

三、脱帽礼

脱帽礼，起源于中世纪的欧洲。当时武士打仗要戴头盔，以防敌人的袭击。当武士对女子讲话时，必须把头盔举起，以示对女性的敬重。当武士们友好相见时，为了互致友情，彼此都要把头盔掀起来露出面目。这种习惯流传下来，就是今天的脱帽礼了。在东西方国家里，此礼都较为流行。

脱帽礼有几种不同的方式，有的国家只把帽子稍脱一下立即戴上；有的是拿在手中向对方点头致意；有的则是把帽子脱下来，用左手小臂托着。

行脱帽礼时，戴制服帽者，通常应双手摘下帽子，然后以右手执之，端在身前。戴便帽者，则既可以右手完全摘下帽子，又可以右手微抬帽檐代之。不过越正规的场合越要求完全摘下帽子。一般准许女士不必摘下帽子，男士则不享有此项待遇。

脱帽礼除适用于见面之时，还适用于其他场合，比如路遇熟人，进入他人居所或办公室，步入娱乐场所，升降国旗、演奏国歌时等等。

在西方，男女相遇，男子带着容易摘下的右边帽，通常要将边帽略微提起以示礼貌。学生也用这种方法向老师致意。假如帽子不容易摘下，可以不脱，但要用手触一下。

四、注目礼

注目礼的具体做法：起身立正，抬头挺胸，双手自然下垂或贴放于身体两侧，笑容庄重严肃，双目正视于被行礼对象，或随之缓缓移动。在升国旗、游行检阅、剪彩揭幕、开业挂牌等情况下，适用注目礼。行注目礼时，不可歪戴帽子歪穿衣、东斜西靠、嬉皮笑脸、大声喧哗、打打闹闹（图4-9）。

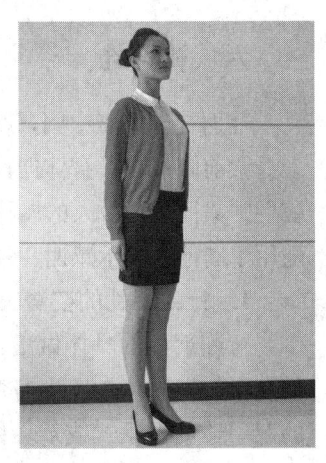

图4-9　注目礼

五、拱手礼

拱手礼，也叫作揖礼，已经有两三千年的历史了，从西周起就开始在同辈人见面、交往时采用了。古人通过程式化的礼仪，以自谦的方式表达对他人的敬意。拱手礼不仅是最能体现中国人文精神的见面礼节，而且也是最恰当的一种交往礼仪。

拱手礼的具体做法：双方彼此之间的最佳距离为2米左右，起身站立，上身挺直，两臂屈肘前伸高举抱拳，同时低头弯身。通常为左手握空拳，右手抱左手（男左女右，男士左手在外，女士右手在外），拱手齐眉，自上而下，上下摆动几次，目前拱手动作也可至左而右，或者由内而外，有节奏的晃动两到三下（图4-10）。

图4-10　拱手礼

在我国，拱手致意通常用于以下场合。①双方告别，互道珍重时可用拱手礼；有时向对方表示歉意，也可用拱手表示。②婚礼、生日、庆功等喜庆场合，来宾也可以拱手致意的方式向当事人表示祝贺。③每逢重大节日，如春节等，邻居、朋友、同事见面时，常拱手为礼，以表祝愿；为欢庆节日而召开的团拜会上，大家欢聚一堂，互相祝愿，常以拱手致意。

拱手致意时，往往与寒暄语同时进行，如："节日快乐""后会有期""恭喜、恭喜""久仰、久仰""请多多关照"等。

六、鞠躬礼

鞠躬礼起源于中国,在我国古代先秦时期已有,它包括两种:一是表示恭敬的样子,上身微前倾;二是身体向前弓的礼节,弯曲得越深,礼越重。在西方历史上的骑士时代,鞠躬则象征了对敌人的屈膝投降。在今天,鞠躬已成为一种交际礼节。目前,在国内主要适用于向他人表示感谢、领奖或讲演之后,演员谢幕、举行婚礼或参加追悼活动等。

1. 行鞠躬礼的姿势

行鞠躬礼的具体做法:双方彼此之间的最佳距离为 2 米左右,脱帽立正,双目凝视受礼者,以腰为轴,上身弯腰前倾。男士双手贴放于身体两侧裤线处或体后背手,女士的双手体前握手式或双手体前垂手、五指并拢、手背向前放于两腿正前方。弯身的幅度越大,所表示的敬重程度就越大。

正确的呼吸决定你能否正确地鞠躬。行礼时面带微笑,目视对方眼睛,随着上身弯腰前倾吸气,然后吐气的同时,眼睛看着对方的鞋面再看自己的鞋面,接着一边吸气一边慢慢地抬起上身,面带微笑,目视对方的脸。鞠躬不是单纯的点头,一定要手自然下垂,上半身向前直弯下去,也不能上身不动,只有膝盖处弯曲,歪歪头。切忌边看着对方边鞠躬;切忌一边摇晃着身体一边鞠躬。一般鞠躬一次即可,不必连续地、重复施礼(图 4-11)。

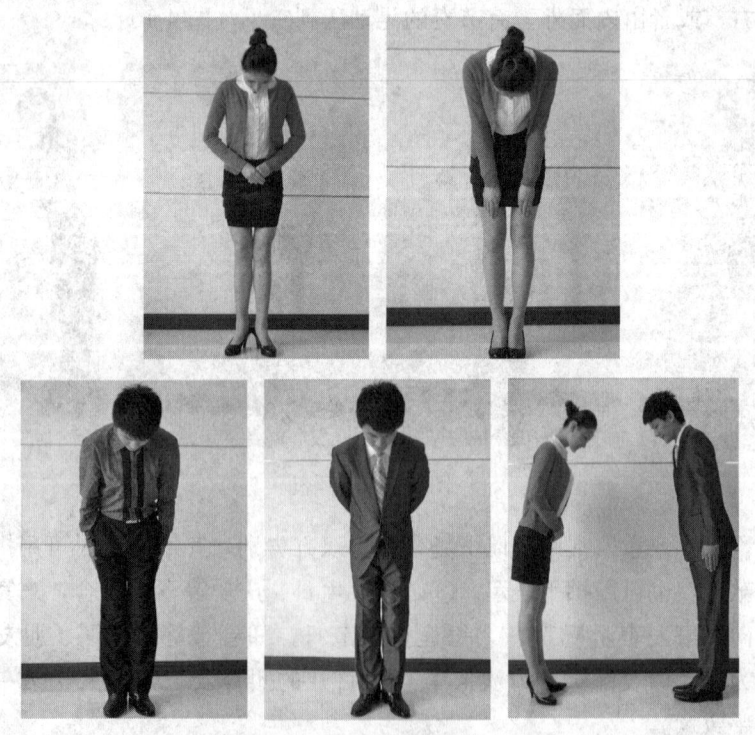

图 4-11 鞠躬礼

一般行鞠躬礼,与人擦肩而过、进出房间和端茶水打招呼时弯 15 度左右,日常问候、迎送客人表示诚恳之意时弯 30~45 度左右,45 度鞠躬多用于对上级、对长辈以及常用于重要场合、重要活动告别,90 度的大鞠躬常用于婚丧喜庆、感恩、悔过、谢罪等特殊情况。

鞠躬的次数，可视具体情况而定。在日本、韩国、朝鲜等国，鞠躬礼的运用十分广泛。

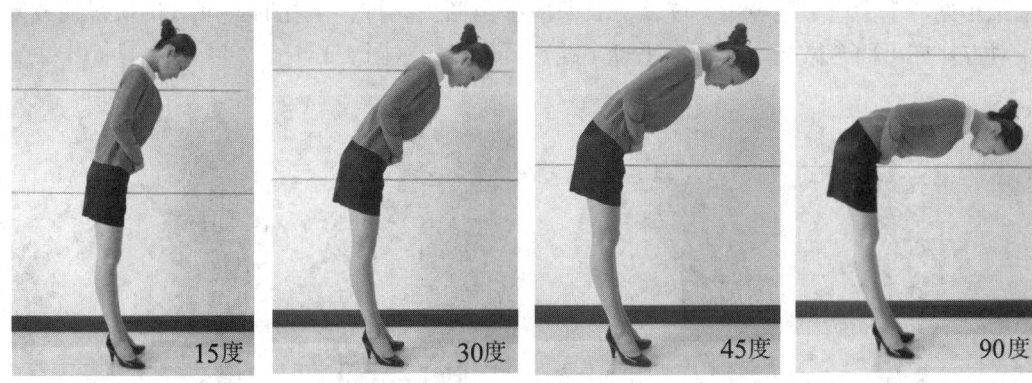

图 4-12　行鞠躬礼弯身角度

2. 行鞠躬礼的注意事项

（1）路遇长者时，在距离长者三步远的地方，行鞠躬礼。

（2）受鞠躬礼的人应还以鞠躬礼。

（3）地位较低的人要先鞠躬。

（4）地位较低的人鞠躬要相对深一些。

3. 在我国，鞠躬礼适用以下集中场合

（1）演员谢幕时。演员演出一个节目后或演出结束后，对观众的掌声常以鞠躬致谢。

（2）举行婚礼时。我国多数城镇、乡村，在举行婚礼时，实行"新郎新娘三鞠躬"传统礼仪。届时，新郎新娘要分别向尊长、亲友和来宾施鞠躬礼，新人相互间亦鞠躬。

（3）悼念活动时。灵堂吊丧、参加追悼大会、向遗体告别、赠送花圈、祭奠死者，都要向遗像、遗体和骨灰盒行鞠躬礼。

（4）上台领奖时。要向授奖者与全体与会者鞠躬行礼，以示敬意。

（5）演讲前后要表示对听众的敬意。

（6）与日本人见面时。日本人见面时一般不握手，而习惯相互鞠躬，鞠躬的深度表示对被问候人的尊敬程度。毕恭毕敬地鞠躬已成为日本人的礼仪习惯。他们的鞠躬，可分为 15 度、45 度和 90 度的三种，面对不同的敬礼对象行不同类型的鞠躬礼。在公务或日常生活中，无论是各级长官、各种工作人员，还是亲朋好友、街坊邻里之间，总要频行鞠躬礼。即使打电话道别时，彼此也往往要鞠躬以示敬意。有人曾统计，电梯女司机，每天向乘电梯顾客鞠躬可达 2500 余次。

七、合十礼

合十礼，亦称合掌礼，属佛教礼节，通行于东南亚信奉佛教的国家与地区，我国傣族聚居区也用合十礼。

合十礼施礼正规庄严，具体做法：双方彼此之间的最佳距离为 2 米左右，身体直立，双目注视对方，面带微笑，双掌十指在胸前 20 厘米处相对合，五指手指并拢向上，掌尖与鼻尖基本持平，手掌向外侧倾斜，双腿立直站立，上身微欠低头。通常，行合十礼的双手举得越高，表示对对方的尊敬程度就越高。与一般人相见，掌尖应举至胸前；平辈相见，掌尖应举至鼻尖；晚辈见长辈应举至额头。行合十礼时，可以口喊祝词或问候对方，亦可面含微笑，但不准手舞足蹈，反复点头（图4-13）。

图4-13　合十礼

合十礼可分为跪合十礼、蹲合十礼和站合十礼三类。

1. 跪合十礼

适用于佛教徒拜佛祖或僧侣的场合。据《法华经》记载："即从座起，整衣服，偏袒右肩，右膝着地，一心合掌，曲躬恭敬，瞻仰尊颜。"行礼时右腿跪地，双手合掌于两眉中间，头部微俯，以表恭敬虔诚。

2. 蹲合十礼

盛行于佛教国家的人拜见父母或师长时所用的礼节，行礼时必须身体下蹲，将合十的掌尖举至两眉间，以示尊敬。

3. 站合十礼

信奉佛教的国家平民之间、平级官员之间相见，或公务人员拜见长官时所用的礼节，行礼时端正站立，将合十的掌尖置于胸部或口部，以示敬意。行合十礼时，可以问候对方或口颂祝词。

在我国，因佛教中不行握手礼，所以一般非佛教徒对僧人施礼，也以行站合十礼为宜。在国际交往中，当对方用合十礼致礼时，也应以合十礼还礼。

八、拥抱礼

拥抱礼是欧美各国在熟人、朋友之间表示亲密感情的一种礼节，通常与接吻礼同时进行。在人们表示慰问、欣喜时，拥抱礼也十分常见。拥抱会出现在两种场合，一是浪漫的拥抱，二是礼节性的拥抱。在迎宾、祝贺、感谢等隆重场合，官方和民间的仪式中也都经常采用。欧美人拥抱就像中国人见面时微笑、点头、问好一样频繁。

拥抱礼的具体做法：讲究两人正面面对站立，两人距离20厘米，各自举起右臂，将右手搭在对方左肩后面；左臂下垂，左手扶住对方右腰后侧。首先各向对方左侧拥抱，然后各向对方右侧拥抱，最后再一次各向对方左侧拥抱，一共拥抱3次。在普通场合行此礼，不必如此讲究，次数也不必要求如此严格。拥抱时间的长短，视双方关系亲密程度而定。礼节性的拥抱一般时间较短，双方身体也不必贴得很紧（图4-14）。

图 4-14　拥抱礼

如今，拥抱礼不仅是人们日常交际中的重要礼节，而且也是世界各国政府首脑在外交场合中常用的见面礼节。

一位外国的留学生初到美国学校报到，一位热心助人的美国姑娘，帮他把行李搬到房间，然后还简单地聊了几句。在美国姑娘离去的时候，他拥抱和亲吻了那女孩一下，以示感谢。让他想不到的是，一会儿警察来了，把他铐上就走。原来那位美国姑娘报了警，说他性骚扰。他向警方申辩说以前看的美国电影，电影里面美国男女之间拥抱和亲吻是很平常的事。

即使在美国这样个性张扬的国度，看场合、看关系，并不是任何一个陌生异性之间就可以拥抱、亲吻的。现在的美国，即使拍拍女同事肩膀，也有可能会受到警告。

东欧的斯拉夫人感情十分热烈，拥抱的动作最大，拥抱热烈而有力，被称为"熊式拥抱"。而拉美人的拥抱如同握手一样普遍。

中东、西欧和非洲的有些民族则有拥抱肩头或脸颊的习俗。在也门，当晚辈拜见长辈或告别长辈时，要用双手紧紧抱住长辈的双肩，并尽情地亲吻其肩头。在西班牙，男士见面时有拥抱肩头的习俗。

喀麦隆人、中非人和埃塞俄比亚人则有"拥抱脸颊"的习俗。在喀麦隆，亲友见面时，先握手问候，后要互贴脸颊以示亲热。为使两人的脸颊紧紧地贴在一起，双方均要用手抱住对方的头用力往自己脸上搂。在中非，要抱住对方的头往自己右脸颊上贴一下，左脸颊上贴两下。在埃塞俄比亚，亲朋好友见面时，总是互相搂住对方肩头，让双方的脸颊频频相碰，接触的次数越多说明关系越密切。除中国外，也有很多国家的人交往中不行拥抱礼，比如日本、韩国、泰国、缅甸、芬兰、英国等。

九、贴面礼

2008年1月，作为法国社会党总统候选人的罗雅尔访华期间，到北京一户普通家庭做客。临别前，女主人送给她一些小礼物作纪念。罗雅尔要和她进行法式贴面礼，但这一举动却让女主人不知所措，两人尝试了好几次"贴面"都没成功。双方尴尬不已，倒是在场者笑倒一片。

这就是中法礼仪的不同。其实，在法国也仅在熟人或者虽不熟悉但感到亲切的人中间才用。男女之间能不能行贴面礼，得看"暗号"——只有女方主动把脖子伸出、脸蛋偏过，男方才可以大大方方热情一把。这时候男士如果退缩，那才是真的失礼了。在行贴面礼时，通常从右颊开始，遵循右颊—左颊—右颊的顺序，碰三下即可。注意，有的地区是从左颊开始，这时候就要小心看清别人的方向，否则就会酿成一场小小的"事故"。

十、亲吻礼

亲吻礼是日常交往礼仪中一种非常重要和非常普遍的交际习俗。它已成为亲朋好友间表示爱意和敬意的见面礼和告别礼。

（一）亲吻礼的来历

亲吻礼，是源于古代的一种常见礼节。它源于何时何地何人，已无从考证。有人推测它源于史前人类互舔对方的脸来吸取盐分的习惯，有人推测它源于婴儿与母亲嘴碰嘴的情感交流方式。不过，流传最广的一种说法是，它起源于古罗马帝国时代。传说，那时严禁妇女饮酒，男子外出归来，常常要先检查一下妻子是否饮酒，便凑到她的嘴边闻一闻，嗅一嗅。这样沿袭下来，夫妇把嘴凑到一起的举动逐渐成为夫妇见面时的第一道礼节。后来，这种礼节逐渐普及，使用范围也逐渐扩大，终于演变成今日的亲吻礼。

西方现代的亲吻礼，在欧美许多国家广为盛行。美国人尤其爱行此礼，法国人不仅在男女间，而且在男子间也多行此礼。法国男子亲吻时，常常行两次，即左右脸颊各吻一次。比利时人的亲吻比较热烈，往往反复多次。

（二）亲吻礼的规矩

在行礼时，双方关系不同，亲吻的部位也会有所不同。父母与子女之间是亲脸，亲额头；兄弟姐妹、平辈的亲友之间是贴面颊；亲人、熟人之间是拥抱，亲脸，贴面颊。在公共场合，关系亲近的妇女之间是亲脸，男女之间是贴面颊，长辈对晚辈一般亲额头。接吻，仅限于夫妻与恋人之间，而不宜滥用，更不宜当众进行。在当今西方一些国家，亲吻部位不同，所表示的内涵也不一样。如吻额表示友情，吻眼表示幻想，吻颊表示欢喜，吻唇表示恋爱，吻手表示敬意，吻掌表示热望。法国人生性浪漫，甚至两位大男人见面时，通常要当众在对方的脸上吻一下。世界上最著名的一个雕塑"吻"就是由法国人罗丹在1986年塑成的。

（三）亲吻礼的注意事项

(1) 行亲吻礼时，动作要轻快，勿过重过长或出声。
(2) 要注意口腔清洁无异味，不要把唾沫弄在对方脸上、额上或手背上。
(3) 长辈与晚辈之间，一般而言，宜吻脸颊和额头。
(4) 平辈之间，宜轻贴面，关系密切的子女之间可吻脸。
(5) 异性之间，宜贴面，男士对女士表示敬意可吻手。
(6) 如果不是特殊关系和特殊场合，年轻、地位低者，不要急于抢先施亲吻礼。

十一、吻手礼

吻手礼是流行于欧美上层社会的一种礼节，起源于中世纪的欧洲。吻手礼的具体做法：男士行至已婚妇女面前，距离约80厘米，首先垂首立正欠身致意，征得女方同意，女士将右手轻轻抬向左前方约60度，是准许行吻手礼的暗示。随后，以右手或双手捧起女士的右手，俯首以自己微闭的嘴唇，去象征性地轻吻一下其手背或是手指。行吻手礼的地点，宜在室内为佳。

行吻手礼时，如女方身份地位较高，男方多以一膝作半跪姿势后，再托手吻之。吻手礼的受礼者，只能是妇女，而且应是已婚妇女。手腕及其以上部位，是行礼时的禁区。此项礼节在英、法两国最受重视（图4-15）。

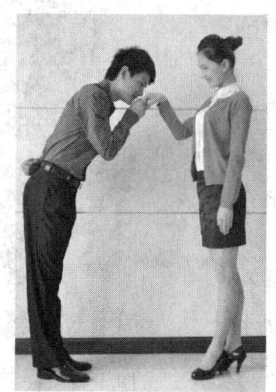

图4-15　吻手礼

在涉外场合，如果对方男士向中方女士行吻手礼时，应礼貌的予以接受。整个动作完成要做到：稳重、自然、利索，不留"痕迹"。

十二、抚胸礼

抚胸礼又称按胸礼，一般是指以手部抚按胸前的方式来向他人致意，在信奉基督教、伊斯兰教的国家里普遍流行。

抚胸礼的具体做法：上身稍躬，眼睛注视对象或目视前方，抬头挺胸，以右手掌掌心向内，指尖朝向左上方，然后将其抚在本人的左胸前（图4-16）。

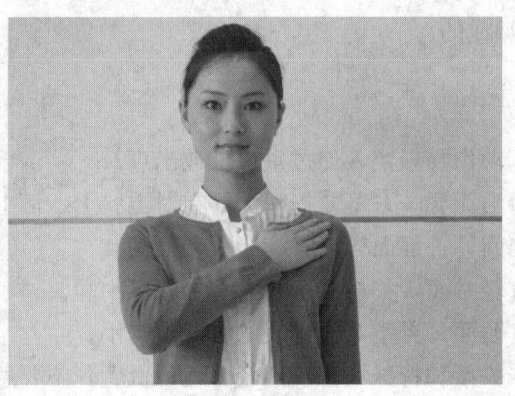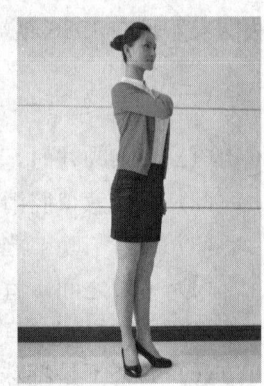

图 4-16　抚胸礼

抚胸礼通常也会与一些其他的见面礼节同时使用，最常见的是与鞠躬礼同时使用。在某些国家，升国旗的场合人们习惯行抚胸礼；相互见面时，先行抚胸礼，然后再与交往对象握手。

十三、挽臂礼

挽臂礼节，是优雅高贵的，最为重要的挽臂的姿势。在改革开放以前，异性之间挽臂而行，还被中国人看作是有伤风化的。而在今天，挽臂早已为人们普遍接受。同性可以挽臂，异性也可以挽臂。夫妇与情侣可以挽臂，较为亲密的亲友也可以挽臂。中国人与中国人可以挽臂，中国人同外国人也可以挽臂（图 4-17）。

图 4-17　挽臂礼

人们在日常生活中的一举手，一投足，都体现着自身的修养，并且会给他人以这样那样的印象。挽臂也是如此。

挽臂的姿势至为重要。挽臂礼的具体做法：女士站在男士的右侧，伸出左手，轻轻地挽住男士右臂的臂弯。此时男士的右臂应有一定幅度的弯曲，而不宜伸直。但是在正式场合中，男士右臂的臂弯不宜太大，否则就会使女士紧紧地贴在自己的身上。不论二者是何等关系，这一姿势都是不雅观的。

在公共场合里，常常可以见到这样的情景：一位女士紧紧依偎在一位男士的怀抱里，两人两手相握还觉得不够，于是男士便用另一只手紧紧握住女士的后腰。在公众面前如此这般，实属不当。挽臂时，女士以手紧抓男士手臂也不好看。

由于女士身材较为矮小，步子迈得不大，加之不少人为了追求自己的步态美还穿着高跟鞋，因此在挽臂时，男士要给予女士充分的体谅，不要独自快行。那样会使女士的步子跟不上，样子是很难看的。某些女士为了向自己的丈夫或情侣撒娇，故意装着走不动，而让男士充当一部"拖拉机"拖着自己走。她的心中此刻大约无比甜蜜，但其他人会怎么看呢？除此而外，挽臂的双方在某一时间内，要保持一定的挽臂姿势，不要一会儿从这只手臂换到另一只手臂，一会儿摇晃个不停，去追逐所谓"新的感觉"。

正确的挽臂姿势应当是女士挽着男士的手臂,而不是相反。男士挽扶女士,只有在下属情况下才是允许的;女士是长辈或老师,女士的身体极为虚弱并需要帮助。

在大街上挽臂而行,应当留神不要挡住其他人的去路,从而招来埋怨。有些女学生为了显示朋友们之间的亲密无间,经常一大群人一起挽臂而行,无意中会妨碍他人的行动。

中国人挽臂,目前以夫妇和情侣之间最为普遍,此外晚辈、学生对于尊敬的长辈、老师也有挽臂之举。但是在一般情况之下,关系普通的异性之间还不习惯于挽臂。因此,在日常生活中,男士不应当主动要求同自己关系一般的女士挽住自己的手臂,或去挽扶对方。如果女士首先提出要求,则是允许的。通常应由女士决定是否需要挽臂。

外国人把挽臂看做是男士对女士的尊重、友爱和帮助的具体体现。在西方国家里,任何关系的异性都可以挽臂而行。我们在涉外活动中,大概会遇到这样的情况,同外宾合影留念时,一位男外宾会暗示我方女士挽住他的手臂。去国外访问时,一位外国女士会主动挽着我方男士的手臂。礼节上对此都是允许的,我们不应当大惊小怪,发生误会,如果自己十分不习惯,可以如实相告,并向对方道歉。

在国内,同性挽臂是常有的事,一般应当是身材较低的一方挽住身材较高一方的手臂。然而在涉外活动中,不能用这种方式去向外宾表示友好。在西方,同性在一起显得过于亲密,人们会认为他们一定有同性恋的倾向。

十四、挽扶礼

在过马路、上下公共汽车时,遇到需要帮助的老人、病人、残障人,大都会去挽扶他们一下,这是社会所倡导的。但对外宾不要这样做,你去挽扶一位年老的外宾上公共汽车,他可能会大发雷霆,谁让你看不起他的"年轻力壮"呢,所以需在征得对方同意后方可进行挽扶。但是在国内,见到年老体衰的人上下楼梯,过危险区,走暗道等,都应给予挽扶。

挽扶礼的具体做法:挽扶者应站在被挽扶者的左侧,屈肘向前,用右手握住对方的肘部,左手手心向上,握住被挽扶者的腕部,适当地给予被挽扶者支撑的力量。被挽扶者左手屈臂抬起,掌心向下(图4-18)。

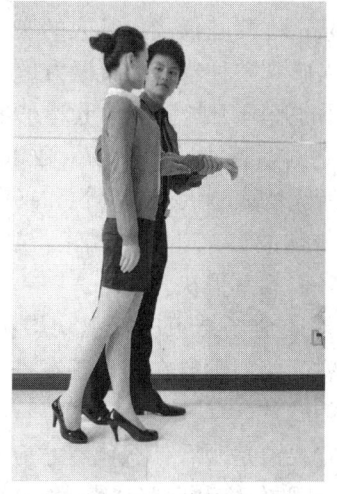

图4-18 挽扶礼

十五、鼓掌礼

人们对他人表示欢迎、祝贺、激励时,常常会鼓掌,鼓掌是一种常用的礼节。鼓掌的方式有许多种。举臂过顶,掌声热烈密集,伴随着兴奋的欢呼;正襟危坐,鼓掌的声音亢奋但有节制;面带微笑,用掌心互相拍击,这时的掌声并不重要,重要的是表示自己对别人祝贺的心情。

的确,在不同的场合,掌声应有所区别,不同的掌声应与不同的气氛相协调。鼓掌的适度、得体,显示着一个人的风度和修养。

在电视新闻里经常可以看到,两国签订某项协议之后,双方领导人互换备忘录,这时站在后面陪同的两国官员便轻轻鼓掌,以示庆贺。

在正式场合里鼓掌,通常有一定的规范。鼓掌的具体做法:两臂屈肘抬至于胸前,双手四指并拢,自然弯曲,拇指张开,左手手心向上,右手手心向下,用掌心互相拍击,有节奏地发出响声,必要时,应起身站立。节奏平稳,频率一致。鼓掌的同时,最好以微笑相伴。鼓掌时间长短应根据具体场景决定(图4-19)。

图 4-19 鼓掌礼

每逢大规模的庆典,譬如某工程奠基仪式,某人的庆功表彰大会,响成一片的掌声会增加会场内的热烈气氛,让人感到一种集体的凝聚力量。

在1949年中华人民共和国的开国庆典上,当毛泽东主席站在天安门城楼上,向世界庄严宣布中华人民共和国成立的话音刚落,广场上数以万计群众的掌声已响成一片。这掌声传达了中国人民用语言所无法表达的由衷喜悦和兴奋。

在这种重大仪式上鼓掌,鼓掌的姿态还应当端正。鼓掌的时候要用掌心互相拍击,这样声音才大才响。节奏要稳,但频率得快。

观看文艺演出,在其中一幕或全场结束时,观众均应鼓掌。这既是对演出表示赞许,也是对演员的辛劳表示的慰问。但不要在演出正在进行时鼓掌,那样做既分散演员的注意力,又有碍于其他观众的欣赏。

你要是个体育迷,那么一定要清楚观看什么比赛才应该鼓掌。看球类比赛,人们非得大喊大叫,否则无法尽兴。如果在这种赛场上鼓掌,那么掌声一定会被欢呼声所淹没。体操、台球、网球比赛,因为有屏气凝神一触即发的时刻,赛场观众会保持片刻的安静,在运动员精彩纷呈的表演过后,观众往往以掌声相赞美。但如果体操运动员动作失败,掉下器械,但又重上器械继续比赛;或者完成整套动作后落地不稳,但仍然站起来完成最后的亮相,这时都应为运动员的坚强意志和顽强作风报以热烈的掌声。

如果是听报告,报告人上台讲话之前和讲话结束之后,听众都要鼓掌欢迎、欢送。讲话中出现精辟的话语,听众也要适时地鼓掌。但掌声不宜过长,以免影响正常的讲演过程。

遇到演出或讲演中出现一些意外时,应表示宽容和理解。在这时鼓掌俗称鼓倒掌,被认为是对演员或讲演人的讽刺和嘲弄,是极不礼貌的。

十六、敬茶礼

敬茶主要分为两方面:奉茶和递茶。

1. 奉茶之人

以茶待客时,由何人为来宾奉茶,往往涉及对来宾重视的程度问题。在家中待客时,通常可由家中的晚辈或者家政服务员为客人上茶。接待重要的客人时,则应由女主人,甚至主人自己为之亲自奉茶。

在工作单位待客时,一般应由秘书、接待人员、专职人员为来客上茶。接到重要的客人时,则应由本单位在场的职位最高者为之上茶。

2. 奉茶顺序

若来访的客人较多时,上茶的先后顺序一定要慎重对待,切不可肆意而为。合乎礼仪的做法应当是:其一,先为客人上茶,后为主人上茶;其二,先为主宾上茶,后为次宾上茶;其三,先为女士上茶,后为男士上茶;其四,先为长辈上茶,后为晚辈上茶。

如果来宾甚多,且其彼此之间差别不大时,可采取下列4种顺序上茶:其一,以上茶者为起点,由近而远依次上茶;其二,以进入客厅之门为起点,按顺时针方向依次上茶;其三,在上茶时,以客人的先来后到为先后顺序;其四,上茶时不讲顺序,或者由饮者自己取用。

3. 奉茶的方法

标准的上茶步骤是:双手端着茶盘进入客厅,首先将茶盘放在临近客人的茶几上或备用桌上,然后右手拿着茶杯的茶托,左手附在茶托附近,从客人的右后侧双手将茶杯递上去,置于客人的右前方。茶杯放置到位后,杯耳应朝向右侧,若使用无杯托的茶杯上茶时,亦应双手捧上茶杯。

4. 续水的时机

为客人端上头一杯水时,通常不宜斟得过满,更不允许动辄使其溢出杯外。得体的做法是应当斟到杯深的 2/3 处,不然就有厌客或逐客之嫌。

若是诚心诚意的以茶待客,最适当的做法,就是要为客人勤斟茶,勤续水。一般来讲,客人喝过几口茶后,即应为之续上,决不可以让其杯中茶叶见底。这种做法的寓意是:"茶水不尽为客添,慢慢饮来慢慢叙。"

中国人待客有"上茶不过三杯"一说。第一杯叫做敬客茶,第二杯叫做续水茶,第三杯叫做送客茶。如果一再劝人用茶，而又无话可讲，则往往意味着提醒来宾"应该打道回府了"。有鉴于此，再以茶招待较为守旧的老年人或海外华人时，切勿再三为之斟茶。

递茶礼主要流行于中国、日本、韩国等亚洲国家。递茶的总要求是茶水别溢出来，别妨碍他人。切勿大声呼喊"请喝茶"等语句，会使会谈或会议中断。

递茶时不自作主张挪开桌上的资料和文件。杯碟应分放在茶盘上端出，若将茶杯放于碟上端出，一旦茶溢出，便会流到碟上，当客人端杯饮茶时，茶就会从杯底滴下来。

递茶时不在客人正前方或正后方上茶，而应在客人右后方进行服务。杯耳朝左或朝右均可，只要方便客人端茶或接茶。

在会议、用餐时，在肩与肩的狭窄空间递茶，应小声说"对不起、请用茶、打扰了"等礼貌用语予以提示，不声不响地递茶，很可能被突然转身的客人碰翻。

十七、敬烟礼

1985年9月的一天，邓小平同志要在人民大会堂的会见大厅会见新加坡总理李光耀。以往会见外宾时，他总是从家里自带香烟，点烟一支再听有关人员回报。可这一天当工作人员把香烟递过来时，他却断然地说："烟，今天不吸了。"在座的人惊奇地问："您今天为什么宣布不吸烟了？"邓小平同志说："李光耀总理闻不得烟味儿。"原来这还是在1978年邓小平访问新加坡时知道的。当时他拜会李光耀总理和李光耀总理回拜时都没有吸烟。邓小平把中华民族注重礼节礼貌的优良传统体现在外事活动中，令人敬佩和感动。

在中国人相互交往中，有时以敬烟作为一种礼节。但是，在国际场合若以敬烟为礼，则不符合国际交往礼节。

吸烟有害健康，在世界已被越来越多的人所认识。在国外，吸烟者常作为不受欢迎的人，所以一般没有敬烟的习惯。在公共场所一般都有禁烟的标志，例如在教堂、商店、剧院、博物馆、会议厅等室内都不许吸烟，更谈不上敬烟了。国外的航空公司在给乘客发登机牌时，都要问乘客是否吸烟，以便把吸烟者和不吸烟者的座舱分隔开来，但即使坐在吸烟舱内的乘客，也总是克制自己的烟瘾。在火车、轮船上设有吸烟专座，在普通车厢里不得吸烟。可见，在社会交往的许多场合中，吸烟不是一种时髦的举止，而是一种缺乏修养的表现，已被视为不文明习惯。

交往中如需要敬烟和吸烟，则有许多需要注意的礼仪要求。吸烟应首先征得主人、长者、女士同意后方可吸烟。但即使对吸烟不反对，如果他们不吸烟，为尊重主人、长者和女士，也以不吸烟为宜。

在国际交往中，一般不敬烟。若敬烟，就应讲究先后有序，先向长者、贤者、女士敬烟，敬烟时的标准动作是将烟弹出一些，右手握烟盒下半部，左手略低于右手，作双手递呈状，请对方取烟，并为其点烟。

点火时，应火苗稳定后再点。给西方人特别是美国人点烟时，火不能持续点到第三人，一根火柴一般只点两支香烟（点火三次，谐音"散伙"），打火机需在燃一次点两支后再打燃去点火。因为在18世纪美法战争时，美国士兵吸烟持续点火到第三人，被认为是不吉利的。此外，还要注意吸烟的方法，有人吸烟时，把烟吸到烧手或过滤嘴的边缘，这种吸法很小气；也不要吸到一半就扔掉，别人会误会认为是摆阔气或对他人敬烟不喜欢。吸烟避免向别人直喷吐气，避免一边叼着香烟，一边与他人说话或一边走路一边吸烟，这些都是失礼或轻视他人的表现。吸烟时烟灰、烟蒂、火柴棍不要乱丢在地上，当别人替你拿来烟灰缸时应道谢。

2011年5月1日，中华人民共和国卫生部公布修订后的《公共场所卫生管理条例实施细则》，细则新增加"室内公共场所禁止吸烟"等规定，标志着禁烟已上升到国家层面。

第六节　名片礼仪

【案例导入】

某高校的张校长随团出访欧洲开展校际合作工作。出国之前她调整了办公室的电话号码，但因忙于其他工作而忘记重新印制一套名片。所以，每到送名片的时候，为了让对方能通过新的电话找到自己，都在名片上临时用钢笔加注了几个有用的电话号码和地址。半个月跑下来，张校长累得筋疲力尽，却未见有外国高校与其有过实质性接触。后来经人指点，才明白问题出在哪儿，原来是她奉送给外国高校的名片不合规范。为了省事，张校长临时用钢笔在自己的名片上加注了几个有用的电话号码，本想这样联系起来更方便和更有效，可在外国高校看来，名片犹如一个人的"脸面"，对其任意涂改，加减内容，只能表明她在为人处世方面敷衍了事，马马虎虎。

【案例评析】

在国际交往中，强调名片如"脸面"，"脸面"是不能任意修改的，否则会贻笑大方。本案例中，张校长不该在代表着一个人"脸面"的名片上临时修改电话号码，这样会给人粗心大意的不好感觉。

名片在我国西汉时就已广为流行了。当时削竹、木为片，刻上名字，供拜访者通报姓名用。这种竹、木片当时称为"谒"，东汉时改称为"刺"，又称"名刺"。以后改用纸后，又叫"名纸"，现在普遍称为"名片"。

名片是一个人身份的象征，是当代社会私人交往和公务交往中一种最为经济实用的介绍性媒介。在国际交往中，一个没有名片的人被视为没有社会地位的人；一个不随身携带名片的人，是不尊重别人的人。由于它印制规范、文字简洁、使用方便、便于携带、易于保存，而且不讲尊卑、不分职业、不论男女老幼均可使用，因此使它用途广泛，颇受社会各界的欢迎。

作为一种自我的"介绍信"和社交的"联谊卡"，名片在人际交往中可用以证明身份，广结良缘，联络老朋友，结交新朋友。鉴于名片的这种重要功能，所以有必要对它加以郑重对待。要把它提高到本人的脸面、个人的形象乃至单位形象的直接化身这一高度,来加以充分的重视。

在人际交往中,如想正确使用名片,有必要对名片的制作、名片的分类、名片的用途、名片的交换以及名片的存放等5个方面的问题有所了解,并且尽可能地做到合乎礼仪规范。

一、名片的制作

目前,在国内印制名片,一般均可委托名片制作商承办,所以并不费力。然而为了使自己的名片规范实用,还是应当精心选择,耐心斟酌,以求使名片体现本人的风格,而不可一味地对名片制作商悉听尊便,致使自己的名片被粗制滥造,影响自己的脸面。

1. 规格

眼下国内最通用的名片规格为9厘米×5.5厘米,即长9厘米,宽5.5厘米。这是制作名片时应当首选的规格。此外,名片还有两种常见的规格:10×6和8×4.5。前者多为境外人士使用,后者则为女士所专用。

如无特殊需要,不应将名片制作过大,甚至有意搞成折叠式,免得给人以标新立异、虚张声势、刻意摆谱之感。

2. 质材

印制名片,最好选用纸张,并以耐折、耐磨、美观、大方的白卡纸、再生纸、合成纸、布纹纸、麻点纸、香片纸为佳。至于高贵典雅、纸质挺括的刚古纸、皮纹纸,则可量力而行,酌情选用。必要时,还可覆膜。在一般情况下,没有必要选用布料、塑料、皮革、光纤、钢材、木材、黄金、白银等其他质材印制名片,它们或价格昂贵,或不甚实用。

3. 色彩

印制名片的纸张,宜选庄重朴素的白色、米色、淡蓝色、淡黄色、淡灰色,并且以一张名片一种颜色为好。

最好不要印制杂色名片,令人看得眼花缭乱。也不要用黑色、红色、粉色、紫色、绿色印制名片,它们均会给人以失之于庄重的感觉。

4. 图案

在名片上,允许出现的图案除纸张自身的纹路,还有企业标志、企业蓝图、企业方位、企业主导产品简介等,但以少为佳。不提倡在名片上印人像、漫画、花卉、宠物。这些东西并无实用价值,却会给人以华而不实的印象。

5. 内容

一张形象效果俱佳的名片应包括以下几项内容。①公司标志、商标或公司的徽记。②姓名、职务、公司名称。③公司地址、电话号码、传真号码。若有必要,可印上其他办事处的地址。④在涉外交往中一定要用两种语言印制名片,一面用中文,另一面用当地语言。

6. 文字

在国内使用的名片,宜用汉语简体字,不要故弄玄虚地使用繁体汉字。在国内少数民族聚居区、外资企业以及境外使用的名片,可酌情使用少数民族文字或外文。

最佳的做法，是在一枚名片的两面，分别以简体汉字和另外一种少数民族文字或外文印制相同的内容。切勿在一枚名片上采用两种以上的文字，也不要将两种文字交错印在同一面。

7. 字体

不论使用何种文字印制名片，均采用标准、清晰、易识的印刷体为好。尽量不要采用行书、草书、篆书或花体字印制名片，更不要亲自手写。要记住：只有他人看清楚、看懂了自己的名片，它才会真正发挥作用。

8. 印法

制作名片，最好不要手书自制，也不要以复印、油印、影印的方法制作名片，它们均不够正规。名片一般铅印即可，若是胶印，则显得档次更高一些。但是，后者价格会高出前者许多。

9. 版式

印制名片，通常有两种版式可以选择。一是横式，行序由上而下，字序由左而右。第一行顶格书写持片人的单位名称。第二行用较大字号在名片正中书写持片人姓名，有职务、职称或学衔的，通常用小字标在姓名右下方。第三行是持片人的详细地址及电话号码、电子邮箱等。二是竖式，行序由右而左，字序由上而下。第一行是持片人的单位名称，顶格写在名片左边。第二行是持片人的姓名，低两格用较大字号写在名片正中，持片人的职务、职称、学衔等用小字体标在名字右下方。第三行是持片人的详细地址及电话号码、电子邮箱等。

一般认为，中文名片以采用横式为佳，因为它易辨识，易收藏。而竖式名片虽然风格古朴，却不具备这些优点。若以两种文字印制同一枚名片，则应避免一面横式、一面竖式。

10. 名片制作在国际交往中的四不准

（1）名片不准随意涂改。在国际交往中，强调名片如"脸面"，"脸面"是不能随意修改的，否则会贻笑大方。

（2）名片不准提供私宅（私人联络）电话。现代礼仪讲究保护个人隐私权，有教养、有身份的人不向别人索取私人电话，或私宅电话。在国际交往中，讲究公私有别，因公交往的电话就是办公室的电话，手机号码不提供，私宅电话更不提供。

（3）名片不准提供两个以上的头衔。名片上不能出现两个以上的头衔，原因是讲究"闻道有先后，术业有专攻"，倘若一张名片上印的头衔很多，有三心二意、用心不专甚至蒙人之嫌，所以很多有地位有身份的人，为强调自己的不同身份，在身上同时准备多种名片（政治性、学术性、社交性），以便和不同的交往对象交换。

（4）名片不准使用不正确或不准确的外文。以免因翻译错误而造成对方误解。

二、名片的分类

因为内容、用途各有不同，日常生活中所用的名片可分为应酬名片、社交名片、公务名片、单位名片等四类，前三种又统称为个人名片。

在正式的场合，讲究面对不同的交往对象使用不同的名片。希望给人以不同的印象，应使用不同的名片。因此，一个人同时制作并携带多种名片不足为怪，而不分对象、不讲目的地滥用同一种名片则是失当的。

1. 应酬式名片

应酬式名片，又称本名式名片。顾名思义，其内容通常只有个人姓名一项，最多还会加上本人的籍贯与字号。

应酬式名片，主要适合在社交场合应付泛泛之交，拜会他人时说明身份，馈赠时替代礼单，以及用作便条或短信。

2. 社交式名片

社交式名片，特指主要适用于社交场合，用以进行自我介绍与保持联络之用的个人名片。其内容有二：一是个人姓名，应以大号字体印于名片中央；二是联络方式，应以较小字体印于名片右下方。

其联络方式一项，主要有家庭住址、邮政编码等内容，必要时还可加印住宅电话号码。它一般不会印办公地址，以示"公私分明"。若不喜欢打扰，还可只印住宅电话号码，而不印家庭住址与邮政编码。

3. 公务式名片

公务式名片，指的是在政务、商务、学术、服务等正式的业务交往中所使用的个人名片。它是目前最为常见的一种个人名片。一枚标准的公务式名片应由归属单位、本人称呼、联络方式等三项内容所构成。

（1）归属单位。此项内容由企业标志、供职单位、所在部门等三个部分组成，可酌情加减。但供职单位与所在部门均不宜多于两个，免得给人以用心不专的印象，必要时可多印几种名片。另外，供职单位与所在部门均应采用全称。

（2）本人称呼。本人称呼由本人姓名、所任职务以及学术头衔等三个部分组成，后两项可有可无，但不宜过多。在本人姓名之后加注"先生""小姐"是完全没有必要的。

（3）联络方式。本项内容由单位地址、办公电话、邮政编码等三个部分组成，因其均不可或缺，故又称"联络方式三要素"。在此，不宜提供家庭住址与住宅电话，至于手机号码、传真号码、电传号码、电报挂号、语音信箱号码与电子信箱号码是否需要列出，则应根据自己的实际情况而定。通常本人称呼应以大号字体印在名片正中央，归属单位与联络方式则应分别以小号字体印在名片的左上角与右下角。

如有必要，可在名片的另一面印上本单位的经营范围或所在方位图，而不必非印外文不可。

4. 单位式名片

单位式名片，因其多为公司企业所用，又称企业名片。它主要用于单位对外宣传、推广活动。它的内容分为两项：一是单位的全称及其标志，二是单位的联络方式。后者由单位地址、邮政编码、单位电话总机号码或公关部电话号码构成。

三、名片的用途

名片的用途十分广泛，最主要的是用作自我介绍，也可附赠在鲜花或礼物中，以及在发送介绍信、致谢信、邀请信、慰问信等时使用。

对现代人而言，名片绝非是一种自欺欺人、招摇撞骗的幌子，而是一种真正物有所值的实用型交际工具。在人际交往中，名片的用途有自我介绍、结交朋友、维持联系、业务介绍、通知变更、拜会他人、简短留言、用作短信、用作礼单和替人介绍十种。

西方人在使用名片时通常写有几个法文单词的首字母，它们分别代表以下不同的含义与用途。

（1） N. b. （nota bene）意即"提请注意"。提醒对方注意名片上的附言。

（2） P. f. （pour félicitation）意即"祝贺"。用于节日或其他固定纪念日。

（3） P. r. （pour remerciement）意即"感谢"。在收到礼物、祝贺信或受到款待后表示感谢。它是对收到"P. f."或"P. c."名片的回复。

（4） P. c. （pour condolence）意即"谨唁"。在重要人物逝世时表示慰问。

（5） P. P. （pour presentation）意即"介绍"。通常用来把一个朋友介绍给另一个朋友。当您收到一个朋友送来左下角写有"P. P."字样的名片和一个陌生人的名片时，便意味着老朋友为您介绍了一个新朋友，应立即给新朋友送张名片或打个电话。

（6） P. P. c. （pour prendre congé）意即"辞行"。在分别时用。

（7） P. f. n. a. （pour feliciter lenouvél an）意即"恭贺新禧"。

向他人赠送礼品时，可将本人名片放入其中，或以之装入一个不封口的信封中，再将该信封固定于礼品外包装的上方。后者是说明"此乃何人所赠"的标准做法。

介绍某人去见另外一个人时，可用回形针将本人名片（居上）与被介绍人名片（居下）固定在一起，必要时还可在本人名片左下角写上意即"介绍"的法文短语缩写"P. P."，然后将其装入信封，再交予被介绍人。这是一封非常正规的介绍信，是会受到高度重视的。

四、名片的交换

欲使名片在人际交往中正常地发挥作用，还须在交换名片时做法得体。交换名片时，需要注意一些问题。

（一）交换名片的时机

（1）需要交换。遇到以下几种情况，需要将自己的名片递交他人，或与对方交换名片。①希望认识对方。②表示自己重视对方。③被介绍给对方。④对方提议交换名片。⑤对方向自己索要名片。⑥初次登门拜访对方。⑦通知对方自己的变更情况。⑧打算获得对方的名片。

（2）不需要的情况。碰上以下几种情况，则不必把自己的名片递给对方，或与对方交换名片。①对方是陌生人。②不想认识对方。③不愿与对方深交。④对方对结识自己并无兴趣。⑤经常与对方见面。⑥双方之间地位、身份、年龄差别悬殊。

（二）名片的顺序

1. 两人交换名片

遵循"先客后主，先低后高"的原则。一般是地位低的人首先把名片递给地位高的人,即位低者先行。如分不清职务高低和年龄大小时,则可先和自己对面左侧方的人交换名片。

2. 多人交换名片

如果与多人交换名片,一般是先女后男,先长后幼,按照地位高低由高至低进行。如果不方便的话,也可以由近而远进行。如果在圆桌上,可以按照顺时针方向进行,因为从礼仪序列来讲这是比较吉利的方向,说明时光在前,大家共同发展。逆时针方向只有一种情况还说得过去,就是运动会入场,那是古代奥林匹克的传统习惯。在顺时针进行时,切勿采取跳跃式,以免让对方有厚此薄彼之感。

按照西方社交礼仪,一位男士去访问一个家庭时,若想送名片,应分别给男、女主人各一张,再给这个家庭中超过18岁的妇女一张,但决不能在同一个地方留下三张以上的名片。一位女士去别人家做客,若想送名片,应给这个家庭中超过18岁的妇女每人一张,但不应给男士名片。如果拜访人事先未预约,也不想受到会见,只想表示一下敬意,可以把名片递给任何来开门的人,请他(她)转交主人。若主人亲自开门并邀请进屋,也只应稍坐片刻,名片应放在桌上,不可直接递到女主人手里。

(三)交换名片的方法

交换名片时,必须重视方式、方法。

1. 递上自己的名片

递名片给他人时,应郑重其事。最好是起身站立,走上前去,用双手拿着自己的名片,送前有一个停顿,将名片正面面对对方,用双手的拇指和食指分别持握名片上端的两角送给对方。不要以左手递交名片,不要将名片背面面对对方或是颠倒着面对对方,不要将名片举得高于胸部,不要用手指夹着名片给人。若对方是少数民族或外宾,则最好将名片上印有对方所认得的文字的那一面面对对方。

将名片递给他人时,口头应首先有所表示。可以说:"请多指教""多多关照""我们认识一下吧""今后保持联系"。名片的递送应在介绍之后,在尚未弄清对方身份时不应急于递送名片,更不要把名片视同传单随便散发。

2. 接受他人的名片

当他人表示要递名片给自己或交换名片时,应立即停止手中所做的一起事情,起身站立,面含微笑,目视对方。接受名片时,用双手拇指和食指接住名片下方的两角,并说"谢谢""能得到您的名片,深感荣幸"等。

"接过名片,首先要看",这一点至为重要。具体而言,就是接过名片后,当即要用半分钟左右的时间,从头至尾将其认真默读一遍。若有疑问,则可当场向对方请教。此举意在表示重视对方。若接过他人名片后看也不看,或手头把玩,或弃之桌上,或装入衣袋,或交予他人,都算失礼。

接受他人名片时,应口头道谢,或重复对方所使用的谦词敬语,如"请您多关照""请您多指教",不可一言不发。与此同时,须将自己的名片回敬对方,以示有来有往。

若需要当场将自己名片递过去,最好在收好对方名片后再做,不要左右开弓,一来一往同时进行。

在对方离去之前或话题尚未结束时,不必急于将对方的名片收藏起来,也不要长时间拿在手里不停的摆弄,尽量避免把名片放在口袋中或者放在其他位置(图 4-20)。

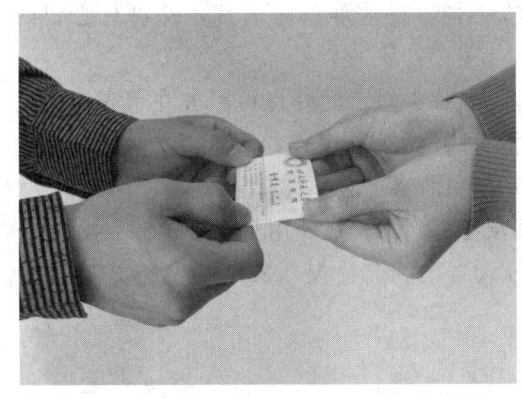 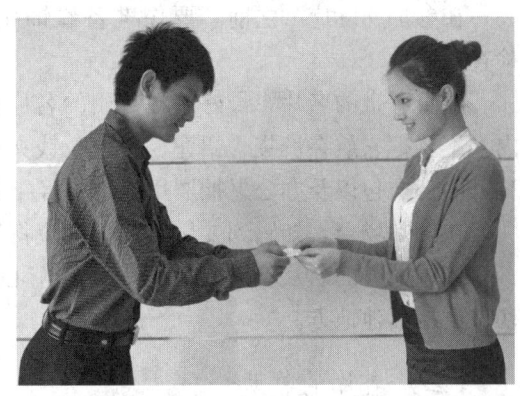

图 4-20　名片的交换

(四) 索取他人名片

如果没有必要,最好不要强索他人的名片。若索取他人名片,则不宜直言相告,而应采用以下几种方法之一。

(1) 交易法。将欲取之,必先与之,先主动将名片给对方。

(2) 激将法。可在递名片时说:"能否有幸和您交换一下名片?"面对身份地位比自己高的人可以用激将法,如说:"刘校长,认识您太高兴了,不知能否有幸跟您交换一下名片?"

(3) 谦恭法。对地位高、名气大的名流显达人士可用谦恭法。例如,"不知道以后如何向您请教?"

(4) 平等法。例如,"认识您很荣幸,不知道以后怎么和您联系?"

(五) 婉拒他人索取名片

当他人索取本人名片,而不想给对方时,不宜直截了当,而应以委婉的方法表达此意。可以说:"对不起,我忘了带名片",或者"抱歉,我的名片用完了"。不过若手中正拿着自己的名片,又被对方看见了,这样讲显然不合适。若本人没有名片,而又不想明说时,也可以以上述方法委婉地表述。

如果自己名片真的没有带或是用完了,自然也可以这么说,不过不要忘了加上一句"改日一定补上",并且一定要言出必行,付诸行动。否则会被对方理解为自己没有名片,或成心不想给对方名片。

五、名片的存放

要使名片的交换合乎礼仪,并且使其在人际交往中充分发挥作用,则还应注意如下三个问题。

（一）名片的放置

在参加交际应酬之前，要像准备修饰化妆一样，提前准备好名片，并进行必要的检查。

随身所带的名片，最好放在专用的名片包、名片夹里，此外也可以放在上衣口袋之内。不要把它放在裤袋、裙兜、提包、钱夹里，那样做既不正式，又显得杂乱无章。在自己的公文包以及办公桌抽屉里，也应经常备有名片，以便随时使用。

在交际场合，如感到要用名片，则应将其预备好，不要在使用时再去瞎翻乱找。

接过他人的名片看过之后，应将其精心放入自己的名片包、名片夹或上衣口袋内，切勿放在其他地方。

（二）名片的收藏

参加过交际应酬以后，应立即对所收到的他人的名片加以整理收藏，以便今后利用方便。不要将它随意夹在书刊、材料里或压在玻璃板下，扔在抽屉里面。存放名片的方法大体上有四种，它们还可以交叉使用。①按姓名的外文字母或汉语拼音字母顺序分类。②按姓名的汉字笔画的多少分类。③按专业或部门分类。④按国别或地区分类。

若收藏的名片甚多，还可以编一个索引，那么用起来就更方便了。

（三）名片的利用

随着人际交往的不断深入，还可在收藏的他人名片上随手记下可供本人参考的资料，使其充当社交的记事簿。在收藏他人名片上可记的有利于人际交往的资料有三点。

(1) 收到名片时的具体情况。包括收到名片的地点、时间，以及是否与对方亲自交换，等等。在国外有一种做法，即把名片的右上角向下折，然后再使其恢复原状，它表示该名片是对方亲自与自己交换的。

(2) 交换名片者个人的资料。例如，性别、年龄、籍贯、学历、专长、嗜好、主要社会关系，等等。这既可备忘，也可充作资料。

(3) 交换名片者在交换名片后变化的情况。例如，单位、部门的变化，职业的变动调任，职务、学衔的升降，联络方式的改变，等等。有一位名人曾经十分认真地说过："在现代生活中，一个不会正确地使用个人名片的人，实际上就是一个缺乏现代意识的人。"他的这句话并非小题大做，而是非常切中要害的。可以说，这句话充分地说明了名片礼仪的重要性。

六、名片的禁忌

名片以简洁雅观为要，并不是详细的个人简历，所以有些内容不适宜印在名片上。

(1) 过多的职衔。这样会使名片显得繁琐而影响美观，也有虚荣炫耀的嫌疑，名片印上最主要的职衔就可以了。如有必要可以为自己印制几种不同单位、不同职衔的名片，在公务交往中看场合和对象使用恰当的名片。

(2) 家庭电话号码。名片主要用于公务场合在现代社会公私分离的观念下，名片上一般不宜留下家庭联系方式，这也是自我保护意识的体现。如有必要，可在交换名片时当场提供，这样做往往是向对方表示自己的重视和信赖。

（3）多用途名片。名片上内容庞杂，把名片当成业务宣传单，也不是妥当的做法。

（4）涂改名片。名片上的某一项内容变更而其他不变的情况下，有人会用笔直接在名片上涂改。名片是一个人的脸面，这种"节约"的做法，相当于在自己脸上涂鸦，缺乏自我形象意识。

（5）名片带香味。气味的喜好不具备普遍性，接收者很可能对这种气味敏感或者抗拒。

基 础 练 习

一、解答题

1. 简述问候礼仪的注意事项。
2. 人际交往中称呼的原则有哪些？称呼礼仪有哪些禁忌？
3. 简述握手时的注意事项。
4. 为他人做介绍时，怎样确定先后顺序？接受他人名片应注意哪些礼节？
5. 除了握手礼外，国内外还有哪些通行的会面礼？
6. 请问索取他人的名片有哪几种方法？递上自己的名片应注意哪些细节？

二、案例分析

1. 小刘、小杜和小王平时学习成绩不相上下，毕业前同到一家公司应聘一个接待岗位的工作。

小刘是第一个面试者，考官友好地向他伸出了右手，小刘不经意地也伸出了手，头都没抬，轻轻地握了一下考官的手，随即就缩了回去。倒是小杜为人直率，见考官主动伸手，便实实在在地用双手握住了对方的右手，连声说："您好，您好！"考官在听到一连串的"您好"之后，见小杜依然不放手，表情有些变化，礼貌地说了一句："小伙子，手很有劲。"听到考官的话，小杜仍没有放手，而是一边上下晃动一边说："您过奖了！"小王是最后一个面试，同样，考官友好地伸出了手，小王马上将手递过去，并非常有礼貌地看着对方，谦恭地握了一下考官地手，然后马上进入面试问答。结果可想而知，小刘、小杜在自己没弄懂原因的情况下就被淘汰了。

请结合本章节所学内容点评分析案例。

三、实训练习

情景模拟展示：请同学、朋友或家人配合，练习各种见面礼仪、为他人做介绍的综合礼仪和名片交换礼仪。

实训项目

实训项目一：

【实训项目】为他人做介绍

【实训目标】通过该实训项目的训练，使学生了解为他人做介绍的基本知识，掌握介绍时的语言技巧及动作规范，将所学到的人际交往的见面礼仪知识运用到日常交际场合，达到熟练应用的程度。

【实训学时】1学时

【实训方法】教师先分别以介绍人和被介绍人的身份进行讲解示范，然后学生按规定程序操作。学生之间进行相互点评，教师指导纠正。

【实训考核】为他人介绍训练考核内容。

为他人介绍实训考核表

考生单位：　　　　　　　　　　　　　　　　　　　　　考生姓名：

项目	操作标准	配分	评价等级			得分
			优	良	及格	
语言	口齿伶俐，发音标准，介绍内容重点突出，主次分明，不零乱，不啰嗦，不冗长	40分				
目光	注视被介绍人，目光和蔼亲切，不盯视，不打量	20分				
介绍顺序规则	遵守"尊者优先了解情况"原则：先向上级、长辈、女士、官方人士、客人等介绍下级、晚辈、男士、主人	20分				
手势与站姿	右手掌心向上，拇指向外张开，其余四指并拢，随语言内容在两位被介绍人之间做手势辅助；身体直立，不倾斜，不将身体重心只放在一条腿上	20分				
总分		100分				

实训项目二：

【实训项目】交换名片

【实训目标】通过该实训项目的训练，使学生了解名片使用的基本知识，掌握交换名片的时机、顺序和方法，将所学到的礼仪知识运用到日常交际场合，达到熟练应用的程度。

【实训学时】1学时

【实训方法】教师先对名片使用的要求进行讲解示范，然后学生按规定程序操作。学生之间进行相互点评，教师指导纠正。

【实训考核】交换名片礼仪训练考核内容。

交换名片礼仪实训考核表

考生单位：　　　　　　　　　　　　　　考生姓名：

项目	操作标准	配分	评价等级			得分
			优	良	及格	
时机	确认需要交换名片时	30分				
顺序	确定交换名片顺序，两人交换名片时，遵循"先客后主，先低后高"的原则，位低者先行	30分				
方法	1. 递送名片时，要把名片的正面朝向对方 2. 递送名片时，口头上应有所表示，可说"请多多指教"之类的客套话 3. 接受名片应双手或用右手接，并点头致谢，说几句客气话，接受后要认真地看一遍看完后，把名片放进上衣口袋里或放入名片夹中，也可暂时摆在桌面上显眼的位置，注意不要在名片上放任何物品	40分				
	总分	100分				

实训项目三：

【实训项目】握手礼仪

【实训目标】通过该实训项目的训练，使学生了解握手时的基本知识，掌握握手的时机、方式和规则，将所学到的礼仪知识运用到日常交际场合，达到熟练应用的程度。

【实训学时】1学时

【实训方法】教师先找学生配合对握手的规则进行讲解示范，然后学生按规定程序操作。学生之间进行相互点评，教师指导纠正。

【实训考核】握手礼仪训练考核内容。

握手礼仪实训考核表

考生单位：　　　　　　　　　　　　　　考生姓名：

程序	操作标准	配分	评价等级			得分
			优	良	及格	
方式	两人相距约一步，上身稍向前倾，伸出右手，拇指张开，四指并拢，手掌相握	40分				
时间	一般礼节性的握手不宜时间过长，控制在3～5秒即可；两手稍稍用力，控制在握力的2千克左右	20分				
规则	遵守"尊者决定"原则：首先确定握手双方彼此身份的尊卑，然后由此决定伸手的先后	20分				
神态语言	神态专注，热情、友好、自然；面含笑意，目视对方双眼，并且口道问候	20分				
	总分	100分				

第五章　教师课堂教学礼仪
——一本"无字之书"

　　课堂教学礼仪是指教师在课堂教学活动中的仪表、仪态等所显示的精神文明风貌。它是教学活动的组成部分，是教师进行教书育人的重要辅助手段。讲台是教师的教育阵地，教师在课堂上的言行举止起着示范、渗透和潜移默化的作用。教师以浓厚的思想感情、庄重大方的仪表、和蔼可亲的仪容、彬彬有礼的语言给学生做示范，会潜移默化地影响学生，以至终身。从某种意义来说，教师的言行举止对学生来说是一本"无字之书"。

【学习目标】

　　通过本章的学习，熟悉课堂教学礼仪的基本环节并熟练应用；掌握课前准备礼仪、课堂教学活动礼仪和教学语言礼仪的规范化使用及基本技巧，在具体的教学实践中提升课堂教学礼仪的应用能力。

【基本内容】

　　本章内容主要包括课前准备礼仪、课堂教学活动礼仪和教学语言礼仪三大部分，其中对教师教学活动的基本环节提出应遵循的基本规范与要求，指出教师课堂教学礼仪的基本原则、实践操作及禁忌。

第一节　课前准备礼仪

一、个人形象自省

　　所谓个人形象，一般是指一个人在社会上所形成的公众形象，以及社会公众由此而对其产生的基本看法和总体评价。重视个人形象，是对教师提出的一项总的要求，让教师规范个人形象，使个人形象符合职业需求。在课堂教学过程中，教师的仪容、神情、举止、着装、谈吐，都会留给学生深刻的印象，从某种程度上看，教师的形象对学生审美观的形成起着重要的作用，教师形象的好坏会使他们直接产生好感和反感，从而影响教师在学生中的威信，乃至上课的效果。

　　教师走进课堂，自然成为学生注目的中心，一言一行对学生的影响极大。优雅的风度、脱俗的气质、整齐的衣着、端庄的外表等，不仅陶冶学生的情操，也对学生的行为产生潜移默化的作用。因此，教师必须注重自我形象审视。

【案例导入】

这是一位优秀教师对教师着装的心得体会。

我深知：教师为人师表，穿着打扮含糊不得，教师的衣着、饰品和发型都会影响到其在学生心目中的地位。自己也曾经是学生，深知教师着装的重要性。记得上中学时，有一位很受我们这些学生欢迎的女教师，她非常注意自己的衣着服饰，优雅得体的穿着常引来学生的鼓掌喝彩。她良好的精神面貌使我们也随之振奋起来，每节课的效率都很高。学生每天上课，面对同样的环境、同样的老师总会感到乏味，教师一身得体的衣着会使学生眼前一亮，有了新鲜的感觉，觉得教师是认认真真来上课的。还有一位女教师总是穿着深色套装，学生望而生畏。只要是这位老师来上课，学生情绪就不高。尽管教师费尽心思却始终调动不起来学生的积极性。一堂课就在沉闷中开始，又在沉闷中结束。缺少师生互动，其教学效果可想而知。所以说教师对衣着决不可等闲视之。

【案例评析】

案例中，我们可以看出教师的着装决不是小事情。教师的着装不仅要符合自己的身份，还要注意适当的变化。教师是人类精神文明的传播者和建设者，教师应该体现出时代气息。教师的着装不仅需要充分体现教师的职业特点和健康的审美情趣，同时需要反映教师热爱生活的精神追求。因此，教师要根据教师职业的特点，注重个人修饰，给学生美的感染和熏陶。

教师作为学生的引导者，其精神面貌、言谈举止、衣着服饰都会对学生有潜移默化的影响。教师个人的仪表美，不仅仅是个人的问题，在一定程度上体现了教师对他人、对社会的尊重，是自爱、爱人、热爱生活的一种表现。仪表美使教育教学更有感染力，学生在美的环境中接受熏陶，在美的气氛下成长，也会成为热爱生活的人。因此，良好的精神面貌、整洁的仪容和优雅的举止，是教师内涵无声的展示，是传达教师可信度、权威性无声的语言，可对学生产生直接教育作用。因此，教师在教学前，可以从以下几个方面审视自我形象。

（一）仪容

所谓仪容，是一个人仪表和容貌的统称。每一个人的仪容，实际是指个人形体的基本外观，即其外表和外貌。对教师仪容的基本要求是干净整洁、略加修饰。其中要求修饰的重点是头部与手部。

上课前，教师一定要注意检查自己的个人卫生，日常的仪容必须做到无异味、无异物，特别注意检查自己的眼角、口角、鼻孔、耳孔之中的分泌物是否清理干净，保持口腔清新，没有异味。

所谓略加修饰，指教师依照常规对个人仪容进行必要的修整、装饰，使之美观而得体。教师不仅要经常理发，而且还应及时修剪胡须、鼻毛、耳毛、指甲等。

(二) 着装

着装，亦称穿戴，是指人们在日常生活中所穿的服装与所佩戴的饰物。课堂教学中，教师必须规范自己的着装。

首先，教师在选择个人着装时，要从个人的特点出发，兼顾性别、年龄、高矮、胖瘦、肤色等等，善于扬长补短，注重避短。其次，课堂教学中教师的着装一定要得体，不能穿背心、裤衩、拖鞋等休闲装出入教室。特别注意，教师不宜穿半袖装或无袖装，教师的手臂和肩部都不应当裸露在衣服之外。

特别注意，很多教师认为自己的着装不能过于新潮，否则会影响学生的注意力，可事实上，教师的着装也不能过于守旧，这样会让学生产生距离感。在观点上，坚持传统并不意味着固守传统，教师的着装应与社会大环境协调，给人以时代感。适合课堂教学的着装需要注意清洁卫生、适合自己的身体条件而且与课堂环境相适应。

对于佩戴饰物，女教师尽量少戴甚至不戴，如果需要佩戴首饰，在佩戴的数量上不能超过三件，首饰的佩戴不能影响学生的注意力；男教师适宜佩戴的首饰一般有结婚戒指和手表。

走进教室前，教师一定要严格检查自己的着装，看看是否有疏漏或者不得体的地方，及时修正。

(三) 举止

所谓举止，是人们在日常活动中所呈现的姿态。一个人的举止，时刻都在自觉和不自觉中表露其思想、情感以及对外界的反应，因此被视为一种无声的语言。因此，课堂教学整个环节中，对教师的举止要求有力有度。

对教师而言，遵守举止礼仪，关键是个人举止必须做到文明、优雅、有度，给人一种稳重成熟，不急不躁的感觉。特别是，教师在走进教室的时候，应当保持正常的速度，不宜快步疾走或者狂奔而去。

特别注意，教师外在的衣着容貌、言谈举止所反映出来的仪态或风姿与内在的品格情操和精神面貌所形成的风采和风格应和谐一致。一个人的外表修饰和言行举止特征，必然受到其内在素质的制约，因此最根本的是要注意提高个人思想、道德、文化等内在的修养。

(四) 表情

表情，通常是指一个人面部所表露出来的内在思想、感觉和情绪。从本质上看，它是个人情感最真实、最自然、最直观的流露，往往能够真实地反应一个人的内在感受。因此，教师的表情应该是和蔼、亲切、友善。教师对自身表情的关注重点，应当是眼神与笑容。整理好自己的情绪，带着微笑走进教室是规范表情的基本要求。

微笑，是世界上最美的语言，当你微笑时，世界也在对你微笑。因此，微笑能够拉近学生和教师心的距离，老师带着微笑走进课堂，能产生一种强大的亲和力，而这种亲和力也能让教师自身的魅力倍增。

教师在走进教室前，应该抛开一切烦恼，集中精力，精神饱满，进入角色。当教师微笑走进教室，用和蔼的目光注视全体同学，学生就会体会到自己是被重视、关注的，从而也愉快的进入自己的角色。

教师带着微笑走进教室，微笑，不仅是促使学生进步的动力，更是教师教学成功的源泉。

二、提前走进教室

【案例导入】

这是一位优秀教师对教师课前提早三分钟走进教室的心得体会。

小学生都活泼好动，尤其是一到下课时间，我们就可以看到校园活动场地上挤满了学生，有做游戏的，有谈笑的，有聊天的……短短的课间十分钟，他们却能玩得不亦乐乎，以至于很多学生听到预备铃后还不能立刻安静下来，全身心地投入到教学活动中。

在教学的几年中，我发现每节课开始的几分钟，老师往往会因为学生的不安分，精神的不集中而无法按照计划很好地开展教学活动，有时甚至会因此而对学生发脾气。今年我所教学的两个班级都在四楼，虽然大多数学生不再像以往那样到校园里玩耍了，但课间的兴奋情绪还没平静下来，同学之间还在交谈，上课要用的书本、文具等都没有准备好，更不要说在教室里安静地等待老师的到来。为了让学生能更好更快地投入到教学中，也为了能更好地了解学生，这学期我尝试着提前三分钟进教室，学生看到我进教室了，就会很自觉地准备好英语课上要用的学习用品。利用这三分钟我也可以到学生中与他们交谈，及时地检查他们的预习复习工作，也能更全面细致地了解学生们对已授知识掌握的情况。学生也乐于和我交谈教学之外的事情，这就拉近了我和学生之间的距离，我能很好地知道他们在生活上、学习上碰到的困难或困惑，并及时给他们帮助。这些对我的教学教育工作很有帮助，对于刚做班主任的我来说，也就可以很好地管理班级，形成良好的班风。有时我有事，不能提前进教室，学生还以为我生病或外出请假而没来上班，反而觉得不习惯了。总之，我发现提前三分钟进教室，对我的教学教育工作好处多多。

【案例评析】

著名特级教师于永正曾说："老师要提前进教室，便于做好课前准备，同时也能提醒学生安静下来。"案例中，教师充分利用上课前的三分钟走进学生，和他们交谈，了解学生的学习困难及对老师上课的意见。这种师生间轻松得像朋友一样的平等交流，不仅有助于完善教学工作，而且增进师生的情谊。在平时的教学中，师生的接触常常伴随着某种隔阂之感，学生对教师的敬畏之心，教师欲知而不得知的状态，造成师生间的距离感和生疏感。打破这种距离，建立亲密无间的师生关系，也是课堂教学效果的重要影响因素。学生亲其师，才能更好地与教师产生知识的共鸣和内心的依赖，提前三分钟进教室，可以说是一个从接触到信赖的过程，既有益于教学，更能很好地引导学生的学习和进步。

著名作家冰心说过："教师的现在，就是学生的未来。"教师的每一个行为习惯，都可以成为学生效仿的对象。成功的课堂教学，不仅仅停留在课堂教学过程中，上课前教师状态的自我准备也是课堂成败的关键。

教师踏着铃声走进教室已经成为一种习惯。如果此刻，教师的心态是消极的，将直接影响教师自身教学水平的发挥，同时也影响学生的学习情绪，进而影响课堂教学效果。如果教师的心态是紧张的，那么教师进入课堂就会产生慌乱之感，教学程序可能发生混乱，造成课堂的失误或者明显的出错。如果教师的心态是平静的，但此刻学生可能把课间兴奋的情绪带入课堂，这种兴奋延续到上课铃声甚至铃声后的好几分钟，此时，教师又会是一种什么样的心情来面对课堂教学呢？因此，教师提前走进教室，是课堂教学良好开端的保证。

据专家的经验：教师提前三分钟走进教室最为合适。走进教室，教师可以从以下几个方面安排时间。

（一）准备上课资料和教具

现在的课堂教学大多使用多媒体设备，教师提前走入教室检查多媒体设备已经成为课堂教学的必要步骤，一方面对有故障的设备可以及时发现和更换，另一方面也能很好地准备好自己的多媒体资料，避免铃声过后的慌乱。当然教师还需要对必要的教学设备略加检查：黑板是否擦干净、粉笔是否够用等，避免上课时许多不必要的麻烦。

（二）调整教学心态

教师饱满、愉悦的精神状态是课堂教学质量的保证。积极的精神状态是有激情的课堂教学的基础，提前走进教室，教师可以利用这几分钟的时间进行情绪的自我调控，调整消极情绪，以愉快的情绪投入教学。

（三）靠近学生

走下讲台，走到学生中去，这样教师才有机会走入学生的心灵。教师提前走进教室，可以走下讲台与学生聊天或者解答学生的问题，了解学生在学习上的困难以及学生对教师授课的意见，这种方式没有上课交流的拘束，是师生内心自然的亲近，与学生的交流，缩短了师生的距离，融洽了师生关系，这样不仅能够帮助完善教学工作，还能增进师生的情谊。

提前三分钟走进教室是教师在课堂教学中一个良好的习惯，这一行为告诫了学生，无论是现在的学习还是未来的工作，都要养成守时的习惯，而且需要提前做好准备，以最佳的精神面貌迎接需要做的事情。

第二节　课堂教学活动中的礼仪

【案例导入】

一个眼神的奇迹

那天是一节公开课，教室里多了几位听课的老师。当上课铃响起，孩子们都乖巧地伏在桌上静息，我的心里涌起一阵欣慰，但同时，我又分明感觉到教室里的空气有些紧张和压抑，孩子们一张张小脸上多了一份严肃。于是我轻松地笑了笑，并对孩子们眨了眨眼睛，结果孩子们放松了许多。

这节课我上的是《画里少了什么》，前一天我就布置学生查资料并搜集实物：海底有什么？上课时要让孩子上台展示实物或资料。

开始上课，孩子们大声地有感情地读着课文，教学在井然有序中进行着。忽然，我发现那一个"特殊"的小女孩，开始在座位上东摇西晃。这个孩子的特殊表现在她的心智、行为、自控力和同龄孩子相去甚远。我看到听课老师的眼光被她吸引，情急中我有意无意地拿着语文书走近她，站在她的身边，本想用这种方式提醒她，可是没用。她更放肆了，我赶紧伸出手，轻轻地抚摸她的头，她立刻抬起头，惊讶地望着我。我用一种专注的、提醒的眼神告诉她："注意听讲哦，老师爱你。"她竟会意地点点头，认真读起课文来。

轮到孩子们上台展示资料和实物了，一双双小手高高地举起。当我触到她的目光时，她的眼里满是急迫，但分明又有些胆怯。就在这一刻我用鼓励和信任的目光看着她，大声地说："好孩子，你来！"我的眼神给了她无穷的信心和勇气，终于她深呼吸了一下，也高高举起了小手。我请她上台来展示，她拿着珊瑚、贝壳飞跑上讲台，一边展示一边介绍实物的名字。真的出乎意料，她的声音从来没有这样洪亮过，思路也从来没有这样清晰过。她的表现赢得了台下同学们鼓励和赞美的掌声。她转过头看着我，从她的眼神中我看到了她从没有过的自信和骄傲。我开心地笑了，因为我鼓励信任的眼神使她获得了一次难得的成功。

【案例评析】

塔克曼曾说："眼睛说话的雄辩和真实，胜过于语言。"一个眼神能摒弃繁琐而华丽的言语，默默地传递着信息和情感。案例中，教师特殊的眼神让一个惯常被忽略的孩子获得了一次成功的体验，也因此而收获了一个聪敏而自信的孩子。

在教学过程中，教师的身体语言本身就是一种有效的教学方法和情感方式。教师的一个动作、一个眼神、一个微笑、一句鼓励的话语，对孩子来说都至关重要，他们能够从这些爱的行为中获得信心、勇气和爱。眼睛是心灵的窗户，眼神是心灵的无言之音。教师的眼睛传递着精、气、神，学生能够从教师的眼神中读懂多样的信息，眼神透露出教师对学生的所有态度，展现着教师自身的内涵和情感，用眼睛和孩子说话，孩子能理解得清楚，给孩子一个爱的眼神，就能给他一个坚强的依靠和坚定的方向。

课堂教学是教师向学生传授知识最主要、最直接的方式，是教书育人的中心环节。教师的师德、专业知识、治学态度、教学艺术，通过课堂教学过程展露无遗，直接影响着教学过程。因此，教师在课堂上应讲究礼节、风度，时时谨慎，以自身良好的礼仪风范为学生树立榜样。课堂教学礼仪主要是以教学活动为载体来体现。教师的一言一行、一动一静、一笑一颦，都在鲜明地展示着自己仪表和形象。因此，在教学过程中，教师应时时讲究文明礼仪，自觉规范自己的言行举止，恰当地展示内在美与外在美的统一、动态美与静态美的和谐，以树立知书达理的谦谦君子形象。

一、课堂问候礼仪

师生相互问候是课堂教学的起始阶段，也是教师课堂礼仪必经的第一程序。师生相互问候表示师生双方彼此尊重，相互亲切，具有情感导入功能；同时相互问候让师生在物质上和心理上都做好准备，为教学的顺利进行创造良好的课堂气氛。任何时候，教师都需要组织教学，这不仅是营造学习氛围的开端，也在培养学生遵守纪律、尊重别人的劳动、礼貌待人的良好习惯。

（一）上课开始时组织教学的礼仪

上课开始，教师迈着从容的步伐走上讲台，教师和学生相互问好和相互行礼，是相互尊重、讲礼貌的表现，也是教师组织教学的必要环节。这有助于学生做好心理准备，有愉快的学习情绪。为此，教师应该做到坚持铃声响后1分钟到位，时间不宜过长，其礼仪要求是这样的：

教师从容走上讲台，把课本、讲义、教具等轻轻地放在课桌上。

教师："上课！"

值日生："起立！"

全班同学："老师好！"

教师面带微笑、用温和的目光把全班同学环视一遍。

老师："同学们好！"

值日生："坐下！"

教师进入课堂走上讲台，全体学生起立并向教师行注目礼，教师应该环顾全体学生后师生相互问好。课堂礼仪虽然简短，但气氛庄重，感情亲切。

（二）下课时组织教学的礼仪

下课铃响后，教师应结束讲课，并保持愉悦的心情与学生礼貌告别，其礼貌程序是这样的：

教师："下课！"

值日生："起立！"

全体同学："谢谢老师！"

教师："谢谢你们的配合，同学们再见！"

全体同学："老师再见！"

教师在学生施礼的时候，切忌埋头收拾自己的东西而不看学生；也不能急着出教室，避免学生还站在那里而教师已经出了教室门。对于教师还没宣布下课，学生一阵忙乱，教师一定要重视，不能由着学生去。这些既不符合教学要求，也不符合礼仪要求。

特别是有本校或外校人员听课时，教师应示意学生请听课人员先行，必要时鼓掌欢送。

（三）课堂组织教学的礼仪

课堂教学是一门科学，也是一门艺术。教师的课堂教学不是仅在上、下课的几分钟，而是贯穿在教学的全过程中。如何在教学过程中遵循教学的客观规律，适应主体的学习能力，让自己独特的课堂教学魅力受学生的喜爱，这是对教师课堂教学的挑战。特别是在课堂上，总有部分同学会出现各种不同程度的违纪行为，扰乱课堂教学秩序，影响教学活动的开展。教师既不能放任不管，更不能体罚或变相体罚学生。为了不影响正常的教学活动，教师在组织教学时，如何用合乎礼仪的方式艺术地处理这些违纪行为呢？

1. 不当众批评学生

在影响学生的内心世界时，教师要保护好他们心灵中最敏感的一个角落——自尊心。人人都要面子，即使再调皮的学生也非常顾及自己的面子，不愿意在众目睽睽下受到批评。课堂教学中，影响正常教学活动的情况常常发生，教师应该怎么样处理问题又能保护学生的自尊心？我们可以向陶行知先生学习，他的"四块糖育人"的故事值得我们学习和借鉴。

当年陶行知任育才中学校长。有一天，他看见一名男生用砖头砸同学，马上上前制止，并责令男生到校长室接受批评。回到办公室，他见男生已经在等候了，于是掏出一块糖递给他说："奖励给你的，因为你比我按时到了。"接着，他又摸出一块糖："这也是奖励给你的，我不让你打同学，你立即住手，说明你很尊重我。"男生忐忑不安地接过了糖。陶行知又说道："据说你打同学是因为他欺负女生，说明你很有正义感。"便掏出第三块糖给他。这时，男生哭了，说："校长，我错了，同学再不对，我也不该用这种方式……"陶行知遂拿出第四块糖说："你已经认错，再奖励你一块糖，我们的谈话结束。"陶先生不当众批评学生以缓解孩子的情绪，平易近人地尊重学生，营造宽松氛围，发掘孩子优点以引导他认识错误，最后点到为止，以尽快结束学生的尴尬境地。

因此，对于课堂违纪行为，教师可以借鉴陶行知先生的这种方式，循循善诱，晓之以理，动之以情。即使需要生硬的批评，也一定要有真情实感，让学生感受到老师对他的尊重和期待。一个真诚的笑容、一个善意的眼神、一句轻微的责备、一个带微笑的轻声细语的分析开导、一个亲拍肩膀的动作，都能在课堂上起到事半功倍的效果。

2. 善待学生的"错误"

学生由于知识结构、生活经历、情感体验、家庭文化背景等的不同，可能有参差不齐的思维水平，接受知识难免会有快慢区别。其实，作为心理、生理都在人生成长阶段的学生课堂上出错不可避免，但教师如何对待学生的错误，对课堂教学的组织却有质的影响。英国心理学家贝恩布里奇说："错误人皆有之，作为教师不利用是不可原谅的。"

教师需要正确对待学生的课堂发言错误，不仅要善待发言错误的学生，更要挖掘、利用好学生的错误资源，让学生在纠错中开启智慧，培养能力，这样有时反而成就了课堂"无法预约的精彩"。

【案例导入】

"坐井观天"

一位优秀教师在教学"坐井观天"这个成语故事时，为了培养学生的想象力和创造性思维，组织学生以"青蛙跳出井口了"为题进行说话作文训练，经过几分钟时间的准备，第一位学生说，青蛙跳出井口后，看到无边无际的大海，吓得连忙向小鸟求救。第二位学生说，青蛙看到外面迷人的景色，他陶醉了，觉得外面的世界真精彩。第三位同学突发奇想，竟说青蛙去环球旅行了。正当大家兴趣盎然，积极举手发言的时候，有一位同学说：青蛙跳出井口，到外面看了看，觉得还是井里好，他又跳回井里。听完这学生的发言，教室中顿时哄堂大笑，教师也愣住了，没想到这位学生的回答这样的与众不同，但他马上示意这位学生继续说下去，说说这样想的原因。那位同学继续说：青蛙来到小河边想喝水。突然，他听到一声大吼："不要喝，水里有毒！"他看到对面一只奄奄一息的老青蛙在对他说话。刚想道谢，就听到"呱"的一声惨叫，一支钢叉刺穿了老青蛙的胸膛，老青蛙痛苦地挣扎着，这只小青蛙吓呆了，觉得外面的世界太可怕了，还是井里安全。于是又跳回井里了。这时，课堂上响起一片热烈的掌声。

【案例评析】

案例中，学生的另类发言引起全班同学的哄堂大笑，教师没有横加指责，而是善意地让学生继续说下去，让学生有了一个表达自己真实想法的机会。因此，课堂教学中，要辩证地去看待学生的错误，学生犯错并不一定是一件坏事，学生犯错的过程是一种尝试和创新的过程，课堂教学过程中，教师要允许学生犯错误，切勿对学生的错误大惊小怪、横加指责，更不能害怕学生犯错，不给学生尝试和实践的机会。

错误，也是一种宝贵的教学资源。教室就是出错的地方，如果学生人人都怕出错，不敢说出自己的想法，正确的答案从哪里来呢？因此，宽容、理性地对待学生的发言错误，不要轻易否定学生的发言，要肯定学生的积极参与，用鼓励的语言去评判，只有这样，师生之间才能实现真正意义上的对话。

3. 幽默的力量

教学幽默是老师思想气质、才学、视野和灵感的结晶。教师的幽默，可以活跃课堂气氛，调节情绪，愉悦精神。教学中，课堂的笑声是"解压"的"良药"，使"教"与"学"变得轻松有效。教学幽默的恰当使用，能营造良好的教学艺术氛围，在活跃的课堂气氛中，学生才能在教师的指引下，更好地融入有声有色的教学活动中，才能以积极的心态接受知识，掌握技能，发展创造性的思维。

教师的幽默，可以和谐师生关系，增强教师的魅力。著名教育家苏姆林斯基认为："如果教师缺乏幽默感，儿童也不理解教师。"幽默可以使教师产生亲和力，幽默乃师生间的"润滑剂",教学幽默不损教师个人的尊严,也不会伤害学生的自尊心,对于课堂教学中某些违纪的行为,也可以在"笑声中产生一种平衡的影响效果。"

教师的幽默,可以激发学生的学习兴趣和求知欲望。课堂教学中,教师如果能够充分利用幽默,把课讲得有趣味,给学生栩栩如生之感,学生就会印象深刻、难以忘记,从而调动学生学习的积极性,也能激发他们探求知识的热情和动力。

教师的幽默,可以开启学生的心智,活跃思维。课堂教学中幽默犹如"兴奋剂",可以调节学生的情绪,驱散学生的疲倦感,让学生集中精力;同时,教学内容也会因幽默而有趣味,让学生在笑声中增强了记忆。教师幽默的语言习惯,慢慢也会成为学生学习的对象,尤其某些妙语警句、双关语和其他一些敏捷的语言技能,更能创造性地提高学生运用语言的能力。

> **温馨提示:**
> 良好的课堂观察能力是课堂教学礼仪的重要技能之一。教师必须随时对学生的行为、情绪和自身教学效果的知觉活动作出判断,结合自己的讲解、问答、操作等教学行为,及时、准确地获取信息并及时矫正,视觉感知、听觉感知、思维判断与反馈矫正正是教师课堂观察技能的重要要素,如图所示:
>
>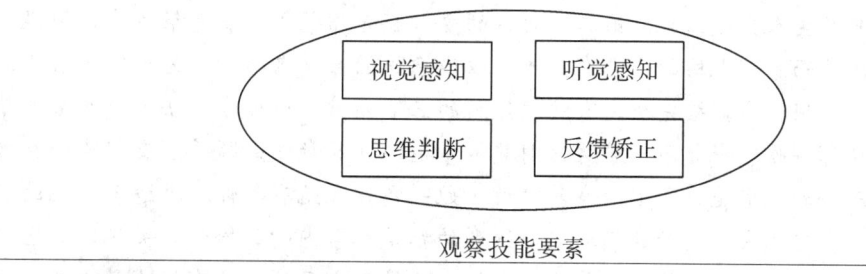
>
> 观察技能要素

4. 微笑的价值

世界上有一样东西,它最有价值却又不需要花你一分钱。它是什么?是微笑。微笑是人世间最美丽的语言。古希腊哲学家苏格拉底说:"除了阳光、空气、水和微笑,我们还需要什么呢?"显然,在这位哲学大师的眼里,微笑同生活中的阳光、空气、水一样重要。微笑是大自然赐予人类化解烦恼的最佳良方,微笑的感染力是相互的。医生的微笑是一种坚定,患者的微笑是一种信心,军人的微笑是一种保证,教师的微笑是一种欣赏。

【案例导入】

三毛与席慕蓉的两样人生

她在读初中时,作文极好而数学极差,几次考试不及格。为了对得起父母和老师,她硬生生地把数学题死背下来,三次小考,数学都得了满分。数学老师认为她成绩的提高百分之百是因为作弊。她是个倔强又敏感的女孩,并不懂得适度地忍耐更能保护自己,就直言不讳地对老师说:"作弊,对我来说是不可能的,就算你是老师,也不能这样侮辱我。"结果,被冒犯的老师气急败坏,单独给她发了一张她根本就没有学过的方程式试题,让她当场吃了鸭蛋,之后拿蘸了墨汁的毛笔,在她的眼眶四周涂了两个大圆饼,然后让她转身给全班看,又让她去大楼的走廊上走一圈。这一事件的结果是:其一，让她休学在家，自闭了七八年，严重时，连与家人同坐一桌吃饭的勇气都没有；其二，养成了她终生悲观、敏感、孤独的性格。尽管她一生走过48个国家，写了26部作品，用她的作品帮助很多人树立起豁达、坚强的人生信念，但她自己始终走不出心灵的阴影。

这个女孩同她一样，读初中时，国文也出奇的好，曾在年级的国文阅读测验中得过第一名。但数学相当糟糕，面对数学课本，就像面对天书，数学老师教的东西，她没一样能懂。她戏称自己为天生的"数学盲"，并且断言永远无药可救。她跌跌撞撞地读到初三时，数学要补考才能参加毕业考。她知道事态的严重，却无法左右失态的发展，只好整夜不睡觉，把一本《几何》从头背到尾。第二天，上数学课时，老师讲到一半，忽然停下来，在黑板上写了4道题让全班验算。这没头没脑的4道题在下午补考之前出现在黑板上，又与正在教的内容毫无关系，再笨的学生也明白老师的良苦用心。于是，她忽然成为全班最受怜爱的人，几位同学边笑边叹气把4道题的标准答案写出来教她背。她背会了3道，在下午的补考中得了75分，终于能参加毕业考，终于毕了业。后来，初中最后的那堂数学课连同数学老师关切和怜爱的眼神，一并成为她生命中温馨美丽的记忆。

第一个故事的主人公是三毛，第二个故事的主人公是席慕容。三毛很不幸，她碰到的是一位看重成绩而忽视人格的、具有强烈的权威意识的数学老师。他为了维护自己那点可怜的尊严而滥用权力，给完全没有防范能力的三毛精神上以致命一击，让她穷尽毕生精力都无法从那种伤害中复原。席慕容则非常幸运，她的数学老师并没有因为她在数学方面的不足而全盘否定她，于不动声色中放了她一马，让她有条件在更适合自己的领域里展翅高飞。在自己最不擅长的领域里，得到的都是发自内心的怜爱与关怀，难怪她对生命充满眷恋，对人世充满信心。作为一个极富才情的女子，她既有能力爱丈夫，爱孩子，充分享受亲情之乐，又用自己的诗、画和文章吸引和陶冶了无数的人。

【案例评析】

微笑源于教师对学生真挚的爱，发自内心的关爱才会让微笑更具备感染力，教师的微笑一定发自内心对学生真诚的爱，只有爱的教育，才能真正的靠近学生，走入学生的心灵。三毛与席慕容的两样人生，值得每一个教师借鉴和深思。

教师是一份极为特殊的职业，更需要发挥微笑的魅力。因为，教师每天必须面对的是一个个向往与憧憬未来的学生，其一言一行对学生都是潜移默化的教育。面对着学生，老师的一个微笑，能够使他们感受到老师的心与他们的心相连。老师带着微笑进教室，能产生一种强大的亲和力，而这种亲和力一定使老师的魅力倍增，也必将激发学生的学习兴趣和成为学生的学习动力，毫无疑问，微笑将使教学质量得到提高。

教师微笑，不仅可以调整自己的心理状态，还能培养学生健康愉快的心理。老师用微笑增强自己的信心，老师用微笑显示青春的活力和朝气，老师用微笑调节师生的心理状态，老师用微笑协调师生关系，老师用微笑转变学生的不良习惯，老师用微笑让学生愿意与之亲近……老师的微笑不只是对学生的教育有利，而且对教师自身也很有益。教师的微笑拥有着无穷的教育魅力。教师微笑着面对学生，能给学生一种宽松的师生交往人际环境，能使学生感受到教师的理解、关心、宽容和激励。教师的微笑是腼腆学生的兴奋剂，使他们得到大胆的鼓励，敢于去表达自己；教师的微笑是外向好动学生的镇静剂，使他们得到及时的提醒，意识到自己的言行需要控制和自律。教学工作中教师的微笑能够活跃课堂氛围，活跃学生思维，活跃学生情绪；德育工作中教师的微笑是对不良行为的理解和宽容，能引起学生的自我反思和觉醒，是对良好行为的鼓励和赞许，能激励学生不断努力和进取。就像我们曾遇到过的许多优秀教师一样，他们外表虽不同，却都拥有那亲切而又令人难以忘怀的微笑。那微笑似春风，催开学生那智慧的蓓蕾；那微笑如纽带，沟通师生的心灵；那微笑犹如军号，带给学生以信心和力量；那微笑宛若那阳光，唤起学生对理想的追求！

带着微笑走进课堂，会让我们老师感受到工作的乐趣、教学的乐趣。

5. 走下讲台

传统的教室中，讲台是不可缺少的，它总是教室中最起眼的一张桌子，比学生的课桌要高、要大，似乎象征着教师的威严和高高在上的权威。当然讲台、讲桌的设置有其本身存在的合理性，它便于学生集中精力听课、便于统一教学活动、便于保证课堂纪律等等，是班级授课制的产物，是不会轻易退出历史舞台的存在。因此，对于教师，走下讲台不仅仅是观念上的更新，更是教师角色的一种转换。

著名教育家苏霍姆林斯基说："在教学中我们的教师不仅应该走下讲台走近学生，而且更应该敞开心扉与学生交流，聆听他们的声音，感受他们的喜怒哀乐，及时回应孩子'心灵的呼唤'"。

走下讲台，课堂上学生的违纪行为减少了，平日那些爱违纪学生的小动作因为你的靠近而有所收敛，也开始慢慢加入到互动的课堂教学之中。

走下讲台，学习困难的部分学生的问题也找到了。是他们比较内向的性格关闭了与教师交谈的机会，因此，教师的靠近让他们能够鼓起勇气，小心翼翼地向老师请教不懂的问题。

走下讲台，教师能够近距离地看学生，正是这种微不足道的眼神却包含着诸多关爱之情。走下讲台，走到学生中间去与他们进行情感交流，用一种微笑的目光鼓励和肯定每一位同学的发言，学生一定在这种爱的氛围中积极思考，勇于回答问题。

走下讲台，拉近了教师与学生的距离。教师的音容笑貌、表情手势、语言表达可以发挥更有效的作用，利于减少师生心理隔阂。

走下讲台，师生可开展平等的对话和互动，学生可以在轻松的环境中接受学习、参与学习，也会充满自信。

但是，如果没有平等、民主的思想，即使把形式的讲台去掉、课桌搬走，也不会达到所期盼的课堂教学效果。如果"精神状态的讲桌不见了，即使物质形态的讲台还摆放在教室里，它也只是一件物品、一个工具。"因此，走下讲台并不仅仅是形式上的走下来，教师要完成一种课程的主导者到课堂的参与者这个角色的转换，真正体现学生是学习的主体，这样才能完成真正意义上的走下讲台。

6. 丰富面部表情

表情是一个人内心的晴雨表，也是教师开展课堂教学的晴雨表，是课堂中最直观、最富有生机、最有魅力的教具。表情在很大程度上决定着教师教学效果的好坏、学生效率的高低。

教育有别于其他行业，因为我们的服务对象正处于发展之中，我们的一举手一投足都对他们产生作用。教师积极、阳光般的外部表情能使他们心情愉悦，愉快地投入学习，而这种愉悦又是可以相互传递的，会形成一个良性循环。如：教师精神饱满、神采奕奕地站在讲台上，学生由于心情愉快，接受知识快，思维也变得敏捷，能提出有用的问题，并能积极解决问题，这反过来又对教师产生积极的影响。这样一来，教学目标的达成度就高。相反，如果教师带着一副沮丧的表情，或者是走进教室看到不顺眼的事情就大发脾气，大声训斥学生，他们一个个心理紧张，不敢吭声，教室就真的成了教师唱"独角戏"的舞台了，而且绝对是"顶着大鼓唱戏——费力不讨好，"这在很大程度上影响着教师自身能力的发挥，昨日的备课及教学设想难以得到正常发挥，教学就只能是照本宣科。

马卡连柯说过，他是在直到学会了用15种到25种语调说出"走过来"这句话，学会了在面部、体态、声音上表现出30种不同的情调之后才成为真正的教育能手。教师的表情是极其丰富而多变的。不光是面部表情，还包括声音及肢体表情。每一种表情都对师生关系的发展，对教学目标的达成起着"催化剂"的作用。从这个意义上说，教师的表情是一个交际工具，通过表情与学生交流感情与信息。如课堂上有学生开小差，教师故意提高声音，以警醒该类学生；学生一时答不出问题，教师投以鼓励的眼神，并用语言进行鼓励和引导；某个学生回答问题很经典，除了口头表扬，还可以报以微笑。学生可以从教师的眼神、手势、体态和声调上的种种变化，觉察老师对自己的评价态度，从而调整自己的学习行为。

作为老师，我们该用什么样的表情来面对学生呢？太多严肃的表情让学生敬而远之，课堂气氛也因此会紧张、沉闷起来。眉飞色舞的表情，看似生动亲切，但却有夸张做作之嫌，又容易让学生"走神"。太过花哨的表情容易分散学生的注意力，盖住了学习本身的精彩。所以，教师的表情应适中而不夸张，应贴近本节课的教学内容，并根据教学进程及内容的变化进行相应的调整和变化，该严肃时则严肃，该舒缓时则舒缓。

因此，课堂教学中，教师的表情正如一根课堂的"指挥棒"，它充分地调动着学生的情绪，指挥着学生以怎么样的姿态投入学习中。教师的表情，一次凝视、一个微笑、握握手、摸一下头、拍一下肩膀、弯一下腰等这些动作都可以达到"此时无声胜有声"之效果。尤其是眼神，更能有效地影响学生，它传递师生间的感情，传递着一种和谐。

教师，拥有积极良好的心态，善于通过表情调控课堂的阴晴。

7. 上课决不"拖堂"

美国著名作家爱默生说："教育成功的秘密在于尊重学生。"因此，对于教师而言，不管你有多少理由、有多么善意的想法，都不要剥夺学生课间10分钟的休息时间。拖堂对一个老师来说，就是时间观念不强，老师可以拖堂，那么学生就可以拖作业，老师的时间观念对学生也产生了消极影响。因此，拖堂是一种体罚，而"体罚是教育的无能。"一个不尊重学生时间的教师，永远也不会赢得成功的教育。

当清脆的下课铃声响起，老师最后一句话音刚落，然后从容走出教室，这才是真正的潇洒！这样的老师才是最受学生欢迎的教师。

二、课堂举止礼仪

【案例导入】

一次心灵的震撼

教育，宛如一片枝叶繁茂的"玫瑰林"。鲜花锦簇，沁香迷人，岂敢独吞独揽？

一天，我上科学实验课，讲明了实验的目标和方案，便让孩子们开始动手做实验，我则巡回辅导学生。绝大多数学生都非常认真地做实验，并且得出了自己的结论。可是，有一名学生却趴在实验桌上舒舒服服地睡着了。这让我满肚子怒气一时无处发泄。于是，我重重地在她的实验桌上拍了一巴掌。这时，她才漫不经心地从梦中醒来，揉了揉惺忪的眼睛，又瞪了我一眼。恼怒之极的我大声问道："实验做完了吗？"她不慌不忙地拿出实验方案，表示她已经做完了。我拿起来仔细一看，不禁气得噎住了。她的实验方案上写着："我不会写方案，请你教教我。"

过了好一会儿，心情平静下来，我柔和地问她："不会，怎么不早问呢？"她才轻轻地告诉我："昨天我拉着你的衣角想问你一个问题，老师你低头看了我一眼就走了……我平时成绩差，表现不好，同学瞧不起我，老师你也不理我……"说着，两眼泪汪汪的。

我的心在那一刻被深深地震动，面对一颗被我无意间的一个动作伤害的稚嫩心灵，我简直无地自容。

从那以后，我开始注意自己的每一个动作，每一个细节。因为我知道，教师的每一个动作，对于孩子来说都是有意义的。对于期待关爱的孩子来说，老师的一个关爱动作，就是他们潜在的动力，老师每一次蹲下来与孩子的交流，就给了孩子平等的信心。

渐渐地，孩子们更加爱我了。那个曾经被我伤害过的孩子，也渐渐地喜欢我了，因为我会耐心地解答她的每一个问题，给她更多的关爱和帮助。

【案例评析】

教师不曾关注的行为，却在不经意间伤害了一个幼小的心灵。教师一个随意的肢体动作，传递给学生的却是不曾设想的信息。在师生的交往中，教师的肢体动作往往给学生留下了深刻的印象，教师的肢体动作及举止常会被学生视为一种充满寓意、传递一定信息的"肢体语言"，当学生与教师的师生距离遇到难以逾越的心理障碍时，"肢体语言"的重要性就显得尤为重要。

永远不要抱着双臂出现在学生面前，给人不接纳或拒人千里之外的感觉；和孩子们在一起永远不要将手揣在裤兜里，因为你的一双手随时准备去握住孩子的手，随时伸手帮助孩子；和年龄偏低的孩子交流时，请弯下腰，和孩子保持同一视平线……

课堂是教师综合运用和体现知识、能力、思想、品德、敬业精神、心理因素及身体状况等各种素质的平台。课堂教学是教师根据教学大纲的要求，运用一定的理论、技能、手段和方法，把知识传授给学生的实践活动，是一种复杂的有创造性思维的劳动。

因此，教学中，和蔼的目光、微笑的面容，亲切、庄重和自然的表情，这些教师的举止是课堂教学中重要的教育因素，是思想感情、生活态度、文化素养及审美情趣的外在表现和标识。

（一）神态的礼仪

教师的神态表情是一种重要的教育因素，它教给学生待人处事应有的态度和神情。学生亲其师，才会信其道，因此，渊博的学识、精彩的教学艺术为教师赢得尊敬，但真诚的微笑、谦虚的态度更能融合师生的感情。

美国心理学家艾帕尔·梅拉别恩提出这样一个公式：信息交流总效果（100%）＝言词（7%）＋声音（38%）＋面部表情（55%）。教师的面部表情是学生关心的核心部位，是一种无声的语言，能表达出非常丰富的感情。因此，在教学活动中，教师面带微笑，可以迅速缩短师生间的心理距离，造就融洽和谐的课堂气氛。学生回答问题时心情紧张，教师要投以鼓励的目光，使之镇定，能准确地表述。教师对学生的神情应该是热情、耐心，要始终以热情的目光微笑注视着学生，因为老师的目光里不仅有感情、启迪、赞扬、批评，更重要的是学生能从教师的目光中看到自己在老师心目中的地位，感受到关心和爱护，从中受到鼓励。

目光是师生沟通的特殊语言，柔和真诚的目光能够给予学生愉悦、温馨、鼓励和慰藉；炯炯有神的目光能够振作学生的精神。教师讲话时，目光（也即眉目语）要亲切，给人以平和、易接近的感觉，并且要目光分配均匀，善于运用面部表情，以形成知识信息、情感信息对学生的"多觉辐射"。合乎礼仪的做法是：用柔和有神的目光注视对方面部，将视线停留在对方双眼与下颌之间的"｜"区域，注视时要适当交换视角，以免使人有压迫感，这种眼神能显示对对方的礼貌和用心。当教师与年龄较小的小学生交谈时，可亲切地注视学生双眼和胸部之间的部位，配合拍头部和肩膀的动作能传递出教师真诚的关怀、喜爱、体贴之情；但对于青春期的学生却不能采取这种注视方式，否则有失庄重。特别在课堂中，当需要用严肃的目光与学生谈话的时候，可以用严肃的目光注视学生前额的"△"区域，能给对方一种威严的感觉，也会取得比和颜悦色更好的教育效果。

教师的眼神，要给人一种深邃、敏锐、聪慧之感，使学生感到教师的和蔼可亲、庄重诚恳，既严肃又亲切，微笑中见热情，严肃中显慈祥。

在教学过程中，为了正确表达教学内容，教师的各种感情都可以显露，但要有分寸、有节制。面部表情要和所讲的内容一致，讲到喜悦的内容，应该眉毛齐舒，眼睛明亮，肌肉松弛，脸上充满笑意；讲到沉痛、悲伤的内容时，应该眉毛紧锁、肌肉收缩，目光集中，脸上充满哀痛之色。

（二）身姿的礼仪

优雅的身姿是一个人良好修养与风度的体现。一般教师站着讲课，即表示重视学生，也易于讲课生动，借助于身体语言强化教学效果。

站则直，犹如松立泰山，就能给人以稳健挺拔的美感，能够传递给学生正直向上的信息。因此，教师站着讲课，应该头部端正、收腹立腰、双眼平视、双肩自然放松，身体的重心落在两脚之间。

课堂教学过程中，教师的站姿有四忌：一忌弓腰驼背，歪头斜肩，倚靠桌椅，过于放松和随意。二忌双腿叉开过大，女教师尤其特别注意。三忌双手插裤兜里。四忌踮脚颤腿，身体乱摇晃。

课堂中，教师在讲台上，不能来回不停地走动，这样会让学生感到眼花缭乱，分散学生的注意力；也不宜久站一处不动，给人以静止压抑之感，课堂也因此显得死板。正确的方法是根据教学的需要，在适当的时候，从容地变换一下位置，如果看到有学生不注意听课，可以走到他的座位旁，给以提醒。教师的行姿应给人以稳健、从容、和谐的印象，行走时身板要直，双肩要平，头部端正，双眼平视，步履稳而轻，速度快慢适中，要有节奏感，两臂自然摆动，幅度以 30 度左右为佳，行走时不能弓腰驼背、左顾右盼、摇摆拖沓，否则将失庄严。

（三）手势动作的礼仪

手是教师运用最多的一个部位，手的动作可以表达多种复杂的含义，既可以传递出对交往对象的尊重友好，也可以表示出对对方的轻视厌恶。因此，课堂教学中，应运用礼貌高雅的手势动作开展教学工作，避免失敬于人。

手势是一种极其复杂的符号，能够表达一定的含义。据学者们研究，手势和表情结合，可传导信息的 40%。恰当的手势往往是在内心情感的催动下，瞬间自然做出来的。手势可以反映人的修养、性格，手势对增强教学效果具有十分重要的作用。所以教师要注意手势语言的运用幅度、次数、力度等技巧。课堂教学中，教师的基本手势有以下几种。

1. 垂放，是教师基本的手势。

（1）双手自然下垂，掌心向内，叠放或相握于腹前。

（2）双手自然下垂，掌心向内，分别贴放于大腿两侧（图 5-1）。

图 5-1　垂放手势

2. 背手

背手，多用于站立、行走时，既可以显示教师的权威，又可以镇定自己。应用的方法：双臂伸到身后，双手相握，同时昂首挺胸（图5-2）。

3. 持物

持物，即用手拿东西。其做法多样，既可用一只手，又可用双手，但拿东西动作自然，忌翘无名指与小指，故作姿态。当教师拿取东西时，在够得着的范围内动作应是两手持物，五指自然并拢，用力均匀，这样显得庄重而有教养（图5-3）。

图5-2 背手

图5-3 持物

4. 夸奖

夸奖，当学生在教学活动中有突出表现时，教师可微笑着伸出大拇指，表示肯定和称赞，或带领其他学生热情为其鼓掌，给以奖励。特别注意，伸大拇指的方法是伸出右手，翘起拇指，指尖向上，指腹面向被称道者。不应将右拇指竖起来反向指向其他人，因为这意味着自大或藐视。以之自指鼻尖，也有自高自大，不可一世之意（图5-4）。

5. 鼓掌

鼓掌，鼓掌的具体做法：两臂屈肘抬至于胸前，双手四指并拢，自然弯曲，拇指张开，左手手心向上，右手手心向下，用掌心互相拍击，有节奏地发出响声，必要时，应起身站立（图5-4）。

图5-4 夸奖与鼓掌

6. 指示

指示，教师在指人示物或在课堂上需要让学生到前面回答问题时，采用整只手掌，掌心向上表示请的姿势，方法是以右手或左手抬至一定高度，五指并拢，掌心向上，以其肘部为轴，朝一定方向伸出手臂，动作要准确、舒展、到位，敷衍潦草反而失礼。

讲课一般需要配以得体、自然的手势，把学生带入角色，这对增强教学效果是必要的。教学手势的设计要根据教学内容展开，但不能过多或过分夸张，要根据内容自然表现手势，恰到好处。吸引学生注意力，切忌敲击黑板和讲台；写板书切忌翘兰花指，或搔首弄姿。教师手势的运用规范和适度，才能给人一种优雅、含蓄和彬彬有礼的感觉（图 5-5）。

图 5-5　指示

> **温馨提示：**
> 体态语言是"无字之书"最有力的传递者，教师运用表情、手势等配合发声的语言更能交流思想、简洁地表达思想信息，是课堂教学礼仪最直观的演绎者。
>
>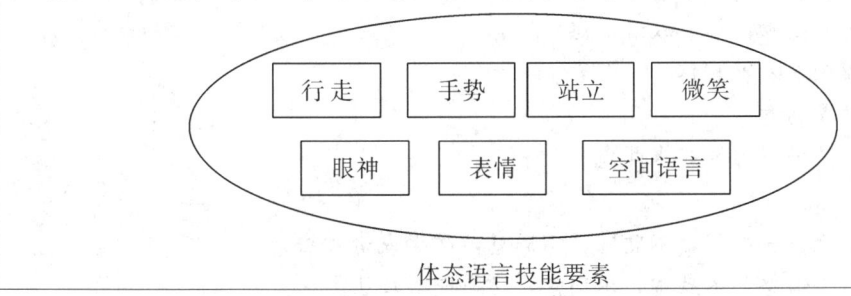
>
> 体态语言技能要素

（四）人际距离的礼仪

人际距离是无声的语言，如同人的目光、手势一样，传递着某种信息，表达出某种感情，表示着人们对他人的礼貌和尊重。能否妥善把握师生间的空间距离的礼节，体现着教师的教养与智慧。

在课堂教学中，教师与学生的距离大都在 3 米外，这种距离能够形成教师的威严，但容易拉开师生间的心理距离，学生的注意力容易分散。如果教师在适当的时候走下讲台，走到学生中去指导或征询意见，就能够缩短师生间的心理距离，增强教育效果。当教师与年龄较小的学生相处时，可以缩短师生间的距离，消除孩子的紧张情绪，让学生感受到教师的关心和爱护。但是对于年龄稍大的孩子，一定注意保持距离，不应该有身体的接触，否则有失检点。

> **温馨提示：肢体语言代表的含义**
>
> 眯眼——不同意，厌恶、发怒或者不欣赏
>
> 走动——发脾气或者受挫
>
> 扭绞双手——紧张、不安或者害怕
>
> 向前倾——注意或感兴趣
>
> 懒散的坐在椅中——无聊或者轻松一下
>
> 抬头挺胸——自信
>
> 坐在椅子边上——不安、厌烦、或提高警惕
>
> 坐不安稳——不安、厌烦、紧张或提高警惕
>
> 正视对方——友善、诚恳、外向、有安全感、自信、笃定等
>
> 避免目光接触——冷漠、逃避、不关心、没有安全感、消极、恐惧或者紧张
>
> 点头——同意或者表示明白了，听懂了
>
> 摇头——不同意，震惊或者不相信
>
> 晃动拳头——愤怒或者富攻击性
>
> 鼓掌——赞成或者高兴
>
> 手指交叉——好运
>
> 轻拍肩背——鼓励，恭喜或者安慰
>
> 搔头——模糊或者不相信
>
> 笑——同意或满意
>
> 咬嘴唇——紧张，害怕或者焦虑
>
> 抖脚——紧张
>
> 双手放在背后——愤怒，不欣赏，不同意，防御或者攻击
>
> 环抱双臂——愤怒，不欣赏，不同意，防御或者攻击
>
> 眉毛上扬——不相信或惊讶

三、课堂提问礼仪

课堂提问是教师根据教学目标联系教学重点，向学生提出问题，并引导学生经过思考，对所提出的问题得出结论，提出自己的看法，从而获得知识、发展智力的教学方法。这是课堂教学的一个重要手段，它将教师、学生和教材有机结合起来，是师生课堂交流的主要方式。在深入开展素质教育的今天，教师应充分地调动学生的主观能动性，激活学生的创新意识，课堂提问无疑是培养学生能力，发展学生智力的有效途径，课堂提问的成功与否是课堂教学成败的关键。因此，在课堂教学中，教师掌握必要的课堂提问礼仪规范对提高教学质量有重要的意义。

【案例导入】

美国的孩子如何理解"灰姑娘"

上课铃响了，孩子们跑进教室，这节课老师要讲的是《灰姑娘》的故事。老师先请一个孩子上台给同学讲一讲这个故事。孩子很快讲完了，老师对他表示感谢，然后开始

向全班提问。

老师：你们喜欢故事里面的哪一个？不喜欢哪一个？为什么？

学生：喜欢辛黛瑞拉（灰姑娘），还有王子，不喜欢她的后妈和后妈带来的姐姐。辛黛瑞拉善良、可爱、漂亮。后妈和姐姐对辛黛瑞拉不好。

老师：如果在午夜12点的时候，辛黛瑞拉没有来得及跳上她的南瓜马车，你们想一想，可能会出现什么情况？

学生：辛黛瑞拉会变成原来脏脏的样子，穿着破旧的衣服。哎呀，那就惨啦。

老师：所以，你们一定要做一个守时的人，不然就可能给自己带来麻烦。另外，你们看，你们每个人平时都打扮得漂漂亮亮的，千万不要突然邋里邋遢地出现在别人面前，不然你们的朋友要吓着了。好，下一个问题：如果你是辛黛瑞拉的后妈，你会不会阻止辛黛瑞拉去参加王子的舞会？你们一定要诚实哟！

学生：（过了一会，有孩子举手回答）是的，如果我是辛黛瑞拉的后妈，我也会阻止她去参加王子的舞会。

老师：为什么？

学生：因为，因为我爱自己的女儿，我希望自己的女儿当上王后。

老师：是的。所以，我们看到的后妈好像都是不好的人，她们只是对别人不够好，可是她们对自己的孩子却很好，你们明白了吗？她们不是坏人，只是她们还不能够像爱自己的孩子一样去爱其他的孩子。孩子们，下一个问题：辛黛瑞拉的后妈不让她去参加王子的舞会，甚至把门锁起来，她为什么能够去，而且成为舞会上最美丽的姑娘呢？

学生：因为有仙女帮助她，给她漂亮的衣服，还把南瓜变成马车，把狗和老鼠变成仆人。

老师：对，你们说得很好！想一想，如果辛黛瑞拉没有得到仙女的帮助，她是不可能去参加舞会的，是不是？

学生：是的！

老师：如果狗、老鼠都不愿意帮助她，她可能在最后的时刻成功地跑回家吗？

学生：不会，那样她就可以成功地吓到王子了。（全班再次大笑）

老师：虽然辛黛瑞拉有仙女帮助她，但是，光有仙女的帮助还不够。所以孩子们，无论走到哪里，我们都是需要朋友的。我们的朋友不一定是仙女，但是，我们需要他们，我也希望你们有很多很多的朋友。下面，请你们想一想，如果辛黛瑞拉因为后妈不愿意她参加舞会就放弃了机会，她可能成为王子的新娘吗？

学生：不会！那样的话，她就不会到舞会上，不会被王子看到，认识和爱上她了。

老师：对极了！如果辛黛瑞拉不想参加舞会，就是她的后妈没有阻止，甚至支持她去，也是没有用的，是谁决定她要去参加王子的舞会？

学生：她自己。

老师：所以，孩子们，就是辛黛瑞拉没有妈妈爱她，她的后妈不爱她，这也不能够让她不爱自己。就是因为她爱自己，她才可能去寻找自己希望得到的东西。如果你们当中有人觉得没有人爱，或者像辛黛瑞拉一样有一个不爱她的后妈，你们要怎么样？

学生：要爱自己！

老师：对，没有一个人可以阻止你爱自己，如果你觉得别人不够爱你，你要加倍地爱自己；如果别人没有给你机会，你应该加倍地给自己机会；如果你们真的爱自己，就会为自己找到自己需要的东西——没有人能够阻止辛黛瑞拉参加王子的舞会，没有人可以阻止辛黛瑞拉当上王后，除了她自己。对不对？

学生：是的！

老师：最后一个问题，这个故事有什么不合理的地方？

学生：（过了好一会）午夜12点以后所有的东西都要变回原样，可是，辛黛瑞拉的水晶鞋没有变回去。

老师：天哪，你们太棒了！你们看，就是伟大的作家也有出错的时候，所以，出错不是什么可怕的事情。我担保，如果你们当中谁将来要当作家，一定比这个作家更棒！你们相信吗？

孩子们欢呼雀跃。

【案例评析】

亚里士多德说过："思维是从惊讶和问题开始的。"疑是思之源，思是智慧之本。因此，课堂教学中，预设问题情景是促使学生开展有效学习的有力手段，通过特定的情景，提出问题，分析问题，使问题与学生已有的认知结构中的经验发生联系，激活学生理解问题、思考问题的意识，并能够从自己的世界积极建构新的认知结构，这就是问题的作用。

著名诗人歌德曾说："一件艺术作品是自由伟大精神创造出来的，我们也应该尽可能用自由大胆的精神去观看和欣赏。"课堂是学生的课堂，课堂提问是学习的过程，是学生对自己认知发展演绎的过程，有效合理的问答是师生最有效的沟通途径。

教师设计课堂提问要有明确的目标性，问题的设计必须紧扣本节课的教学目标，围绕教学内容的重难点和学生原有的认知结构，教师在设计问题的时候，需要设置悬念，启发学生思维，还需要合作学习、交流，才能解决这个问题。因此，提问的难度要适宜，给学生思考的时间和空间。同时，提问的机会要均等，时机要恰当，对象要随机。在整个提问的过程中，对学生的回答，教师要随时进行判断，对学生是否掌握相应的知识、掌握的程度如何等进行公开评价，保护学生回答问题的积极性，允许学生有不同的见解，不能用统一的标准去划定学生的答案，应鼓励学生对问题有个性化的理解，教师更不应该对学生的答案持否定态度，不要轻易下"不正确""错误"等结论，面对学生认识的不一致、观念的分歧、思想的碰撞，教师要给予充足的时间，让他们表明自己的立场，阐述自己的理由。当学生在发言时，教师不能急切打断他们，或把自己的观点强加给学生，或代替学生过早下结论，即使课堂时间不允许深入探究，也应该在课后对学生有所交代。

教师在提问时要正确控制影响提问的因素。教师提问时的面部表情、身体姿势和体态以及师生间的空间距离，这些因素能支持、修饰和代替言语行为所难以表达的感情和态度。学生可以从教师的面部表情中对自己回答问题的正确与否获得信息，可以从教师的目光识别是信任还是鼓励，同时，师生间的空间距离也可以影响师生间的对话交流和知识传递。因此，课堂教学中，教师掌握必要的课堂提问的礼仪规范，是决定课堂教学成败的重要环节。

温馨提示：
　　课堂教学中，教师提出问题并对学生回答的内容做出及时的反应是课堂教学的重要环节，也是课堂教学礼仪重要的技能之一。

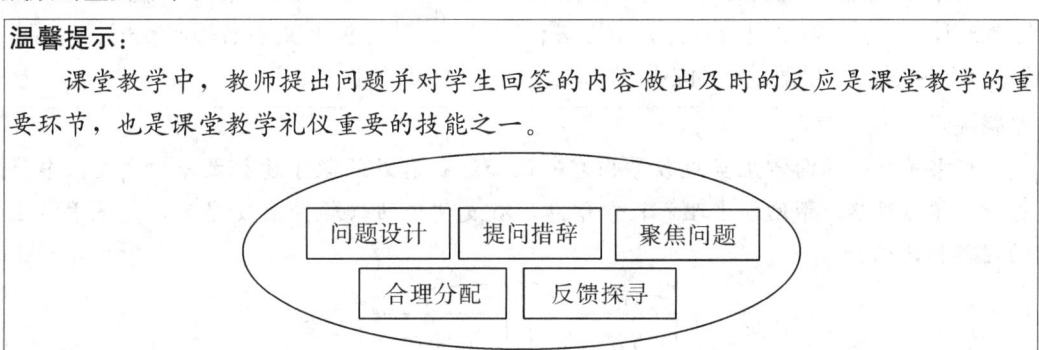

提问技能要素

四、课堂板书礼仪

【案例导入】

　　李老师是福建省上杭县实验小学高级教师。李老师认为基本功是教师从事教学工作必须具备的最基本的职业技能。传统教学手段、传统教学工具在课程改革教学活动中依然具有生命力。许多优秀教师正是运用一块黑板、挂图、教具演绎出那么多优秀的课堂教学，为教学改革提供了许多可借鉴的经验。比如，教师一手漂亮的粉笔字会成为学生临摹的活字帖，教师书写时撇捺的结构落笔会耳濡目染学生。这里进行的是面对面的师生互动，在互动过程中教师能够根据学生的反应，灵活地掌握教学分寸，随时做出变动，即时调整教学内容和教学环节，并通过个人的教学风格，使教学内容的表达更有感染力和说服力。

【案例评析】

　　汉字的书写，随运笔留下的点画结构，一方面它是有音有意的符号，另一方面它又是书写者无可掩饰的心理现实外在的可感图画。教师写一手漂亮的黑板字，即可以丰富为人师表的内容，又可以给学生一个富有审美形象的精神境界，它好比无声音乐的流响，是心灵的倾吐，是生命情意的传递，是书写者性情、修养、精神境界的自然流露。

　　板书是课堂教学中一个重要的组成部分。有人说黑板是教师的责任田，形象地道出了板书的重要性。好的板书能加强理论教学的直观性，能更加突出教学重点，显示某种条理，提纲挈领，起到画龙点睛的作用。

　　板书是教师口头语言的一种辅助表达手段，它给学生带来的视觉效果与教师口头表达所带来的听觉效果互为补充。尽管多媒体手段不断普及、进步、完善，但粉笔仍很普遍地并仍将在一定的时期内存在于许多课堂中。

　　教师在课堂教学中的板书应该注意几点：板书文字简明扼要，"文贵精，不贵多"

板书应化复杂为简单，给人一目了然的感觉。板书字迹要秀丽端庄，大小适度，不写错别字、潦草字和不规范的简化字。板书线条、符号要运用得体，布局合理，色彩搭配适宜。针对教学重点、难点设计，板书图示应具有形象性和启发性，图示一定简洁明了，几笔成形。特别，板书要与其他教学方法有机统一，禁忌板书文字书写不规范、内容拉杂、单调呆板、零星散乱、随心所欲。

> **温馨提示：**
> 　　板书是教师面向学生呈现教学内容、认知过程有效的教学途径之一，通过板书能够揭示学习思路，帮助学生理解教学信息，激发学生的兴趣并启发思考，也便于学生的理解和记忆。
>
> 　　　　直观形象　　书写绘画
> 　　　　结构布局　　掌握时机
>
> 　　　　　　板书技能要素

第三节　教师课堂语言礼仪

【案例导入】

　　贾志敏，全国著名特级教师。贾老师的语文课，以出色的言语示范和敏锐的捕捉能力，当场诊断、训练，重点培养学生对语言的感知和感悟能力，提升学生的语感，这种强烈的语言意识，给人留下非常深刻的印象。

　　贾老师在课堂教学中，以多样、生动、灵活、丰富的评价语言，使学生犹如坐春风、沐春雨，欣喜不已，整个课堂总是勃勃生机。比如学生读完课文后，贾老师的语言评价富有表现力和感召力。"读得真不错！""大家听了都佩服你念得好！""这句子你读得多好呀！请你再读一遍，大家仔细听听！""老师都被你读得感动了！""你念得比老师还棒！""到目前为止，你是念得最出色的一个！""老师觉得你长大后肯定能当一个播音员！"……如此生动、亲切的语言，学生听后怎么会不被感染，怎么不受鼓励呢？学生们跃跃欲试，一个个教学的高潮正是如此形成。

　　贾老师还善于用幽默的语句打破课堂中的枯燥局面，使整个教学过程达到师生和谐、充满情趣。他的课堂总是笑声不断，让人轻松愉快。一次讲《镇定的女主人》时，贾老师请学生找"镇定"的同义词，一学生讲"慌张"，贾老师又问："那把慌张放入课题，这课题该怎么读？"该生说："慌张的女主人。"大家笑了。贾老师幽默的插了一句："你才是一个慌张的小姑娘呢！"大家笑得更欢了。这时学生害羞地吐了一下舌头，连忙改口说："应该是不慌张的女主人。"后来，这学生举手举得特别卖力。到了最后抽读课文时，贾老师还特意点名，"请那位慌张的小姑娘来读"，小女孩高兴极了，有声有色地读起来。

有人问贾老师如何练就这一身硬功夫，贾老师淡然一笑说："作为教师，一走进教室我就有这种感觉，我就是语文。平时我看电视、听戏、看话剧、逛马路，甚至与人交流，都处处留意学习语言，运用语言。听到一句好的台词，在报纸上看到一个好的词语，我都要掏出本子，把它记下来，随后牢牢记住它，在以后的教学中巧妙地把它们运用进去，久而久之，我就掌握了语言。因为我是小学语文教师，因此我千方百计走近孩子，了解他们的喜怒哀乐，哪些是他们喜欢接受的，哪些是他们感兴趣的，我常常揣摩学生的心理。因此，我的语言很容易被学生接受。再有，我是南方人，普通话常说不好，我就虚心向他人请教，请教配音演员、请教电台播音员、请教北方的徒弟、请教自己的学生，更多的是查字典。"正因为贾老师的勤奋、刻苦，不断锤炼自己的口语，他以形象、生动、机敏、睿智、充满亲和力的语言，展现了他鲜明、独特的语言风格和人格魅力。

【案例评析】

教师的语言是一种技术更是一种艺术，是一种知识更是一种思想，是一种修炼更是一种品位、情趣、意境、魅力。一位优秀教师的语言能够展示教材内容所有的优点，一个较差教师的语言却可以使同一本教材的缺点暴露无遗。优美的语言能产生爱屋及乌的效果，拙劣的语言会导致索然无味。

美国前哈佛大学校长曾说："在造就一个有教养的人的教育中，有一种训练必不可少，那就是——优美、高雅的谈吐。"语言是人们表达思想感情和进行交流的重要工具。言为心声，人们的思想、品德、情操、志趣、文化素养以及人生观等，都可以通过语言得到体现。

教师的语言是人类最美的语言，抑扬顿挫是教师语言的节奏美，诙谐幽默是教师语言的机智美，逻辑严密是教师语言的理性美。平和的语气传达着教师的稳重，温和的语气表现出教师的耐心。优美的语言是教师给学生最美的教育感受。

教师的语言是教书育人最基本、最重要的工具。教学语言不同于一般的语言，它是在一种更规范性、科学性的基础上形成的富有情感和生动形象的审美化语言。言语交流是教学过程中师生交流的最基本的方式。教师语言的品质如何，不仅影响着学生对他的喜爱，而且也影响着学生的学习兴趣，以及对教学内容的理解和掌握。一些优秀教师十分了解语言作为教师基本功的重要意义，非常注意锤炼他们的教学语言，通过他们声情并茂的讲解，带领学生进入艺术的境界。高尔基说："作为一种感人的力量，语言的真正美，产生于言辞的准确、明晰和动听。"

一、课堂语言的特点

课堂教学语言介于生活口语和书面文学语言之间，它应是符合语言规范、生动活泼而又严谨周密的洗练化的口语同书面文学语言的结合体。它应该是知识性和教育性的统一、形象性和逻辑性的统一、趣味性和哲理性的统一以及趣味性和通俗性的统一。从整体来看，课堂教学语言具有如下特点。

（1）"通"。教学语言既要有书面语言的精确，又要有口头语言的明白易懂，易于被学生所接受。因此，成功的课堂教学需要教师深入浅出地讲清楚问题，语言通俗易懂，学生容易接受和理解。

(2)"准"。准确性是教学语言的灵魂，没有"灵魂"的教学语言就没有生命力。缺乏科学性的语言，无论用词如何考究，语言怎么华美，都显得苍白无力。

(3)"趣"。幽默、风趣的语言是课堂的润滑剂。一定的幽默感和教学机智行为是情绪状态所不可缺少的有效方法。富有幽默感和教学机智的教师，容易实现对课堂的有效控制，更能以一种积极、乐观的态度营造一种良好的教学氛围。

(4)"美"。美的教学语言不仅能极大增加教学的感染力，使学生学得轻松，而且可以陶冶学生的情操甚至影响他们的一生。教师美的语言可以培养学生积极健康的思想，唤起他们对美的体验和追求。

二、教师语言礼仪

教师的语言礼仪主要内容包含语言表达礼仪和课堂语言礼仪。

（一）教师语言表达礼仪

教师承担的教学任务离不开语言的表达。因此，作为一名教师，要注意表达语言时的礼仪规范。

(1) 表达准确。每一门课程都是一门科学，有其严谨性、科学性。教师在教授时应严格遵循学科的要求，不可庸俗化。

教师的语言内容本体的第一个成分是"理"，一方面包含着知识主体或思想主题，另一方面是指逻辑和思维方式。因此，教师通过语言传递给学生的知识和信息首先要做到体系化、系统化和结构化，围绕主题，呈现出知识的结构；再者，教师的语言本体内容应包含清晰的逻辑和明确的思维方式。具有清晰的语言逻辑和思维方式的话语，能够使学生明白知识主体的内在哲理和知识内容本身。

教师语言中的"理"就是思想，是思想表达和对学生思想的启迪。因此，语言是思维的外部表现形式，真正有教育意义和启发意义的语言，应该是建立在思维的基础之上的。所以，教师的课堂语言不仅要准确，而且包含着一定的"理"，这样的课堂语言才真实有效。

教师语言本体的第二成分是"情"，一方面是指情景、情节、情感的表达，另一方面是指核心价值观念的渗透，富有情感、态度和价值观。如果教师讲授的语言内容本体只有"理"而没有了"情"，这种讲授仅仅是枯燥的推论。讲授的基本要求是生动形象、层次清晰，如果去掉了情景、情节、情感，教师的讲授语言是难以吸引学生，也更难以明理的。

(2) 音量适当。讲课不是喊口号，声音不宜过大。如果声音太低又很难听清，会影响教学效果。

(3) 语言简洁。讲课要抓住中心，不说废话和多余的话，给学生干净利落的感觉。

(4) 上课可以适时插入一些风趣、幽默的语言，以活跃课堂气氛，提高学生的学习兴趣。

（二）教师课堂语言的礼仪

教师课堂语言的礼仪内容包括语言和语气语调两个大的方面。

（1）语言柔和动听。语言的生动效果常常依赖语言的变化而实现。语言变化主要是由声调、语调、语速和音量变化组成。如果这些要素控制得好，会使语言增光添彩、产生迷人的魅力。

（2）语调恰当、富有节奏感。根据思想感情表达的需要，必须恰当地把握自己的语调，同时要做到语言清楚明白。说话要有综合的把握，形成波澜起伏、抑扬顿挫的和谐美，以收到最佳效果。

（3）发音纯正、语言流畅。讲课时应该尽量避免口吃、咬舌或吐字不清的毛病。适当地把讲课语速放慢，可以减缓口齿不清的毛病。无论音量控制到什么程度，都必须强调语言要清晰有力、发音纯正饱满。

（4）语言清晰。不要随便省略主语，切忌词不达意，注意语句的融会贯通。

三、课堂教学语言的运用技巧

一个动听的声音应该是饱满的、充满活力的、能够调动学生情感的。教师通过悦耳的声音传授内容不仅能够吸引学生的注意力，而且还会产生"过耳不忘"的效果。一个有经验的教师，在教学过程中总是十分注重用适当的语调、语气、语速来表达相应的内容和情绪。

（一）语音的运用技巧

在课堂教学中，教师应该使用纯正的普通话语音，读准音节的声母、韵母和声调。在此基础上还要掌握语言的各种语流音变现象。规范标准的普通话语音能给人以悦耳舒心的审美感受，使得教学内容随之潜入心底、印入脑海。因此，教师不仅要读准普通话语音，还要掌握发音技巧。

1）规范语音的技巧

（1）音节读准。按照普通话的标准和规范来吐字发音，使发音正确、声调准确、字正腔圆。

（2）音节协调。适当多用一些双音节词、四音节词讲话或练习朗读，可以增强语言的响度和节奏感，读起来朗朗上口，听起来优美悦耳。

运用拟声词、象声词也是使音节协调的一种方法。它既可以使被表达的事情形象生动，又可以使声音和谐，增添语言的表现力。

（3）韵调和谐。"调"指声调。汉字一字一个音节，每字又有四声即平仄之分，如果声调调配得好，就可以出现高低抑扬、急缓起伏之情势。平声字和仄声字交错使用，可以形成声音的抑扬顿挫、起伏相连，从而使声音刚柔相济，协调和谐。

2）好的语音的特点

在课堂教学中，甜润清亮的音色，会令人悦耳、爽心，有助于惟妙惟肖、栩栩如生地描摹各种声音及其变化，使教学充满生机和趣味，增强感染力。一般而言，好的语音有如下特点。

(1) 正确清晰。①所谓正确,是指发音正确。一方面,不可读错别字;另一方面,不能用"直译"方式将方言变成蹩脚的普通话。②所谓清晰,是指吐字要清楚明晰,不含含糊糊,有正确的停顿和适当的节奏,不要前言不对后语,或者结结巴巴,使人听不懂或弄不明白。

(2) 明快清脆。这既指说话要开门见山,口到心到,心口一致,不故弄玄虚,要快言快语,有什么说什么;又是指声音要干脆利落,不拖泥带水。

(3) 浑圆清亮。如果说"正确清晰"是要求声音表达科学化的话,那么"浑圆清亮"则要求声音表达艺术化。要求声音流畅自然,浑圆雄厚,悦耳动听,有滋有味。

(4) 富丽清新。这是指声音要富于变化,丰富多彩,又要清爽新鲜,生动活泼。

(5) 坚韧清越。坚韧,是指声音坚实、耐久、有力、有始有终。清越,是指声音婉转悠扬,给人留下深刻甚至难以磨灭的印象。

(二) 语调的运用技巧

教学口语比书面语言的表达效果更加丰富,这主要归功于语调的运用。在教学中,准确地范读出某一语句的语调,可能比多句解释更容易被学生接受。语调不但能增强口语的表达效果,有时甚至可以改变原句的意思。特别是在教学过程与学生互动的过程中,教师的语言是友好还是敌意,是冷静还是激动,是诚恳还是虚假,是谦恭还是傲慢,是同情还是讥笑,都可以从教师的语调中表现出来。

一般来说,教师说话的语调应该抑扬顿挫、平和温柔、亲切感人。不能对学生使用蔑视、憎恶、讨厌之类的语气,不要对学生粗暴地大喊大叫。有时候,教师并不体罚学生、也没骂学生,但是教师使用的语气、语调,一样地伤害学生。如学生做了什么不符合老师要求的事,教师用一种特殊的语调说:"你真能啊!"这并不是表扬学生,而是在讽刺学生、谴责学生,使学生听了比骂他还难受些。因此,教师应该注意自己语调的运用技巧,做到适度、优美、亲切、柔和,并且要注意语调的随机调节和变换,克服语调的单一、死板,以活跃课堂气氛、增进师生感情,调动学生学习的积极性。

同样,语气之强弱、长短、清浊、粗细、宽窄、卑亢,都能产生不同的声音效果。语气不同,表情达意也就不同,其中尤其以声音和气息状态至关重要。教师必须通过声音和气息将思想感情表达出来,而不同的声音和气息表达不同的思想感情。

气息	声音	给听众的感觉	表达的思想感情
气徐	声柔	温和的感觉	爱的感情
气促	声硬	挤压的感觉	憎的感情
气沉	声缓	迟滞的感觉	悲的感情
气满	声高	跳跃的感觉	喜的感情
气提	声凝	紧缩的感觉	惧的感情
气短	声促	紧迫的感觉	急的感情
气粗	声重	震动的感觉	怒的感情

续表

气息	声音	给听众的感觉	表达的思想感情
气细	声黏	踌躇的感觉	疑的感情
气少	声平	沉着的感觉	稳的感情
气多	声撒	烦躁的感觉	焦的感情

发音技巧：教师要使自己的声音圆润动听，正确地使用语调，平时就要注重练习，练习的环节是从呼吸到发声、发音、绕口令的练习。

沉稳的声音和唱歌一样利用腹式呼吸发音（男教师的声音一般稳定深沉，就是借用腹式呼吸而成的；而女教师大都采用胸式呼吸，故声音较高较浮躁）；有的教师上课时带有很重的鼻音或说话时呼吸调节不好，使人听了难受。因此，教师首先要学会正确的呼吸方法：身体站直，把双手轻轻放在肚子上，从鼻子吸气，手能感觉到肚子膨胀，从嘴巴吐气，手感觉到肚子消下去。发音练习，可以对着镜子，练习"ａｉｕｅｏ"5个基本音，一边注意口形，一边一个字一个字地发音。表情要保持微笑，用镜子确认自己的脸，并清楚地发音。音量以3米处人可听到为准。

（三）音量的运用技巧

课堂教学口语无论在语音语调上、遣词造句上，还是音调上都带有一定的夸张性，因此，音调应该稍高一些，响度应稍大一些。教师的声音首先要清晰响亮、浑厚有力，贯穿教室，让每个学生都能听清楚教师的讲课内容。如果声音过小，学生会听不到教师讲课的内容，但也不可有意将嗓音提得过高，这种过度刺激，时间一长也会抑制、封闭学生的思维。因此，控制好自己的音量，要适中适度，以教室里坐在最远处的学生听见、听清为准。

（四）音色的运用技巧

教师的教学口语应该圆润、优美、富有韵味。在教学中，为了增强语言的生动性和形象性，可以采用改变音色的技巧。比如我们表示极度惊讶时，可用声带轻微振动或不振动的呼吸声；对学生的回答进行否定时，可用委婉而善意的、带有笑声的声音。

（五）语速节奏的运用技巧

语速的快慢靠音节间的停顿来控制，节奏靠句间停顿、语段间的停顿、句子的重音和句调的高低升降来体现。语速的快慢、节奏的急缓直接影响着学生的思维活动。按照教学口语的要求，教学语速不能过快或过慢，节奏不应过急或过缓，而应快速得当、急缓适宜。如果语速过快，一口气说到底，滔滔不绝，容易使学生精神过度紧张，从而不能很好地理解和掌握教师所讲的内容；相反，如果速度过慢，则会使学生的思维处于长时的等待之中，容易产生精神疲劳，从而使学生对教学内容不感兴趣，严重的还有可能产生厌学、抑制、封闭的不良心理反应。

调控速度的技巧。①快速。一般用于表达紧张、激动、惊奇、恐惧、愤怒、急切、欢畅、兴奋的心情，或者用于叙述急剧变化的事物与惊险的场景，或者用于刻画人物的机警、活泼、热情的性格。②中速。一般用于感情与情绪变化起伏不大的场合，或用于平常的叙事、议论、说明和陈述等。③慢速。大多用于表示沉重、悲伤、忧郁、哀悼的心情，或用于叙述庄重的情景。

总之，训练自己的声音，让它美妙动听，应该是教师的必修课。因此，在教学过程中，教师可以录制一节自己的课，自我反思，有针对地训练自己的声音。

(1) 语调。是否抑扬顿挫？你的教学语言是否充满激情？平淡乏味的语调难以调动学生的情绪，难以吸引学生的注意力。

(2) 声调。是否太尖、太低或声音嘶哑？高尖的声调会刺激学生的听觉神经，让学生感到头痛和烦躁甚至反感。学会把力气集中在嗓子眼上，学会运用腹部和胸腔的力量。

(3) 音量。是否太大或太小？太大容易导致学生听觉疲惫，太小的声音学生听不清楚。

(4) 语速。是否太快或太慢？语速太快，容易使学生听不明白，难以发挥"听觉记忆"的效果；太慢容易使学生失去兴趣和耐心，使课堂教学缺乏生机。

(5) 停顿。讲课时是否留给了学生必要的思考时间？语言的重点是否突出？适当的停顿是必要的，停顿能够突出重点，引起注意，激发思考。

(6) 发音。教学中是否有过多的重复语或口头禅？是否有发音或读音的错误？教师的语言力求发音准确，避免口头禅。

同时，在课堂教学中，教师要学会使用幽默的方式。幽默是"具有智慧、教养和道德上的优越感的表现"（恩格斯）。在言谈中，幽默具有妙不可言的功能，同时也是一种含蓄而充满智慧的境界。幽默使批评变得委婉而有效，它也往往是紧张气氛的缓冲剂，能使对方摆脱窘境，又能自我嘲解。幽默的语言是建立在自信、自尊的基础上的机智和智慧的产物。

法国大文豪雨果说过："语言就是力量。"教师要做到语言美，首先应努力提高自己的素质和修养，塑造美好的心灵，加强自身文化修养和表达能力的锻炼培养，力求做到语言简洁、明快、准确，并尽可能做到生动、流利、词汇丰富、幽默风趣、有感染力；语气和语调要讲究清晰、优美、有节奏，做到文雅、和气、谦逊。

教师如果缺乏语言方面的修养和能力，即使心灵再美，也不能准确地表达出来，在人际交往中就会遇到很大的障碍。一个人谈话水平的高低取决于他的文化素养，所以，教师若想在课堂出口成章，大放异彩，首先要做的就是加强和提高文化素养。书籍是最基本的"语言营养"，开卷有益，多读书、读好书才能够真正提高教师的课堂语言表达水平。

温馨提示：
　　教学语言技能是教师传递教学信息，提供学习指导的语言行为，是教学信息的载体，可以准确、清晰地传递教学信息。它的基本要素如图所示：

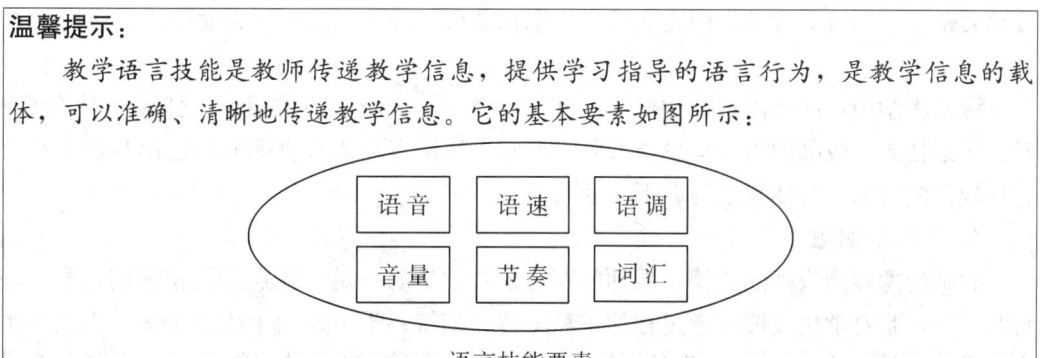

语言技能要素

四、课堂语言的禁忌

【案例导入】

[案例一]

　　一天，我教孩子们学《狼牙山五壮士》这一课。在检查预习情况时，一个平时沉默寡言的学生小柳站起来一本正经地说：

　　"老师，课文里多了一个字。"

　　"多了一个字？"我听了，感到有些疑惑，便追问说："多了一个什么字？"

　　"多了一个'铁'字。"他很自信地说，"课文里有这么一句话：'班长斩钉截铁地说……'班长名叫'斩钉截'，后面不是多了个'铁'字吗？"他的话音未落，教室里顿时炸开了锅。有的学生笑得前俯后仰。小柳见大家这么一笑，脸涨得通红，手足无措，十分尴尬。当时我却火上浇油，也冲了他一句："哦，你的意思是班长姓'斩'，名叫'钉截'？"经我这么一说，大家笑得更厉害了，这时，小柳羞愧得无地自容。

　　从此，他再也不愿举手发言。

[案例二]

　　一个学生在朗读课文时，把"还有后来人"误读成了"还有后人来"。大家听了都哄笑起来，教室里的严肃气氛顿时化为乌有。怎么办呢？但见这位教师神态自若，她从容不迫地问："同学们，你们在笑什么？这位同学的意思并没有错呀！"经她这么一说，教室里静了下来。她接着说："'还有后来人'意思是'还有接班人'"；"'还有后人来'意思是'还有人接班'。"这时，教室里鸦雀无声。教师又亲切地说："当然了，意思不变，并不等于说这位同学读对了。他之所以念错，是由于没有看清楚的缘故。如果仔细看、认真读，就不会出这种不应该的差错了。我们请他再为大家朗读一遍，好吗？"

　　同学们听了情不自禁地鼓起掌来。这时，那位学生情绪更加激昂地朗读起来。

【案例评析】

　　同样面对学生的错误，教师不同的话语对学生却产生了截然不同的效果。案例一中，教师不恰当的话语伤害了学生的自尊，泯灭幼小心灵的希望；案例二中，教师幽默的语言化解了课堂所有的尴尬，而且让学生从教师的语言中感受到希望、信念和尊重，智慧的语言，充满着对学生的爱和关怀，也让学生获得更多的自信和希望。

课堂教学中，课堂语言总的要求是和气、谦虚、文雅，不讲粗话、脏话，不强词夺理、恶语伤人。教师的语言禁忌指教师在课堂上运用有声语言讲课时不能出现的不符合礼仪规范的行为，具体表现为以下方面。

1. 忌狭隘偏激

教师的宽容乃教师的美德。教师的宽容是对学生的不足、缺点甚至错误的包容、理解和原谅，是对学生发展缓慢过程的一种等待、期待。学生是活生生的个体，每个学生由于受教育的环境和认知水平不一致，因此对问题的理解和对事物的看法也是有差异的。面对这些差异，教师若是疾言厉色，学生就会对老师敬而远之，就会对学习中的问题不再发表自己的见解。所以，老师不能用统一的标准去划定学生的答案，应鼓励学生对问题有个性化的理解，教师更不能对学生的答案持否定态度。

明智的做法是：面对学生认识不一致、观点分歧、思想的碰撞，教师要给予充足的时间，让他们分别表明自己的立场、阐述自己的理由。当学生正在发言时，教师不能急切地打断他们，或是把自己的观点强加于学生，或代替学生过早地下结论。因为那样就会给学生留下狭隘偏激的印象，使课堂交流无法进行下去。

教师的宽容是学生成长历程中不可缺的环境和氛围，这种环境和氛围的性质如何，直接影响着学生的发展。正如德莱顿和沃斯所说：

　　如果一个孩子生活在批评之中，他就学会了谴责；
　　如果一个孩子生活在敌意之中，他就学会了争斗；
　　如果一个孩子生活在恐惧之中，他就学会了忧虑；
　　如果一个孩子生活在怜悯之中，他就学会了自责；
　　如果一个孩子生活在讽刺之中，他就学会了害羞；
　　如果一个孩子生活在嫉妒之中，他就学会了嫉妒；
　　如果一个孩子生活在耻辱之中，他就学会了负罪感；
　　如果一个孩子生活在鼓励之中，他就学会了自信；
　　如果一个孩子生活在忍耐之中，他就学会了耐心；
　　如果一个孩子生活在表扬之中，他就学会了感激；
　　如果一个孩子生活在接受之中，他就学会了爱；
　　如果一个孩子生活在认可之中，他就学会了自爱；
　　如果一个孩子生活在承认之中，他就学会了要有一个目标；
　　如果一个孩子生活在分享之中，他就学会了慷慨；
　　如果一个孩子生活在诚实和正直之中，他就学会了什么是真理和公正；
　　如果一个孩子生活在安全之中，他就学会了相信自己和周围的人；
　　如果一个孩子生活在友爱之中，他就学会了这世界是生活的好地方；
　　如果一个孩子生活在真诚之中，他就学会了头脑平静的生活。

教师宽容是使学生自信、自爱、感恩、耐心、有公正感和自豪感的前提条件，是学生发展中必要的一种宽松的成长氛围。

2. 忌"一言堂"

课堂是师生双边活动的场所，所以对话是交流的基础，有对话才有交流，有交流才能产生情感。教师在课堂上要根据内容启发学生理出学习思路，独立思考；摸索学习方法，自主学习。课堂提问是教师经常使用的一种教学手段，教师怎样对待提问、如何提问集中反映了教师的课堂语言是否符合礼仪规范。教师在提问时多用敬语，多用"请"字，如"请某某同学回答"、"请某某同学发表看法"。不要使用这样的语言："喂，你，站起来回答问题。"不叫绰号，中途不打断学生发言，不侮辱学生人格。教师在认真倾听学生的发言后，要及时评价，触动学生的学习动机。教师的评价要有激情，这样不仅有利于师生间的语言交流，也利于师生间心与心的碰撞和感情距离的缩小。

3. 忌自我炫耀

教师先于学生步入社会，肯定有很多值得骄傲的地方。如果教师适当地拿自己现身说法，启发学生努力学习是完全可以理解的，但经常用自己的亮点来反衬学生，就会给学生留下自我炫耀的印象，让学生特别反感。每个学生都有独立的人格，他们既有强烈的表现欲望，又有被发现、被承认，被赞赏的内在心理需求。教师在课堂上如果只顾进入自身陶醉的状态，轻视学生的反应，效果绝对不好。

明智的做法：教师运用激情调动学生的情感，让他们积极投入到学习状态中去，并引导他们在学习活动中自由展示、自由发挥。教师对学生的学习活动给以诚恳的认同和赞扬，并且要赞扬学生学习各个环节中最细小的进步，而且是每一次进步。这样学生就有一种特别被关注的感觉，他们会越来越有信心参加学习活动。如果教师滔滔不绝地展示自己的理解或感受，学生就会由课堂主演变成观众甚至是场外观众。所以教师要想在课堂上最大限度地调动学生的学习积极性，赞扬学生是其中的重要手段之一，也是教师尊重学生的体现。

4. 忌粗话脏话

文明的课堂语言是教师良好修养的体现，也能对学生起着美的熏陶的作用。因此在课堂教学中，避免使用粗俗的语言，不能说脏话，无论何种目的，都不能出口成"脏"，不能侮辱学生的人格，更不能伤害学生的自尊心。

5. 忌挖苦谩骂

教师教态要认真。使用标准普通话，谈吐文雅，口气应亲切，不讽刺、挖苦、谩骂学生，坚决不允许有体罚或变相体罚学生的现象出现。

6. 忌孤傲清高

与学生交谈时，应大方、爽朗，不要孤傲清高，使学生不愿意接近；不如他人时，应心悦诚服，不要出言不逊，那将有损你的风度；介绍自己时，应谦虚、求实，不要自吹自擂，以免别人对你产生反感。

基 础 练 习

一、解答题

1. 教师个人形象自省主要包含哪些环节？
2. 简述课堂举止礼仪所包含的内容。
3. 简述教师礼仪所包含的内容。
4. 教师的课堂语言存在哪些方面的禁忌？需要怎么改进？

二、案例分析

1. 涂老师听到预备铃一响，就收拾好教材、备课本、教具等，整理好服饰，迈着轻快的步子向教室走去，面带微笑站在教室门口，用亲切温和的目光环视全班同学。

预备铃响了，学生开始安静下来，眼睛看着教室门口，王老师还没有来，学生开始三三两两议论、吵闹开来。王老师迟到了，脸上却呈现出若无其事的神色，既没有向学生表示歉意，也没有向学生说明迟到的原因，在学生猜疑的情况下，就匆匆忙忙开始上课。

请通过这个案例分析两位老师的做法会对课堂产生什么样的后果？

2. 李老师：

您好！我就要毕业了，这意味着我就要离开母校，离开朝夕相处的同学，离开您——我的好老师。在我即将与您分别之际，我有几句心里话要向您诉说。

老师，对您来说，我要谈的这件事只不过是一件微不足道的小事，但是，正是这件事，令我终身难忘。

一天上课，您站在讲台上问："昨天晚上我布置的家庭作业——背诵古诗《马》和《塞下曲》，有哪些同学背出来了？请举手。"我一惊，心想，举吧，我昨晚没背下来，只依稀记得一些内容，不举吧，挨批评的滋味可不好受……想了半天，害怕批评的心理终于占了上风，我颤颤巍巍地举起了手。可是，老天爷偏偏要来捉弄我的是——老师叫我背诵《马》这首诗歌的译文，我慢慢地站起来，不由得埋怨老天爷的不近人情，可是眼前最要紧的是应付老师。"开始背吧！"您的声音很温和，而我听起来却像一个炸雷。于是我硬着头皮，努力从脑海中搜寻《马》的影子，"漠漠旷野，沙石像雪一样晶莹洁白；燕山上，挂着……一轮……"我卡住了，周围响起了一阵窃窃私语，几十双眼睛"刷"地扫过来，像看"模特儿"似的望着我。我难堪极了，恨不得地上裂开一条缝让我钻下去。这时，您的脸沉了下来，我心中直叫苦："完了，这下得挨批评了。"可是，您却说："别紧张，我相信你能背出来的。"老师是信任我的！我心里像打翻了的五味瓶，既有对您的感激之情，又有没按时完成作业的愧疚之感，于是，我抬头看了看您，正好与您亲切的目光相撞，那目光里分明写着"信任"二字。我定了定心,在您的目光的鼓励下,剩下的内容竟然记起来了。老师,您就像无边学海里的一盏指航灯,为我指明了前进的航向,我要从心底喊一声:"我爱您,老师!"

——教师的信任和尊重,教师的礼貌用语对学生产生了很大的震动和极好的教学效果。

请通过这个案例分析教师的语言艺术对课堂产生的教学效果。

实训项目

1. 教师的课堂礼仪实训项目

【实训项目】1. 组织教学的礼仪技巧。

2. 教师课堂语言的礼仪。

【实训目标】1. 使受训者熟练掌握组织教学的礼仪程序、礼仪要求和技巧。

2. 使受训者认识教师课堂语言礼仪的重要性、要求,制订教育的忌语。

3. 使受训者掌握正确的发音方法,正确运用语气、语调。

【实训学时】6 学时

【实训方法】1. 学习教师课堂礼仪的有关知识。

2. 观摩优秀教师的课堂教学,学习他们遵守课堂礼仪的言行。

3. 请中小学生当小老师,请他们谈谈他们最喜欢老师在课堂上讲那些话,最不愿意老师讲那些话。

4. 请有经验的播音员教授正确的发音知识和方法。

【实训考核】教师的课堂礼仪实训测评

【测试安排】1. 请受训者把自己的声音录下来,然后仔细听。检查:用多大音量说话;声音快乐或低沉;说话有没有鼻音。

2. 对着镜子,面带微笑,训练自己的肢体语言,练习正确方式的发音。

3. 利用微格教学的教学手段,对小组成员的课堂教学视频观摩,对同学的课堂教学礼仪作出评价。

教师课堂礼仪测评表

考生单位：   考生姓名：

程序	操作标准	配分	评价等级			得分
			优	良	及格	
组织教学的礼仪	开始上课的礼仪	5分				
	课堂教学组织礼仪	10分				
	课堂提问礼仪	10分				
	课堂板书礼仪	5分				
	下课时的礼仪	5分				
课堂举止礼仪	神态的礼仪	5分				
	身姿的礼仪	5分				
	手势动作的礼仪	5分				
	仪容、仪表的礼仪	5分				
课堂语言礼仪	语言的礼仪	15分				
	发音的礼仪	10分				
	语调的礼仪	10分				
	语气的礼仪	10分				
	总分	100分				

第六章　教师沟通礼仪
——让您的朋友遍天下

沟通，是指人与人之间、人与群体之间思想与感情的传递和反馈的过程，以求思想达成一致和感情的通畅。在人际交往中，人们通常有接触才会了解，有了解才会沟通，有沟通才会互动。因此，可将沟通视为人际交往中人与人之间的互动之桥。在现代礼仪中，沟通的原则要求人们在人际交往中，既要了解交往对象，更要被交往对象所了解。礼仪的主旨在于"尊重"，而欲尊重他人，就必须首先了解他人，并令自己被对方所了解。这样，才能实现有效的沟通。

【学习目标】

通过本章的学习，明确认识教师与学生、家长和同事交往过程中正确运用礼仪的重要性。了解教师与学生相遇时的礼仪规范，学会运用教师与学生沟通的礼仪，正确掌握在召开家长座谈会、家访和迎访时教师的礼仪技巧，提升教师职业形象。

【基本内容】

本章内容主要包括教师与学生沟通礼仪；教师与家长沟通礼仪以及与同事共处的礼仪。

第一节　教师与学生沟通礼仪

【案例导入】

有一次去某中学联系工作，坐在办公室等人时，听到两位女教师在共同教育一名初一女生。教师甲："你本学期经常迟到、旷课，啥道理？这周连续三天不来读书，跑到哪里去了？……要是不想读书，干脆退学算了，何必'死硬撑'，班上也好甩掉一个包袱！"学生低着头默默不语。教师乙："功课一塌糊涂，上课没精打采，像只'瘟鸡'！这样下去不留级才怪，拖班级后腿……真是一个宝货！"两位教师轮番训斥、挖苦和讽刺，言语中夹着不少粗俗成分和脏话。后来两位教师都上课去了，教师甲临走时还扔给她一张纸和一支笔，责令她"写检讨"。

不一会儿，进来一位中年女教师，她先搬张椅子让学生坐下来，接着温和地说："同学，你早饭吃过了吗？最近好几天没来上学，是身体不好，还是学习上有困难？或是家里发生了什么事？愿意告诉老师吗？"学生看了看老师，欲言又止。教师买来了面包，倒了开水。她吃着吃着，默默地流下了眼泪。"你受了什么委屈？家里发生了什么事，告诉老师，我们一起想办法解决。"这时，学生面对老师竟像面对自己母亲一样，失声痛哭起来……

【案例评析】

沟通是一门艺术，不同的沟通方法会有不同的沟通结果。案例中，教师甲和教师乙在没有真正了解学生实际情况时，就对学生轮番训斥和讽刺，这根本没有起到沟通应有的效果，反倒使学生对教师居高临下的态度产生反感和抵触情绪。而中年女教师与学生的交流是平等的交流，她在沟通中设法让学生信任自己、接受自己，并积极与自己沟通交流。只有这样才能使沟通的效用得到充分发挥。

师生关系是在教育过程中，为实现一定的教育目标而结成的一种最基本、最重要的人际关系。良好的师生关系既是保证教育活动顺利进行的前提条件，又作为一种无形的、潜在的教育因素，制约着学生接受教育的程度，影响着教育过程并在很大程度上决定着教育的质量和效果。正如苏联著名心理学家、教育学家赞可夫说的，就教育工作的效果来说，很重要的一点是要看师生之间的关系如何。没有师生之间的交往、接触，就谈不上师生人格、个性的相互碰撞乃至影响。荀子说："学莫便乎近其人，学之经莫速乎好其人，隆礼次之。"说的就是师生关系、师生交往中礼仪的重要性。

教师怎样对待学生？这是我们每一个教师都要回答的问题。教师遵守礼仪可以克服师生沟通的心理障碍，使得教师的影响具有很大的相融性。有位学生说："当我犯了错误时，老师讲道理给我听，尽管他讲的是对的，可是，我闻到他那股训斥人的味道，就觉得他不像在真心帮助我，所以，即使他讲的道理再好，我也不想听。"对于学生来说，他们总是以教师的形象作为主要的行为参照目标，不断规范自己的行为，并且不断地获得来自教师的行为反馈信息，调节自己的行为。教师与学生交往的礼仪，除了在课堂上表现出来外，在平时的接触中也能表现出来。有的老师可能在课堂上较重视礼仪，下了讲台，又换了另一副面孔，殊不知，不经意的、甚至是下意识的言行对学生同样有着影响。正如有的孩子说："我觉得老师看不起我，我要是表现不好，老师批评我也行，可他不像是在批评我，而老是讽刺我，拿眼睛瞪我瞥我，我真受不了！"

一天下午，教研室里有几位老师正在聊着各自的学生。李老师说："我好几次上课都没人擦黑板！"张老师说："在路上碰到学生，从来没有人主动跟我打招呼！"王老师尤为气愤："有一次我的自行车坏了，好几个同学扬长而过，竟然没有一个帮忙的！"大家越说越气，于是就一起感叹："现在的学生真是越来越不像话了！"而在学生之间，关于老师的各种议论也是一个永久的话题。当前的师生关系发生很大的变化，呈现出冷漠化、紧张化、功利化等特点。要使师生关系从根本上得到好转，教师观念的转变、树立起科学的学生观是最重要的。但是，这一转变过程中，教师观念的变化必然会在教师对待学生的礼貌修养上表现出来。

一、与学生相遇时的礼仪

师生在校园里朝夕相处，相互间如能做到礼仪周到，不仅可以增进师生之间的感情,还有利于学校的学风建设和学生工作的顺利开展。

教师与学生相遇,通常应由学生主动向教师打招呼,说声:"老师早!""老师好!"教师也应面带微笑回一声"早"或"好"。放学的时候,学生说:"老师再见!"教师也应回应:"同学们再见!"这样做能充分体现出尊师爱生的感情,有助于师生感情的融洽。但是,师生之间毕竟有长辈与晚辈之分,教师的举止应持重稳当和端庄大方,对学生不宜过分亲昵,显得毫无界限。当然也不要表情冷漠,架子十足,使人感到不可接近。有的老师在与学生交往时,从不肯放下"管理者""教育者"的架子,试图用一种严肃的、郑重的,甚至是庄严的表情来对待学生,来维持自己的"威严"。有的教师与学生交谈,从不谈学习以外的事情,除了学习还是学习,总是把师生关系仅仅看作工作关系。

在校园里,教师与学生相遇,相距三米左右,学生停步,主动问候:"老师好!"教师相应地回答:"好!"此时教师应该是眼睛亲切地看着学生,面带微笑,回应学生的问候或主动与学生打招呼。如果遇到与学生同行的家长或同学,也要礼貌地招呼、致意。如果学生高高兴兴地叫老师一声,可老师却连头都不抬,爱理不理,十分冷漠,学生就会觉得老师看不起自己,内心感到痛苦,以后遇到老师时也不敢主动地打招呼了。

当教师组织并参加学生的课外活动,如联欢晚会、郊游等活动时,教师可以随和亲切一些,并积极投身进去,把自己当成学生中的一员,有利于融洽师生感情。青年教师与学生干部相处,态度不妨更随和一些,亦可主动招呼学生,犹如兄弟姐妹一般,这样容易与学生打成一片,有利于教学工作的顺利开展。山东省特级教师张伟曾说:"教师只有放下架子,走到学生中间去,成为他们的一员,你才会真正发现学生丰富的内心世界,这种亲身体验所得使所有的理论书籍——教你该这样做而不该那样做的方法、原则等类读物,都显得苍白无力……只有当你与他们像好朋友一样坐在一起,热烈地交谈,尽情而无拘束地欢笑时,你才能真正把握学生的情感脉搏。"这是很有道理的。

还有一位学生在他的文章中写过这样一段话:

> 我的班主任老师在开学初的自我介绍中说过这样几句话:"我的耳朵很灵,眼睛特别尖,'你们'的一举一动,说过的每句话,我都知道得非常清楚。所以你们最好老实点,别想耍花样!"还说:"我教了这么多年书,当了这么多年班主任,你们的心理我早摸透了,甭给我玩什么猫腻,我治人的方法有的是,一招比一招损,有不怕死的就试试!"当我听到这些话时,在惊诧之余心头顿时涌上一股寒意,这是一个老师应说的话吗?我觉得这几句话和强盗、土匪、绑架者的"威胁用语"没有什么两样!

这段话启示教师与学生交往时,应注意言语的礼貌,否则有损教师自身的形象,同时也不利于教师与学生之间的沟通交流。

二、与学生谈心的礼仪

苏联著名教育家苏霍姆林斯基曾说:"尽可能地了解每一个学生的精神世界,是教师和校长的首要金科玉律。"而很多老师常常只把谈心当成简单的谈话，不注意察言观色，不用心聆听学生的心声，不换位思考，不积极帮助学生解决问题。这种谈话效果差，甚至有时还起副作用。谈心，是一门艺术，应根据不同类型学生的心理特点，以推心置腹的方式触动学生情感，通过语言媒介，真正达到心与心的交流，使学生在愉悦的气氛中接受教育，在宽松和谐的情境中领悟其中道理，在相互理解的情感交流中达到心理平衡。这样，才能在师生间架起情感沟通的桥梁。

（一）学生谈心的礼仪

（1）提前通知，有所准备。谈心最好提前与学生打招呼，让学生有一个思想准备，这既是一种礼貌，又是对学生的尊重。

（2）热情迎候，营造平等和谐氛围。举止端庄，行为有度。谈话时，语气要平和，要有耐心，不要高音量，不反唇相讥，应表现出良好的道德修养。

（3）交谈中，要神态专注，不要左顾右盼，也不要频频看表。如果有要紧事，要实话实说，心不在焉会令学生难以接受。

（4）交谈时，应使用简洁明了的语言。不要故作高深，故意卖弄，否则学生会对老师产生不信任感。

（5）当学生在谈话时，应有适当的反馈，让学生感到你是在很认真地聆听。要适当地运用表情和身体语言，如微笑、点头和身体前倾等，以表示对学生的尊重。

（6）分清场合、入情入理。教师的表情要与谈话的对象和内容协调一致。在与学生进行谈话时，不要言过其实，故意夸大事实，也不应传播不利团结或道听途说的事情。

（7）耐心倾听、待机疏导。在和学生谈心时，教师应主动请学生就座。若学生不坐，为体现教师对学生的尊重，教师应与学生站着说话。在和学生说话时，教师无论是站着还是坐着，都应该姿势端正，不可东张西望，不可抓头摸耳，不可抖腿搁脚。教师还应该双目注视学生，认真倾听学生说话。如果学生说的话，教师有不同的看法，应诚恳地给学生指出，直到学生理解为止。

（8）通俗、严谨、风趣的交谈语言，不但能达到良好的表达效果，而且能营造融洽的交流气氛和亲密友好的师生关系。

（二）教师与学生谈心的方法

教师与学生谈心，要求教师躬下身来，态度亲切、随和、自然地同学生互相交谈。它是紧紧围绕实现教育目的，全面完成教育教学任务，进行思想品德教育和行为习惯教育而经常采用的师生之间交流的一种方式。教师与学生谈心有以下方法。

1. 拉近距离，互吐心声

谈心，便是用心去与心交谈。因此，谈心首先要建立良好的师生情感。虽然感情并不能取代教育，可教育的全过程必须充满感情。与学生谈心的过程就是双方感情交流的过程，是两颗心碰撞的过程。学生最爱向知心人说知心话，因而谈心时，教师应注意自己的角色，换位思考，将心比心，想学生之所想，急学生之所急，以一个亲密无间的朋友身份与之交流，以自己宽厚的爱去赢得学生的信任。如此，就像掌握了一把神奇的钥匙，能助您步入学生的心灵世界。

2. 双向交流，防止说教

学生在谈心开始时，要么无从谈起，要么羞于启齿，打不开话匣子。此时，教师应善于引导，使学生敢说、愿说。然而与此同时，教师容易步入"说教"的误区，与学生谈心有时就像是给学生以申辩或解释的机会。"说教"不但不能解开学生心头之结，反而让学生感到"强词夺理"，口服心不服，甚至产生逆反的心理。

3. 含蓄委婉，易于接受

教师与学生谈心时，语气除了亲切、真诚外，内容还应含蓄委婉，直话曲说。教师可以从自己的生活阅历和知识积累中选取富有启发性的事例或故事讲给学生听，让其从中领悟，受到教益。

4. 呵护隐私，为其保密

谈心是建立在信任的基础上的。师生之间的谈心可能会谈及对方真情实感甚至隐私，教师应为学生保密，充分尊重学生权利。

（三）教师与学生谈心的注意事项

教师与学生谈心要注意礼貌，谈话时态度要诚恳、自然、大方。

（1）耐心倾听学生的谈话，注意尊重学生，不随便打断话语或随意插话，或自己做"宏篇大论"。

（2）不要做不必要的小动作，不要不时地发出"嗯、啊、噢"的声音。

（3）要学会倾听学生的谈话，一定要让学生先把话讲完；要注意控制自己的情绪，不要过于激动。等听完之后，冷静分析，做出自己的判断。

（4）不宜说话颠三倒四，毫无铺垫地从东跳到西，使学生无法领会。

（5）忌讽刺挖苦。与学生谈心不可咄咄逼人、讽刺挖苦、一声比一声高，使学生觉得你很愤怒无礼。

（6）不宜问学生不愿回答的问题。

（7）不宜用太长时间谈论自己。

（8）不宜在交谈中，频频接、打手机。

（9）不宜在谈话中提及对方的伤心事。

（10）忌居高临下。教师跟学生谈心时，双方应目光平视。学生如果仰着头听老师讲话就会形成一种不平等的交往。这时，教师可弯腰或蹲下与学生交谈，以体现师生之间交往的平等关系。

总之，教师与学生谈心是师生交流思想、相互了解、相互影响的过程，是师生双方由谈心到知心的过程。一个善于谈心的教师，一定是一个优秀的教师，一个充满教育智慧的教师。

三、赞美和批评学生的礼仪

（一）赞美学生的礼仪

人人都需要赞美，你我都不例外。美国著名心理学家威廉·詹姆斯有句名言："人心中最深刻的禀赋,是被人赏识的渴望。有一种很简单的教育方式,它能满足学生的这种渴望,让学生保持一份良好的心境和状态,并感受到阳光般的温暖,使其满怀信心和希望,那就是——赞美!"

出身贫寒的美国第 16 任总统林肯,他以伟大的品格,坚强的意志和高超的处世哲学从木工、摆渡工、律师、议员而成为美国总统。他后来总结说:"人人都需要赞美,你我都不例外。"

赞美学生,是教师发自内心地对学生的尊重;赞美学生,可以让学生体会到教师对他的关注和关怀;赞美学生,还可以帮助教师赢得学生的信任和喜爱。

古人说:"良言一句三冬暖。"赞美学生,可以让学生获得情融融、意切切的心灵感受,这种感受会转化为积极向上的原动力,燃起学生的希望之火,唤起他们的进取心。所以,赞美是教育的秘诀,它可以使一个平庸的人变得伟大。正如丘吉尔所言:"你想把他培养成什么样优秀的人,你就怎样去赞美吧。"

今天的教师,应该学会赞美。赞美学生,具体而言,主要是要求教师在提供具体教育服务的过程之中,要善于发现对方之所长,并且及时地、恰到好处地对其表示称赞、肯定和钦佩。这种做法的最大好处,是可以争取学生的合作,使教师与学生彼此双方在整个教学过程中和睦且友善地相处。

教师在赞美学生时,要注意以下几点,否则自己对学生的赞美便难于奏效。

1. 尊重为先

教师要尊重学生的失误和错误,引导学生正视不足,逐步走向完善。古人云:"教也者,长善而救其失才也。"学生作为成长发展中的人,不完美是极其正常的,期望学生十全十美是不正常的。所以,教师要正视学生的差异,这就要求教师要尊重学生,必须在尊重的基础上加以赞美。要承认差别,尊重差别。只有尊重学生,才能以宽容之心来对待学生,才能给予适时且恰当的赞美。可见,尊重与赞美是相互贯通的。

2. 慷慨赞美

苏霍姆林斯基说:"教师无意间的一句话,可能造就一个天才,也可能毁灭一个天才。"然而有些教师几乎很少慷慨地赞美自己的学生,关注自己太多,往往忽略了学生的感受。

从心理学的角度讲,学生被赏识的心理得到满足,就会产生一种向上的动力,会更加全面地审视自己,意识到自己的不足。同时,也能欣然接受别人的意见并逐渐完善自己。因此,教师对学生毫不吝啬的、慷慨的赞美,能够激起学生迸发学习热情以及智慧的火焰。

3. 实事求是

菲利普说:"很多人都知道怎样奉承,很少有人知道怎样赞美。"赞美应实事求是,出自真诚,源自真心。教师必须明确:赞美与吹捧是有所分别的。真正的赞美,是建立在实事求是的基础之上的,是对他人长处一种实事求是的肯定与认同。所谓吹捧,则是指无中生有或夸大其词地对别人进行恭维和奉承,就是为了讨好他人而成心要给对方戴高帽子。赞美具有诚意,吹捧没有诚意;赞美发自内心,吹捧只是口头说说而已;赞美是无私的,吹捧完全为自己打算。因而人们喜欢赞美而厌弃阿谀奉承之流。

显而易见，教师对于学生的赞美假如背离了实事求是这一基础，就从根本上背离了教师行业"诚实无欺"的宗旨；如果任其发展到极端，就是哄人、骗人或蒙人，因此绝对不可取。

4. 适可而止

虽说赞美可被视为交际过程中一种有效的人际关系润滑剂，但是教师在具体对其运用时，必须有所控制，并限量使用。若是教师对学生所讲的每句话都是赞美之词，使赞美充斥在整个交往过程之中，不但令人觉得肉麻，而且会使赞美本身贬值，令其毫无任何实际意义。所以说，教师对于学生的赞美，不可吝啬其辞，也不可以过度泛滥。点到为妙、适可而止，是教师赞美学生时必须认真加以把握的重要分寸。

5. 恰如其分

教师要想使自己对学生的赞美被对方所接受，就一定要了解对方的情况，赞美对方确有所长之处。例如，赞美一位字写得甚佳的学生时，说他"擅长书法"，一定会让对方非常高兴，可要用这句话去赞美一位字写得较差的学生，就有些匪夷所思了。

尤其要注意，切勿自以为是地用他人不爱听的话语去进行赞美。例如，赞美一位大学生口才好，可以说他"妙语连珠"、"十分幽默"。但要是说他"真能侃"、"讲话跟说相声一样"，没准在对方听起来就如同辱骂他、讽刺他一个样了。

此外，具体的赞美比抽象的赞美更容易让人接受。例如，通过具体的行为或事例来赞美学生，"李敏，你在本次大赛中，端庄大气、灵活机敏，给在场评委和观众留下了非常深刻的印象，得到了很高的评价，希望你再接再厉，今后表现的更加出色。"这样远比"你这次比赛表现不错哦"效果好得多。通过具体的赞美，学生可以进一步感受到老师的真诚关怀，也可以更加清楚自身的优势，今后会愈来愈出色。

（二）批评学生的礼仪

苏联著名教育家苏霍姆林斯基曾说："在影响学生的内心世界时，不应该挫伤他们心灵中最敏感的一个角落——人的自尊心。"

"金无足赤，人无完人。"人生在世，孰能无过？若有过错，即使有自知之明，不文过饰非，但对过失的性质、危害、根源等的分析反思，总不如众多的旁观者清。我们需要真诚的赞美，也需要善意的批评。赞美是鼓励，批评是监督；赞美如阳光，批评如雨露，二者缺一不可。

要想成功地批评学生，关键在于批评的态度。如果你批评时一味地指责学生或强调你的看法，这样除了被学生不满甚至厌恶外，您将一无所获。因为，没有人喜欢被批评。然而，若您能以正确的方式批评学生，你将会收获不错的效果。教师在批评学生时，需要注意以下几点，以使批评达到预期效果。

（1）批评学生时，最好是在单独相处时提出，不要高声大叫，不要把门打开，不要被其他的学生听见，要给学生留点面子。

（2）批评学生前，宜略微给学生一些赞扬，或是先聊点轻松的话题，在创造一个和谐的气氛后，再展开批评，也就是常说的"先礼后兵"。如"我知道，你学习一直都很努力，很积极，这很好，但是，你做的这件事情我很难理解，能给我详细解释一下吗？"

像这样,当学生陈述完自己的看法后,教师就可以发表自己的批评意见了。

(3) 在批评学生时,要对事不对人,要批评学生所做的错误行为,而不是批评当事人,因为是行为本身要受到批评,并不是人本身。你绝不应该在批评学生时说:"你真笨""你是个蠢材""你脑子进水了啊"等。

(4) 在批评学生时,须告诉学生正确的方法。在你告诉学生他做错了的同时,应告诉他怎样做才是正确的,这样,才会使批评产生积极的结果。

(5) 在批评学生时,避免使用命令的口吻。应在批评中与学生坦诚沟通,积极争取更多的合作,这是上策,而命令别人在此时则为下策。

(6) 一次犯错,一次批评,而不要将学生的错误累计在一起算总账。

(7) 以友好的方式结束批评。你可以以这样的方式结束批评:"我们不仅是师生,也是朋友,我们共同解决了所应解决的问题,今后还需相互帮助,并肩共进,我相信你以后会取得更大的进步!"最好别说:"我的批评结束了,改正吧!"因此,批评之后加以鼓励、引导,这才是批评的艺术。

爱生,是老师的天职,教师对学生的挚爱之情,如母亲对孩子的感情一样,蕴存于人类心灵的高尚之处;爱生,又是教育的一种必然,处于主导地位的教师,唯有首先热爱学生,尊重学生,赢得学生的尊重与信赖才成为可能。亲切、友好的感情在师生间双向交流,教育才获成功的保证。

此外,教师在与学生相处时,还应公正地对待自己的学生。聪明、好学、听话的学生确实讨人喜欢,如果因偏爱而对其他学生特别是差生疏远,就不合教师之道了。一个班级中,学生的能力和水平参差不齐,若无差别,也就无所谓好学生的存在。所谓的"差生"既然相对存在,若一味嫌弃、厌恶,以致他们失去自信,产生自卑心理,乃至怨恨老师,不爱学习,则是老师的不通情理,以吹毛求疵等方式对待学生,就师生关系来说,也不合礼。对有缺点的学生,暴跳如雷,口出不堪入耳之词,不仅伤害了学生的自尊和感情,还会导致师生关系的破裂。若将对优秀学生的爱分出一些来给差生,克服自己的偏见,循循善诱,受到尊重的差生就会感觉自己被公正地对待,而激发起积极向上的因素。

第二节 教师与家长沟通礼仪

【案例导入】

张老师当上一个班的新班主任不久,在对全班学生的情况进行初步了解的基础上,做了一个家访的计划。她先从班上一名不爱说话的李同学开始。她先和李同学的家长电话联系,商定好家访的时间。家访的那天,她按时到达李同学家门口,轻轻地敲了两下门,李同学的妈妈问:"谁呀?"张老师答:"是我,张老师。"开门后,家长请张老师进去、入座。李同学也出来接待了张老师。三个人坐定后,张老师先是表扬了李同学学习认真,做事非常细致,对老师、同学有礼貌等优点,然后谈到他在班上比较沉默,不太与人交际。李同学的妈妈告诉老师,自从他们夫妇离异后,他就像变了一个人似的,把自己封闭起来。随后，他们与李同学一起谈心，并交换了意见和看法，气氛非常融洽，李同学的脸上也露出了笑容。张老师意识到时候不早，目的也达到了，就起身告辞，李同学和妈妈一起送老师，走到门口，张老师扬扬手说："请回吧，不要送了！"走了几步，又回过身来挥了挥手。

【案例评析】

　　教师家访的目的在于与家长共同研究教育策略、措施，帮助家长解决教育上的难题，使学生健康成长。教师在家访过程中是否有礼有节、互相尊重、平等交流是决定家访能否取得成功的重要因素。案例中张老师正是做到了这一点，才使得此次家访顺利达到预期目的。

　　家庭是孩子的第一所学校，父母是孩子的第一任教师，父母的行为直接影响到孩子的思想和品行。家长对孩子行为的认知比较深刻、具体；学生的思想品德、行为态度、学习质量和健康状况等在很大程度上与家庭环境有着密切的联系。家庭教育对孩子的成长起到举足轻重的作用，而对学生教育起主导作用的学校教育又必须取得家长的支持与配合。教师与家长之间的沟通，一方面会直接影响到师生关系，另一方面也会通过家庭教育这一渠道影响到学生的成长。因此，教师与家长的沟通十分重要。

一、家长会与接待家长的礼仪

　　家长会，是学校、老师与家长沟通的最主要、最直接的方式，也是家长了解学生在学校各方面表现的重要渠道。家长、老师和学生对"家长会"的态度是一个窗口，通过这个窗口，我们可以看到不同的教育观念，看到教育中存在的问题。

　　然而，北京一所学校曾对328名不同年级的学生关于家长会的态度进行了一次问卷调查。调查结果显示：36.3%的学生惧怕开家长会；家长会后，11.3%的学生与教师关系变得紧张，20.1%的学生与家长关系紧张，30.5%的学生受到严肃批评并被限制活动。不少学生表示希望家长会"尽量少开"或是"最好永远不开"。

　　有位家长这样描述他去参加家长会的经历：

　　　　每次家长会，老师总是扒拉着分数，然后把学生们（包括家长在内）骂得狗血淋头。这次亦如此。我发言说："我不管孩子的分数，她多少分我看成绩册也都知道。我想问问老师，应该怎样帮助孩子？每天看着孩子，不能说他不用功了，放下书包就做作业，我还能说孩子不用功吗……"这时，语文老师进来了，"我接着这位家长的话说！"眼珠子都瞪出来了，"努力了，不一定能出好成绩！但是，如果不努力，就不可能成功！"

　　　　我觉得老师的话对呀，我也懒得解释我不是那个意思。
　　　　语文老师说："欣欣上课的时候坐在那儿，谁知道听没听呢！她也不像别的孩子似的能表现出来，她表现不出来，一看好像在那儿听呢！"
　　　　我心想：那你怎么断定她没听呢？我问："是不是欣欣的语文成绩特别差呢？"

"中上。"

在这个重点学校的重点班,能够得到中上的成绩已经很不错了,还值得批评时那么激烈?"欣欣的家长,你要好好注意她。欣欣她每次基础知识都把握不住,怎么回事?"

我问:"老师,你说我应该怎么办呢?"

"拿住!抓紧了!落实了!什么心理问题,都初二的学生了,还强调心理问题,你也太强调客观了!"

我心里说:"心理问题要是客观,那什么是主观呀?"

这位语文老师说话那种霸气呀!那种霸气根本不让你说话,也许压根儿就不想听你说话,而且在根本没有明白你是什么意思的时候,就叽里呱啦把你闷棍打死。作为一个成年人都没有力量去抗衡这位霸气的老师,孩子就更不是个"个儿"了。我刚跟语文老师接触了一次,就窝了一肚子的火。一年365天,孩子几乎天天在这位霸道老师的训斥下,该是什么滋味!

家长会本应是一次学校、家庭、社会三方面绝好的交流与协调的机会,怎么会出现如此现象呢?家长会怎样举行才能使家长和学生都满意,使家长、学生与学校教师走得更近,使学校教育和家庭教育有机结合起来,最终促进学生身心的健康成长。家长会应该在彼此尊重、理解的氛围中召开,同时教师应体现出儒雅的职业礼仪修养。

(一)家长会的目的

(1)与家长沟通,加深双方对学生的了解。

(2)向家长宣传,帮助家长正确地教育子女。

(3)向家长展示,让家长认识老师、理解老师,从而支持老师的工作。

(二)家长会的礼仪

(1)提前书面通知家长。家长会的时间要选择多数家长有空的时间,而且要提前一至两周以书面形式通知家长。避免出现"通知你妈妈明天来学校"等师霸作风,这是教师礼仪中的大忌。

(2)努力营造和谐氛围,注重情感作用。为使家长会真正发挥其交流和沟通的作用,让家长感觉既隆重又亲切,使之自然而然对校方产生一种心心相印的感情。教师在会前必须做好充分的准备,如环境布置整洁,条件允许的话,最好能够准备一些富于情感的欢迎标语、温馨的鲜花盆景、供家长翻阅的资料、班级标示牌和饮用水等。教师还应提前准备好家长会要传递的重要信息以及需要与家长交流的内容,让家长感觉到你是用精心的准备来迎接他们的,以示教师对会议的重视和对家长的尊重。

(3)服饰庄重,举止文雅。与家长接触,教师的服饰宜庄重,举止应文雅,具有亲和力和信任感。有的老师在开家长会时,因为得体的穿着打扮,文雅的举止,赢得了广大家长的信任和赞许,觉得把孩子交到这样的老师班上放心。而有的老师穿着打扮入时、前卫、珠光宝气;有的老师举止粗鲁,在讲台上坐没坐相、站没站相,不仅会给家长留下不太好的印象，甚至会使其产生不信任感。

（4）与家长平等交流，友好协商。大多数教师，好为人师是习惯；大多数家长，无论本人身份、地位和文化高低，顾及孩子的缘故，对教师都会恭敬三分，这使得部分教师忘记了自知之明，在家长会上常以一种居高临下的态度对家长讲话，甚至训话。其结果是家长迁怒于孩子，开完会回家把孩子怒斥一顿甚至加以拳脚，因为孩子让家长丢了脸。因此很多学生怕开家长会，很多家长也怕开家长会，因为每一次家长会都会伤害一批家长的自尊。教师应明确家长与教师的关系，这是一种平等的教育伙伴之间的关系。教师在家长面前要亲切自然、温文尔雅，一切都是协商和讨论。只要教师对家长待以礼，讲以理，任何一位家长都是愿意和老师配合的。

（5）多给家长发言的机会。开家长会时，教师应把家长视为客人，在家长面前，切忌用给学生上课的口气讲话。对于个别违纪的学生应单独与家长会面，要商榷帮教措施，避免在大庭广众下点名批评，给家长难堪，造成尴尬局面。只有以诚相待，才能赢得家长的尊重，才能把家长会开成"知无不言，言无不尽"的交流会。

（6）重视会后反馈。对家长会反馈的信息要及时分析、认真处理，有关意见的处理结果，尽可能反馈给家长，以增强家长对学校和教师的信任。

教师高尚的礼仪风范，儒雅的举止风度，必定会赢得家长和学生的欢迎，成为沟通学校教育和家庭教育的桥梁。

二、家访和迎访的礼仪

教师的工作时间是弹性制的。为了使学校教育得到家庭和社会的配合，形成教育合力，在下班之后，经常要到学生家里去进行家访，或者是在家里接待来访的家长，有鉴于此，有的学者提出"互访"的概念。通过互访，不仅有利于学校与家庭及时沟通信息，也有利于学校与家庭经常保持联系。教师在家访和迎访时，要遵循一些礼仪规范，不然，就不能达到预期目的。

（一）家访的礼仪

教师定期进行家访，其主要目的是在增进师生相互了解和情谊的基础上，与家长共同研究教育策略、措施，帮助家长解决教育上的难题，使学生健康成长。教师进行家访，除了谈话的内容以外，如果不懂礼仪或是处置不当，就会适得其反。家访中的礼仪主要有以下方面。

（1）提前与家长预约，不可勉强家长，那种"告诉你爸爸，今晚我要去你家家访"是非常失礼的行为。

（2）守时守约，按约定的时间到达。

（3）衣着整齐。夏天再热也不能在学生家脱衣服；冬天进屋要脱帽和大衣，不要在学生家里说冷，这有批评主人家环境不好之嫌。最好不要在学生家使用卫生间，以表示对家长的尊重。

（4）讲究敲门的艺术。到达之后，要用食指敲门，力度适中，间隔有序敲三下，等待回音。如无应声，可再稍加力度，再敲三下。如有应声，应侧身隐立于右门框一侧，待门开时再向前迈半步,与主人相对,主人招呼后方能入内,不能贸然闯入。

(5) 家长不让座不能随便坐下。家长让座之后,要表示感谢,然后采用规范的坐姿礼仪坐下。家长递茶或水果,教师要双手接过并表示谢意。

(6) 跟家长谈话,语言要客气。进门可简要说些寒暄性的语言,夸夸主人的房间布置等。无论学生家境贫富,教师要表现得不卑不亢,平和自然。

(7) 家访时间不宜过长,达到预期目的即应告辞。起身告辞时,要向家长表示"打扰"的歉意。出门后,回身主动伸手与家长握手道别,说"请您留步"。待家长留步后,走几步,再回首挥手致意"再见"。

(8) 家访时如遇有新客来访,家长做介绍时,应起立向来客问候。

(9) 若是雨天,不可将湿淋淋的雨伞带进室内。

(10) 若因事不能准时赴约,一定要设法告知家长,以免家长久候。

(11) 家访时,以真诚为贵,不可借家访解决私事,或收受"礼物"。

(12) 家长未请参观,不要在学生家里东转西瞧,但可以要求看看学生的房间,以示关心,并对学生做些了解。

(13) 对学生多表扬少批评。交谈时学生最好在场;如果需要单独与父母交流,可以预先告诉父母,预设学生不在的环境。若学生在场,不能强行让学生回到自己房中去回避,那是对学生的不尊重。

(14) 给学生家长发一封民意测验书,听听他们对家长会和教师家访的意见及感受,要采用无记名的方式。

(二) 迎访礼仪

迎访,即迎接客人来访。作为教师来说,主要是迎接学生和学生家长的来访。教师的迎访工作包括在学校的迎访工作和在家里的迎访工作。迎访包括迎客、待客和送客三个环节。

1. 收拾门厅,做好准备

教师在接待来访时,首先应将办公室、会客室或家里的客厅收拾干净、整洁,以免家长或学生突然光临而手忙脚乱。当接到客人来访预约时,更应该根据来访者的个性、年龄、性别、特征以及来访目的等做一些适当的物质和精神方面的准备。

首先,要打扫一下房间、庭院,将各类物品摆设整齐,打开门窗换换新鲜空气;其次,收拾一下个人卫生,适当调整一下服饰打扮;再次,根据来客的特点准备一些待客的糖果、香烟、茶叶之类的物品;最后,也是最主要的,对于来访者,随时都要有一视同仁的心理准备。

2. 热情待客、礼貌周到

任何人到任何地方拜访,恐怕最不愿意见到的就是冷遇,有道是:"出门看天色,进屋看脸色。"因此,任何客人来访,教师都应礼貌相迎、热情接待。在家接待家长时,不得赤脚或只穿内衣、裤衩或睡衣。如实在来不及更换,则应向客人致歉,并请客人稍候,及时更衣后再开门接应。接应家长时应说一些"欢迎您的到来"之类的欢迎语和问候语,使客人受到礼遇,获得尊重。如果客人有随身携带物品,应帮助其接下,放到适当的地方。

当家长进来后,要请坐、递茶,并向家属做介绍。招待客人茶点时,最好把茶点装在托盘里,再送到客人面前旁边的茶几上或桌子上。茶水饮料最好放在客人的右前方,点心糖果最好放在客人的左前方。

入座后,要创造轻松、和谐的谈话气氛,认真关注家长提出的问题。谈话时,态度要真挚、平易、稳重、热忱,切忌虚假、傲慢、慌乱、冷淡。同时,目光要友好,神态要坦然,手势要得体。在交谈的过程中,语言应该文雅、有礼貌,如果是有争论的问题,不要高声辩论,更不要恶语伤人、出言不逊、讽刺挖苦、喋喋不休。可以这样提醒家长:"今天不能与您再谈下去了,我们都需冷静地想一想,以后有机会再谈。"在交谈的过程中,不要时常看表、看钟,这会给人以下"逐客令"的感觉。

3. 微笑送客,心境愉快

当家长告辞时,应起身相送,并说:"慢走!""走好!""欢迎下次再来!"等客气用语,并要将家长送至门口,而且应在家长完全消失在视线以外或消失在拐弯处再返回。千万不能在家长刚出门,就返身"砰"地关上大门。随着这一声闷响,也许刚才的美好心境就都冲淡了。

三、与家长日常沟通的礼仪

教师可通过多种方式与家长保持经常性的联系与沟通,尤其是个别沟通,它可以及时地互通信息,使家长和教师得知学生在学校或在家的情况。教师和家长沟通是最重要、最有效的教育方式之一。

(一) 教师与家长沟通的技巧

(1) 主动微笑问候。
(2) 表情诚恳。
(3) 引导了解。
(4) 用字遣词优雅。
(5) 态度和蔼。
(6) 仪态端庄——包括肢体语言及语言表达。
(7) 以家长为尊。

(二) 教师与家长沟通的礼仪规范

(1) 热情接待来校的学生家长。包括约定时间邀请家长来校或家长主动到校访问。
(2) 尊重家长。家长来访,教师要立即起身,邀请客人进屋,热情让座,然后问明来意。千万不能将家长堵在门外问话,不应有丝毫冷淡和斥责。
(3) 随时电话联系,协助家长建立正确的教育观念。
(4) 学校定期寄发学生各项成绩单。
(5) 可请学生传达消息给家长,也可借学生向家长表达学校的教育期望。
(6) 尊重家长的意见,切勿对家长说:"您错了。"

(7) 如果是教师错了，最好立即承认。

(8) 以友善的态度开始。与家长交谈不应用高压手段，也不应有强迫的企图。

(9) 注意谈话声音和距离的控制。在和家长进行电话沟通，或者是面对面沟通的时候，教师的音量尽量要适当控制，两个人都能够听到就可以了，避免打扰他人工作。

(10) 认真倾听家长的叙述。家长都是有事而来，因此要尽量让家长把话说完，并认真倾听。

(11) 教师要与家长默契配合，经常互通信息。

(12) 注意营造轻松的气氛。比如，先倒一杯温水，说一些学生在班上有趣的事。在交谈时也要自然一些，显得亲切。例如，开始时可先问一句："××近来在家怎么样？"这种开放式的问题便于家长回答，从而能自然地进入交谈。

(13) 避免使用专用术语，而是采用日常用语与家长交谈。在介绍学生发展情况时，不要说得过于笼统，要具体一些。

(14) 要以平等的身份与家长交谈。教师切勿以专家自居，采取居高临下的态度教训家长，不要发号施令似的说"必须""应该"怎样，更不能责怪家长，而应尊重家长，多聆听家长的心声。教师提出共同促进学生发展的措施时，宜采用商量的口吻，征求家长的意见。

(15) 谈学生缺点时要注意方式。对学生的评价一定要客观、全面，既要肯定优点与进步，也要真诚地提出不足之处。在谈学生的缺点时，要根据情况，区别对待。如果与家长很熟悉，可以说得直率一些；有些家长自尊心强，把谈孩子的缺点视为对自己的批评，感到有压力。所以，教师特别要注意方式，不要用"迟钝""懒惰"等字眼来形容学生，以免家长听了不舒服。

(16) 交谈时不要谈及别的学生。与家长不要谈论别的学生，也不要随意与别的学生进行比较，说长道短。因为这样做会使家长产生疑问，不知老师在别人面前怎样说自己的孩子。

(17) 交谈完，要肯定沟通收获。教师要表示沟通对双方都有益，强调对自己的工作有帮助，有利于今后的教育工作。同时，对家长来校沟通表示谢意，欢迎家长以后继续支持学校的工作，自己愿意竭诚与家长密切合作，共同促进学生的发展。

（三）教师与家长沟通中应避免的几种体态语

乔·吉拉德说："一个人的人格可以从他的眼神、笑容、言语、热忱、态度中显示出来。"教师的气质修养不仅仅表现在说话上，更多的是表现在待人接物的体态举止上。给人留下最深印象的不仅仅是教师的语言，还有通过仪态举止所表现出的气质修养。因此，教师与家长沟通时应避免出现以下几种不文明的体态语。

(1) 跷起二郎腿，并将跷起的脚尖对着别人。

(2) 打哈欠，伸懒腰。

(3) 剪指甲、挖耳朵。

(4) 跺脚或摆弄手指。

(5) 看表。

(6) 双手搂在脑后。
(7) 交叉双臂紧抱胸前。
(8) 双腿叉开。
(9) 揉眼、搔头发。
(10) 对着别人喷吐烟雾或烟圈。

第三节 同事共处的礼仪

【案例导入】

宽恕别人就是爱自己

已故诺贝尔和平奖获得者、南非黑人领袖曼德拉曾在监狱里度过了长达27年的监禁生活。当已是两鬓斑白、72岁的他走出监狱后，不久便成为南非第一位黑人总统。在就职典礼后，他设宴招待各国特使。他说，他深感荣幸能接待这么多尊贵的客人，但他最感到高兴的是当初他被关在罗本岛监狱时，待他以礼的三名前监狱人员的到来。接着，曼德拉邀请他们站起身，一一介绍给大家，在场的人无不为之感动。这些人中，有一位就是美国特使团成员——当时身为第一夫人的希拉里。她问曼德拉如何在风云变幻的政治斗争中，保持一颗博大、宽容的心？曼德拉说："当我走出囚室，迈向通往自由的监狱大门时，我已经清楚，自己若不能把悲痛与怨恨留在身后，那么我其实仍在狱中。"曼德拉还告诉希拉里，感恩与宽容经常是源自痛苦和磨难的，必须以极大的毅力来训练。自己年轻时性子急，在狱中学会控制情绪才活下来，他的牢狱岁月给他时间与激励，能够深入自己的内心，学会处理痛苦。"曼德拉以博大宽宏、乐观向上的精神处理生活中遭受的痛苦。"希拉里说，"在我们的一生中，快乐和痛苦经常是交替出现的。所以，当痛苦袭来时，我愿意试着像他一样，把悲痛与怨恨抛在身后。"

【案例评析】

宽恕别人，就是最深地爱自己。这不光为了别人，更是为自己。因为人的心就像一座监狱，如果深陷其中无法自拔，成为自己的囚徒，这才是最大的痛苦！

教师劳动既是个体劳动，同时也是集体劳动，教师在从事教育活动的过程中，除了要处理好与学生这种最基本的人际关系之外，还必须处理好与同事的关系。如何处理好与同事之间的关系，懂得为人处世之道，也是一个摆在教师面前很重要的问题。教师与教师之间，由于彼此在性别、年龄、性格、专业、工作经验、工作成绩以及工作分工等方面的不同，因此必然会结成各种不同类型的关系。

教师之间的关系是平等的关系。教师与同事在交往中，应该体现平等的精神，互敬互爱，互帮互助，这不仅是教师职业道德的要求，也是教师礼仪的规范。教师讲究与同事交往的礼仪，不仅能减少同行之间的摩擦和误会，创造和谐的工作环境，还能使自己的心情愉快，工作效率得到提高。

一、同事共处的礼仪原则

同事之间相处的重要原则是"己所不欲,勿施于人"。因为大家在同样的工作条件下,喜好、爱憎、心理活动都较接近,至少相互比较熟悉,您自己喜欢或厌恶的事物,他人定会有同感。相互交往中,只要每个人都能设身处地替他人着想,在自己的言行付诸行动之前想一想别人这样对待自己时会怎么样?如果自己都接受不了,是绝对不能施之于人的。做到这一点并不难,要求也并不算高,只要你懂得尊重他人,有着"与人为善"的态度,能够严于律己,宽以待人,就能为建立良好的同事友谊奠定深厚的基础。

同事间相处的另一条原则是"言必行,行必果"。就是语言一出口,就要考虑到责任感,没有把握或做不到的事,不要信口允诺,更不能空口说大话。说话要留有一定的余地,但允诺了的事不管有多少困难,也要尽心尽力地去做好。如果因其他意外的原因未能办成,应诚恳地向对方解释说明,并致以歉意,不可不了了之。在做事或工作中,要有毅力,有持之以恒的决心,凡经过考虑成熟的事就要善始善终,决不中途松懈,虎头蛇尾。这样,在与同事的交往中才能表明你是个有主见,有能力和可以信赖的人。

"互信不疑、待人以诚"是同事间相处最重要的一条准则。同事间的相处具有相对性、长期性和固定性,与一般社交场合的人际交往相比较,又有所不同。一般社交场合,往往以仪表、语言和得体的举止先取悦于人,给人以良好的第一印象,而作为长期共事的同事间交往,情况则不同。同事之间长久的相处,使彼此都能有较全面深刻的了解。要特别注意的是不能以"礼"行虚,一个人如果给同事的印象是"虚礼",他的"礼"就不能赢得同事的信任,不管是作为上级、同级或下级,在工作中、生活中都是要加以防止的。信任是连接同事间友谊的纽带,真诚是同事间相互共事的基础。自己的真诚一旦被辜负,不可避免地会引起心理上的创伤,所以同事的信任与真诚也决不可辜负,不然同事间的理解、信任和密切配合将会一同消失。同事之间的职位变化、工作受阻,或遇到挫折和不幸时,往往会对相互之间的信任重新理解、考验,在这种关键时刻要特别留心,能把同事的境遇挂在心上,及时给予真诚的关心和帮助,才能使同事间的友谊地久天长。

处理好同事关系,在礼仪方面应注以下几点。

1. 尊重为先,亲密有度

礼仪的核心就是尊重。相互尊重是处理好任何一种人际关系的基础,而同事关系更需要尊重。"敬人者,人恒敬之;爱人者,人恒爱之",尊重是相互的,但是从我们每个人来讲,必先主动施与,才能有所回报。同事关系以共同工作为基础,不同于亲人间的关系。亲人间小摩擦甚至大争吵并不一定会影响亲情,有时反而更有利于相互之间的磨合;而同事关系的任何破裂都很难弥补,破镜难再圆,即便是重新黏合了,也还是有裂痕。这就更突显了同事间良好人际关系的重要性。

尊重对建立和谐的同事关系尤为重要。首先,尊重要讲究信誉。在任何一个单位,信誉都应被视为其立身之本。与合作伙伴打交道时,尤其应当注意这一点。具体来说,一方面平日讲话要算数,不要滥开空头支票,自毁信誉。另一方面,对于双方已有的合同、协议,一定要认真遵守,照章办事,绝对不准以任何借口,去做毁约、违约之事。

这种尊重还包括礼节性的问候,虚心听取别人对工作的观点,取人之长补己之短,还有一个特别重要的就是要充分尊重别人的隐私。在办公室里,提倡交往有度,不冷漠,也不过分热情。除非他人主动提及私人事宜,否则一定要把握尺度,不问不该问的问题。如果过分关心别人的私事,会被认为很没有修养,个人素质不高。

2. 将心比心,利益共享

任何单位之间想要进行卓有成效的合作,都必须使之具有坚实的物质基础,要使合作的各方都能够看到利益,并真正获得利益。不然的话,合作便难于取得成功。与合作伙伴相处,不仅要提倡患难与共,而且也要讲有福同享,彼此双赢。

3. 遵守"白金法则"

美国最有影响的演说人和最受欢迎的商业广播讲座撰稿人托尼·亚历山德拉博士与人力资源顾问、训导专家迈克尔·奥康纳博士在他们合作的《白金法则》中,向人们展示了一项最新的研究成果:"白金法则——别人希望你怎么对待他们,你就怎么对待他们。"

柯维指出"你希望别人怎么待你,你就怎么待别人"是一条"黄金定律"。"白金法则"是本着尊重"黄金定律"的主旨的原则下,对这一古老信条进行的修正。对于21世纪的管理者来说,要使自己与组织立于不败之地,要想建立相互依赖的人际关系,其关键和诀窍就在于遵循"白金法则",即"别人希望你怎么对待他们,你就怎么对待他们"。

简单地说,就是不要以自我为核心,要学会真正了解别人,然后以他们认为最好的方式来对待他们,而不是我们中意的方式。这一点意味着要善于花些时间去观察和分析我们身边的人,然后调整我们自己的行为,这样会使我们感到更称心和自在。它还意味着要运用我们的知识和才能去使别人过得轻松、舒畅,这才是"黄金定律"的精髓所在。

4. 分享快乐,不要招摇

每个人的能力不同,追求不同,家庭背景不同,家庭收入不同,生活负担不同,生活经历不同,无论取得什么样的成绩,有了什么得意或高兴的事情,可以与同事分享快乐,但是不要有意无意地显露出优越感。例如,自己被派去出国学习,自己买了名牌服装,家里买了名牌轿车,假期与爱人去国外度假等等,无形之中给同事增加压力。如果自己外出后能给同事带一些小礼物,表示你心里一直挂念着同事们,礼轻情意重,这样可以进一步增进大家的友谊。

5. 批评有益,注意方法

同事间开展批评与自我批评是必要的,诤友也是人生的财富,但是要注意方法,不要锋芒毕露,批评不要忘记尊重,不要忘记"黄金定律""白金法则"。同级之间任何横加指责的行为都会被认为是无礼的举动。在开会的时候,如果有和他人不同的意见,也不能全盘否定别人的看法,首先应表示对他人智慧成果的尊重,然后表明自己的观点,最后说明自己的看法只是一家之言,仅供参考,希望得到大家的批评指正。

平时,对于别人明显的失误,作为同事,可以善意地提醒,但是绝对要避免当面指责,尤其是当领导和其他同事在场的时候,即使批评是善意的,也会引起对方的不满甚至嫉恨。最好的办法是下面单独交流，不仅照顾了对方的面子，还会达到事半功倍的效果，否则很有可能费力不讨好，在某种程度上把自己置于危机之中了。

6. 择善而从，多赞美，少嫉妒

"三人行，必有我师"，应善于向同事学习。不以自己的喜恶标准评价同事，也尽量不要对那些不合自己标准的事物表现出反感。"择其善者而从之，其不善者而改之"，多从他人身上寻找优点，吸收学习；对于他人的缺点多宽容、理解；同事取得成绩，要由衷地赞美祝贺而不是嫉妒排斥。多寻找自己和同事间共同的兴趣爱好，在相互学习中共同提高。

7. 化解误会，求同存异

由于不同个体间的工作习惯、世界观、价值观存在差异，同事之间相处久了，难免会有一些细小的分歧，细微的误会。不要总是抓住别人的失误不放，如果对方不好意思首先开口和解，我们自己要争取主动，严于律己，宽以待人，从自己做起，因为矛盾拖得越久越不容易和解。"度尽劫波兄弟在，相逢一笑泯恩仇"，不要让一些小情绪影响了彼此的心情和工作的效率，遵循"求同存异"的原则，一切以大局为重，以工作为唯一中心，不计较一些小利益的得失，各退一步，海阔天空，力求相互合作，圆满完成工作。

8. 热情开朗，做个"开心果"

随着生活节奏的加快，人们的工作压力也越来越大。在单调乏味的工作过程中，诙谐幽默的语言能消除紧张和疲惫，创造轻松融洽的氛围。办公室生活是一种典型的群居生活，过于矜持、孤僻、自闭的人是不会受到群体欢迎的。相反，幽默开朗的人容易得到大家的信任和好感，他们的生活态度会感染着身边每一个人，使整个群体充满了蓬勃向上的朝气。所以在办公室生活里，我们争取做一个富有幽默感、积极乐观的人，做个集体中的"开心果"。

9. 互助是美德，兄弟明算账

同事有困难大家相互帮助是一种美德，我们都愿意和开朗大方的人交朋友，但是，在同事之间我们提倡亲兄弟明算账。同事之间借贷之类的经济往来，即使是小额借贷，借款方也最好主动开具借条，以免遗忘，而且在条件允许的情况下，应尽快还清款项，以增强别人对自己的信任，避免误会的产生。俗话说"有借有还，再借不难"，如果不能及时还钱，应向对方说明情况，并明确表示自己没有忘记归还。

同事之间的聚餐若无特别情况，一般采取 AA 制，这样既不会产生经济上的负担，心理上也不会有太大压力。

10. 注重办公室礼仪

教师办公室是教师在学校里工作和休息的地方。现在在一般的学校，多数是几位教师共用一间办公室，因此它也是教师们集体生活的场所。这里有一些集体生活的礼貌和道德规范，每个教师都应该自觉遵守。

（1）言谈举止文明高雅，保持办公室清静。如不随便翻动别人的东西；不打听别人的私事；不背后议论其他的教师；当别的教师找学生谈话时，不随便插嘴进行干扰；不在办公室内吃吃喝喝；不在办公室内干私活。在室内，不高声谈话、说笑，不玩弄有声的物品,如乐器、收录机等。

(2) 积极参加办公室的清洁工作。自己的东西不乱丢乱放,保持整洁。如果早晨第一个到办公室,应主动打扫卫生;若下午或晚上最后一个离开办公室,应该把门、窗、灯都关好再走。

(3) 照顾别人,乐于助人。包括在夏天使用电扇和冬天取暖时,都应该先照顾他人,尤其是照顾长者和弱者;办公室的报刊,应该让别人先看,自己看后放回书报架或指定的地方;如有其他教师的信和刊物,应送到他的桌子上;若有客来访,而被访者正好不在,一定要热情接待来访者,并帮助其寻找被访的教师。

二、上级对下级的礼仪

作为上级,在处理与下级之间的相互关系时,要讲究科学,也要讲究艺术。要力求避免采取自鸣得意、命令、训斥下级的口吻说话,要放下架子,以平易近人的方式对待下级。

(一) 上级对下级沟通的技巧

(1) 要善于激发员工发言的意愿。
(2) 要善于启发下级讲真话。
(3) 要善于抓住重点问题。
(4) 要善于表达对谈话的兴趣和热情。
(5) 要善于掌握评论的分寸。
(6) 要善于克制自己的冲动。
(7) 要善于利用谈话中的段落。
(8) 要善于利用所有谈话机会。
(9) 注意选择有利时机。
(10) 学会站在对方的立场上想问题。

(二) 上级对下级的礼仪规范

1. 尊重下级

上级与下级,管理与被管理本身就是一对矛盾,由于职务不同、地位不同、考虑问题的角度不同,上级与下级关系是最容易发生矛盾的关系。因此,作为领导者要清楚,领导在职务上高于部下,仅仅是分工的不同。在人格尊严上,上下级之间依然是完全平等的。尊重下级,是一种美德。正如爱默生所说:"你信任别人,别人才对你重视。以伟人的风度对待别人,别人才表现出伟人的风度。"对于这一点,领导者在任何时候都不应当忘记。在工作之中,与下属保持适当的距离是必要的;对于部下进行必要的批评、监督,也是管理的职责所在。但是,不论在任何情况下,都不要忘记对部下以礼相待,"管人先管心",尤其是要尊重部下的人格,要能学会站在下级的角度考虑问题。然后,对症下药,用管理科学、管理艺术,加上人格魅力,来进行管理。

2. 善用权威

一艘舰船只能有一位船长,任何一位称职的领导者都必须令行禁止,拥有绝对的权威。但是要善用权威,不要官大压死人,尤其是在知识分子扎堆的地方。聪明的领导要学会分权、授权,调动下级的积极性。要在尊重的前提下,树立权威,立足双赢,而不能仅凭对部下冷、硬、卡、压,或是欺上压下地"发威"。

3. 以身作则

榜样的力量是无穷的,群众的眼睛是雪亮的。要在下属面前树立权威,塑造领导者的良好形象,以身作则是重中之重。不要把群众当群盲,不要说一套做一套,背后还"下套"。在任何一个单位,只有领导恪尽职守、廉洁奉公,在工作之中身先士卒,言出必行,言行一致,才可以赢得下属的信任,受到下属的拥戴,才能拥有真正的权威。

4. 秉公办事

领导要想提高团队士气和凝聚力,带领大家共同完成工作任务,就必须秉公办事。无论是立规矩、出主意、用干部,都要注意尽可能地做到"公平""公正""公开",不能以权谋私,假公济私,以我划线,搞"一言堂",亲疏有别。惟其如此,才会赢得部下的信赖和拥戴,营造良好的工作氛围,提高工作绩效。

5. 怀有爱心

在学校里,口碑最好的领导者,往往都是懂得关心爱护下属的人。关怀部下作用很大,不仅可以使其轻装上阵,还可以调动其积极性,更能够与其进行情感沟通,融洽关系。领导者对部下的关心,应当重在行动,并且应将重点放在支持部下、保护部下、体贴部下、帮助部下发展等几个方面。

三、下级对上级的礼仪

处理上下级关系是每位教师必须面对的,中国的知识分子没有人愿意"为五斗米折腰",但是从一个团队来讲,必须要有一定的权威,尊重上级是一种作为下级的最基本行为态度。教师在工作岗位上,应该服从领导的指挥,使团队共同到达胜利的彼岸。因此,作为下级应当学会做下级的礼仪,处理好上下级关系。

1. 尊重领导

尊重领导是对下级在处理上下级关系时所提出的基本要求。尊重上级,是一种天职。无论自己在日常生活里与上级关系如何,在工作岗位上都必须公事公办。尊重领导体现在对领导的意志要尊重,命令要服从,相处之时讲究礼貌。不要在背后议论对方,或者是当面跟其乱开玩笑。

2. 服从管理

领导是管理者,承担着管理的职责。毛泽东同志在总结革命战争的经验时,有一条重要的结论,叫做"加强纪律性,革命无不胜"。将它应用到学校工作实践中来,同样行得通。就工作纪律而言,下级服从上级,听从指挥,加强执行力是天经地义的事情。

但是,领导也是人,也会犯错误,要体谅领导。另外,领导的"错误",可能仅仅是你认为有"错误",事实并非如此,大家也可能认为不是错误。所以,对于工作中的不同意见,应以适当的方式向上反映,或加以保留,但是不应当将其作为拒绝服从领导的一个借口。

如果领导的错误涉及道德、纪律、法律问题,可以采取合法措施,也可以选择离开。

3. 支持领导

"一个篱笆三个桩,一个好汉三个帮",任何领导都需要有人支持。身为下属,应当尊重领导,支持领导,这也是为了更好地开展工作。恪尽职守,把本职工作做好了,认真地完成了领导交代的任务,组织才能正常运行,自身利益也才能得到保证。

遇到来自非直属领导的委托时,要先取得自己领导的同意后再做。有时候是些紧急突发事件,有些是简单的工作,希望提供援助,但不管怎么说,总因为是学校里的高层人员所拜托的,也不能够轻易拒绝,遇到这种情况时,为了避免事后发生问题,最好向直属上司打声招呼后再去做。如果一时找不到直属领导,在不影响本单位利益的前提下,执行后及时向直属领导汇报,避免误会。

四、对手间的礼仪

同事之间的关系,在许多情况下又表现为竞争关系、对手关系。关于同行之间的一般关系,我们在"同事共处的礼仪原则"一节做了介绍。这里主要探讨同事关系中对手之间的关系。现代社会竞争激烈,对于教师来说,竞争也是不可避免的。同事之间的竞争关系几乎无处不有,无时不在。如果处理不好就将陷入无边的苦海,即恶性循环的竞争。要正确处理这种关系必须谨记以下原则。

1. 将竞争变成竞和

传统竞争是"零和博弈",即"你死我活",我们提倡新的竞争观,即"非零和博弈",是追求"你活我也活"的结果,既竞争又合作,大家共同发展。双方竞争理当取得最佳的结果,应当是"双赢"。也就是说,双方通过竞争各取所需,各有所得,共同发展。指望通过竞争置人于死地,非要使竞争出现"你死我活"的结局,从指导思想上讲是错误的,从实践上讲则是有害的。

我们还应当多想一想与同事相处的长期性,因此,为了自己的利益,也应当考虑长远关系、长远利益,达到长远的共同发展。否则,同事之间天天以"你死我活"的态度相见,明枪暗箭、钩心斗角、处处设防、战战兢兢,校园生活将是非常痛苦的。

2. 要合法竞争

严格地讲,所谓竞争,其实也是促进事业发展的一种方式。它是指为了赢得或维护自己的利益,而遵守一定的游戏规则,同自己的对立面进行公平的比赛,以便促进自己,获得胜利。由此可见,竞争从本质上来讲,本是一种"有法可依"的和平比赛,过程与结果是密不可分的。因此参加竞争,既要争取尽一切可能战胜对手,又必须老老实实地遵守规则,合乎法律。为了在竞争中战胜对手而无法无天,不择手段,绝对是不可取的,其结果也往往导致两败俱伤。

3. 胜不骄,败不馁

胜败乃兵家常事,有竞争就会有胜负,参与竞争的良好心态是"胜不骄,败不馁""胜故可喜,败亦欣然"。尊重对手是一种风度,这是一种成熟的心态,是社会化程度高的表现。

胜利的因素是多种多样的，虽然离不开自己的努力，但也有其他因素，甚至是决定性的因素，如某次选派出国进修以年龄划线，只有你一人年龄合适，与努力与否关系不大。你的对手年龄不合适，他再努力也没用。同样，一次胜利也不意味着永远的胜利，"三十年河东，三十年河西"，骄兵必败，胜利也可以成为失败之母。胜利后的得意忘形甚至是在对方伤口上撒盐，不仅进一步造成对失败者的伤害，还会引起公愤。

作为失败者，应当坚信"失败是成功之母"，参与本身也是收获，也是积累。同时，一次失败不意味着永远的失败，关键是不输人，不输气，要有卧薪尝胆的勇气，要正视失败，总结经验，找回自信，"楚虽三户，亡秦必楚"。再者，某些失败不证明你能力不够，有时是许多客观条件所决定的。我们要冷静对待，待时而发。总之，我们要坦然地接受失败，忠诚地祝贺胜利者，并认真地分析原因，乐观进取，不断超越自己。

基 础 练 习

一、解答题

1. 简述教师与学生谈心的注意事项。
2. 简述教师与家长沟通的礼仪规范。
3. 简述同事共处的礼仪原则。
4. 作为一名当代的教师，谈谈良好的礼仪规范在日常工作和生活中带给你的帮助。
5. 有人说做人要像铜钱，外圆内方，你同意这种说法吗？结合实际谈自己的感受。

二、案例分析

1. 有一个同学在一次单元测试中，语文考了82分，离家长对他的要求相差甚远，他不敢拿回家让家长签字。第二天，老师检查签字的情况，学生的心跳得特别厉害，心想：不知能不能过这一关。

老师带着关切的神情问："为什么没有签字？"

学生支支吾吾地回答："我……我妈妈……不在家。"

另一个学生当场戳穿他的谎言："他说谎，我昨天看到他妈妈了。"

老师把学生叫到教室门外，看着羞愧难当的学生，摸着学生的头，语重心长地说："撒谎是一种坏习惯，你不应该与它成为朋友，应该与诚实朝夕相处。好成绩是对自己的鼓励，要保持，而不理想的成绩是对自己的鞭策，要努力。关于今天的事，我想你会处理好的，因为我知道你会是个诚实的孩子。"

请分析，这位老师找学生谈话时注意了什么？效果怎样？如果当着全班同学的面，把这个学生狠狠地训斥一顿，又会是什么效果？

2. 记得在一个寒冬的早晨，西北风呼呼地刮着。同学们在上早读，书声琅琅。

我刚到校,来到班上,手插在裤兜里,面对着全班同学。这时,一个学生走进教室。我大声说:"××,你为什么又迟到?把手放下站好……"忽然,我听到有人叽咕:"……你自己也迟到……"一个女同学正在向旁边的同学使眼色,脸上露出不服气的神情。我心头一震,正要发作的火一下子熄灭了。

请分析,这位教师为什么没有发作呢?这说明了什么?

三、实训练习

1. 模拟家长座谈会上教师的言谈举止。
2. 分组模拟家访与迎访的场面。
3. 对照下面的内容,根据自己的情况,检查自己与同事之间的关系。
(1) 你讲话的时候,总是被打断。
(2) 同事们好像商量好了似的,对你爱理不理。
(3) 同事即使迎面碰上也不与你打招呼。
(4) 你被同事视若不在。
(5) 你所做出的工作决定总是被同事怀疑。
(6) 你所做的工作总是受到指责。
(7) 当你在办公室的门口一出现,里面顿时鸦雀无声。
如果这7条你具备4条以上,你就应该考虑改善你与同事的关系。

实训项目

实训项目一:

【实训项目】与学生相遇的礼仪训练。

【实训目标】通过该实训项目的训练,使学生了解教师与学生相遇时的基本礼仪知识,掌握相遇时的语言技巧及动作规范,将所学到的礼仪知识运用到日常交际场合,达到熟练应用的程度。

【实训学时】1学时

【实训方法】教师先找学生配合示范相遇时的情景(如在校园内、楼道、上下楼梯或办公室等场合相遇时的情景模拟),并进行讲解,然后学生按规定程序操作。学生之间进行相互点评,教师指导纠正。

【实训考核】与学生相遇的礼仪测评。

与学生相遇的礼仪测评表

考生单位：　　　　　　　　　　　　　　　　考生姓名：

项目	操作标准	配分	评价等级			得分
			优	良	及格	
步态	头正、颈直、下颏微收，目光平视前方3米左右，挺胸收腹，立腰，背脊挺直，提臀，上体稍前倾，步态轻松自然优美，富有韵律	20分				
眼神	见到学生时，应微微点头，行注目礼，表示尊重和礼貌；交谈时，目光与对方交流，调整交谈的氛围，作出及时恰当的反应，使整个交谈融洽、和谐、生动、有趣	10分				
语言	语言简洁、明快、准确，做到鲜明、生动、流利、词汇丰富、幽默风趣、有感染力；语音、语气和语调讲究清晰、优美、有节奏，做到文雅、和气、谦逊。杜绝粗话、脏话等不文明语言和说空话、假话的毛病	40分				
面部表情	亲切、热情、友善、自然、面带笑容	20分				
举止	持重稳当、端庄大方，对学生不宜过分亲昵，也不要表情冷漠，架子十足，使人感到不可接近	10分				
总分		100分				

实训项目二：

【实训项目】与学生谈话的礼仪训练。

【实训目标】通过该实训项目的训练，使学生了解教师与学生谈话时的礼仪知识，掌握与学生谈话的礼仪规范和原则，将所学到的礼仪知识运用到日常交际场合，达到熟练应用的程度。

【实训学时】1学时

【实训方法】教师先找学生配合讲解示范与学生谈话的礼仪规范和原则，然后学生按规定程序操作。学生之间进行相互点评，教师指导纠正。

【实训考核】与学生谈话的礼仪测评。

与学生谈话的礼仪测评表

考生单位：　　　　　　　　　　　　　　　　考生姓名：

项目	操作标准	配分	评价等级			得分
			优	良	及格	
神态	神态专注，表情要认真，动作要配合，语言要合作	20分				
时间和地点	提前通知，有所准备；珍惜时间，准时赴约；地点符合交谈场景	20分				
语言表达	语言表达准确，发音准确，语速适度，口气谦和，内容简明，少用土语，慎用外语	20分				
师生平等	坚持一视同仁，尊重对方，彼此宽容，以礼相待	20分				
讲究礼节	言行文明，自然大方，温和朴实，不强词夺理，做到礼貌周全	20分				
总分		100分				

实训项目三：

【实训项目】教师与学生家长交往的礼仪训练。

【实训目标】通过该实训项目的训练，使学生了解教师与学生家长交往的礼仪规范与原则，掌握与学生家长交往时的着装、仪态、语言技巧和礼仪规范，将所学到的礼仪知识运用到日常交际场合，达到熟练应用的程度。

【实训学时】1学时

【实训方法】教师先请同学配合示范与学生家长交往的礼仪规范，并进行讲解，然后学生按规定程序操作。学生之间进行相互点评，教师指导纠正。

【实训考核】教师与学生家长交往的训练考核内容。

教师与学生家长交往的礼仪实训考核表

考生单位： 考生姓名：

项目	操作标准	配分	评价等级			得分
			优	良	及格	
着装整洁	衣着整洁，落落大方，与周围环境相协调，考虑交往对象，符合年龄特征	20分				
用语礼貌	称呼得体，多用敬语，用词文雅，语调柔和，语气正确	20分				
举止优雅	神态专注，友善自然，端庄大方	20分				
惜时高效	提前预约，准时守信，把握时间	20分				
尊重家长	平等交流，尊重对方，彼此宽容，以礼相待	20分				
总分		100分				

第七章 校园仪式礼仪

生活中最主要的是有礼貌，它比最高的智慧、比一切学识都重要。

——赫尔岑

仪式通常指人们在社会交往中，特别是在一些盛大、庄严、隆重、热烈的正式场合里，为了激发出席者的某种情感，或者是为了引起公众重视，而郑重其事地参照合乎规范与惯例的程序，按部就班地举行的某种活动的具体形式。仪式礼仪，一般指的是典礼的正规做法与标准要求。

学校集会是学校组织的较大规模的、形式多样的活动，主要有开学典礼和毕业典礼、升降国旗和奏国歌、运动会和联欢晚会、主题班会和主题团队会、节庆和校庆等。每个参加集会的教师，都应该顾全大局，遵守礼仪。

【学习目标】

通过本章的学习，正确认识典礼与仪式在校园活动中的重要性，能够掌握各种不同性质典礼与仪式礼仪规范，认真把握具体仪式的特点和礼仪要求，使校园仪式活动有序开展。

【基本内容】

本章内容主要包括升（降）国旗与奏国歌时的礼仪；开学典礼与毕业典礼的礼仪；宣誓仪式礼仪；运动会与联欢晚会的礼仪；主题班会与团队活动礼仪；颁授仪式与校庆礼仪。

第一节 升（降）国旗与奏国歌礼仪

【案例导入】

中学生参加国际会议

20世纪90年代中期，中国国内的一名中学生应邀前往一个拉美国家，参加民间外交活动。有一天，当他前去出席在那个国家所举行的一次国际性会议时，发现在会场周围所悬挂的各与会国国旗之中竟然缺少了中华人民共和国国旗，便当即向会议的组织者指出了这一问题，并且严正表示："不悬挂我国国旗，就是缺乏对我国的尊重。如果不马上改正，我将拒绝出席这次会议，并且立即回国。"经过他的据理力争，中国国旗终于飘扬在会场的上空。在会议的组织者再三地表示了歉意之后，那位中国的中学生才终于步入会场，出席会议。在他入场时，有不少与会者主动起立，向他致以热烈的掌声表示欢迎。当地的报纸事后为此发表评论说:"连一名中学生都具有那么强烈的民族自尊心,中国人的确是值得尊重的。"那位中学生之所以受到人们的尊重,主要是因为他能够在涉外交往中表现得不卑不亢。

【案例评析】

不卑不亢,是涉外礼仪的一项基本原则,同时也是外事礼仪的第一条原则。它的主要要求是:每一个人在参与国际交往时,都必须意识到,自己在外国人的眼里是代表着自己的国家,代表着自己的民族,代表着自己的所在单位。因此,其言行应当从容得体,堂堂正正。在外国人面前,既不应该表现得畏惧、自卑、低三下四,也不应该表现得自大狂傲、放肆嚣张。在涉外交往中坚持"不卑不亢"的原则,是每一名教师和学生都必须给予高度重视的重大问题。

一、升国旗与奏国歌的意义

在世界上,任何一个主权国家,都会通过立法的形式,在自己本国的宪法或法律上,规定自身的象征和标志。例如,国旗、国徽、国花、国树、国鸟、国兽、国石、国色,等等。通过它们,能够唤起本国国民的爱国主义热情,培养全体人民对待祖国的责任感和荣誉感,增强国家与民众之间的相互联系。

(一)升国旗的意义

国旗,就是最常见的一种世界各国都拥有的本国的象征和标志。准确地说,国旗,乃是一种经由国家法律规定的、具有一定形式和规格的旗帜。它通过国家的正式公告和通报,以及国家与国家之间的相互承认,因而在法律上得到普遍的承认。

为了维护国家的尊严,加强我国公民的国家观念,发扬爱国主义精神,根据我国宪法的有关规定,我国于1990年6月28日制定了《中华人民共和国国旗法》,并于当年10月1日起开始实行。

根据权威的解释:我国的国旗是五星红旗,它是由新政协筹备会国旗国徽图案初选委员会从3012幅旗帜图案中选出来的。1949年10月1日,我国在天安门广场隆重举行开国大典,毛泽东主席亲自按下电钮,升起了第一面五星红旗。在五星红旗上,旗面的红色,象征着革命。旗上的五颗五角星及其相互关系,则象征着中国共产党领导下的革命人民大团结。五角星之所以使用黄色,是为了在红地上显出光明,而且黄色比白色更为明亮、美丽。而四颗小五角星各有一个角正对着居于其中央的大五角星的中心点,则既是为了在形式上要显得美观紧凑,也是表示为了围绕一个中心而团结一致。

国旗是一个国家的标志,爱护国旗就是维护祖国的尊严。五星红旗是中华人民共和国的国旗。国旗,体现了中华民族奋发向上、战斗不止的意志。升降国旗制度已成为学校的一项基本制度。按照《关于施行〈中华人民共和国国旗法〉严格中小学升降国旗制度的通知》精神,我国中小学校除假期、双休日外,一般在每周星期一早上(有的农村学校是在课间操时间),或是在国家的重大节日和纪念日时,举行全校师生参加的升旗仪式,每天下午放学离校时降旗。其他时间可按照学校安排由各班或由学校干部轮流进行升降旗仪式。这是对教师和学生进行爱国主义教育的最形象、生动的有效的途径和方法。教师严肃认真地对待升降国旗仪式，讲礼仪，无疑是对学生无声地进行教育，起的作用是巨大的。

（二）奏国歌的意义

如同国旗一样，国歌也是国家的主要标志与象征之一。热爱国歌、尊重国歌，自觉地维护本国国歌的尊严，在世界各国都被视为每一位公民的一项义不容辞的基本义务。

起来！不愿做奴隶的人们！把我们的血肉，筑成我们新的长城！中华民族到了最危险的时候，每个人被迫着发出最后的吼声！起来！起来！起来！我们万众一心，冒着敌人的炮火前进！冒着敌人的炮火前进！前进！前进！进！

当每一个中国人听到上面这首由田汉作词、聂耳作曲的《义勇军进行曲》的时候，都会心潮澎湃，热血沸腾，在心中充满着对于我们祖国的无比热爱和报效祖国、献身祖国的坚定决心。与此同时，人们还往往会由衷地萌生起一种身为中国人的真挚的自豪感。所有这一切，都是因为这首乐曲是我们自己的祖国——中华人民共和国的国歌。

在国际交往中，作为国家标志与象征之一的国歌，在礼仪上和正式的活动中，有着至高无上的、神圣不可侵犯的崇高的地位。任何一个国家的国歌，都代表着这个国家。如果要对一个国家表示尊重之意的话，最好的办法之一，就是应当以自己的实际行动，去表明自己对该国国歌的敬重。反之，若是对一个国家的国歌大而化之，掉以轻心，甚至有意对其表示不恭、不敬，通常会被理解为是对该国的失敬，或是对该国的蓄意挑衅，对该国国家尊严的存心冒犯。

二、升降国旗和奏国歌的礼仪次序和要求

（一）升旗仪式的程序

（1）出旗。
（2）升旗。
（3）（奏）唱国歌。
（4）国旗下的讲话。

师生应列队站在相应的位置，教师或是站在本班学生的队伍后面，或是有专门的教师站列场地。师生态度庄重地站好后，由仪式主持人宣布：升旗仪式现在开始。第一项：全体肃立；第二项：出旗、奏乐；旗手持旗，护旗手（两名或四名学生）在旗手两侧，在乐曲声中起步走向旗杆，并系好绳子；奏乐可由学校号鼓乐队奏《出旗曲》，无乐队的可播放唱片或录音带；第三项：升旗、奏唱国歌、行礼（少先队员行队礼，其他人行注目礼至国旗升到旗杆顶端止）；第四项：礼毕（全体师生稍息）；第五项：国旗下的讲话（由校长或其他教师等作简短而有教育意义的讲话）。

（二）降旗仪式的程序

师生列队站在相应的位置后，仪式主持人宣布降旗仪式开始。第一项：全体肃立；第二项：降国旗、奏唱国歌、行礼（少先队员行队礼，其他人行注目礼至国旗降到旗杆底端）；第三项：退旗、奏乐（奏《退旗曲》）；第四项：礼毕（全体师生稍息）。如果学校有事布置可安排在降旗仪式后进行。

三、教师在升降国旗和奏国歌时应注意的礼仪

（一）国旗

国旗是一个国家的标志，国旗是神圣庄严的，升降国旗应该在一种严肃、庄重的气氛和场合中进行。在参加升降国旗仪式时，教师必须注意以下几点。

（1）教师在参加升降国旗仪式时，应严肃认真，精神饱满，不能谈笑风生、自由走动、东张西望和拍照。比如，在许多国家都有规定，除了进行现场直播的电视台摄影记者外，其余人员在演奏国歌时，都应该立正站立，而不应该有任何特殊。

（2）举行升旗仪式时，现场所有人员都应起立、脱帽，身体面向旗杆方向等待升旗。升国旗仪式开始后，应肃立并面向国旗行注目礼。即使在寒冷的冬天，也应该脱下帽子，不能把手插在口袋里。

（3）如果升（降）国旗不举行仪式，凡经过现场的教师都应带头停下脚步，转身面向国旗，脱帽肃立，行注目礼，待升（降）旗完毕，方可离开。

（4）如果在校外看到某单位举行升（降）旗仪式，也应该按要求规范自己的行为。

（二）国歌

国歌是音乐形式的国家象征，唱国歌时要立正站好、目视前方、神态庄重、唱词正确、音调准确，声音洪亮。在演唱国歌时，教师必须注意下列三点。

（1）全体肃立。除身体欠佳者之外，在公共场所正式演唱国歌时，任何人都不得坐或卧，而应起身肃立。

（2）态度认真。演唱国歌时，每一个人都必须认真对待，确保演唱的正确无误。在众人齐唱国歌时，还必须力求节奏适当，与大家保持一致。不允许演唱国歌时丢三落四、自由发挥，更改歌词，也不允许发出怪声怪调、含糊不清或者有意拖腔。

（3）放声歌唱。教师应带头唱好国歌，并以自己的激情来感染学生，不能有神情不严肃和忘记歌词的现象发生。演唱国歌时，一般均应放声高唱，不要闭口不唱或低声哼唱，或者吐字发声时不清晰、不大方、不准确。演唱我国国歌时，不应任意使用外语或土语、俗语。

在正式场合演奏或演唱国歌时，在场人员必须全体肃立，神情庄重、严肃。

特别提示：如果是升他国国旗、奏他国国歌，观众也应像尊重本国国旗、国歌一样肃立，行注目礼。

第二节　开学典礼与毕业典礼的礼仪

【案例导入】

最早的开学典礼

1924年6月16日,黄埔军校举行开学典礼。黄埔"陆军军官学校"是中国现代第一所革命的军政学校,因校址设于广州黄埔,故称"黄埔军校"。

黄埔军校于1924年1月开始筹备,5月第一期新生入校。中国共产党十分重视黄埔军校的工作,从各地选派大批党、团员和革命青年到军校学习。

1924年3月,举行入学考,经过严格挑选,录取学生350名,备取学生120名。成为第一期学员。

来自全国的教官和学生,包括共产党和国民党人共500余人在黄埔军校举行了隆重的开学典礼,孙中山亲临主持,并致开学词,正式宣告黄埔军校成立。黄埔军校的创办,为中国作出了重大的贡献。它培养了大批军事和政治工作人才,为建立国民革命军提供了干部力量。它对统一广东革命根据地和进行北伐战争发挥了重大作用。

【案例评析】

礼仪是一个国家社会文明程度、道德风尚和生活习惯的反映。重视和开展礼仪教育已成为学校道德和美育的一个重要内容,校园活动礼仪的内容涵盖着社会生活的各个方面。

一、开学典礼与毕业典礼的意义

开学典礼是为了欢迎新同学入校或庆祝新学期开学而举行的全校师生的集会。开学典礼主要是向大家报告新学期的新任务,动员全体师生员工做好准备,振奋精神,齐心合力,克服困难,为完成新学期的任务而奋斗。毕业典礼是为了欢送学成毕业的学生而举行的大型集会。毕业典礼主要是介绍毕业生在校取得的成绩,勉励他们在新的学校或岗位上继续努力,取得新的成绩。

二、开学典礼的主要仪式和要求

开学典礼是新学期开始隆重举行的仪式。为学生搭起展现自我的舞台,每学期的开学典礼是回顾上学期,总结上学期成绩并对本学期的工作开展拉开序幕的新开始。

(一) 开学典礼的准备

(1) 邀请人员。一般开学典礼除学校主要领导出席外,还应邀请教务、工会、团委、后勤等部门的负责人参加。特别隆重或具有重要意义的开学典礼应邀请上级有关部门的领导和校外知名人士参加。

(2) 布置会场。会场要清洁、整齐、美观，要适当地摆些鲜花和盆景。要制好会标，如："新学期开学典礼"、"2010年新学年开学典礼"等。还要制作庄重、与形势相符的标语。主席台上要安排好报告台和座位，并配齐音响设备，做到既隆重热烈，又庄重严肃。

(3) 确定主持人、报告人和发言人。包括学校领导的报告，上级领导的指示和有关方面代表人的发言等。

(二) 开学典礼的一般仪式和要求

在各方面人员按安排好的座位就座后，主持人向全体与会人员介绍出席典礼的领导和来宾等。随即宣布典礼正式开始。开学典礼的仪式一般有如下几项。

(1) 开学典礼开始，全体起立。
(2) 鸣炮、奏国歌。奏完国歌后与会人员落座。
(3) 领导报告。
(4) 新生代表讲话。
(5) 高年级学生代表讲话。
(6) 教师代表讲话。
(7) 上级领导或来宾讲话。
(8) 奏国际歌。
(9) 开学典礼结束。

(三) 参加开学典礼的礼仪

参加开学典礼的学生应注意典礼礼仪。负责迎宾的同学应仪容大方，仪态端庄，身披礼仪绶带，在校门口及会场出入口，迎送来宾和全校师生。

没有承担典礼服务工作的同学，应身着统一的校服、佩戴校徽（少先队员还应佩戴红领巾、共青团员应佩戴团徽）。参加开学典礼的同学全部按班级列队入场，在指定位置就座，入场要迅捷、安静，落座后也不要交头接耳、大声喧哗，要保证会场气氛庄严肃穆。典礼开始时要认真听从主持人指挥。应认真听取校长报告和其他人的发言，适时报以掌声。掌声应热烈而有节制。唱国歌、校歌和呼口号时声音要响亮。典礼结束后应等领导、来宾以及教职员工离场完毕再在主持人的指挥下按顺序离场。

三、毕业典礼的主要仪式和要求

各级各类的学生完成小学、初中、高中、大学或某一专业的学习任务后，离开母校前，学校都会如期举行毕业典礼。

(一) 毕业典礼的准备

毕业典礼一般都要邀请教育行政部门的领导参加。毕业典礼的准备工作与开学典礼的准备工作基本相同。

（二）毕业典礼的主要仪式

（1）毕业典礼开始，全体立正。

（2）鸣炮、奏国歌。奏完国歌，全体人员落座。

（3）领导报告。领导报告一般由学校行政主要领导进行。报告内容一般包括以下几个方面：①对毕业学生表示祝贺。②简短介绍毕业生在校的突出表现。③对不同去向的毕业生提出不同的希望：继续升学的，鼓励他们再接再厉，勤奋学习，勇攀高峰；参加工作的同学，希望他们积极投身于现代化建设，充分发挥自己所学到的文化知识和一技之长。④进入社会和高一级学校应注意的问题。

（4）毕业生代表发言。一般来说，首先对学校领导、教职员工的教育培养表示谢意，然后表决心，即毕业后进入高一级学校学习或步入新的工作岗位后，如何认真学习，努力工作，争取以优异的成绩回报母校，为母校争光。

（5）毕业班学生代表发言。毕业生代表发言，主要是欢送学长学姐们毕业离校，走上新的学习或工作岗位；对学长学姐们的祝福；毕业班同学如何发扬毕业班同学的光荣传统和优良作风，把学校建设得更好。

（6）教师代表讲话。主要总结毕业班同学成绩，鼓励毕业同学在新的岗位努力学习和工作，奉献社会，为母校争光。

（7）上级领导讲话。

（8）奏国际歌。

（9）典礼结束。

（三）参加毕业典礼的礼仪

典礼会场气氛应隆重、热烈。毕业生应身着校服（有条件的可着毕业生礼服）、佩戴校徽，按班级在主席台下就座。

参加毕业典礼的学生应正视这一仪式，注意典礼礼仪。在听取发言时应专注，要适时适度鼓掌，以表示感谢或认同。在领取毕业证书时，毕业生要依次上台，稳步走上前，双手接过毕业证书并向颁证者鞠躬致谢；接证后应转身向台下各位点头示意，然后稳步走下主席台。颁证过程中，台下的同学应和着欢乐的乐曲有节奏的鼓掌。在典礼结束后，毕业生不必立即离开会场，应手持毕业证书互相祝贺，向老师表示感谢，向家长表示感谢，还可以拍照留念。

四、教师应注意的礼仪

教师参加开学典礼和毕业典礼时，应注意以下两个方面。

1. 着装整洁，按时到会

开学典礼和毕业典礼是学校较为隆重的大型集会。教师应注重自己的着装，既要显得庄重，又要带有喜庆色彩，不可太随便。如有的教师穿汗衫、短裤，与会场的气氛极不相称。另一方面，出席这样的活动，不能迟到，一定要按规定时间到会。

2. 态度诚挚，积极发言

刚入校的新同学希望从老师那里听到关于学校的介绍，对学生的要求和期望，希望从老师的言谈举止中消除对新环境的陌生感。毕业班的学生已与老师建立起比较深厚的感情，他们希望从老师那里也能感受到师生之间的情谊，希望再一次聆听老师的谆谆教诲，受到鼓舞，获得力量。因此，教师要满怀热忱，踊跃发言，而不要采取置之不理、无所谓的态度。

第三节　宣誓仪式礼仪

宣誓，是指担任某项任务或参加某组织时，在一定的仪式下当众说出表示决心的话。如宣誓就职、入党宣誓、入团宣誓、入队宣誓和誓师大会等。宣誓要有誓词。誓词在《章程》中有规定，如入党宣誓、入团宣誓的誓词就分别载在《中国共产党章程》、《中国共产主义青年团章程》中；有的要临时拟稿，属于集体的誓词要经大家讨论同意，以便成为共同行动的目标。

一、宣誓的意义

宣誓，古代也叫起誓，是用最郑重的形式，在誓言接受者面前表明自己，并请接受誓言者监督，在起誓的那件事上把对自己的监督和处置全权交给誓言接受者。比如在作证言之前对法庭宣誓，就是对法庭宣布自己证言的真实，如果说谎，甘愿接受来自法律的相应惩罚。因誓言的郑重属性，对人来说，只有针对人生中真正的大事、重大问题才会起誓。无关紧要的或者不够重大的事，不宜采用宣誓这种形式，否则有戏耍和不敬之嫌。

宣誓在古代可以起到约束人心自觉守法的作用，同时也是民事诉讼审判中的重要证据。这是誓言的本质决定的。在文明古国中，对证人宣誓最为重视的要数罗马帝国，法律还将宣誓分为任意宣誓、强制宣誓和请求宣誓。孟德斯鸠在《论法的精神》中说："'誓言'在罗马人中有很大的力量，所以没有比'立誓'更能使他们遵守法律了。他们为了遵守誓言常是不畏一切困难的。"

二、入党宣誓仪式

加入中国共产党的宣誓仪式，是很庄严的。申请入党的人，经过党支部大会讨论通过和上级党委批准成为预备党员，才能在党旗下进行宣誓。新党员应举行庄重、严肃的宣誓仪式。入党宣誓，一方面是表示党对党员的要求，另一方面是党员向党表示自己遵守誓词各项内容的决心。通过宣誓，可以鼓舞和激励新入党的同志严格要求自己，牢记誓言，并努力付诸实践。宣誓仪式，有本单位的干部群众参加特别是正在培养准备吸收入党的积极分子参加，因而，举行新党员入党宣誓仪式，也是对广大党员、干部和广大群众的一次有意义的党课教育，更好地树立党的形象，激励人们心向共产党。为了增强宣誓仪式的隆重气氛，宣誓时间可安排在"七一""五一"、国庆期间举行。党员是个别发展的，可举行单个宣誓；如在短时期内连续批准了几个预备党员，也可以举行集体宣誓。宣誓仪式在基层党委或党支部举行。

(一) 入党宣誓仪式的程序

(1) 宣布仪式开始,奏《国际歌》。
(2) 党组织负责人致词。
(3) 宣布参加宣誓的新党员名单。
(4) 预备党员面向党旗宣誓。
(5) 党组织负责人或上级组织负责人讲话。
(6) 预备党员代表向党表决心。
(7) 党员代表或积极分子代表讲话。
(8) 宣布仪式结束。

(二) 入党宣誓仪式的礼仪要求

参加入党宣誓仪式时,党员和预备党员要严肃认真,衣着整洁。宣誓时,宣誓人面对党旗,举起右拳,随领誓人念诵宣誓词。此时,宣誓人应态度坚决,神情严肃,声音要洪亮、坚定、有力。其他参加仪式的人也都应神情庄重。

(三) 入党宣誓仪式的誓词

我志愿加入中国共产党,拥护党的纲领,遵守党的章程,履行党员义务,执行党的决定,严守党的纪律,保守党的秘密,对党忠诚,积极工作,为共产主义奋斗终身,随时准备为党和人民牺牲一切,永不叛党。

三、入团宣誓仪式

入团宣誓仪式是由组织主持的新团员入团的仪式。参加入团宣誓仪式的新团员,要在团旗下列队肃立。宣誓时右手握拳举于右耳稍高处;读誓词时,要目视团旗,随领誓人齐声宣读,声音要洪亮、坚定、有力。在领誓人报"领誓人XX"之后,宣誓人也要依次报"宣誓人XX",随后放下右手。

宣誓前或宣誓后要集体合唱中国共青团团歌——《光荣啊,中国共青团》。

(一) 入团宣誓仪式主要程序

(1) 升国旗、奏国歌。
(2) 宣布入团宣誓人名单。
(3) 老团员代表致祝词。
(4) 领誓、宣誓。
(5) 向新团员颁发团徽。
(6) 新团员代表讲话。
(7) 领导来宾寄语。
(8) 全体人员唱团歌,仪式结束(仪式结束后可组织团员青年参加志愿者等公益性活动)。

（二）入团宣誓仪式的礼仪要求

入团宣誓仪式要严肃、庄重、富有教育意义。团员和团干部要着正装，要使用团旗、佩戴团徽、唱团歌。宣誓要立正站好，抬头挺胸，目视前方，神态庄重，誓词正确，语调准确，声音洪亮。

（三）入团宣誓仪式的誓词

我自愿加入中国共产主义青年团，坚决拥护中国共产党的领导，遵守团的章程，执行团的决议，履行团员义务，严守团的纪律，勤奋学习，积极工作，吃苦在前，享受在后，为共产主义事业而奋斗。

四、少先队入队宣誓仪式

少先队入队也要宣誓。中国少年先锋队是我国少年儿童的群众组织。中国共产党委托中国共产主义青年团领导少先队的工作。我国第一次国内革命战争时期，曾建立了劳动童子团、儿童团，解放战争时期建立了少年先锋队。1949年10月建立了全国统一的组织——中国少年儿童队，1953年6月改称中国少年先锋队。少先队吸收7~14周岁的少年儿童参加。它以共产主义精神教育少年儿童，引导他们好好学习，天天向上，成为爱祖国、爱人民、爱劳动、爱科学、爱护公共财物和诚实、勇敢、活泼、团结的新一代。

少先队接受新队员入队时，都要举行入队宣誓仪式。新队员经过申请，由中队委讨论同意，报经大队委批准之后，选择有纪念意义的日子如国庆节、"五一"、"六一"等举行入队宣誓仪式。以教育新队员热爱组织，增强光荣感，打下好好学习、天天向上，为共产主义而奋斗的思想基础。

（一）入队宣誓仪式的程序

（1）列队入场、报告人数。
（2）出队旗、向队旗敬礼。
（3）宣布新队员名单。
（4）为新队员佩戴红领巾。
（5）新队员宣誓。
（6）新队员代表讲话。
（7）老队员代表讲话。
（8）学校领导讲话。
（9）全体成员唱队歌、宣布仪式结束（图7-1）。

图7-1 入队宣誓

（二）入队宣誓仪式的礼仪要求

少先队入队宣誓仪式比较活泼，少先队员衣着整洁，佩戴红领巾。宣誓时立正站好，抬头挺胸，神态庄重，面向队旗，举起右拳，随领誓人念诵誓词，声音洪亮、坚定、有力。

(三) 入队宣誓仪式的誓词

我是中国少年先锋队队员。我在队旗下宣誓：我热爱中国共产党，热爱祖国，热爱人民，好好学习，好好锻炼，准备着：为共产主义事业贡献力量！

五、成人宣誓仪式

成人礼是一个人生理发育成熟时所举行的仪礼，在世界各民族中都曾盛行过。成人礼的主要目的是使受礼者经历种种生理和意志上的磨炼，并通过这种磨炼的考验，将他们接纳到成人社会中来。后来，随着社会的发展，逐渐演变成人生仪礼中的一种象征仪式。

中国古代婚俗中，青年男女在一定的年龄阶段要举行成人礼。为男子举行的成人礼叫"冠礼"，为女子举行的成人礼叫"笄礼"。《礼记》中说："男子二十而冠，女子十五而笄。"

成人宣誓仪式是对青少年进行爱国主义教育和人生观教育行之有效的形式，也是青少年进行自我教育，培养公民意识和社会责任感的有效途径。

依照《中华人民共和国宪法》，年满18岁的公民有选举权和被选举权，这就意味着随着18岁的到来，你已经是一个成年人了。

1996年"五四"前夕，团中央对18岁成人仪式活动作出了规范，确认18岁成人仪式教育活动是一个系统的教育过程，规定了这一教育过程应包括成人预备期教育、成人预备期志愿服务和成人宣誓仪式三个环节，并对18岁成人宣誓仪式作出规范。举行宣誓仪式的举办地可以是当地举行重要政治性活动的场馆和具有纪念意义的历史遗址、烈士陵园等。成人宣誓仪式必须按照规定的程序进行，使用统一的誓词、标志和主题歌曲。举行宣誓仪式的时间可根据实际情况，安排在每年的5月或10月。

(一) 成人宣誓仪式的基本程序

(1) 升国旗。
(2) 唱国歌。
(3) 面对国旗宣誓。
(4) 领导勉励。
(5) 前辈祝愿。
(6) 成人心声。
(7) 颁发成人纪念物等。

(二) 参加成人宣誓仪式礼仪要求

参加成人宣誓仪式的同学着装要整齐。可以不必穿校服，但服装最好统一，男生可以穿白衬衣，也可着合体的深色西装；穿白衬衣若打领带，则不能挽袖，穿西装则需内衬白衬衣，一定要打领带。女生可着裙装。参加成人宣誓的同学要态度严肃，要保证仪式气氛庄重。领誓人应由学校主要领导担任，也可特邀德高望重的英模人物担任。宣誓时要精神饱满，态度严肃，随领誓人齐声宣读，声音洪亮而有力。

（三）成人宣誓仪式的誓词

（领誓人：请宣誓人举起右手）

> 我是中华人民共和国公民，在18岁成人之际，面对国旗庄严宣誓：
> 我立志成为有理想、有道德、有文化、有纪律的社会主义公民。遵守宪法和法律，热爱社会主义祖国，拥护中国共产党的领导，正确行使公民权利，积极履行公民义务，自觉遵守社会公德。服务他人，奉献社会；崇尚科学，追求真知；完善人格，强健体魄，为中华民族的富强、民主和文明艰苦创业，奋斗终生！

（四）传统的中国成人礼

1. 冠礼和笄礼

古代的成年礼本意是为了禁止与未成年的异性通婚。冠礼是成年礼的一种高级和代表性形式，也可以说是对成年人婚姻资格的一种道德审查。

冠礼即是跨入成年人行列的男子加冠礼仪。《礼记》云："夫礼，始于冠"、"男子二十，冠而字"。对于冠礼非行不可，《礼记》的解释是："凡人之所以为人者，礼义也。礼义之始，在于正容体、齐颜色、顺辞令……故冠而后服备，服备而后容体正、颜色齐、辞令顺……已冠而字之，成人之道也。"照这么说，不懂礼义的就不是人了，不行冠礼，则一生难以"成人"。

冠礼从氏族社会盛行的成丁礼演变而来，一直延续至明代。具体的仪式是由受礼者在宗庙中将头发盘起来，戴上礼帽。由于要穿戴的服饰很多，包括冠巾、帽子、幞头、衣衫、革带、鞋靴等，于是分为三道重要程序，分三次将不同材料制成、代表不同含义的帽子——戴上。"三加"之后，还要由父亲或其他长辈、宾客在本名之外另起一个"字"，只有"冠而字"的男子，才具备日后择偶成婚的资格。

与男子的冠礼相对，女子的成年礼叫笄礼，也叫加笄，在15岁时举行，就是由女孩的家长替她把头发盘结起来，加上一根簪子；改变发式表示从此结束少女时期，可以嫁人了。

2. 漆齿和纹身

漆齿是傣族、布朗族等成人礼的组成部分。漆齿，实为染齿，不染者不能公开参加社交活动。染齿前，需先吃些酸性水果，或用酸汁涂抹一遍牙齿，再点一束松明，让松脂滴在瓦块或木片上，再将黑烟熏齿，连染数日，直至将雪白的牙齿染成墨黑之色。与此不同，布依族的孩子长到十五六岁时，要拔掉两颗门牙。

纹身和绣脚是傣族、布朗族男子的成人礼，指在身上、腿上刺纹。民间有谚语说："蛙腿尚有花纹，男人之腿怎可没有花纹。"男性以纹身为荣，身上不刺纹者，人格低下，不如水中青蛙，会被姑娘们视为懦夫，很难得到女性爱慕，只能孤独终生。纹身一般在十四五岁时举行。刺纹时，受刺者需服用一些带有麻醉性质的药物，纹身师用墨在肌肤上绘出图案轮廓，以针蘸上颜料扎入皮肤，让颜料残留于皮肤内，形成永不消退的纹痕。

3. 换裙和换裤

摩梭人、纳西族、普米族、彝族等都通过更换服饰象征成年，女的换裙，男的换裤，换过之后，方可谈情说爱。

摩梭人孩子长到13岁，便要举行成年礼。民间传说，古时天神向地球上所有生物赐寿，人只能活13年，而狗却能活60年。后来，人与狗换寿，13岁成了人的成年标志。成年礼仪式一律在农历大年初一凌晨举行。行礼时，男孩站在正房左边"男柱"下，女孩站在右边"女柱"下，一只脚踩着猪膘肉，一只脚踩着粮袋，象征终生吃用不尽。女孩由阿妈为其穿上漂亮的金边衣、百榴裙，扎上红腰带，盘缠发辫，佩上彩色项链、耳环、手镯等饰物。男孩由舅舅为其穿戴簇新男装，扎上腰带，佩上腰刀。纳西族、普米族的成人礼与此相似。

四川凉山彝族少女的换裙礼称为"沙拉洛"，意即换童裙。彝族妇女把换童裙和出嫁视作女性一生非同小可的两件大事，换童裙一般由母亲或长辈妇女主持，并只请女亲戚、女友和老年妇女参加。换童裙仪式有3个方面的内容：改变发式、改变裙式和穿戴耳饰。

4. 宰牛唱诗

基诺族男孩长到十五六岁，便由其家长秘密操办十分隆重的成人礼。届时，需购买一头牛，在寨内公开剖牛，以祭祀祖先。祭毕，将牛肉按村内老幼人头分派，受礼者的那份肉用芭蕉叶包好摆在桌子上。准备工作做好以后，以突然袭击的方式，把受礼的男孩抓来，让其恭立桌前参加仪式。仪式请村社长老主持，长老带领大家唱史诗，内容有基诺族传统的风俗习惯、道德、礼仪、生产方法与技巧等，同时还包括婚姻恋爱和家庭生活的有关规矩，用说唱形式对青年人进行多方面的常识教育。仪式结束后，父母向儿子赠送一套劳动工具和更换一套服饰。

5. 度戒

瑶族男孩长到十五六岁，即要举行"度戒"成人礼，接受诸如"上刀山""过火炼""睡阴床""跳云台"等近十种危险考验。现在度戒仪式简化，以跳云台为重要内容。云台是将4根4米多长的木柱摆成正方形，一边扎以横木作梯。受戒者在师公的带领下登上云台，等师公念完戒词，受戒者发誓不杀人放火、不偷盗抢掠、不奸女拐妇、不虐待父母、不陷害好人等，誓毕，将火掷进一个水碗令其熄灭，暗示受戒者如有不轨，其命运便如此火。然后，受戒者团身抱膝，从台上勇敢地翻至云台下那张铺有稻草的藤网，刚落下，下边的人就拉起藤网一齐用力旋转。此时四周欢呼鹊起，赞扬孩子的勇敢无畏，祝贺又一个瑶山汉子走入了社会。

6. 出花园

潮汕地区有一种特有的成人礼俗。有15岁男女孩子的家庭，要在农历七月初七乞巧节和七月十五中元节或另择日为孩子备办三牲果品拜别公婆神，表示孩子已经长大，可以走出花园，不再是终日在花园里玩闹的孩童了。其仪式是将三牲果品合凑成4件或8件或12件，陈置在俗称"胶掠"上，请出公婆神的神炉，由出花园的孩子跪拜，拜毕，以后就不再拜了。出花园的孩子要穿红皮屐，吃公鸡头，所有食品都要吃一点。所以有穿红皮屐和吃公鸡头的习俗。

出花园习俗，潮汕各地也略有不同。有些地方要先求神问卜，获知没有"忌讳""冲撞"，才能举行仪式。澄海县风俗与潮安县大体相同：要用12样鲜花泡水给出花园者沐浴；要换新衣，穿红皮屐，围新肚兜；当日要躲在房子里。除拜公婆神，还要拜花公花妈。男出花园者，祭品中要有一只公鸡，女者用母鸡，要请亲族吃酒菜。饶平县用榕树枝、竹枝、石榴花、桃树枝、状元竹、青草各1对合12样泡水给出花园者沐浴。该县黄冈镇15岁男女，凡经算命先生卜卦而不给出花园者，仅举行简单仪式，给孩子穿新衣，另买一只猪肚子煮熟让孩子躲在门后吃，俗称"换肠肚"，然后拜别公婆神，将香炉丢弃。揭西、普宁、惠来的出花园者，当天要吃炒猪肠猪肚，并邀请小朋友于地下围着"胶掠（竹箕）"同时进食，祝贺出花园者"换上成人肠肚"，与童年告别。揭西县出花园者之家要给亲友赠送酵粿（年糕）、鸡鸭，亲友回敬布匹。当地客家的成人礼在21岁时举行，称过21岁生日，不叫加冠礼也不叫出花园。海陆丰地区也有出花园风俗。潮汕有句俗语"十五成丁，十六成人"。当代中国著名民俗学家钟敬文先生于1983年在广东省民俗学会成立大会上讲话时，提到潮汕的出花园是一种特殊的成人礼。

（五）五花八门的世界成人礼

1948年日本政府规定每年1月15日为成人节，这是日本国民的一大节日，届时全国放假。

日本的成人节源于古代的成人仪礼，而日本古代的成人仪礼是受中国"冠礼"的影响。所谓"冠礼"，指男子成年时举行的一种加冠的礼仪。

秘鲁少男在成人仪式上须通过的唯一"考试"是从约8米高的悬崖上跳下，因而胆怯者就永远不能成为"大人"。尽管每次仪式上都有一些少男在跳崖时被摔得鼻青眼肿，但这种古老的"跳崖礼"至今仍在秘鲁盛行。

墨西哥海滨地区有个部落的成人仪式更为奇特：少男们须每人携带一块沉重的大石头游过一条海峡！

加拿大落基地区的印第安少男在成人仪式上人人都须生吞一条活蜥蜴，望而生畏者即被取消"成年"资格。

位于非洲西部的多哥有40多个部族，世代居住在北部山区的卡布列族是第二大部族。每年7月下旬，卡布列人都要为部族里年满18岁的男女青年举行成人仪式：男的举行摔跤节，女的举行成熟节。

韩国：儒风盛典，汉唐礼制，与日本同样是一个受中华汉唐文化影响的国度。

刚果（金）的女子到了一定的年龄，就要被带到森林里，关在一间男子不得入内的"圣屋"里，戒斋3天，并由妇女开导让她们对即将开始的成年生活做好准备。

因纽特人的少女，以驯一头鹿独自跨越冰原来向族人宣告："我已不再是小孩，我要独立闯荡冰原了"。

坦桑尼亚，同有些非洲国家一样，青年人在步入成人时要举行一种仪式，即割礼。

纳米比亚的霍腾托族，女子在成人仪式之前一直是赤身裸体的，为参加仪式才披一张兽皮,坐在家门口确定的位置,待父母宰一头母牛以表示祝愿。

中国的成人礼有数千年历史,但近半个世纪则很少举行。清华附中举行过一次成人礼,将要步入成年人行列的孩子则会在"五四"青年节那天参加成人宣誓,另外也许会得到学校发的笔记本或书作为纪念品,然后继续回教室上课。

第四节　运动会与联欢晚会的礼仪

一、运动会的礼仪要求

学校运动会是学校体育运动竞赛的一种重要形式,主要指每年春秋两季的田径运动会。学校运动会有多方面的教育意义,可以全面检阅学校田径运动开展情况,检查教授和训练成果,推动学校群众性体育活动的开展,促进运动技术水平的提高;同时,还可以培养学生奋发向上、遵守纪律、拥有集体主义观念和荣誉感等,并具有振奋师生精神、活跃学校生活氛围等作用。

中国学校的运动会,始于1890年前后上海圣约翰书院举办的以田径为主的运动会,以后逐渐发展到大城市的中等和高等学校。中华人民共和国成立后,学校运动会在城市和乡村各级各类学校中普遍开展,并日益成为学校的传统活动和学校教育生活中的一项重要内容。

运动会有国家级、省级、市级的运动会,一般在规定的年限举办,还有校级运动会,有的学校是每年举办一次。学校运动会形式多样,除田径运动会外,还可组织综合性运动会,它是若干单项比赛的综合形式。

（一）成立运动会工作机构

运动会的工作机构是组织委员会。组织委员会设主任委员、副主任委员。主任委员一般由学校主要领导担任,副主任委员一般由体育教学单位和其他负责人担任。

组织委员会下设宣传组,主要负责运动会的宣传报道和会场布置;竞赛组,主要负责场地和器材方面的工作;后勤组,主要负责生活、衣服以及来宾接待工作;安全组,主要负责赛场秩序和安全保卫工作。

（二）运动会开幕式

运动会开幕式的顺序通常如下所示。

（1）大会主持人宣布运动会开幕。

（2）入场式。运动会的入场式,是整个运动会开幕式的一个前奏,宣传组播放音乐,裁判员、运动员和各种方阵队伍按一定的排列阵容步入会场,接受主席台上领导检阅。入场式的队伍安排,通常由以下方阵组成：旗手,男子红旗方阵,女子鲜花方阵,各种体操、表演方阵,各运动员方阵。入场路线一般由主席台左侧开始,经过主席台前,最后进入场地中央,按先左后右的顺序面向主席台,成纵队排列。

（3）升旗、鸣炮、奏国歌。升国旗与奏国歌同时进行。有的学校升国旗后还升校旗，唱校歌。校旗必须低于国旗。

（4）致开幕词。组织委员会主任委员致开幕词，内容主要包括召开运动会的重要性和必要性，运动会的筹备情况，对裁判员和运动员的希望与要求等。

（5）运动员、裁判员代表宣誓。

（6）来宾讲话。

（7）文艺体育表演。

（8）运动员、裁判员退场。退场的顺序一般按入场顺序进行，由中央分两队列队退场，旗手将红旗、彩旗插到主席台前，各运动员队列在指定地点集中，准备竞赛。

（9）主持人宣布比赛开始。

（三）运动会的闭幕式

运动会的各项比赛结束后，要举行闭幕式。闭幕式的主要程序是：①主持人宣布闭幕式开始；②领导总结；③宣布比赛成绩；④颁奖；⑤主持人宣布运动会闭幕。

（四）运动员比赛礼仪

运动会中有很多比赛项目，在不同的项目中运动员的礼仪要求有所差异，但总体而言，运动员比赛礼仪大体有以下要求。

（1）遵守比赛时间。在校运会进行过程中，比赛项目较多，运动员一定要准确掌握好参赛项目的时间，切勿缺席或临阵退场，当然特殊原因（如受伤、参赛项目时间发生冲突等）除外。遵守比赛时间，并认真参加比赛，是运动员礼仪的重要内容。

（2）着装协调。运动员在比赛的过程中，要根据所参加的项目选择合适的、协调的着装，可选择干净、整洁、得体的运动服。着装的协调不仅反映了运动员对比赛的尊重和对本项目的认识，更体现了运动员的礼仪修养。

（3）做好运动前准备。在比赛前，一定要做好相关运动前的准备，也就是所谓的热身运动。这样，既可以尽量避免不必要的运动损伤，又可以保证比赛的顺利进行，确保运动员正常水平的发挥，取得令人满意的比赛效果。

（4）友谊第一、比赛第二。在比赛过程中，所有的参赛选手都是竞争对手，要彼此互相尊敬。千万不能因为追求比赛的结果而有排挤心理，更不能在比赛中出现语言或身体攻击。这样不仅有损自身形象，会受到严厉的惩罚，而且会破坏良好的比赛气氛和友谊。正确的礼仪规范应该是坚持友谊第一、比赛第二，尊重所有的参赛选手。

（5）遵守规则。体育运动最讲究竞赛规则。作为运动员，首先要了解并遵守相关规则。这些规则不仅能很好地保护运动员身体，而且对运动员双方都很有好处，能使比赛更富有趣味性，并可减少运动员之间的摩擦。

（6）服从裁判。作为一名运动员，在比赛中非常重要的一项礼仪就是要服从裁判，这也是个人素质的体现。千万不要对裁判员的判断提出异议。裁判人员的决定是最终的决定。

（7）比赛时集中精神。运动员在比赛时，一定要保持精神集中，保持心情愉快，展现出高昂的斗志。特别是在进行如接力这种团体比赛时，一定要精神集中，保持与同伴间的良好默契，展现出良好的比赛精神风貌。

（8）礼貌地结束比赛。在比赛结束后，无论最后结果如何，都要礼貌地走到对手面前，同他们握手。如果对方获胜，祝贺他们的良好表现；如果对方失利，肯定他们的精彩发挥，并谦虚地表示自己要向他们学习。

（五）观看运动会礼仪

（1）等待比赛。在每场比赛开始前，师生观众应提前几分钟入场，并尽快坐到观众席上等待比赛开始，不要大声喧哗，高声呼喊。在比赛中，如果组织拉拉队，可统一着装，并确定专人统一指挥，以确保赛场秩序。

（2）一视同仁。观看比赛应对比赛的双方一视同仁，持公正态度，为双方运动员鼓掌。另外，观众要理智对待输赢，要坦然接受各种可能的比赛结果。

（3）自尊自重。师生观众应礼貌对待运动员的比赛表现，对偶尔失误的运动员要予以谅解、鼓舞。要爱护公务和环境卫生，不可当场扔东西，不随地吐痰；要文明语言，不可出言不逊，发泄自己的不满，以防损伤运动员的自尊心和自信心。

（4）支持裁判。观众要支持裁判员的工作。瞬息万变的体育竞技，难免出现判断失误，不应对裁判起哄，引起混乱。

（5）文明退场。退场时不要拥挤，要按顺序先后离开观众席。出场后自动退散，不要围堵运动员或运动员休息室，以免造成秩序混乱。

（六）教师应注意的礼仪

教师参加运动会，首先要讲究着装，有比赛项目的老师一定要着运动服。其余的老师也应穿休闲服，如果穿西装和旗袍会与运动会格格不入。其次要友好，运动员要尊重裁判的裁决，有异议的问题可通过正常途径解决，千万不能在运动场上辱骂、殴打裁判，也不能做有损其他运动员、违背体育道德的事情。在旁边为运动员加油助威的教师，对所有运动员的精彩表现都应报以热烈的掌声，以示鼓励，而不要只为自己一方加油，对别的运动员却极尽干扰，妨碍别人取得好成绩。再次是要举止文明，不随便乱丢果皮纸屑，不做不文雅的事情。

二、联欢晚会的礼仪要求

学校联欢晚会主要是根据学校中心工作、重要节日和德育任务而举行的大型文艺活动、游艺活动等。如元旦晚会、国庆晚会、迎新晚会、毕业晚会等。

（一）晚会前的准备

（1）成立晚会组委会，具体抓晚会的组织筹备工作。

（2）组委会要确定晚会的指导思想、规模、范围、经费和时间，并报学校领导审批。学校领导审批同意后，要具体落实和组织节目。

（3）抓节目的准备、排练。节目有的是校级各文艺团体准备，如校合唱团、舞蹈团、乐队、朗诵团、戏曲团等，有的由各年级、各班准备。总之，要充分发挥各方面的积极性。

（二）彩排

在节目正式演出前几天，要进行节目彩排。组委会成员、文艺行家和有关领导观看彩排。彩排的目的有两个：一是组委会根据时间长短、节目形式、演出质量来确定正式演出节目，组委会一定要把好思想关、艺术质量关；二是对确定正式演出的节目提出意见和要求，进一步排练。

（三）发请柬

发请柬主要是发给上级领导部门、友好单位、校级领导及各部门负责人。请柬要由组委会派专人递送。

（四）出海报、布置舞台

正式演出前，要出海报，布置舞台，准备音响，印制节目单。

（五）一般礼仪

领导或来宾入场时，要引导来宾入座，并倒好茶水。教师要服从大会安排，遵守大会纪律，按指定地点就座。不得喧哗和喝倒彩，不吃带果皮的食物，不随便走动。演出结束演员谢幕后，要让领导和来宾先退场，而后教师带领学生按顺序退场。参加联欢晚会，教师的衣服不要太暗淡，应比平时上课的鲜艳些，如果需要教师即兴表演，也应该积极参加，不扭捏作态，破坏气氛。

（六）演员礼仪

（1）教师作为演员要恪尽职守，认真演出，不可以以任何理由借口拒绝登台，更不可故意刁难组织者。演出时要发挥最佳水平，不可哗众取宠。服从演出安排，尽量配合其他演员，互相支持，积极合作。

（2）尊重观众。在登台或下场时，要认真向观众行礼；演出完毕，若观众要求加演，应再次登台，向观众敬礼致谢；若有观众献花，应落落大方，并与献花人握手致谢。演出结束后，全体演员应登台列队谢幕。

（七）观众礼仪

（1）参加晚会要求观众的仪态举止应与晚会的氛围相协调。着装应得体，夏天不能穿背心、拖鞋进入会场。严禁在场内吸烟。

（2）参加晚会、观看演出应尽量提前进入会场，进场后对号入座。若到场较迟，其他观众已经坐好，应有礼貌地请别人给自己让道。从别人面前经过时，应面向让道者，一边道谢，一边朝前走，而不要背对着人家走过去，尽量不要碰到别人。从礼貌的角度讲，迟到后应自觉地站在剧场后面，等到台上表演告一段落后，再悄然入座。

（3）在剧场观看演出，入座后，应将帽子摘下，观看演出时，不要摇头晃脑，或交头接耳，以免影响后面的人。尽量不吃带壳的食物，不吃带响声的食品。自觉关闭手机，或让其处于"静音"或"振动"状态。

（4）在演出过程中，要有礼貌地适时鼓掌。当演到精彩处，应以热烈的掌声为演员喝彩，表示祝贺和谢意。鼓掌要把握好时机，例如，当受欢迎的演员首次出台亮相时应鼓掌；观看芭蕾舞，乐队指挥进场时鼓掌；一首动听的歌曲演唱完毕时应鼓掌；演出告一段落时应鼓掌；演出完全结束时应起立，热烈鼓掌。但不要一激动就忘乎所以，高兴得跺脚或大声尖叫。观看演出时，鼓掌若不得当，就会产生副作用。比如，演员的台词还没有说完，交响乐的一个乐章还没有结束就贸然鼓掌，都会影响演出。

（5）当节目演出完毕，不要没完没了地要求演员返场，强人所难。演出结束后，不要在演员谢幕前匆匆退场，也不要拥到台前围观演员，要秩序井然地退场。

（6）观看演出一般不宜中途退场。如果临时有急事或确实不喜欢观看，应在幕间休息或一个节目结束时离场。

第五节　主题班会与团队活动礼仪

一、主题班会

班会是对全班学生进行思想品德教育的重要途径。班会一般分为两种：一种是例会，即每周或每两周一次的班级工作总结，并安排下一阶段的工作；一种是主题班会，即以特定内容为主题而召开的班级大会。

（一）主题班会的内容与形式

主题班会是根据当前形势和学生思想实际，按照学校安排，就学生关心的热点问题而举行的班级大会。它以特定的内容，如思想、前途、道德、纪律等方面的教育为主题，主要对学生进行政治教育、思想教育、道德品质教育、法纪教育和良好个性心理品质教育等。因此，主题班会必须具有时代性和针对性。

主题班会的形式多种多样、生动活泼。主题班会一般采用的形式主要有：讨论会、辩论会、诗歌朗诵会、座谈会、故事会等，还可以与茶话会、歌舞晚会结合起来，既具有教育性，又具有审美性，还具有娱乐性，为青少年学生所喜闻乐见。

（二）主题班会的礼仪要求

（1）教师与班、团、队负责人确定好主题班会的主题与拟采用的形式后（也可在全班讨论、集思广益），写好报告呈送学校或主管部门审批。

（2）发邀请函或口头邀请学校有关部门领导、本班科任教师、学生家长和兄弟班的师生参加。

（3）要确定好主持人。

（4）布置好会场，来宾入场要鼓掌欢迎，并引导入座。班会结束后要让来宾先走。在班会过程中，教师自始至终要指导、参与班会，要引导学生对班会进行小结。

二、班级联欢会

班级联欢会一般是为了庆祝节日、开展特定活动或欢度周末,由几个班共同主办的联欢活动。班级联欢会的主要形式有歌舞会、茶话会、篝火晚会等。

(一) 联欢会的准备工作

确定活动方案;准备节目;确定节目顺序;营造声势,出海报;布置气氛热烈的会场;调好音响效果;确定主持人等。如果邀请了来宾,要安排好来宾的座次,备好茶水。

(二) 联欢会的礼仪要求

(1) 联欢会开始前,教师要安排专人负责接待来宾,引领他们到来宾席就座。

(2) 联欢会开始时,主持人宣布联欢会开始,介绍来宾,并致欢迎词。然后,请来宾讲话。如果来宾中有唱歌爱好者或表演特长者,应该邀请他们表演节目,但应提前征得他们的同意。

(3) 联欢会结束时,主持人致结束语,随即欢送来宾离场。教师要督促、安排专人打扫卫生,归还所借物品。

三、团队活动的礼仪

(一) 共青团活动基本礼仪

1. 户外活动

举行旅游、野餐、野营、游行等户外活动时,应该由旗手打团旗,唱《共青团员之歌》。

2. 团会

共青团在重大节日组织集会、开展共青团的活动时,如在召开共青团团员代表大会、举行入团仪式或"团日"活动时,可同时悬挂党旗(挂在队伍面向的左方)和团旗(挂在队伍面向的右方),并应该按照团会仪式进行。其一般的仪式是:①以团小组或团支部为单位,整队进入会场,然后报告实到人数和缺席人数;②宣布会议开始,全体立正;③唱国歌;④总支书记或支部书记讲话;⑤进行活动;⑥总结;⑦散会。

如果是入团仪式,在唱国歌以后,应宣布新团员名单,并授予团员标志、佩戴团徽,随后宣誓,新团员代表讲话。一般说来,入团仪式与团队其他活动合并举行。

(二) 少先队活动的基本礼仪

1. 集合列队

少先队在正式活动开始前,要先集合队伍并整理队伍。如果是中队活动,应由各小队的小队长向中队长、中队长向中队辅导员报告出席人数。报告时,小队长先向本小队队员发出"立正"口令,然后跑步到中队长面前,敬礼,报告说:"报告中队长,第××

小队原有××人，实到××人，报告完毕。"中队长则回答说："接受你的报告！"小队长随即回到原位，全小队稍息。中队长向辅导员报告时，首先也是向全中队发出"立正"口令，然后跑步到中队辅导员面前，敬礼，报告说："报告辅导员，本中队原有××人，实到××人，报告完毕。"辅导员则回答说："接受你的报告，预祝活动成功！"中队长随即回到原位，全中队稍息。大队活动与中队活动大致相似，由各中队长依次向大队长报告，再由大队长向辅导员报告。

2. 活动议程

（1）全体立正。

（2）出旗（鼓号齐奏，全体队员敬礼）。

（3）唱队歌。

（4）队长讲话，宣布活动开始。

（5）进行活动。

（6）辅导员讲话。

（7）呼号。

（8）退旗（鼓号齐奏，全体队员敬礼）。

如果是少先队的入队仪式，在唱队歌后，宣布新队员名单，授予队员标志（授予者双手托红领巾授予新队员，并给新队员系上红领巾，接着互敬队礼），宣誓。入队仪式可以与中队或大队的其他活动合并举行。

（三）教师应注意的礼仪

教师应邀出席团队活动，态度要端正，服饰应庄重。在整个活动的过程中，神情要严肃，不得嘻嘻哈哈，不得在一旁议论或开小会。如果需要教师发言，应事先做好准备，内容要丰富，不要每次活动都是几句套话，要有真情实感，不要占用太多时间，要引导学生，充分发挥团队活动的教育作用。

第六节　颁授仪式与校庆礼仪

【案例导入】

"巴基斯坦勋章"授勋仪式

1999年4月10日晚，位于巴基斯坦首都伊斯兰堡的总统府灯火辉煌，气氛热烈。巴基斯坦伊斯兰共和国总统拉菲克·塔拉尔在这里举行隆重仪式，授予来访的中国全国人大常委会委员长李鹏以巴基斯坦最高文官荣誉——"巴基斯坦勋章"，以表彰他为发展巴中友好合作关系所作出的杰出贡献。

晚上7时30分，李鹏委员长在塔拉尔总统的陪同下步入授勋大厅，走上鲜花环绕的授勋台，此时，全场起立。按照礼宾程序，巴联邦内阁秘书长艾哈迈德·加兹向塔拉尔总统请示后，宣布授勋仪式开始。军乐队高奏中巴两国国歌，按照伊斯兰礼仪，阿訇吟诵"古兰经"。随后，加兹宣读授勋令。授勋令介绍了李鹏委员长的简历和他为加强巴中两国关系和加深两国人民的理解、信任和友谊作出的杰出贡献。为此巴基斯坦伊斯兰共和国总统塔拉尔荣幸地授予他巴基斯坦文官最高荣誉——"巴基斯坦勋章"。

这时,塔拉尔总统走到李鹏委员长面前,庄重而亲切地将一枚熠熠闪光的"巴基斯坦勋章"挂在李鹏委员长胸前,全场响起热烈的掌声。李鹏委员长与塔拉尔总统热情握手,表示衷心感谢,他说:"这不仅仅是我个人的荣誉,更重要的是,它体现了巴基斯坦人民对中国人民的深厚情谊,荣誉归于中国人民。"

巴基斯坦陆海空三军参谋长分别走上授勋台,向李鹏委员长表示祝贺和敬意。

【案例评析】

许多国家或国际组织都会设立各种勋章、奖章,授予本国或外国领导人、社会活动家等,以表彰他们在某个领域的卓越贡献。本案例中,巴基斯坦伊斯兰共和国总统拉菲克·塔拉尔举行隆重仪式,授予来访的中国全国人大常委会委员长李鹏以巴基斯坦最高文官荣誉——"巴基斯坦勋章",以表彰他为发展巴中友好合作关系所作出的杰出贡献。

一、颁授仪式

(一)颁授仪式的含义和作用

颁授仪式是指各种颁奖、授勋的仪式。目前,许多国家或国际组织都设立了各种勋章、奖章、荣誉称号、奖励基金,用来授予本国、外国或组织内部领导人、社会活动家、专家学者、劳动模范、先进工作者、各种竞赛或评选活动的优胜者等,以表彰他们在某个领域作出的卓越贡献,同时,通过弘扬时代精神,鼓舞人们积极向上,不断进取。颁奖和授勋仪式有时也是一种公关活动,有助于国家、社会组织树立自身的形象。

(二)授勋和颁奖仪式的准备

世界上各种授勋和颁奖仪式名目繁多、形式多样,既可以单独举行,也可以作为会议活动中的一项程序出现,在会见、宴会或有群众参加的演讲会等场合进行。无论以何种形式举行,一般都要做好以下准备工作。

1. 确定出席对象和范围

颁授仪式的出席对象应当根据颁授仪式的性质、级别和目的来确定,如举行涉外授勋和颁奖仪式,应当邀请有关国家的代表和国际组织参加。勋章和奖章级别较高的颁授仪式,参加授勋者的身份要与之相适应,如1996年12月10日是瑞典发明家、企业家诺贝尔逝世100周年的纪念日,为此瑞典政府在斯德哥尔摩音乐厅举行了隆重庄严的颁奖仪式。瑞典国王、议长、首相以及著名科学家、作家、社会名流和各国使节1800人出席了仪式,体现了对知识以及诺贝尔奖的尊重。

2. 确定授勋人、颁奖人和主持人

勋章、奖章、荣誉称号和奖励基金的登记和社会影响是确定授勋人、颁奖人(又称主礼人)身份的主要依据,如国家级勋章或奖章应当由国家元首亲自授予;大学荣誉教授的称号应当由大学的校长亲自授予；如果授勋或颁奖的对象及等级较多，要考虑各等级的授勋人或颁奖人的身份。有时请身份较高和知名度较大的人士授勋和颁奖，以提高授勋仪式的社会影响力。

主持人要有一定的身份，一般由主办方担任。社会性评选活动的颁奖仪式，可以聘请一些明星担任主持嘉宾。

3. 确定颁奖或授勋仪式的形式

颁奖或授勋仪式的形式应当根据颁奖会授勋的性质来确定。重要的学术性颁奖或授勋仪式一定要办得庄严、隆重，如诺贝尔奖颁奖仪式每年举行一次，尽管形式年年如此，却始终给人庄重、典雅、气派的感觉。而一些艺术类的颁奖活动却可以借助绚丽多彩的晚会形式，如文艺表演或邀请明星捧场等，以营造轻松、欢快、前卫的气氛。当然，目前也有许多颁奖仪式十分简朴，这也是应该提倡的。

4. 发出邀请或通知

主办方一般以书面形式向出席对象发出邀请或通知，其方法可参考举行开幕式的做法，重点是做好领受人的邀请和通知。邀请信或通知中要明确说明领受人是否必须亲自参加，如领受人本人因故不能亲自前来领奖，是否可委派他人代领。给领受人的邀请或通知应当附上回执，以便掌握领受人的出席情况，便于做好接待工作。

5. 现场布置和物品准备

颁授仪式繁简不一，现场布置的要求也不尽相同。一般来说，授勋或颁奖仪式宜在室内举行，会场要根据事先的要求进行布置。不同类型的仪式要体现不同的风格，如举行科学技术奖颁奖仪式，为达到宣传教育的目的，应选择较大的会场，以便容纳较多的人；晚会类颁奖仪式可安排在演播大厅、剧院等地点举行，以便会后举行文艺演出。

重要的颁授仪式现场要升、挂国旗。向外国的政府官员授勋，可悬挂双方国家的国旗。

颁奖或授勋仪式也可以布置会标，会标要醒目，应写明颁授仪式的内容或性质。颁奖仪式的会标如：

"2020年××省大学生礼仪知识大赛颁奖仪式"

授勋仪式的会标如：

"××大学2010届研究生毕业授位仪式"

简单的颁授仪式，主席台上可以不设桌椅，颁授人和领受人多站立进行。大型颁授仪式，颁授人和领受人在主席台上就座，也可安排领受人在主席台下的前排就座。领受人的座位应根据颁授次序安排，并事先设计好上台领奖的路线，以保证上台领奖时秩序井然。讲台一般设在主席台的右侧，并配备话筒。晚会类的颁授仪式设舞台，不设主席台，领导人、主要嘉宾、领受人均坐在观众席的前排，舞台上设一讲台，供主持会议、讲话、致辞使用。

要根据授勋或颁奖的内容准备好勋章、奖章、奖杯、奖牌、奖状、奖金支票以及鲜花、托盘（盛放奖章和奖励品等）、音乐伴奏带等物品。奖状的书写一定要规范，具体写明领受人的姓名、奖励的项目名称、等级、发证机关名称、发证日期，并加盖发证机关的印章。颁授对象较少时，可以由礼仪人员在颁授仪式开始时，用托盘将奖品端上，由颁授人一一颁授。

专门举行的颁授仪式,还要做好签到等各项准备工作。

(三) 颁授仪式的程序

(1) 群众代表先入场就座。
(2) 观礼嘉宾签到,礼仪人员引导入座。
(3) 主持人或主要嘉宾以及颁授对象入席。
(4) 主持人介绍主要领导人和来宾。
(5) 主持人宣布仪式开始。
(6) 全体起立奏国歌。涉外颁授仪式可安排仪仗队护送两国国旗与勋章进入会场,并将两国国旗树立在主席台两侧,由乐队奏两国国歌。
(7) 主办方宣布颁奖或授勋决定。
(8) 主持人或主礼嘉宾向颁授对象颁奖或授勋。颁授对象较多时,可以依次分批颁授,一般从低等级奖项开始,最后颁授最高等级奖项。在分批颁授时,工作人员要细心引导,使每个颁奖对象上台后与各自的颁授人的位置准确对应,以免出现发错奖的情况。
(9) 安排少年儿童或女青年献花。也可由颁授人亲自献花,以示崇高的敬意和诚挚的祝贺。
(10) 颁授对象的代表致答谢词。
(11) 群众代表致辞。
(12) 主办方领导致辞。
(13) 主持人宣布仪式结束。

二、校庆仪式

校庆是为了庆祝建校若干周年而举行的盛大的庆祝活动。也是学校系统特有的活动。为了使校庆工作有条不紊地进行,必须做好准备工作和庆典工作。

(一) 准备工作

1. 成立校庆领导班子

校庆领导班子一般称校庆筹备委员会,下设办公室,负责校庆的具体日常事务。

2. 联系校友

(1) 通过报纸、电视通告校庆的具体事宜,联系校友。
(2) 通过书信(告校友书)联系校友。
(3) 通过组织校友总会和分会,联系校友。联系校友的目的是沟通情感,加强了解,编写校友录,搞好校庆。校友通信录主要包括姓名、年龄、现在工作单位、详细通信地址、邮政编码、电话号码等项目。联系校友后再确定参加校庆的校友或校友代表,并寄发邀请书。

3. 编写校史

校史的主要内容有:①学校的历史沿革;②学校的组织机构;③学校历届领导班子

的成员;④教学及其改革;⑤教师队伍建设;⑥历届招生及毕业生人数;⑦教学科研成果;⑧党团工会和社团组织;⑨学校办校的基本经验;⑩历任教师名录;⑪大事记。

4. 接待校友和来宾

接待工作非常重要,要成立接待组,负责校友和来宾的接待和食宿安排。接待要热情、周到,使校友有亲切、幸福和温馨感。

5. 组织好座谈会、讨论会和报告会

为了把庆典搞得隆重、丰富多彩,学校可组织校友进行座谈,相互认识,相互交流,增进友谊,加强联系。也可请校友做学术报告、优秀事迹报告,进行成才经验座谈。

(二)举行庆典

1. 庆典的准备工作

庆典前一定要布置好会场,要写好会标,准备好座位和茶水。主席台上要为领导和嘉宾安排好座位,主席台前可放置一些鲜花,主席台上课悬挂大红灯笼,做好音响、摄影准备。

2. 庆典的主要议程

(1)庆祝大会开始。

(2)鸣炮、奏国歌,与此同时,先升国旗,再升校旗,有条件的可放信鸽或彩色气球。

(3)学校领导报告。

(4)上级领导讲话。

(5)校友代表讲话。

(6)兄弟单位代表讲话。

(7)奏《国际歌》。

(8)大会结束。

校庆期间,还可以举行其他活动,如文艺晚会、电影晚会、舞会,以及书画展、校史展等。校庆结束前接待组要帮助校友预订好返程票,要安排好人员和车辆送站。

(三)校庆仪式礼仪要求

(1)衣着整洁美观,具有职业美,职工要穿着正装和职业装。全体教职工、学生都要佩带校徽和学校发放的具有校庆统一标识的领带或丝巾。

(2)举止稳重、端庄,做到不在公众场合吸烟,保持饱满的工作情绪和积极向上的生活态度。

(3)语言、行为热情得体,与来宾相遇时及时致意问候。

(4)在办公场所开门办公,亲切随和,不做与工作无关的事情。

(5)在会场上,遵守会场纪律,按规定时间入场,不迟到,不提前离会;不在场内随意走动、讲话;关闭手机,不做任何与会议无关的个人事务;端正坐姿,不打瞌睡,保持良好的精神状态。

基 础 训 练

一、问答题

1. 升降国旗和奏唱国歌的礼仪要求。
2. 运动会的礼仪要求。

二、案例分析

1. 工作了一天,李老师和王老师收拾好东西,一边谈着一天的情况,一边从办公室走出来。从操场边经过的时候,正在举行降旗仪式,他们继续走着、谈着,直至出了校门。

请评析,这两位老师的做法是否符合礼仪规范?

三、实训练习

1. 在老师的指导下模拟颁奖仪式,要求学生掌握颁奖仪式礼仪程序,分组负责现场布置与颁奖道具准备;模拟颁奖小姐、获奖单位、引领小姐、颁奖领导嘉宾等。
2. 根据班会的内容、形式和礼仪要求召开一次主题班会。

第八章　中国传统节日礼仪
——民族的，也是世界的

传统节日是中国传统文化中的重要组成部分和表现形态，是形式独特的传统文化的浓缩，是了解传统文化的百科全书。中国传统节日形式多样，内容丰富，是各民族悠久历史文化的重要组成部分。传统节日的形成过程，是一个民族或国家的历史文化长期积淀凝聚的过程。节日的起源和发展是一个逐渐形成、潜移默化地完善，并慢慢渗入到社会生活的过程。它和社会的发展一样，是人类社会发展到一定阶段的产物。任何一个有着悠久历史的民族，其文化都有自己的根基。五千年中华文明的精神源泉是取之不尽，用之不竭的。在经济科技全球化的背景下，了解自己民族文化的根基就显得尤为重要。作为教师，为人师表，更应对传统节日有深刻的认识和理解，学习传统节日知识，了解传统文化，才能增强传统文化意识，才能将传统文化更好地传播于学生之中，让新时代的学生不断继承和弘扬中华民族优秀的传统文化。

【学习目标】

通过本章的学习，使学生了解中国传统节日基本常识，熟悉掌握传统节日概述、由来与传说，习俗及食俗礼仪，明确传统节日的重要意义，并以此加深学生对中国传统节日的认识与喜爱。

【基本内容】

本章内容主要包括中国八大传统节日，分别是春节、元宵节、清明节、端午节、七夕节、中秋节、重阳节、冬至节，其中每个节日又包括了节日概述、节日由来与传说、节日习俗、节日食俗。

第一节　春节
——总把新桃换旧符

【案例导入】

2009年的大年三十，我和家人约好一起回爸妈那里吃团圆饭。一家人打扮好，带上给老人买的新年礼物，正准备出门，却刚好碰上几个老朋友来我家拜访我，于是我只好热情地请朋友们进屋，陪着他们聊天。本来以为他们不会待太久的，可是聊着聊着，时间也就慢慢过去。过了一会，我实在忍不住了，看看表，这时朋友问我："不会打扰到你们吧？"

我说:"不会,怎么会呢。"

"那就再坐一会儿,看到你太高兴了,难得今天老朋友一起来看你,就当聚一聚。"

又过了一会儿,老公也看看表。

朋友又问:"真的不会影响到你们吗?"

老公苦笑一下回答:"不会,你们慢慢聊。"

"那好,那我们就再聊一会儿吧,跟金老师聊天就是一种享受。"

结果聊到最后,送走了朋友,我们也错过了和家人一起吃团圆饭的时间,只好打电话给爸妈表示歉意,并说好大年初——早回去看望他们二老。

【案例评析】

逢年过节走亲访友是我们经常遇到的一件事,走亲访友其实是联络感情的一种非常常规的手段,但是有两个细节必须注意:第一,不要因为自己拜访别人,而给别人造成不必要的负担和麻烦。中国是传统的礼仪之邦,要讲礼仪,懂礼仪,任何一个有修养的人,都不该因为自己的考虑不周而给别人的生活和工作带来麻烦。在现代文明的社会,一定要养成习惯,登门拜访之前要有约在先,同时有约在先的情况下还有两个小点注意。

其一,要提前确认。因为即使你提前预约了,可是对方有可能忘了或临时刚好有事,所以为避免出现像案例中发生的情况,在你出发前,或者在拜访前一天晚上再次打电话确认一下对方是否方便接待你的拜访。

其二,要适可而止。通常我们去别人家里做客,不管是逢年过节还是平时串门做客,在那儿待多长时间才合适,时间观念不是很强。一般情况下,礼节性拜访在客人那里停留的时间不要太长,问候之后,意思到了也就可以了,顶多再闲聊会儿,时间尽量在半小时内。亲朋好友间的拜访,一般情况下也是宜短不宜长,一小时左右,不宜停留在一小时以上,不是至亲、故交,不被对方再三挽留的不要留下来用餐,因为可能因为你的留下而增加主人的负担或麻烦。

一、春节概述

春节,农历正月初一,又叫农历新年,俗称"过年"。这是我国民间最隆重、最热闹的一个传统节日,有百节年为首之说。春节的历史很悠久,它起源于殷商时期年头岁尾的祭神祭祖活动。按照我国农历,正月初一古称元日、元辰、元正、元朔、元旦等,俗称年初一,到了民国时期,改用公历,公历的一月一日称为元旦,农历的正月初一称为春节。

春节,是我国民俗及传统文化的集中体现。春节期间,我国汉族和大多数少数民族都要举行各种庆祝活动,活动多以祭祀神佛、祭奠祖先、除旧布新、迎喜接福、祈求丰年为主要内容。

在民众心中,春节从祭灶节就已经开始,直到元宵节才算结束,其中以除夕和初一为高潮。每年从农历腊月二十三到年三十,民间叫做"迎春日",也叫"扫尘日",这段时间家家户户打扫卫生、准备年货,将所有该做的都做了,以便在节日期间尽情玩乐。

二、春节由来与传说

春节和年的概念,最初的含意来自农业,古时人们把谷的生长周期称为"年",《说文·禾部》:"年,谷熟也"。在夏商时代产生了夏历,以月亮圆缺的周期为月,一年划分为12个月,每月以不见月亮的那天为朔,正月朔日的子时称为岁首,即一年的开始,也叫年,年的名称是从周朝开始的,至西汉正式固定下来,一直延续至今天。

1949年9月27日,在中国人民政治协商会议第一届全体会议上,通过了使用世界上通用的公历纪元,把公历的元月一日定为元旦;农历正月初一通常都在立春前后,因而把农历正月初一定为"春节"。

传说之一:

熬年守岁

守岁,就是在旧年的最后一天夜里不睡觉,熬夜迎接新一年到来的习俗,也叫除夕守岁,俗名"熬年",它的来历,在民间流传着一个有趣的故事:

太古时期,有一种异常凶猛的怪兽,散居在深山密林中,人们管它叫"年"。它的形貌狰狞,生性凶残,专食飞禽走兽、鳞介虫豸,还天天换口味,从磕头虫一直吃到大活人,人们谈"年"色变。后来,人们慢慢掌握了"年"的活动规律,它是每隔365天窜到人群聚居的地方尝一口鲜,天黑以后出没,鸡鸣破晓便返回山林中去。

算准了"年"肆虐的日期,百姓们便把这可怕的一夜视为关口来煞,称作"年关",并且想出了一整套过年关的办法。每到这一晚,家家户户都提前做好晚饭,熄火净灶,再把鸡圈牛栏全部拴牢,把宅院的前后门都封住,躲在屋里吃"年夜饭"。由于这顿晚餐具有凶吉未卜的意味,所以置办得很丰盛,除了要全家老小围在一起用餐表示和睦团圆外,还须在吃饭前先供祭祖先,祈求祖先的神灵保佑,平安地度过这一夜,吃过晚饭后,谁都不敢睡觉,挤坐在一起闲聊壮胆,这便逐渐形成了除夕夜守岁的习俗。

传说之二:

叫"年"的食人兽

相传,中国古时候有一种叫"年"的怪兽,头长角,凶猛异常。"年"长年隐伏山林,每到除夕就会窜到村寨,吞食牲畜,伤害人命。因此,除夕这天,人们扶老携幼逃往外地,以躲避"年"兽的伤害。

这年除夕,大伙正扶老携幼出逃避难,村外来了个行路的老人,只有村东头的一位老婆婆给了老人些食物,并劝他赶快离开躲避"年"兽,那老人捋髯笑道:婆婆若让我在家待一夜,我一定把"年"兽赶走。老婆婆继续劝说,老人笑而不语,婆婆无奈,只好撇下家,上山避难去了。

半夜时分,"年"兽闯进村。它发现村里气氛与往年不同:村东头老婆婆家,门贴大红纸,屋内烛火通明。"年"朝婆婆家怒视片刻,随即狂叫着扑过去,这时院内突然传来"噼噼啪啪"的炸响声,"年"浑身战栗,再不敢往前冲了。原来,"年"最怕红色、火光和炸响。这时,婆婆的家门打开,只见院内一位身披红袍的老人在哈哈大笑。

"年"大惊失色,狼狈逃走。

第二天是正月初一,避难回来的人们见村里安然无恙,十分惊奇。这时,老婆婆才恍然大悟,赶忙向乡亲们述说了行路老人的许诺。乡亲们一起拥向老婆婆家,只见婆婆家门上贴着红纸,院里一堆未燃尽的竹子仍在啪啪炸响,屋内几根红烛还发着余光……

乡亲们欣喜若狂,纷纷换新衣戴新帽,到亲友家道喜问好。这件事很快就在周围村里传开了,人们都知道了驱赶"年"兽的办法。从此每年除夕,家家都要贴红对联、燃放爆竹;村村烛火通明达旦、守更待岁。大年初一,人们还要走亲访友道喜问好,后来这种风俗越传越广,成了中国民间最隆重的传统节日。

传说之三:

万年创建历法

相传,在古时候,有个名叫万年的青年,看到当时节令很乱,于是想把节令定准,但是苦于找不到计算时间的方法。一天,他上山砍柴累了,坐在树荫下休息,树影的移动启发了他,他设计了一个测日影计天时的晷仪,测定一天的时间。再后来,山崖上的滴泉启发了他的灵感,他又动手做了一个五层漏壶,来计算时间。天长日久,他发现每隔三百六十多天,四季就轮回一次,天时的长短就重复一遍。

当时的国君叫祖乙,也常为天气风云的不测感到苦恼。万年知道后,就带着日晷和漏壶去见皇上,对祖乙讲清了日月运行的道理。祖乙听后龙颜大悦,非常赞赏。于是把万年留下,在天坛前修建日月阁,筑起日晷台和漏壶亭,并希望能测准日月规律,推算出准确的晨夕时间,创建历法,为天下的黎民百姓造福。

有一次,祖乙去了解万年测试历法的进展情况,当他登上日月坛时,看见天坛边的石壁上刻着一首诗:

日出日落三百六,周而复始从头来。
草木枯荣分四时,一岁月有十二圆。

知道万年创建历法已成,亲自登上日月阁看望万年。万年指着天象,对祖乙说:"现在正是十二个月满时,旧岁已完,新春复始,祈请国君定个节。"祖乙说:"春为岁首,就叫春节。"据说这就是春节的来历。冬去春来,年复一年,万年经过长期观察,精心推算,制定出了准确的太阳历,当他把太阳历呈奉给继任的国君时,已是满面银须。国君深为感动,为纪念万年的功绩,便将太阳历命名为"万年历",封万年为日月寿星。以后,人们在过年时挂上寿星图,据说也是为了纪念德高望重的万年。

三、春节习俗

(一)扫尘

"腊月二十四,掸尘扫房子",据《吕氏春秋》记载,我国在尧舜时代就有春节扫尘的风俗。按民间的说法:因"尘"与"陈"谐音,新春扫尘有"除陈布新"的含义,其用意是要把一切霉运、晦气统统扫出门。这一习俗寄托着人们破旧立新的愿望和辞旧迎新的祈求。

每逢春节来临,家家户户都要打扫环境,清洗各种器具,拆洗被褥窗帘,打扫六间庭院,到处洋溢着欢欢喜喜搞卫生、干干净净迎新春的欢乐气息。

(二)贴春联

春联也叫门对、春贴、对联、对子、桃符等,它以工整、对偶、简洁、精巧的文字描绘时代背景,抒发美好愿望,是我国特有的一种文学形式。每逢春节,无论城市还是农村,家家户户都要精选一幅大红春联贴于门上,为节日增加喜庆气氛。

这一习俗起于宋代,宋代诗人王安石在《元日》中写道:

> 爆竹声中一岁除,春风送暖入屠苏。
> 千万门户瞳瞳日,总把新桃换旧符。

在明代开始盛行,当时文人雅士以题联作对为乐事,写春联成为社会时尚,到了清代,春联的思想性和艺术性都有了很大的提高,并犹如盛唐的律诗一样兴盛,而如今,已经成为一种必不可少的春节习俗。

(三)贴窗花和倒贴"福"字

在民间人们喜欢在窗户上贴上各种剪纸,即窗花。窗花不仅烘托了喜庆的节日气氛,也集装饰性、欣赏性和实用性于一体。剪纸在我国是一种很普及的民间艺术,千百年来深受人们的喜爱,因它大多是贴在窗户上的,所以也被称其为"窗花"。

除了贴春联和窗花,人们也在屋门上、墙壁上、门楣上贴上大大小小的"福"字。"福"字指福气、福运,寄托了人们对幸福生活的向往,对美好未来的祝愿。为了更充分地体现这种向往和祝愿,有的人干脆将"福"字倒过来贴,表示"幸福已到""福气已到"。

(四)挂年画

春节挂年画在城乡很普遍,浓墨重彩的年画给千家万户平添了许多欢乐的喜庆气氛。下面这首咏年画的诗,正好描绘了春节将至,家家户户挂年画的新气象:

> 兰荷菊梅开满墙,满屋似闻花芬芳;
> 引来燕雀檐前闹,直冲屋里抖翅膀。

年画是我国的一种古老的民间艺术,反映了人民朴素的风俗和信仰,寄托着人们对未来的希望。年画,也和春联一样,起源于"门神"。随着木板印刷术的兴起,年画的内容已不仅限于门神之类单调的主题,变得丰富多彩,在一些年画作坊中产生了《福禄寿三星图》《天官赐福》《五谷丰登》《六畜兴旺》《迎春接福》等经典的彩色年画,以满足人们喜庆祈福的美好愿望。

第八章 中国传统节日礼仪

（五）守岁

除夕守岁是最重要的年俗活动之一，守岁习俗由来已久。古时守岁有两种含义：年长者守岁为"辞旧岁"，有珍爱光阴的意思；年轻人守岁，是为延长父母寿命。

"一夜连双岁，五更分二天"，除夕之夜，全家团聚在一起，吃过年夜饭，点起蜡烛或油灯，围坐火炉旁闲聊，等着辞旧迎新的时刻，通宵守夜，象征着把一切邪瘟病疫都驱走，期待着新的一年吉祥如意。这种习俗后来逐渐盛行，到唐朝初期，唐太宗李世民写有"守岁"诗："寒辞去冬雪，暖带入春风"。直到今天，人们还习惯在除夕之夜守岁迎新，回顾过去，展望未来。

（六）爆竹

中国民间有"开门爆竹"一说，即在新一年到来之际，家家户户开门第一件事便是燃放爆竹，用噼噼啪啪的爆竹声除旧迎新，其起源很早，至今已有两千多年的历史。放爆竹可以创造出喜庆热闹的气氛，是节日的一种娱乐活动，可以给人们带来欢愉和吉利。随着时间的推移，爆竹的应用越来越广泛，品种花色也日见繁多，每逢重大节日及喜事庆典，都要燃放爆竹，以示庆贺，求得吉利。

（七）拜年

大年初一，人们一早起来，穿新衣、戴新帽，打扮得漂漂亮亮，出门走亲访友，相互拜年，恭祝来年大吉大利，这便是我们常说的拜年。

春节拜年时，晚辈要先给长辈拜年，祝长辈长寿安康，长辈可将事先准备好的压岁钱分给晚辈，据说压岁钱可以压住邪祟，因为"岁"与"祟"谐音，晚辈得到压岁钱就可以平平安安度过一岁。压岁钱可在晚辈拜年后当众赏给，亦可在除夕夜孩子睡着时，由家长偷偷地放在孩子的枕头底下，现在长辈为晚辈分送压岁钱的习俗仍然盛行，尤其受晚辈们的喜欢。

（八）占岁

古时民间，以进入新年正月某日的天气情况来占本年年成。传说始于汉东方朔的《岁占》，称为岁后八日。一日为鸡、二日为犬、三日为猪、四日为羊、五日为牛、六日为马、七日为人、八日为谷。如果当日晴朗，则所主之物繁育，当日阴，所主之物不昌。后代沿其习，认为初一至初十，皆以天气晴朗，无风无雪为吉。后代由占岁发展成为一系列的祭祀、庆祝活动，有初一不杀鸡，初二不杀狗，初三不杀猪……初七不行刑的风俗。

（九）舞狮子

每当"爆竹一声除旧岁"，在我国广阔的土地上，传统的舞狮活动就伴随着送暖的春风和欢乐的锣鼓，出现在城镇和农村，为一年一度的新春佳节，增添了浓郁的欢乐气氛。

舞狮是春节的一项庆典活动，也是一项传统的民间体育活动，它起源于三国，盛行于南北朝。舞狮的形式是多种多样的，大致可分为北方舞狮和南方舞狮两种。北方舞狮起源于北魏时代，它的外形与真狮十分相像，由两人合舞一头大狮子，只见狮子，不见舞狮者。北方舞狮有雌雄之分，还有成狮、崽狮之分。南方舞狮，起始于南北朝，流行于广东，故又称为广东狮。广东狮由一人舞狮头，一人舞狮尾。

春节舞狮带有"狮极兴隆""勇冠三军"的寓意，还具有中华民族"雄狮"崛起的伟大象征。

（十）耍龙灯

从新春佳节到元宵灯节，在我国广大城乡，普遍有"耍龙灯"的习惯。节日期间，在城镇的街头巷尾，乡村的晒场草坪，条条长"龙"翻腾起舞，为节日平添欢乐和热闹的气氛。

"耍龙灯"也称"舞龙"，也叫"龙灯舞"。它是我国民间独具特色的传统娱乐活动，也是民间的一种舞蹈。早在汉代就已十分普遍，唐宋时期的"社火""舞队"表演中，"舞龙"已是常见的表演形式。

舞龙的表演，有"单龙戏珠"与"双龙戏珠"两种。龙珠内点蜡烛的称"龙灯"，不点的称"布龙"。舞龙与农业生产有着密切的关系，在古代，我国劳动人民把"龙"作为吉祥的化身，幻想龙是掌管雨水的，想以舞龙来祈求神龙保佑风调雨顺、五谷丰登。

四、春节食俗

（一）饺子

真正过年的前一夜叫团圆夜，离家在外的游子都要不远万里赶回家来，全家人围坐在一起包饺子过年。饺子的做法是先和面做成饺子皮，再用皮包上馅，馅的内容是五花八门，各种肉、蛋、海鲜、时令蔬菜等都可入馅，因为和面的"和"字就是"合"的意思；饺子的"饺"和"交"谐音，"合"和"交"又有相聚之意，所以用饺子象征团聚合欢；同时，饺子又取更岁交子之意，非常吉利；此外，饺子因为形似元宝，过年时吃饺子，也带有"招财进宝"的吉祥含义。这种食俗在北方地区尤为盛行，南方地区则盛行吃团圆饭，俗称年夜饭。一家老小聚在一起包饺子、吃年饭、话新春，其乐融融。

（二）团圆饭

在中国的春节，"吃"往往会成为节日期间的主要活动，一年一度的"团圆饭"对中国人来说更是极其重要，家人的团聚能够令人在精神上得到安慰与满足，一家大小围坐餐桌旁互敬互爱，共享幸福时光。大年三十晚上吃团圆饭，菜肴是非常丰富的，并且各有特色，但是家家餐桌上都少不了一道鱼，因为鱼"余"同音，年年有"鱼"寓意年年有"余"。我国南北各地的鱼肴甚多，如苏菜中的"荷包鲫鱼"、乌苏里的"油炸鳇鱼块"、川菜中的"豆瓣鱼"、粤菜中的"香滑鲈鱼球"、湘菜中的"祁阳笔鱼"、京菜中的"醋椒鱼"、津菜中的"高丽银鱼"、东北菜中的"白松大马哈鱼"等，这些鱼肴都象征着人们对新一年的美好祝愿，期望喜庆吉祥年年有"鱼"。

（三）年糕

年糕，年糕因为谐音"年高"，再加上有着变化多端的口味，几乎成了家家必备的应景食品。年糕的口味因地而异。北方的年糕以甜为主，或蒸或炸，也有人干脆蘸糖吃。南方的年糕则甜咸兼具，例如苏州及宁波的年糕，以粳米制作，味道清淡。除了蒸、炸以外，还可以切片炒食或是煮汤。甜味的年糕以糯米粉加白糖、猪油、玫瑰、桂花、薄荷、素蓉等配料，做工精细，可以直接蒸食或是沾上蛋清油炸。年糕的式样一般为方块状的黄、白年糕，象征着黄金、白银，寄寓新年发财的意思。

第二节 元宵节
——流光溢彩闹花灯

一、元宵节概述

农历正月十五，春节刚过，人们余兴尚浓，又迎来了一年一度的元宵节。元宵节，又叫"灯节""上元节"。《岁时杂记》称，"上元节"是沿袭道教的陈规，它把正月十五称为"上元节"，七月十五为"中元节"，十月十五为"下元节"。但是，在道教产生之前，正月十五已是一个传统节日了，据记载，元宵节真正起源于西汉。

一年中第一个月圆之夜出现在正月十五日，此时也是一元复始、大地回春的时候，人们对此加以庆祝，同时也是庆贺新春的延续。随着时间的推移，元宵节的活动推陈出新，越来越多。人们挂彩灯、放焰火、猜灯谜、吃元宵，很多地方节庆时增加了耍龙灯、舞狮子、踩高跷、扭秧歌等传统民俗活动。元宵节不仅盛行于海峡两岸，即使在海外的华人聚居区也年年欢庆，历久不衰。

二、元宵节由来与传说

元宵节是中国的传统节日，始于2000多年前的西汉，汉文帝在位时，已下令将正月十五定为元宵节。汉武帝时，将"太一神"的祭祀活动定在正月十五（太一：主宰宇宙一切之神）。司马迁创建"太初历"时，便将元宵节确定为重大节日。

传说之一：

以假乱真骗天帝

很久以前，凶禽猛兽很多，四处伤害人和牲畜，人们便组织起来捕杀它们。有一只神鸟因为迷路而降落人间，却意外地被不知情的猎人给射死。天帝知道后十分愤怒，立即传旨，下令天兵于正月十五日到人间放火，烧光人间的一切。天帝的女儿心地善良，不忍心看百姓无辜受难，就冒着生命危险，偷偷驾着祥云来到人间，把消息告诉人们。人们听说了这个消息，都吓得不知如何是好，最终有个老人想出个法子，他说：在正月十四、十五、十六日这三天，家家户户张灯结彩、点响爆竹、燃放烟火，这样一来，天帝就会以为人们被烧死了，大家听后都点头称是，便分头准备去了。到了正月十五这天晚上，天帝往下一看，人间一片红光，响声震天，连续三个夜晚都是如此，以为是大火燃烧的火焰，心中大快。人们就这样保住了自己的生命及财产。从此每到正月十五，家家户户都悬挂灯笼，放烟火来纪念这个日子。

传说之二：

汉文帝纪念"平吕"

汉高帝刘邦死后，吕后之子刘盈登基为汉惠帝。惠帝生性懦弱，优柔寡断，大权渐渐落在吕后手中。汉惠帝病死后，吕后独揽朝政，把刘氏天下变成了吕氏天下。朝中老臣、刘氏宗室深感愤慨，但都惧怕吕后残暴敢怒不敢言。

吕后死后，诸吕惶惶不安，害怕遭到杀害和排挤。于是，在将军吕禄家中秘密集合，共谋作乱之事，以便彻底夺取刘氏江山。

此事传至刘氏宗室齐王刘囊耳中，刘囊为保刘氏江山，决定起兵讨伐诸吕，随后与开国老臣周勃、陈平取得联系，设计解除了吕禄之危，"诸吕之乱"终于被彻底平定。

平乱之后，众臣拥立刘邦的第二个儿子刘恒登基，称汉文帝。文帝深感太平盛世来之不易，便把平息"诸吕之乱"的正月十五定为与民同乐日。所以每到这天晚上，文帝就微服出宫，与民同乐，以示纪念。在古代，"夜"同"宵"，正月又称元月，汉文帝便将正月十五定为元宵节，这一夜就叫元宵（又叫"元夕""元夜"）。

三、元宵节习俗

（一）赏灯

元宵节也称灯节，元宵赏灯的风俗起自汉朝，汉明帝永平年间，因明帝提倡佛法，又有僧人从印度游历归来，称印摩揭陀国每逢正月十五，僧众云集瞻仰佛舍利，是参佛的吉日良辰。汉明帝为了弘扬佛法，下令正月十五夜在宫中和寺院"燃灯表佛"。此后，元宵燃灯、赏灯的习俗便开始流传于民间。

到了唐代，赏灯活动更加兴盛，皇宫里、街道上处处挂灯，还要建立高大的灯轮、灯楼和灯树，唐朝大诗人卢照邻曾在《十五夜观灯》中这样描述元宵节燃灯的盛况："接汉疑星落，依楼似月悬。"

宋代更重视元宵灯会，赏灯活动更加热闹，无论规模和灯饰的奇幻精美较之唐代都有过之而无不及。赏灯活动要进行5天，灯的样式也更丰富。明代要连续赏灯10天，这是中国最长的灯节了。清代赏灯活动虽然只有3天，但是赏灯活动规模很大，盛况空前，除赏灯之外，还放烟花助兴。

（二）猜灯谜

一时欢乐一时愁，想起千般不对头；
如若想得千般到，自解忧来自解愁。

这首诗就是一个谜语，它的谜底正是"猜谜"。谜语在我国源远流长，早在春秋战国时代，一些游说之士，为了劝说君王，常常不把本意说出，而用隐语暗示。这种隐语当时叫做"瘦辞"，这就是谜语的前身。

秦汉以后，形成一种书面创作，到了三国时代，猜谜盛行，宋代则出现了灯谜，人们将谜条系于五彩缤纷的花灯之上，供人猜射。明、清时代，猜灯谜活动在民间十分流行。

时至今日，各地的文化宫、俱乐部，每当节日和周末到来，尤其是我国人民的传统节日，春节、元宵节，都有猜谜活动，它已成为我国独有的富于民族色彩和风格的一种文艺形式和文娱活动项目。

（三）中国的情人节——交谊

元宵节也是一个浪漫的节日，传统社会的年轻女孩不允许出外自由活动，但是过节却可以结伴出来游玩，元宵节赏花灯正好是一个交谊的机会，未婚男女借着赏花灯也顺便可以为自己物色对象。元宵灯节期间，也是男女青年与情人相会的时机。

欧阳修《生查子·元夕》云："去年元夜时，花市灯如昼；月上柳梢头，人约黄昏后。"辛弃疾《青玉案·元夕》写道："众里寻他千百度，蓦然回首，那人却在灯火阑珊处。"就是描述元宵夜的情境，而传统戏曲中陈三和五娘在元宵节赏花灯时相遇一见钟情，乐昌公主与徐德言在元宵夜破镜重圆的美好爱情故事，所以说元宵节也是中国的"情人节"。

（四）偷菜

除了汉族，中国还有不少少数民族都过元宵节，每个民族都有自己的特色。贵州黄平一带苗族，在农历正月十五这天，姑娘们便成群结队去偷别人家的菜。偷菜时严禁偷本家族或同姓朋友家的菜，因为偷菜与她们的婚姻大事有关。据说这样可以早日得到意中人，同时所养的蚕最壮，吐出的丝也是最好最多。而在台湾省，也有姑娘们在元宵夜偷摘葱或青菜。

（五）送灯求子

旧时，在元宵节期间，各地都有许多求子活动，最为常见的是送灯求子，简称"送灯"也称"送花灯"，即在元宵前，娘家送花灯给新嫁女儿家，或一般亲友送给新婚不育之家，以求添丁吉兆，因为"灯"与"丁"谐音。这一习俗许多地方都有，陕西西安一带是正月初八到"十五"期间送灯，头年送大宫灯一对或有彩画的玻璃灯一对，希望儿女婚后吉星高照、早生贵子，如女儿怀孕，则除大宫灯外，还要送一两对小灯笼，祝愿女儿孕期平安。

四、元宵节食俗

（一）元宵

正月十五吃元宵，吃元宵取团圆之意，象征全家人团团圆圆，和睦幸福。

"元宵"作为食品，在我国也由来已久。"元宵"传说起源于春秋末期，唐代称为圆不落泥。宋代民间流行一种元宵节吃的新奇食品，这种食品最早叫"浮元子"后称"元宵"，生意人还美其名曰"元宝"。

元宵即"汤圆"，它蕴含着亲情的凝聚力和家庭团圆的美好祈愿。清代中期，著名诗人李调元，曾对 200 多年前的元宵实况做了生动的描写：

元宵争看采莲船，宝马香车拾坠钿；
风雨夜深人散尽，孤灯犹唤卖汤圆。

（二）面条

面条为元宵灯节落灯这天晚餐的食品。古有"上灯元宵，落灯面，吃了以后望明年"的民谚。这一食俗多流行于长江以北地区。《仪徵岁时记》载："（正月）十五落灯，人家啖面，俗谓'上灯圆子落灯面'，各家自为宴志庆"，落灯时吃面条寓意喜庆绵绵不断之意。

（三）黏糕

黏糕又名年糕，元宵节除吃元宵、面条外，也和春节一样吃黏糕。唐代名医孙思邈的《备急千金药方·食治》记载"自梁米，味甘、微寒、无毒、除热、益气。"唐代之后，元代也有元宵节食糕的记载。

第三节 清明节
——寒食东风御柳斜

一、清明节概述

清明是我国的二十四节气之一。按《岁时百问》的说法："万物生长此时，皆清净明洁，故谓之清明"。清明一到，气温升高，雨量增加，正是春耕春种的大好时节。劳动人民根据节气的迟早安排农耕，江南有"清明前后，种瓜点豆"的农谚；华北有"清明早，立夏迟，谷雨种棉正当时"的农谚。可见，在农业生产上，清明是一个相当重要的节气。

清明不仅是节气还是重要的传统节日，作为传统节日，清明节的习俗是丰富有趣的。这一天有祭拜祖先，悼念已逝亲人的习俗，俗称扫墓。除了扫墓、踏青，还有荡秋千、蹴鞠、打马球、插柳等一系列户外活动。相传这是因为清明节要寒食禁火，为了防止寒食冷餐伤身，所以大家会参加一些体育活动，以锻炼身体。

时至今日，清明节祭拜祖先，悼念已逝的亲人的习俗仍存在。

二、清明节由来与传说

我国传统的清明节大约始于周代，已有 2500 多年的历史。关于"清明"的最早文字记载出于西汉刘安（公元前179—前122年）主编的《淮南子·天文训》："春分后十五日，斗指乙，为清明。"时间是在每年的阳历四月五日（农历三月）前后。清明最开始是一个很重要的节气，后来，由于清明与寒食的日子接近，而寒食是民间禁火扫墓的日子，渐渐的，寒食与清明就合二为一了。所以，寒食即成为清明的别称，也变成为清明时节的一个习俗。

寒食与清明

相传春秋战国时代，晋献公的妃子骊姬为了让自己的儿子奚齐继位，便设毒计谋害太子申生，申生被逼自杀。申生的弟弟重耳，为了躲避祸害，流亡出走。在流亡期间，重耳受尽了屈辱。原来跟着他一道出奔的臣子，大多都离开了他。只剩下少数几个忠心耿耿的人，一直追随着他。其中一人叫介子推。有一次，重耳饿晕了过去。介子推为了救重耳，从自己腿上割下了一块肉，用火烤熟了给重耳吃，救了重耳一命，19年后，重耳回国做了君主，成为著名的春秋五霸之一——晋文公。

晋文公执政后，对那些和他同甘共苦的臣子大加封赏，却唯独忘了介子推。有人在晋文公面前为介子推叫屈，晋文公才忆起旧事，深感惭愧，马上差人去请介子推上朝受赏封官。可是，差人去了几趟，介子推都不来。晋文公只好亲自去请，可是，当晋文公来到介子推家时，只见大门紧闭，介子推不愿见他，已经背着老母躲进了绵山（今山西介休县东南）。晋文公便让他的御林军上绵山搜索，最终没能找到介子推。于是，有人出了个主意说，不如放火烧山，三面点火，留下一方，大火起时介子推会自己走出来的。晋文公乃下令举火烧山，孰料大火烧了三天三夜，大火熄灭后，终究不见介子推出来，大伙上山一看，介子推母子俩抱着一棵烧焦的大柳树已经死了。晋文公望着介子推的尸体哭拜一阵，然后安葬遗体，发现介子推脊梁堵着个柳树树洞，洞里好像有什么东西。掏出一看，原来是片衣襟，上面题了一首血诗：

> 割肉奉君尽丹心，但愿主公常清明。
> 柳下作鬼终不见，强似伴君作谏臣。
> 倘若主公心有我，忆我之时常自省。
> 臣在九泉心无愧，勤政清明复清明。

晋文公将血书藏入袖中。然后把介子推和他的母亲分别安葬在那棵烧焦的大柳树下。为了纪念介子推，晋文公下令把绵山改为"介山"，在山上建立祠堂，并把放火烧山的这一天定为寒食节，晓谕全国，每年的这天禁忌烟火，只吃寒食。

第二年，晋文公领着群臣，素服徒步登山祭奠，表示哀悼。行至坟前，只见那棵老柳树居然死而复活，绿枝千条，随风飘舞。晋文公望着复活的老柳树，像看见了介子推一样，他敬重地走到跟前，珍爱地掐下柳枝，编成柳圈戴在头上。祭扫后，晋文公把复活的老柳树赐名为"清明柳"，而把这一天定为清明节。

晋文公常把血书袖在身边，作为鞭策自己执政的座右铭。他勤政清明，励精图治，把国家治理得很好。晋国的百姓得以安居乐业，对有功不居、不图富贵的介子推非常怀念，于是每逢清明这天，大家禁止烟火来表示纪念。此后，寒食、清明这天便成为全国百姓的隆重节日。

三、清明节习俗

（一）修宅砌阴——扫墓祭先人

清明节是我国的传统节日，也是最重要的祭祀先人的日子。春天一到，民间多修补房舍，以防夏季漏雨。人们便由活人联想到逝去的先人，田间坟头经过风吹雨淋，往往坍塌低落，于是清明节人们就到坟头铲除杂草，用新土将坟墓堆高加固，称为整修阴宅，表现儿孙对先人的哀思。

按照旧的习俗，扫墓时，人们会携带酒食、果品、纸钱等物品到墓地，将食物供祭在亲人墓前，再将纸钱焚化，为坟墓培上新土后，还要折几支嫩绿的新枝插在坟上，然后叩头行礼祭拜，最后吃掉酒食回家。唐代诗人杜牧的诗《清明》生动地写出了清明节的特殊气氛。

清明时节雨纷纷，路上行人欲断魂；
借问酒家何处有，牧童遥指杏花村。

扫墓的习俗延续到现在，已随着社会的进步而逐渐简化。在扫墓当天，子孙们先将先人的坟墓及周围的杂草进行修整和清理，然后供上食品、鲜花。清明节用花，一般来说，白色的花表示哀悼，选择白百合、马蹄莲等用于扫墓是比较合适的，而白玫瑰、栀子花或素色的花则象征着惋惜和怀念。由于现在遗体火化越来越普遍，前往骨灰放置处祭拜先人的方式逐渐取代扫墓的习俗。

（二）踏青

清明之时，正值春回大地，自然界到处呈现一派生机勃勃的景象。人们在扫墓之余，一家老少在山乡野间游乐一番，回家时顺手折几枝叶芽初绽的柳枝戴在头上，其乐融融。也有的人特意于清明节期间到大自然去欣赏和领略生机勃勃的春日景象，郊外远足，一抒严冬的郁结心胸，这种踏青也叫春游，古代叫探春、寻春。其含义就是脚踏青草，在郊野游玩，观赏春色。

清明前后正是踏青的好时光，所以成为清明节习俗的一项重要内容。古时妇女平日不能随便出游，清明扫墓是难得的踏青机会，故妇女们在清明节比男人玩得更开心，民间有"女人的清明男人的年"之说。

（三）插柳

清明节是杨柳发芽抽绿的时间，民间有折柳、戴柳、插柳的习俗。插柳戴柳也是古时候清明节一项与踏青、扫墓相联系的风俗活动。谚语有"清明不戴柳，红颜成皓首"，"清明不戴柳，死后变黄狗"的说法，说明清明折柳在旧时是很普遍的习俗。

它的起源有三种传说：一说唐太宗给诸臣柳圈以示赐福驱疫；二是古代皇帝赐杨柳之火，伴之而来的柳枝也身价大增，成为插柳的来源；三则认为柳枝有灵性，可以避邪，故为人们喜闻乐见的装饰物。此外还有一种说法，认为房檐上插柳，是一种住宅标志，以示醒目，可引导祖先的亡魂归来。但今天看来，随意折取柳枝是对树木的一种损害，我们提倡保护大自然，与自然和谐相处，如今这种习俗是不宜鼓励的。

（四）放风筝

风筝，北方称为"纸鸢"，南方称为"纸鹞"，在东南沿海一带有"正月灯，三月鹞之说"，可见许多地方流行清明放风筝的习俗，它也是清明节人们最喜爱的活动之一。

古人认为清明的风很适合放风筝，《清嘉录》中说：春之风自下而上，纸鸢因之而起，故有"清明放纸鸢"之谚。古人认为，放风筝不但是一种游艺活动，而且是一种巫术行为：他们认为放风筝可以放走自己的秽气。所以很多人在清明节放风筝时，将自己知道的所有灾病都写在纸鸢上，等风筝放高时，便剪断风筝线，让纸鸢随风飘逝，象征着自己的疾病、秽气都让风筝带走了。

（五）荡秋千

秋千最早叫"千秋"，相传秋千为春秋时期齐桓公从北方民族山戎那里引入，汉以后成为清明及其他如端午节、寒食节等节日的民间游戏。秋千之戏在南北朝时已经流行，《荆楚岁时记》记载："春时悬长绳于高木，士女衣彩服坐于其上而推引之，名曰打秋千。"唐代荡秋千已经是很普遍的游戏，并且成为清明节习俗的重要内容。由于清明荡秋千随处可见，元、明、清三代定清明节为秋千节，皇宫里也安设秋千供皇后、嫔妃、宫女们玩耍。今日的公园和游乐场仍然有秋千，供儿童玩耍，荡秋千也成为儿时美好的一种回忆。

（六）拔河

拔河是我国一项古老的运动，它原是一种军队训练项目，约兴起于春秋战国时代，不过那时不叫"拔河"，而称为"牵钩"。它不仅可以锻炼身体，而且是一项游戏，因此很快从军队推广到民间，并流传至今。

拔河在唐代最为盛行。据《新唐书·中宗纪》记载："景龙四年（公元710年），中宗及皇后至玄武门，观宫女拔河，为宫市以嬉"。这一年的清明节，皇帝又令中书门下供奉官五品以上，文武官三品以上，并诸学士等，自芳林门入，集于梨园球场，分朋拔河，帝与皇后、公主亲往观之。

唐玄宗李隆基（公元685～762年）是一个拔河的爱好者。他在军队中积极推广拔河训练，还亲自写了一首《观拔河俗戏》诗，描写军队拔河的壮观场面：

> 壮徒恒贾勇，拔拒抵长河；
> 欲练英雄志，须明胜负多。

（七）蹴鞠

清明节除了祭祖扫墓之外，还有各项户外活动，像踏青、郊游、荡秋千等等，在祭奠追思的感伤之余，还融合了欢乐赏春的气氛。在这些活动中，"蹴鞠"就是一项十分有趣的活动。蹴鞠，现在足球的前身，相传蹴鞠早于商代已有，战国时期流入民间，至汉代便用于军中练身习武，并列于兵书。唐宋时期最为繁荣，经常出现"球终日不坠，球不离足，足不离球，华庭观赏，万人瞻仰"的情景，《宋太祖蹴鞠图》描绘的就是当时情景。

杜甫的《清明二首》诗中写到，"十年蹴鞠将雏远，万里秋千习俗同"，也说明了当时蹴鞠活动的普及。在讲求"中庸"的传统文化背景下，蹴鞠逐渐由对抗性比赛演变为表演性竞技。到了清代，在史籍上有关蹴鞠活动的记载，就寥寥无几了。近年来，在蹴鞠的发源地山东淄博又兴起蹴鞠热，许多市民参与其中，既锻炼了身体，又传承了两千多年的民俗。

四、清明节食俗

（一）青团子

清明时节，江南一带有吃青团子的风俗习惯，其形状有些像元宵，但味却截然不同。青团子用清明茶、艾叶和咸盐或石灰粉，一起煮熟，漂去苦涩味后，捣烂，配上糯米、早籼米磨成的米粉拌匀、糅合，然后开始制作团子。团子的馅心是用细腻的糖豆沙制成，在包馅时，另放入一小块糖猪油。团坯制好后，将它们入笼蒸熟，出笼时再用熟菜油均匀地用毛刷刷在团子的表面，就大功告成了。青团子油绿如玉，糯韧绵软，清香扑鼻，吃起来甜而不腻，肥而不腴。青团子还是江南一带百姓用来祭祀祖先必备的食品，正因为如此，青团子在江南的民间食俗中显得格外重要。

（二）清明粿

福州特制的"菠菠粿"，也叫"清明粿"，是福州特有的清明节供品，是用菠菠菜（生长于南方的一种野菜）捣烂压榨成汁，渗入米浆揉成粿皮，以枣泥、豆沙、萝卜丝等为馅捏制而成的。造型比较简单，菠菠菜的青绿色赋予了春天的绿意。每到清明，在福州几乎每家每户都会包上很多的菠菠粿，还会送给在福州的外地人，那透着浓浓青草味的香甜，成为不少福州人在清明节时难忘的回忆。

（三）乌稔饭

关于清明食俗，不能不提到畲家的"乌稔饭"，因为闽东是畲族聚居地。每年清明节，畲族人家家户户煮"乌稔饭"，并馈赠汉族的亲戚朋友，久而久之，当地的汉族人民也有了清明时食"乌稔饭"的习俗。据畲族民间传说：唐代时，畲族英雄雷万兴率领畲军抗击官兵，被围困山中，时值严冬断粮，畲军只得采摘乌稔果充饥，得以生存，后雷万兴于清明日率众下山，冲出重围。从这以后，每到清明节，雷万兴总要设宴庆贺那次突围胜利，并命畲军士兵采回乌稔叶，让军厨制成"乌稔饭"，让全军上下饱食一顿，以示纪念。

（四）润菜饼

每到清明节，在泉州、厦门等闽南地区有吃"润菜饼"的习俗，"润菜饼"类似于福州的春卷，以面粉为原料摊成薄皮，中间包上馅料，卷起来吃。不过闽南各地的"润菜饼"所包的馅料却大有不同，在泉州，有萝卜丝、肉丝等混锅菜肴；在晋江，包"润菜饼"的馅料能摆上整整一大桌，豌豆、豆芽、豆干、鱼丸片、虾仁、肉丁、海蛎煎、萝卜菜应有尽有；而厦门的"润菜饼"则最为复杂，晋江饼所用的馅料它全有，此外还要加上笋、鱼、油炒韭，再蘸上芥末、辣酱、甜酱，这才叫地道的厦门"薄饼"。

（五）子推馍

在寒食节的发源地山西，有清明节前蒸"子推馍"的习俗。"子推馍"又称老馍馍，外形类似古代武将的头盔，重约250~500克。馍面中夹有核桃、红枣、花生，称为"子福"，上面有顶子。顶子四周贴面花，面花是面塑的小馍，形状有燕、虫、蛇、兔或文房四宝。圆形的"子推馍"是专给男人们享用的，已婚妇女吃条形的"梭子馍"，未婚姑娘则吃"抓髻馍"。孩子们吃燕、蛇、兔、虎等面花，"大老虎"专给男孩子吃，也最受他们喜欢。父母用树枝或细麻线将各种小面花串起来，吊在窑洞顶上或挂到窗框旁边，让孩子们慢慢享用，子推馍可以长期保存，风干后能保存到来年清明。

（六）"清明十三绝"

历史上的寒食食品多数寓意深刻，种类也很丰富，包括寒食粥、寒食面、寒食浆、青精饭等；寒食供品有面燕、蛇盘兔、枣饼等；饮料有春酒、新茶、清泉甘水等数十种之多。但是大多数的寒食节食品到现在已经失传。寒食节食品中最为有名的是北京传统的"寒食十三绝"。

（1）驴打滚：也就是豆面糕，以黄豆面为其主要原料，称"驴打滚"是一种形象比喻，在黄豆面中滚一下，如驴打滚扬起灰尘似的。《燕都小食品杂咏》中就说："黄豆黏米，蒸熟，裹以红糖水馅，滚于炒豆面中，置盘上售之，取名'驴打滚'真不可思议之称也。"

（2）姜丝排叉：不但是北京传统小吃，也是北京茶菜的一个品种。茶菜是过去满族、回族礼仪性食品，满族人在设宴时习惯先上茶及茶食，然后才是冷荤、热菜、甜食、汤等，并且一定按顺序上；而回族人不饮酒，但为了礼节，多以茶代酒，因而茶菜是必不可少的。

（3）蜜麻花：又称糖耳朵，因为它成形后的形状好似人的耳朵而得名。

（4）糖火烧：所谓"通州有三宝"的其中之一，据说20世纪60年代来访的外国政要还特意带它回国馈赠亲友。

（5）硬面饽饽：一种似烧饼大小的混糖戗面火烧，入口有嚼劲，味微甜且香，用手一掰就掉渣，也是现在快要销声匿迹的一种小吃。

（6）焦圈：形似炸面包圈，色泽深黄，形如手镯，焦香酥脆，常作为另一种北京特有小吃——豆汁儿的配菜食用。

（7）艾窝窝：原为"御艾窝窝"，后来在明代传入民间，春季较为多见，如今已经不分季节地常年供应了。

　　（8）芝麻酱烧饼：因为豆沙馅要从边上露出一些，故而别名"蛤蟆吞蜜"。

　　（9）馓子麻花：以前被称为"环饼""寒具"，存在历史悠久。明代李时珍的《本草纲目·谷部》形容道："寒具即食馓也，以糯粉和面，入少盐，牵索扭捻成环钏形，入口即碎脆如凌雪。"

　　（10）糖卷馃：是最具特色的清明节食品，主料为山药和大枣，皆有滋补作用，也是一道药膳。

　　（11）豌豆黄：是北京春夏季节最有名的应时佳品。按习俗，农历三月初三要吃豌豆黄。北京的豌豆黄分宫廷和民间两种，常常从初春一直供应到初夏。

　　（12）马蹄烧饼：看起来就是两层薄皮，内里空心，形似马蹄，也是一种几乎消失的美味。

　　（13）螺蛳转儿：旧时小吃店常把当天售不完的螺蛳转儿，用微火烤干水分再卖，烤干了叫"干迸儿"，用下酒。

第四节　端午节
——鼓声劈浪鸣千雷

一、端午节概述

　　端午节，农历五月初五为端午节，端是"开端""初"的意思，初五便被称为端五。从史籍上看，"端午"二字最早见于晋人周处《风土记》："仲夏端午，烹鹜角黍"。端午节是我国的传统节日，这一天必不可少的活动逐渐演变为吃粽子、赛龙舟、挂菖蒲艾叶、喝雄黄酒。据说，吃粽子和赛龙舟，是为了纪念屈原，所以解放后曾把端午节定名为"诗人节"，以纪念屈原。至于挂菖蒲艾叶、喝雄黄酒，则据说是为了避邪。

　　时至今日，端午节在民间仍是一个十分盛行的隆重节日。从2008年起，端午节为国家法定节假日，国家非常重视非物质文化遗产的保护，2006年5月20日，该民俗经国务院批准列入第一批国家级非物质文化遗产名录。

二、端午节由来与传说

　　中国民众把端午节的龙舟竞渡、吃粽子等习俗，都与纪念屈原联系在一起，但就端午节的由来，除了纪念屈原说之外，还有诸如纪念伍子胥说、纪念曹娥说等，而且包括纪念屈原说在内都有相应的传说故事。

传说之一：

屈　原

　　纪念屈原，此说最早出自南朝梁代吴均《续齐谐记》和北周宗懔《荆楚岁时记》的记载。屈原，是中国春秋时期楚怀王的大臣，他倡导举贤授能，富国强兵，力主联齐抗秦，因遭到贵族势力的强烈反对，遭谗去职，被赶出都城，流放到沅、湘流域。他在流放中，写下了忧国忧民的《离骚》《天问》《九歌》等不朽诗篇，独具风貌，影响深远。公元前278年，秦军攻破楚国京都。屈原眼看楚国被侵略，心如刀割，但是始终不忍舍弃楚国，于五月初五，在写下了绝笔之作《怀沙》之后，抱石自投汨罗江。

屈原死后，楚国百姓异常悲痛，纷纷拥到汨罗江边去凭吊屈原。据说屈原被江中蛟龙所困，世人哀之，有位渔夫拿出为屈原准备的饭团、鸡蛋等食物丢进江里，说是让蛟龙吃饱了，就不会去咬屈大夫的身体了。人们见状后纷纷效仿，一位老医师则拿来一坛雄黄酒倒进江里，说是要药晕江里的蛟龙水兽，以免伤害屈大夫。人们还想出用树叶包饭，外缠彩丝，投入江中，后来慢慢演化成为今天的粽子。

又传，屈原投汨罗江后，当地百姓闻讯马上划船捞救，一直行至洞庭湖，终不见屈原的尸体。那时，恰逢雨天，湖面上的小舟一起汇集在岸边的亭子旁。当人们得知是打捞贤臣屈大夫时，再次冒雨出动，争相划进茫茫的洞庭湖。为了寄托哀思，人们荡舟江河之上，此后才逐渐发展成为龙舟竞赛。由此看来，端午节吃粽子、赛龙舟确实与纪念屈原相关，唐代文秀有诗为证："节分端午自谁言，万古传闻为屈原；堪笑楚江空渺渺，不能洗得直臣冤。"

传说之二：

龙

关于端午节是纪念屈原一说，表达了人们对屈原的热爱与怀念，但是，也有专家学者声称这不是端午风俗的真正由来。据近代学者研究，端午节是祭祀龙的节日，华夏族的先人以龙为部族标志，伏羲、女娲、颛顼、禹，都是龙族部落领袖，龙是法力最大的神灵，后人把这些著名的祖先尊为龙，而端午节这天是祭龙盛典中最隆重的一天。

这种说法主要来自闻一多先生的《端午考》和《端午的历史教育》。他认为五月初五是古代吴越地区"龙"的部落举行图腾祭祀的日子。其主要理由是：①端午节两个最主要的活动吃粽子和竞渡，都与龙相关，粽子投入水里常被蛟龙所窃，而竞渡则用的是龙舟；②竞渡与古代吴越地方的关系尤深，况且吴越百姓还有断发文身"以像龙子"的习俗；③古代五月初五日有用"五彩丝系臂"的民间风俗，这应当是"像龙子"的文身习俗的遗迹。

传说之三：

秋 瑾

纪念女诗人秋瑾：秋瑾字睿卿竞雄，号鉴湖女侠，小字玉姑，浙江绍兴人，幼年擅长诗、词、歌、赋，并且喜欢骑马、击剑，有花木兰、秦良玉在世的称号。28岁时参加革命，影响极大，在策划起义时为清兵所捕，至死不屈，于光绪三十三年五月五日在绍兴轩亭口英勇就义。后人为敬仰她的诗，哀悼她的忠勇事迹，于是，与诗人节合并来纪念她，而诗人节又是因纪念爱国诗人屈原而定为端午节。

三、端午节习俗

（一）赛龙舟

赛龙舟，是端午节的主要习俗。相传起源于古时楚国人因舍不得贤臣屈原投江死去，许多人划船追赶拯救，他们争先恐后，追至洞庭湖时不见踪迹，之后每年五月五日划龙舟以纪念之。借划龙舟驱散江中之鱼，以免鱼吃掉屈原的身体。

其实，"龙舟竞渡"早在战国时代就有了。在急鼓声中划刻成龙形的独木舟，做竞渡游戏，以娱神与乐人，是祭仪中半宗教性、半娱乐性的节目。后来，赛龙舟除纪念屈原之外，在各地人们还赋予了不同的寓意。

清乾隆二十九年（1764年），台湾开始举行龙舟竞渡。当时台湾知府蒋元君曾在台南市法华寺半月池主持友谊赛。现在台湾每年五月五日都举行龙舟竞赛，在香港，也举行竞渡。此外，划龙舟也先后传入邻国日本、越南等国。1980年，赛龙舟被列入中国国家体育比赛项目，并每年举行"屈原杯"龙舟赛。1991年6月16日（农历五月初五），在屈原的第二故乡中国湖南岳阳市，举行首届国际龙舟节。此后，湖南便定期举办国际龙舟节，如今赛龙舟已经盛传于世。

（二）插艾悬蒲

民谚说："清明插柳，端午插艾"。在端午节，人们把插艾和菖蒲作为重要内容之一。家家都洒扫庭院，并将菖蒲、艾条插于门楣，悬于堂中。

艾，又名家艾、艾蒿。它的茎、叶都含有挥发性芳香油。它所产生的奇特芳香，可驱蚊蝇、虫蚁，净化空气。中医学上以艾入药，有理气血、暖子宫、祛寒湿的功能。

菖蒲是多年生水生草本植物，它狭长的叶片也含有挥发性芳香油，是提神通窍、健骨消滞、杀虫灭菌的药物。可见，古人插艾悬蒲是有一定防病作用的。唐代诗人殷尧藩有首诗写的正是端午节插艾悬蒲的事：

> 少年佳节倍多情，老去谁知感慨生；
> 不效艾符趋习俗，但祈蒲酒话升平。
> 鬓丝日日添白头，榴锦年年照眼明；
> 千载贤愚同瞬息，几人湮没几垂名。

端午节也是自古相传的"卫生节"，人们在这一天洒扫庭院，挂艾枝，悬菖蒲，洒雄黄水，饮雄黄酒，杀菌防病，这些活动也反映了中华民族的优良传统。

（三）佩香囊

端午节小孩佩香囊，传说有避邪驱瘟之意，实际是用于襟头作点缀装饰。香囊内有朱砂、雄黄、香药，外包以丝布，清香四溢，再以五色丝线弦扣成索，形成各种不同形状的香囊，结成一串，形形色色，玲珑可爱。

第八章　中国传统节日礼仪

香囊同时也作为姑娘们传情的物品，多为姑娘们精心制作，用棉织品和丝线绣成或扎成。形式多样，精巧美丽，有花卉、鸟兽、鱼虫、五谷、瓜果、器皿、人物等。

四、端午节食俗——粽子

端午节最具代表性的饮食是粽子，它起源于中国的春秋战国时期，至今已有2000多年历史。千百年来，成为最受人们欢迎的端午节食品。从《风土记》中记载的做法看来，当时的粽子是以黍为主要原料，除了粟子以外，不添加其余馅料。但在讲究饮食的中国人巧手经营之下，今天能看到的粽子，不论是造型还是内容，都发生了五花八门的变化。

先就造型而言，各地的粽子有三角、四角锥形、枕头形、小宝塔形、圆棒形等。粽叶的材料则因地而异，南方因为盛产竹子，就地取材以竹叶来缚粽。北方人则习惯用苇叶来捆绑粽子。就口味而言，粽子馅荤素兼具，有甜有咸。北方的粽子以甜味为主，南方的粽子甜少咸多。

浙江的湖州粽子，米质香软，分为咸甜两种。咸粽以新鲜猪肉为馅，甜粽以枣泥或豆沙为馅。嘉兴"五芳斋"出品的粽子尤其著名，馅料都经过专人选择，有八宝粽、鸡肉粽、豆沙粽、鲜肉粽等，各具特色。

四川的椒盐豆粽也别具特色。先将糯米、红豆浸泡半日，加入花椒面、川盐及少许腊肉丁，包成四角的小粽。以大火煮三个小时，煮熟再放在铁丝网上用木炭烤黄，吃起来外焦里嫩，颇具风味。

广东的中山芦兜粽，特点是圆棒形、粗如手臂。配料也分甜咸两种。甜的有莲蓉、豆沙、栗蓉、枣泥；咸的有咸肉、烧鸡、蛋黄、甘贝、冬菇、绿豆、叉烧等。

闽南的粽子分碱粽、肉粽和豆粽。碱粽是在糯米中加入碱液蒸熟而成。兼具黏、软、滑的特色；肉粽的材料有卤肉、香菇、蛋黄、虾米、笋乾等，以漳州石码的肉粽最为出名；豆粽则盛行于泉州一带，用九月豆混合少许盐，配上糯米裹成，蒸熟，豆香扑鼻。

第五节　七夕节
——牛郎织女鹊桥会

一、七夕节概述

农历七月初七的夜晚，天气晴朗，草木飘香，在这夏秋之夜，天上繁星闪耀，银河横贯南北，银河两岸各有一颗闪亮的星星，隔河相望，遥遥相对，那就是牵牛星和织女星，传说这一天，牛郎和织女会在鹊桥相会，故被称作为中国的情人节，成为中国传统节日中最具浪漫色彩的一个节日，也是过去姑娘们最为重视的日子。

因为此日活动的主要参与者是少女，而节日活动的内容又是以乞巧为主，故而人们又称这天为"乞巧节"、"少女节"或"女儿节"。女孩们在这个充满浪漫气息的晚上，对着天空的朗朗明月，摆上时令瓜果，朝天祭拜，乞求天上的仙女能赋予她们聪慧的心灵和灵巧的双手，让自己的针织女工技法娴熟，更乞求爱情婚姻的姻缘巧配。

2006年5月20日,七夕节被国务院列入第一批国家非物质文化遗产名录,现已被公认为"中国情人节"。

二、七夕节由来与传说

七夕,原名为乞巧节,七夕乞巧,这个节日起源于汉代,东晋葛洪的《西京杂记》有"汉彩女常以七月七日穿七孔针于开襟楼,人俱习之"的记载,这便是我们于古代文献中所见到的最早的关于乞巧的记载。后来的唐宋诗词中,妇女乞巧也被屡屡提及,宋元之际,七夕乞巧相当隆重,京城中还有专卖乞巧物品的市场,世人称为乞巧市。

关于牛郎织女的传说由来已久,已是家喻户晓。《诗·小雅》中织女、牵牛还只是天河二星,并无神的色彩,到了汉代,牵牛、织女便由星变成了神,有了鹊桥会的说法。后来,牛郎织女的传说在民间又被不断地丰富情节、注入情爱,于是,成就了一个美丽凄婉、千古流传的爱情故事。

牛郎织女鹊桥会

话说天上的玉皇大帝和王母娘娘有7个女儿。其中最小的女儿非常美丽和聪明,她擅长织锦,甚至能织出没有缝隙的"天衣"。据说,七色的彩虹、彩云都是她的杰作,她就是织女。

当时,在人间,南阳城城西刘家庄里有个聪明、勤劳、忠厚的小伙子,他的父母早逝,只好跟着哥哥嫂嫂过日子。苛刻的嫂嫂常常欺负他,最终还唆使兄弟二人分家,自己占据了土地和房屋,只把一头老牛分给牛郎。从此,牛郎和老牛相依为命,牛郎并不知道,那条老牛原是天上的金牛星。

一天,天上的织女和诸仙女一起下凡游戏,在河里洗澡,牛郎在老牛的帮助下认识了织女,二人互生情意,后来织女便偷偷下凡,来到人间,做了牛郎的妻子。织女还把从天上带来的天蚕分给大家,并教大家养蚕抽丝,织出又光又亮的绸缎。

牛郎和织女结婚后,男耕女织,情深义重,他们生了一男一女两个孩子,一家人生活得很幸福。但是好景不长,这事很快便让天帝知道,王母娘娘亲自下凡来,强行把织女带回天上,恩爱夫妻就此被拆散。

牛郎上天无路,于是老牛告诉牛郎,在它死后,可以用它的皮做成鞋,穿着就可以上天。牛郎按照老牛的话做了,穿上牛皮做的鞋,拉着自己的儿女,一起腾云驾雾上天去追织女,眼见就要追到了,岂知王母娘娘拔下头上的金簪一挥,一道波涛汹涌的天河就出现了,牛郎和织女被隔在两岸,只能相对哭泣流泪。他们的忠贞爱情感动了喜鹊,千万只喜鹊飞来,搭成鹊桥,让牛郎织女走上鹊桥相会,王母娘娘对此也无奈,只好允许两人在每年七月七日于鹊桥相会。

后来,每年的农历七月初七便成为牛郎织女鹊桥相会的日子,姑娘们都会来到花前月下,抬头仰望星空,寻找银河两边的牛郎星和织女星,希望能看到他们一年一度的相会,乞求上天能让自己像织女那样心灵手巧,祈祷自己能有称心如意的美满婚姻,由此便形成了七夕节。

三、七夕节习俗

（一）穿针乞巧

这是最早的乞巧方式，始于汉，流于后世。《西京杂记》说："汉彩女常以七月七日穿七孔针于开襟楼，人具习之。"南朝梁宗懔《荆楚岁时记》说："是夕，人家妇女结彩缕穿七孔针，或以金银瑜石为针。"《舆地志》说："齐武帝起层城观，七月七日，宫人多登之穿针，世谓之穿针楼。"五代王仁裕《开元天宝遗事》说："七夕，宫中以锦结成楼殿，高百尺，上可以胜数十人，陈以瓜果酒炙，设坐具，以祀牛、女二星，妃嫔各以九孔针、五色线，向月穿之，过者为得巧之候。动清商之曲，宴乐达旦，士民之家皆效之。"元陶宗仪《元氏掖庭录》说："九引堂台，七夕乞巧之所。至夕，宫女登台，以五彩丝穿九尾针，先完者为得巧，迟完者谓之为输巧，各出资以赠得巧者焉。"

（二）种生求子

旧时习俗，在七夕前几天，先在小木板上敷一层土，播下粟米的种子，让它生出绿油油的嫩苗，再摆一些小茅屋、花木在上面，做成田舍人家小村落的模样，称为"壳板"，或将绿豆、小豆、小麦等浸于瓷碗中，等它长出数寸的芽，再以红、蓝丝绳扎成一束，称为"种生"，又叫"五生盆"或"生花盆"。南方各地也称为"泡巧"，将长出的豆芽称为巧芽，甚至以巧芽取代针，抛在水面乞巧。还用蜡塑造各种形象，如牛郎、织女故事中的人物，或秃鹰、鸳鸯等动物之形放在水上浮游，称之为"水上浮"。另外还有蜡制的婴儿玩偶，让妇女买回家浮于水上，以为宜子之祥，称为"化生"。

（三）拜织女

"拜织女"是少女、少妇们的事。她们大都是预先和自己朋友或邻里们约好五六人，多至十来人，联合举行的一种仪式。在月光下摆一张桌子，桌子上置茶、酒、水果、五子（桂圆、红枣、榛子、花生和瓜子）等祭品；鲜花几朵，束红纸，插瓶子里，花前置一个小香炉，约好参加拜织女的少妇、少女们，戒斋一天，沐浴停当，准时到主办者家里，于案前焚香礼拜后，大家一起围坐在桌前，一面吃花生、瓜子，一面朝着织女星坐，默念自己的心事，如少女们希望长得漂亮或嫁个如意郎、少妇们希望早生贵子等，都可以向织女星默祷，玩到半夜始散。

（四）为牛庆生

七夕之日，儿童采摘野花挂在牛角上，又叫"贺牛生日"。因为传说西王母用天河把牛郎织女分开后，老牛为了让牛郎能够跨越天河见到织女，让牛郎把它的皮剥下来，驾着它的牛皮去见织女。人们为了纪念老牛的牺牲精神，便有了"为牛庆生"的习俗。

四、七夕节食俗——巧果

七夕的应节食品，以巧果最为出名，巧果又名"乞巧果子"，款式极多，主要的材料是油面糖蜜。《东京梦华录》中之为"笑厌儿""果食花样",图样则有捺香、方胜等。宋朝时,市街上已有七夕巧果出售。

巧果的做法是:先将白糖放在锅中熔为糖浆,然后和入面粉、芝麻,拌匀后摊在案上擀薄,晾凉后用刀切为长方块,对折为梭形面巧胚,入油锅炸至金黄即成。手巧的女子,还会捏塑出各种与七夕传说有关的花样。此外,乞巧时用的瓜果也可多种变化,或将瓜果雕成奇花异鸟,或在瓜皮表面浮雕图案,称为"花瓜"。

巧果及花瓜是最普通的七夕食品。七夕夜晚,大家在打扫干净的庭院里,摆上巧果、花瓜、莲蓬、白藕、红菱等,亲朋好友围坐在一起,仰望星空,看牛郎织女,话绵绵情意,也祈求幸福美满。

第六节 中秋节

——海上明月共潮生

一、中秋节概述

中秋节是我国的传统佳节,与春节、清明、端午并称为中国汉族的四大传统节日。据史籍记载,古代帝王有春天祭日、秋天祭月的礼制,"中秋"一词最早出现在《周礼》一书;直至唐朝初年,中秋节才成为固定的节日,《唐书·太宗记》记载有"八月十五中秋节";中秋节的盛行则始于宋朝。节期为农历八月十五,是日恰逢三秋之半,故名"中秋节",也叫"仲秋节";又因这个节日在秋季、八月,故又称"秋节""八月节""八月会";因有祈求团圆的信仰和相关节俗活动,故亦称"团圆节"。也因中秋节的主要活动都是围绕"月"进行的,所以又俗称"月节""月夕""追月节""玩月节"和"拜月节"。

国家非常重视非物质文化遗产的保护,2006年5月20日,该民俗经国务院批准列入第一批国家级非物质文化遗产名录。2008年,中秋节成为国家法定节假日。

二、中秋节由来与传说

"中秋"一词,最早见于《周礼》。根据我国古代历法,农历八月十五日,在一年秋季的八月中旬,故称"中秋"。一年有四季,每季又分孟、仲、季三部分,因为秋中第二月叫仲秋,到唐朝初年,中秋节才成为固定的节日。中秋节也称为仲秋节、团圆节和八月节等。中秋节的盛行始于宋朝,至明清时,已与元宵齐名,成为我国的主要传统节日之一。

传说之一:

嫦娥奔月

相传,远古时候天上有十日同时出现,晒得庄稼枯死,民不聊生,一个名叫后羿的英雄,力大无穷,他同情受苦的百姓,登上昆仑山顶,运足神力,拉开神弓,一气射下九个太阳,并严令最后一个太阳按时起落,为民造福,因此受到百姓的尊敬和爱戴,后羿娶了个美丽善良的妻子，名叫嫦娥，他除传艺狩猎外，终日和妻子在一起，人们都羡慕这对郎才女貌的恩爱夫妻，不少志士慕名前来投师学艺，心术不正的蓬蒙也混了进来。

一天，后羿到昆仑山访友求道，巧遇由此经过的王母娘娘，便向王母求得一包不死药。据说，服下此药，能即刻升天成仙。然而，后羿舍不得撇下妻子，只好暂时把不死药交给嫦娥珍藏，嫦娥将药藏进梳妆台的百宝匣里，不料被小人蓬蒙看见了，他想偷吃不死药自己成仙。

三天后，后羿率众徒外出狩猎，心怀鬼胎的蓬蒙假装生病，留了下来，待后羿率众人走后不久，蓬蒙手持宝剑闯入内宅后院，威逼嫦娥交出不死药。嫦娥知道自己不是蓬蒙的对手，危急之时她当机立断，转身打开百宝匣，拿出不死药一口吞了下去。嫦娥吞下药，立即飞上了天，由于嫦娥牵挂着丈夫，便飞落到离人间最近的月亮上成了仙。

傍晚，后羿回到家，侍女们哭诉了白天发生的事，后羿既惊又怒，气得捶胸顿足，悲痛欲绝，仰望着夜空呼唤爱妻的名字，这时他惊奇地发现，今天的月亮格外皎洁明亮，而且有个晃动的身影酷似嫦娥，他拼命朝月亮追去，可是他追三步，月亮退三步，他退三步，月亮进三步，无论怎样也追不到跟前。

后羿无可奈何，又思念妻子，只好派人到嫦娥喜爱的后花园里，摆上香案，放上她平时最爱吃的蜜食鲜果，遥祭在月宫里眷恋着自己的嫦娥。百姓们闻知嫦娥奔月成仙的消息后，纷纷在月下摆设香案，向善良的嫦娥祈求吉祥平安。

从此，中秋节拜月的风俗便在民间传开。

传说之二：

玉兔入月宫

传说很久以前，有一对修行千年的兔子，得道成了仙，它们有4个可爱的女儿，个个生得纯白伶俐。

一天，玉皇大帝召见雄兔上天宫，它依依不舍地离开妻儿，踏着云彩上天宫去。正当它来到南天门时，看到太白金星带领天将押着嫦娥从身边走去，兔仙不知发生了什么事，就问旁边一位看守天门的天神，听完她的遭遇后，兔仙觉得嫦娥无辜受罪，很同情她，但是自己力量微薄，能帮什么忙呢？想到嫦娥一个人关在月宫里，多么寂寞悲伤，要是有人陪伴就好了，忽然想到自己的4个女儿，它立即飞奔回家。

兔仙把嫦娥的遭遇告诉雌兔，并说想送一个孩子跟嫦娥做伴。雌兔虽然深深同情嫦娥，但是又舍不得自己的宝贝女儿，这等于是割下它心头的肉啊！几个女儿也舍不得离开父母，一个个泪流满面。雄兔语重心长地说道："如果是我孤独地被关起来，你们愿意陪伴我吗？嫦娥为了解救百姓，受到牵累，我们能不同情她吗？孩子，我们不能只想到自己呀！"

孩子们明白了父亲的心，都表示愿意去，雄兔和雌兔眼里含着泪笑了，它们决定让最小的女儿去，于是小玉兔告别父母和姐姐们，飞到月宫陪伴嫦娥！

传说之三:

朱元璋与月饼起义

中秋节吃月饼相传始于元代。当时,中原广大人民不堪忍受元朝统治阶级的残酷统治,纷纷起义抗元,朱元璋联合各路反抗力量准备起义,但朝廷官兵搜查的十分严密,传递消息十分困难,军师刘伯温便想出一计策,命令属下把写有"八月十五夜起义"的纸条藏入饼子里面,再派人分头传送到各地起义军手中,通知他们在八月十五日晚上起义响应,到了起义那天,各路义军纷纷响应,起义军如星火燎原。

很快,起义军攻下了元大都,起义成功了,消息传来,朱元璋高兴得连忙传下口谕,在即将来临的中秋节,让全体将士与民同乐,并将当年起兵时以秘密传递信息的"月饼",作为节令糕点赏赐群臣。此后,"月饼"制作越发精细,品种更多,大者如圆盘,成为馈赠的佳品,之后中秋节吃月饼的习俗便在民间流传开来。

三、中秋节习俗

(一) 文人赏月

赏月的风俗来源于祭月,严肃的祭祀变成了轻松的欢娱。民间中秋赏月活动始于魏晋时期,但未成习,到了唐代,中秋赏月、玩月颇为盛行,许多诗人的名篇中都有咏月的诗句。到了宋朝,形成了以赏月活动为中心的中秋民俗节日,正式定为中秋节。与唐人不同,宋人赏月更多的是感物伤怀,常以阴晴圆缺,喻人情事态,即使中秋之夜,明月的清光也掩饰不住宋人的伤感。宋代大诗人苏东坡在《水调歌头》诗篇中写到:"人有悲欢离合,月有阴晴圆缺,此事古难全,但愿人长久,千里共婵娟。"

(二) 民间拜月

相传古代齐国丑女无盐,幼年时曾虔诚拜月,长大后,以超群品德入宫,但未被宠幸,某年八月十五赏月,天子在月光下见到她,觉得她美丽出众,后立她为皇后,中秋拜月由此而来,月中嫦娥,以美貌著称,故少女拜月,愿"貌似嫦娥,面如皓月"。

明清之后,因时代的关系,社会生活中的现实功利因素突出,岁时节日中世俗的情趣俞益浓厚,以"赏月"为中心的抒情性与神话性的文人传统减弱,功利性的祭拜、祈求与世俗的情感、愿望构成普通民众中秋节俗的主要形态。因此,"民间拜月"成为人们渴望团聚、康乐和幸福,以月寄情的流行风俗。

(三) 观潮

"定知玉兔十分圆,已作霜风九月寒;寄语重门休上钥,夜潮留向月中看。"这是宋代大诗人苏轼写的《八月十五日看潮》诗。在古代浙江一带,除中秋赏月外,观潮可谓是又一中秋盛事。中秋观潮的风俗由来已久,早在汉代枚乘的《七发》大赋中就有了相当详尽的记述。汉以后,中秋观潮之风更盛。明朱廷焕《增补武林旧事》和宋吴自牧《梦粱录》也有观潮的记载。这两书所记述的观潮盛况,说明在宋代的时候中秋观潮之事达到了空前的巅峰。

（四）舞火龙

舞火龙是香港中秋节最富传统特色的习俗。从每年农历八月十四晚起，铜锣湾大坑地区就一连三晚举行盛大的舞火龙活动。盛会之夜，这个区的大街小巷，一条条蜿蜒起伏的火龙在灯光与龙鼓音乐下欢腾起舞，很是热闹。

香港中秋舞火龙的起源还有过一段传说：很早以前，大坑区在一次风灾袭击后，出现了一条蟒蛇，四处作恶，村民们四处搜捕，终于把它击毙，不料次日蟒蛇不翼而飞，数天后，大坑便发生瘟疫。这时，村中父老忽获菩萨托梦，说是只要在中秋佳节舞动火龙，便可将瘟疫驱除，事有巧合，此举竟然奏效，从此，舞火龙就流传至今。

不管这传说有多少迷信成分，但中国是龙的故土，在香港大坑区，中秋节舞火龙已有一百多年的历史，这是值得珍视的。如今大坑区的舞火龙活动规模颇大，除总教练、教练、安全组、总指挥及指挥外，轮番舞龙者达三万多人。

四、中秋节食俗

（一）月饼

我国城乡群众过中秋都有吃月饼的习俗，俗话说："八月十五月正圆，中秋月饼香又甜。"月饼最初是用来祭拜月神的祭品，"月饼"一词，最早见于南宋吴自牧的《梦粱录》中，那时，它也只是像菱花饼一样的饼形食品，后来人们逐渐把中秋赏月与品尝月饼结合在一起，寓意家人团圆。

月饼最初是在家庭制作的，清袁枚在《隋园食单》中就记载有月饼的做法。到了近代，有了专门制作月饼的作坊，月饼的制作也越来越精细，馅料考究，外形美观，在月饼的外面还印有各种精美的图案，如"嫦娥奔月""银河夜月""三潭印月"等，以月之圆兆人之团圆，以饼之圆兆人之常生，用月饼寄托思念故乡，思念亲人之情，祈盼丰收、幸福，都成为天下人们的心愿，月饼也被用来当作礼品送亲赠友，联络感情。

（二）中秋宴俗

古时汉族的中秋宴俗，以宫廷最为精雅。如明代宫廷时兴吃螃蟹，螃蟹用蒲包蒸熟后，众人围坐品尝，佐以酒醋，食毕饮苏叶汤，并用之洗手。宴桌区周，摆满鲜花、大石榴以及其他时鲜。清宫多在某一院内向东放一架屏风，屏风两侧搁置鸡冠花、毛豆枝、芋头、花生、萝卜、鲜藕，屏风前设一张八仙桌，上置一个特大的月饼，四周缀满糕点和瓜果。祭月完毕，按皇家人口将月饼切作若干块，每人象征性地尝一口，名曰"吃团圆饼"。清宫月饼之大，令人难以想象，像末代皇帝溥仪赏给总管内务大臣绍英的一个月饼，便是"径约二尺许，重约二十斤"。

第七节 重阳节
——菊花须插满头归

一、重阳节概述

农历九月九日,为传统的重阳节,因为《易经》中把"六"定为阴数,把"九"定为阳数,九月九日,日月并阳,两九相重,故而叫重阳,也叫重九。重阳节早在战国时期就已经形成,到了唐代,重阳节被正式定为民间的节日,此后历朝历代沿袭至今。

重阳节的节日活动多彩而浪漫,清秋气爽,菊花盛开,窗前篱下,片片金黄,除登高插茱萸、吃重阳糕外,亲友们三五相邀,同饮菊酒,共赏黄花,确实别有一番情趣,尤其是古代的诗人们,赏菊饮酒,吟诗唱酬,给后世留下了不少脍炙人口的佳句。在民俗观念中,九九重阳,因为与"久久"同音,包含有生命长久、健康长寿的寓意。20 世纪 80 年代开始,我国一些地方把夏历九月初九定为老人节,倡导全社会树立尊老、敬老、爱老、助老的风气。

国家非常重视非物质文化遗产的保护,2006 年 5 月 20 日,该民俗经国务院批准列入第一批国家级非物质文化遗产名录。

二、重阳节由来与传说

九九重阳,早在春秋战国时的《楚辞》中已提到。三国时魏文帝曹丕《九日与钟繇书》中,则明确写出了重阳的饮宴:"岁往月来,忽复九月九日,九为阳数,而日月并应,俗嘉其名,以为宜于长久,故以享宴高会。"

晋代文人陶渊明在《九日闲居》诗序文中说:"余闲居,爱重九之名,秋菊盈园,而持醪靡由,空服九华,寄怀于言。"这里同时提到菊花和酒,说明在魏晋时期,重阳日已有了饮酒、赏菊的做法。到了唐代重阳被正式定为民间的节日,而在明代,九月重阳,皇宫上下要一起吃花糕以庆贺,皇帝要亲自到万岁山登高,以畅秋志,此风俗一直流传到清代。

桓景剑斩瘟魔

东汉时,汝南县里有一个叫桓景的农村小伙子,父母双全,妻子儿女一大家。日子虽然不算好,但也算过得去,谁知不幸的事儿来了,汝河两岸害起了瘟疫,家家户户都病倒了,这一年,桓景的父母也都病逝。

桓景听人们说,汝河里住有一个瘟魔,每年都要出来到人间走走,它走到哪里就把瘟疫带到哪里。桓景决心访师求友学本领,战瘟魔,为民除害。据说东南山中住着一个名叫费长房的大仙,他便收拾行装,起程进山拜师学艺。

费长房收下桓景为徒,并赐予一把降妖青龙剑,桓景披星戴月,不分昼夜地练剑。转眼就是一年,那天桓景正在练剑,费长房走到跟前说:"今年九月九,汝河瘟魔又要出来,你赶紧回乡为民除害,我给你茱萸叶子一包,菊花酒一瓶,回去通知家乡父老登高避祸去。"仙翁说罢,用手一指,一只仙鹤展翅飞来,落在桓景面前,桓景跨上仙鹤向汝南飞去。

桓景回到家乡，召集乡亲，把大仙的话给大伙儿说了。九月九那天，他领着妻子儿女、乡亲父老登上了附近的一座山，把茱萸叶子每人分了一片，说把它随身带上，瘟魔不敢近身。又把菊花酒倒出来，每人喝一口，这样可以不染瘟疫之疾。等他把乡亲们安排好，桓景就带着他的降妖青龙剑回到家里，独坐屋内，等候瘟魔来时与之交战。

不大一会儿，只听汝河怒吼，怪风旋起。瘟魔出水走上岸来，穿过村庄，走千家串万户也不见一个人，忽然抬头见人们都在高高的山上欢聚。它窜到山下，只觉得酒气刺鼻，茱萸冲肺，不敢登山，便返身向村里走去。只见一个人正在屋中端坐，就吼叫一声向前扑去，桓景一见瘟魔扑来，急忙舞剑迎战，斗了几个回合，瘟魔战他不过，准备逃走。桓景"嗖"的一声把降妖青龙剑抛出，只见宝剑闪着寒光向瘟魔追去，穿心透肺把瘟魔扎倒在地。

此后，汝河两岸的百姓，再也不受瘟魔的侵害。人们把九月九登高避祸、桓景剑刺瘟魔的事，父传子，子传孙，一直传到现在，从那时起，人们就过起重阳节来，有了重九登高的风俗。

后来人们就把重阳节登高的风俗看做是免灾避祸的活动。另外，在中原人的传统观念中，双九还是生命长久、健康长寿的意思，所以重阳节也被立为老人节。

三、重阳节习俗

（一）登高

重阳节最为典型的民俗活动就是登高，故重阳节又叫"登高节"。登高习俗起源很早，据史料记载，战国时期已经有登高的活动，不过当时的登高并不是固定在重阳节这一天。西汉时期，重九和登高才很紧密地联系在一起，并成为习俗。唐代文人所写的登高诗很多，大多是写重阳节的习俗，杜甫的七律《登高》，就是写重阳登高的名篇：

> 风急天高猿啸哀，渚清沙白鸟飞回。
> 无边落木萧萧下，不尽长江滚滚来。
> 万里悲秋常作客，百年多病独登台。
> 艰难苦恨繁霜鬓，潦倒新停浊酒杯。

（二）赏菊并饮菊花酒

重阳节正是一年的金秋时节，菊花盛开，菊花和九九重阳密不可分，因此重九也叫"菊花节"。据传赏菊及饮菊花酒，起源于晋朝大诗人陶渊明。陶渊明以隐居出名，以诗出名，以酒出名，也以爱菊出名，后人效之，遂有重阳赏菊之俗。旧时文人士大夫，还将赏菊与宴饮结合，以求和陶渊明更接近。北宋京师开封，重阳赏菊之风盛行，当时的菊花就有很多品种，千姿百态。民间还把农历九月称为"菊月"，在菊花傲霜怒放的重阳节里，观赏菊花成了节日的一项重要内容。清代以后，赏菊之习尤为昌盛，且不限于九月九日，但仍然是重阳节前后最为繁盛。

（三）插茱萸和簪菊花

重阳节插茱萸的风俗，在唐代就已经很普遍。古人认为在重阳节这一天插茱萸可以避难消灾，或佩带于臂，或做香袋把茱萸放在里面佩带，还有插在头上的，大多是妇女、儿童佩带，有些地方，男子也佩带。重阳节佩茱萸，在晋代葛洪《西京杂记》中就有记载。除了佩带茱萸，人们也有头戴菊花的，从唐代开始，历代盛行；清代，北京重阳节的习俗是把菊花枝叶贴在门窗上，"解除凶秽，以招吉祥"，这是头上簪菊的变俗。宋代，还有将彩缯剪成茱萸、菊花来相赠佩戴的。

重阳节登高与插茱萸是相随相伴的，因此重阳节也被称为"茱萸节"，后世对其作用一般解释则是辟邪气、御初寒。

四、重阳节食俗

（一）重阳糕

重阳的饮食之风，除常见的饮菊花酒，吃菊花食之外，还有好些，其中最有名的就是吃糕。在北方，吃重阳糕之风尤盛，重阳糕又称花糕、菊糕、五色糕，制作方法没有固定的模式，较为随意，有"糙花糕"、"细花糕"和"金钱花糕"三类。

糙花糕：粘些香菜叶以为标志，中间夹上青果、小枣、核桃仁之类的糙干果；细花糕：有三层、两层不等，每层中间都夹有较细的蜜饯干果，如苹果脯、桃脯、杏脯、乌枣之类；金钱花糕：与细花糕基本同样，但个儿较小，如同"金钱"一般，多是上层府第贵族的食品。蔡云有诗描述重阳糕的制作：

篝火鸣机夜作忙，织工一饮登高酒，
依然风雨古重阳，蒸出枣糕满店香。

（二）菊花酒

菊花，是我国名花，也是长寿名花。在"霜降之时，唯此草盛茂"，由于菊的独特品性，菊成为生命力的象征。

重阳佳节，我国有饮菊花酒的传统习俗。菊花酒，在古代被看做是重阳必饮、祛灾祈福的"吉祥酒"。

我国酿制菊花酒，早在汉魏时期就已盛行。据《西京杂记》载称："菊华舒时，并采茎叶，杂黍米酿之，至来年九月九日始熟，就饮焉，故谓之菊华酒。"

晋代陶渊明也有"酒能祛百病，菊能制颓龄"之说。后来饮菊花酒逐渐成了民间的一种风俗习惯，尤其是在重阳时节，更要饮菊花酒。《荆楚岁时记》记："九月九日，佩茱萸，食饵，饮菊花酒，云令人长寿。"

到了明清时代，菊花酒中又加入多种草药，其效更佳。制作方法为：用干菊花煎汁，用曲、米酿酒或加地黄、当归、枸杞诸药。

古时菊花酒，是头年重阳节时专为第二年重阳节酿的。九月九日这天，采下初开的菊花和一点青翠的枝叶，掺和在准备酿酒的粮食中，然后一起用来酿酒，放至第二年九月九日饮用。传说喝了这种酒，可以延年益寿。从中医角度看，菊花酒可以明目、治头昏、降血压，有减肥、轻身、补肝气、安肠胃、利血之妙。时逢佳节，清秋气爽，菊花盛开，窗前篱下，片片金黄。除登高插茱萸外，亲友们三五相邀，同饮菊酒，共赏黄花，确实别有一番情趣。尤其是诗人们，赏菊饮酒，吟诗唱酬，给后世留下不少佳句：

《醉花阴》
[宋] 李清照
薄雾浓云愁永昼，瑞脑销金兽。
佳节又重阳，玉枕纱橱，半夜凉初透。
东篱把酒黄昏后，有暗香盈袖。
莫道不消魂，帘卷西风，人比黄花瘦！

第八节　冬至节
——冬至阳生春又来

一、冬至节概述

冬至是中国农历中一个非常重要的节气，也是中华民族的一个传统节日。冬至俗称"冬节""长至节""亚岁"等。早在2500多年前的春秋时代，中国就已经用土圭观测太阳，测定出了冬至，它是二十四节气中最早制订出的一个，时间在每年的阳历12月21日至23日之间。

冬至这一天是北半球全年中白天最短、夜晚最长的一天，过了冬至，白天就会一天天变长，黑夜会慢慢变短。古人对冬至的说法是：阴极之至，阳气始生，日南至，日短之至，日影长之至，故曰"冬至"。冬至过后，各地气候都进入一个最寒冷的阶段，也就是人们常说的"进九"，中国民间有"冷在三九，热在三伏"的说法。

二、冬至节由来与传说

冬至过节源于汉代，盛于唐宋，相沿至今。《清嘉录》甚至有"冬至大如年"之说，这表明古人对冬至十分重视。人们认为冬至是阴阳二气的自然转化，是上天赐予的福气。汉朝以冬至为"冬节"，官府要举行祝贺仪式称为"贺冬"，并例行放假。《后汉书》中有这样的记载："冬至前后，君子安身静体，百官绝事，不听政，择吉辰而后省事。"所以这天朝廷上下要放假休息，军队待命，边塞闭关，商旅停业，亲朋各以美食相赠，相互拜访，欢乐地过一个"安身静体"的节日。

传说之一：

冬至混沌夏至面

相传汉朝时，北方匈奴经常骚扰边疆，百姓不得安宁，当时匈奴部落中有浑氏和屯氏两个首领，十分凶残。百姓对其恨之入骨，于是用肉馅包成角儿，取"浑"与"屯"之音，呼作"馄饨"，恨而食之，并求平息战乱，能过上太平日子，因最初制成馄饨是在冬至这一天，于是在冬至这天家家户户吃馄饨。

传说之二：

捏冻耳朵

吃"捏冻耳朵"是冬至河南人吃饺子的俗称，缘何有这种食俗呢？相传南阳医圣张仲景曾在长沙为官，他告老还乡那时恰是大雪纷飞的冬天，寒风刺骨，他看见南阳白河两岸的乡亲衣不遮体，有不少人的耳朵被冻烂了，心里非常难过，就叫其弟子在南阳关东搭起医棚，用羊肉、辣椒和一些驱寒药材放置锅里煮熟，捞出来剁碎，用面皮包成像耳朵的样子，再放下锅里煮熟，做成一种叫"驱寒饺耳汤"的药物施舍给百姓吃。服食后，乡亲们的耳朵都治好了。后来，每逢冬至人们便模仿做着吃，于是逐渐形成"捏冻耳朵"此种习俗，以后人们称它为"饺子"，也有的称它为"扁食"和"烫面饺"，人们还纷纷传说吃了冬至的饺子不冻人。

三、冬至节习俗

（一）祭祖贺冬

冬至月在古代曾在较长时期内作为岁末之月或岁首之月，商代年终大祭"清祀"在冬至所在的十一月，清祀是以祭祀祖妣为主，并兼祀百神的祭礼，它类似于周人十月的年终祭礼"大蜡"。汉代改用夏历后将"大蜡"礼移至冬至后立春前的十二月，无论是孟冬、仲冬还是季冬，作为年终祭礼的祭祖典礼，都是围绕着冬至这一时间点形成的。

祭祖活动常常与新年连在一起，从北半球回归年角度看，冬至才是真正的新年，在古代的确也曾较长时间内以冬至为新年（周朝以冬至所在的斗建子月即夏历的十一月为岁首，白族历法以十一月为岁首，白族认为"冬大年小"，白族冬至节十分隆重，他们杀猪宰羊，邀集亲朋好友，接出嫁姑娘来家过节，因此冬至节在古代及现今一些民族地区作为年节，民间的"贺冬"实质上就是"贺年"，现今民间冬至节中诸多习俗正是古代年俗的传承。在冬至日，王室祭天朝贺，平民百姓则祭祖团聚。

（二）画九九消寒表

现在的冬至节，仍然保留着许多历史的遗迹。从冬至之日起，即进入了数九寒天，民间仍保留有画"九九消寒图"的习俗，形式多种多样，有的画梅花一枝，素墨勾出九九八十一朵花，每天用红笔或黑笔涂染一朵花瓣，花瓣尽而九九出，称为九九消寒图；有的是横十画、坚十画，制成一个九九八十一格的方块图表，每天涂抹一格、九尽格满，称为九九消寒表；有画几个中空的格子，选好几个字，每字必须是几划。每日写一笔，最后成为一句话，如"亭前屋后看劲柏峰骨"等语，称为九九消寒句。

最雅致的是作九体对联。每联九字，每字九画，每天在上下联各填一笔，如上联写有"春泉垂春柳春染春美"；下联对以"秋院挂秋柿秋送秋香"，称为九九消寒迎春联。

四、冬至节食俗

（一）馄饨

冬至经过数千年的发展，形成了独特的节令饮食文化。诸如馄饨、饺子、汤圆、赤豆粥等都可作为节日食品。曾较为时兴的"冬至亚岁宴"的名目也很多，如吃冬至肉、献冬至盘、供冬至团、馄饨拜冬等。较为普遍的有冬至吃馄饨的风俗，早在南宋时，临安人就在冬至吃馄饨，开始是为了祭祀祖先，后逐渐盛行开来，民间有"冬至馄饨夏至面"之说。馄饨发展至今，更成为制作各异、鲜香味美、遍布全国各地并深受人们喜爱的著名小吃。馄饨名号繁多，江浙等大多数地方称馄饨，而广东则称云吞，湖北称包面，江西称清汤，四川称抄手，新疆称曲曲等。

（二）饺子

每年农历冬至这天，不论贫富，饺子是必不可少的节日饭。谚云："十月一，冬至到，家家户户吃水饺。"这种习俗，是因纪念"医圣"张仲景冬至舍药救人而来。

张仲景是南阳西鄂人，他著《伤寒杂病论》，集医家之大成，祛寒饺耳汤被历代医者奉为经典。张仲景有名言："进则救世，退则救民；不能为良相，亦当为良医。"

冬至吃饺子，是不忘"医圣"张仲景"祛寒饺耳汤"之恩。至今南阳仍有"冬至不端饺子碗，冻掉耳朵没人管"的民谣。

（三）冬至团

亦称"冬至丸"。汉族冬至节食品。流行于南方地区。每年冬至日（阳历12月22日前后）磨糯米粉，用糖、肉、菜、果、豇豆、萝卜丝等作馅，包成团，称作"冬至团"，并馈赠亲友，也有在早餐全家聚食的，取团圆的意思。

（四）冬至进补

冬至进补有三种说法：一是在立冬后至立春前；二是在冬至前后；三是三九天。专家认为，冬至进补时间的选择因人而异。患有慢性疾病又属于阳虚体质的人需长时间进补，可从立冬开始直至立春；体质一般而不需大补的人，可在三九天集中进补。正如民间早就有"夏补三伏、冬补三九"的说法。冬至是数九的开始，因此民间认为，在冬至前后进补为最佳。

基础练习

一、解答题

1. 简述中国的传统节日有哪些。
2. 简述春节的主要习俗（至少5个）。
3. 请将下面的诗句与所对应的节日正确相连。

    流光溢彩闹花灯　　　　　　　　春　节

    总把新桃换旧符　　　　　　　　元宵节

    菊花须插满头归　　　　　　　　清明节

    但愿人长久，千里共婵娟　　　　端午节

    冬至阳生春又来　　　　　　　　七夕节

    鼓声劈浪鸣千雷　　　　　　　　中秋节

    寒食东风御柳斜　　　　　　　　重阳节

    牛郎织女鹊桥会　　　　　　　　冬至节

4. 中国是传统的敬老孝亲社会，重阳节又叫老人节，简述老人节的来历。
5. 中国是讲究礼仪礼节的国家，传统节日里，端午节饮菊花酒，重阳节插艾蒿、挂菖蒲，这种礼俗搭配是否正确，请辨析。

二、案例分析

2007年12月14日国务院正式颁布了修订后的《全国年节及纪念日放假办法》，国家发展和改革委员会负责人就国家法定节假日调整的有关问题做出了郑重申明：

我国是一个有着几千年历史的文明古国，长期的历史积淀已经形成了一批世代相传、富有中华民族文化特色的传统节日，春节、元宵、清明、端午、中秋等传统节日具有丰富的文化内涵和纪念意义。

部分全国人大代表、政协委员多次呼吁重视我国现行法定节假日安排存在的问题，建议对现行法定节假日安排进行调整，增加传统节日为法定节假日，2007年以来，文化部和有关高校就我国传统节日的内涵和意义展开研究，研究的内容包括我国传统节日的形成过程、演变历史、风俗变化、节庆活动等。2006年12月5日至8日，新浪网针对我国调整节假日制度和全面建立带薪休假制度等问题进行了网络调查，该次调查累计获得有效答卷105 688份，在是否增加传统节假日，减少"五一""十一"放假天数问题上，63.31%的受访者表示有必要，26.84%主张维持现状，9.85%认为无所谓。在增加的传统节日选择上，中秋节高居榜首，95.73%的受访者主张中秋节应放假，然后依次是清明节58.31%、元宵节45.62%、端午节43.57%、重阳节12.30%。

在认真研究和充分吸收各方面意见和建议的基础上，国务院正式颁布了修订后的《全国年节及纪念日放假办法》。调整依据主要是：国家法定节假日要有利于传承民族传统文化，清明、端午、中秋等节日有丰富的文化内涵和深厚的历史背景，是中华民族优秀传统文化的重要载体，将这些传统节日增设为国家法定节假日，有利于弘扬和传承我国优秀传统文化，发掘传统文化的丰富内涵，扩大中国文化在国际上的影响，增强全世界华人的凝聚力；有利于人民群众开展各种与节日主题内容相符的活动，如清明节扫墓、祭祀祖先，端午节的赛龙舟、尝粽子，中秋节亲人相聚、赏明月、品月饼等。

根据上述案例分析，国务院对国家法定节假日时间进行调整的必要性，同时新增加：清明、端午、中秋这三大传统节日为法定节假日，简要谈谈你对它们的了解和看法。

三、实训项目

（一）课堂实训

1. 模拟春节拜年时的情景，向自己的"长辈"拜个好年。
2. 准备好包饺子或汤圆的各类食材和工具，在老师指导下与同学分组合作进行包饺子或汤圆比赛。
3. 策划一场精彩的猜灯谜比赛，分为个人组和团体组竞赛。
4. 模拟过端午节，包括节日的主要习俗和食俗，如包粽子比赛。
5. 中秋佳节来临之际，组织学生参加吃月饼比赛和集体赏月，烘托节日气氛。

（二）课外实训

1. 新年之际，做好迎接新年的各项准备工作，包括扫尘、贴春联等一系列事宜。
2. 清明时节，和家人、朋友祭祖扫墓或者进行一次有组织的郊外踏青活动。
3. 七夕节这天，为自己的情侣精心准备一份礼物。
4. 重阳节这天，与朋友、家人一起爬山，登高望远或探望敬老院老人。
5. 冬至节这天，与朋友、家人一起进补。

主 要 参 考 文 献

蔡践，2007. 礼仪大全［M］. 北京：当代世界出版社.
郭娅玲，2001. 中小学教师礼仪［M］. 长沙：湖南师范大学出版社.
郭元祥，2007. 教师的20项修炼［M］. 上海：华东师范大学出版社.
何伶俐，2003. 高级商务礼仪指南［M］. 北京：企业管理出版社.
华阳，2009. 世界名人给你上的80堂礼仪课［M］. 北京：金城出版社.
金正昆，1999. 涉外礼仪教程［M］. 北京：中国人民大学出版社.
金正昆，2007. 教师礼仪概论［M］. 北京：北京大学出版社.
李兴国，田亚丽，2005. 教师礼仪［M］. 上海：华东师范大学出版社.
刘长凤，2007. 实用服务礼仪培训教程［M］. 北京：化学工业出版社.
刘青，邓代玉，2010. 世界礼仪文化［M］. 北京：时事出版社.
刘维俭，王传金，2006. 现代教师礼仪教程［M］. 南京：南京师范大学出版社.
饶雪梅，2006. 会展礼仪［M］. 北京：中国劳动社会保障出版社.
宋运来，2008. 影响教师一生的100个好习惯［M］. 南京：江苏人民出版社.
王风桐，陈宝玉，2010. 走近微格教学［M］. 北京：首都师范大学出版社.
王文全，2006. 中国传统节日趣谈［M］. 呼和浩特：内蒙古人民出版社.
韦克俭，2006. 现代礼仪教程［M］. 北京：清华大学出版社.
武敬敏，2009. 中国传统节日［M］. 北京：光明日报出版社.
兴盛乐，2007. 社交礼仪与形象设计［M］. 北京：企业管理出版社.
杨茳，王刚，2007. 礼仪师培训教程［M］. 北京：人民交通出版社.
张国斌，2009. 外交官说礼仪［M］. 北京：华文出版社.
周思敏，2009. 你的礼仪价值百万［M］. 北京：中国纺织出版社.